21 世纪法学系列教材配套辅导用书

国际经济法练习题集

（第五版）

主　编　韩立余

撰稿人　（以修订章节先后为序）

韩立余　黄健昀　费秀艳

谭观福　王晔琼　孙嘉珣

梁　意

中国人民大学出版社

· 北京 ·

出版说明

　　法学练习题集系列自 2006 年出版以来，已经发行了 15 年。在这 15 年中，这套书受到了广大法学师生的喜爱，屡屡登上法学畅销书的排行榜。作为编者，我们倍受鼓舞，为能够为中国法学教育事业的发展贡献一点微薄的力量而感到由衷的喜悦，同时也深感自己身上的担子更重了。

　　这套书的设计初衷是帮助学生通过做练习的方式来检测、巩固所学知识，并通过案例分析、论述等题型的设计，进一步提高解决实务问题的能力和开阔学术研究的视野，通过"应试"的方式提高学习能力。从广大读者的反馈来看，这一设计初衷较好地实现了：学生通过精心设计的同步练习，更好地掌握了本学科的知识，加深了对司法实务问题的理解，并对一些法学学术前沿问题有所涉猎。

　　具体来讲，这套书有如下一些特点：

　　第一，帮助学生系统掌握本门学科知识。这套书参照法学课程通用教材设计章节体系，每本练习题集的每章下设"知识逻辑图"栏目，提纲挈领地勾画了一章的内容中不同知识点之间的逻辑关系，能帮助学生更好地理解知识体系、结构、逻辑关系，快速记忆本章的核心知识点。其后设计了名词解释、单项选择题、多项选择题、简答题、案例分析题、论述题等常见题型的自测题，突出了本章的重点、难点知识点，并提供了详细的答案分析，从而不仅可以开阔学生的眼界，帮助学生了解不同类型考题的不同形态，掌握其解题方法，而且可以培养和增强学生的综合实战能力。除每章的自测题外，全书还专门设计了三套综合测试题，学生可以在学完本门课程后自己测验一下对这门课程总的学习效果。

　　第二，帮助学生通过国家统一法律职业资格考试。法学专业的学生在经过系统学习之后，通过法律职业资格考试应当是顺理成章的事情，然而，法律职业资格考试在大多数法学院校学生中的通过率并不高。这套书从历年法律职业资格考试（司法考试）的试题中精选了部分经典的试题，帮助学生在上学期间了解法律职业资格考试的难度、考查的角度和形式，并进行有针对性的学习和准备。

　　第三，帮助学生准备考研。一方面，这套书从一些法学名校（如中国人民大学、北京大学、中国政法大学等）的历年考研试题中精选了部分试题；另一方面，这套书专门设计了"论述题与深度思考题"栏目，以拓展学生学术视野，同时，对考研的学生掌握论述题的答题方法和技巧亦有较大帮助。

　　我们的思路可归纳为：通过似乎回到"应试教育"模式、进行同步练习这样一种"俗"的方式，来达到我们强化"专业教育"的大而不俗的目的。

　　法学教育进入了新时代，更加强调法学专业学生对国家全面依法治国方略的学习和理解，更加强调法律职业伦理的塑造，更加强调法治人才对法治理论的实际运用能力。原来的"司法考试"升级为"国家统一法律职业资格考试"，无论是客观题还是主观题，都更加强调对案例分析能力的考查。作为一门实践性、应用性很强的学科，法学案例教学的重要性日益凸显。

　　为了回应新时代法学教育的需求，我们对这套书进行了全新的改版升级。一方面，我们适当增大了各类案例题型（案例型选择题、案例型分析题、案例型论述题）的比例。另一方面，我们力图运用新的出版技术手段，更好地为广大读者服务。在保留原有优势和特色的基础上，我们为每本书增加了相配套的视频讲解，选择书中的重点和难点题目，由作者进行更详细的分析和讲解。书中附数字学习卡，扫码即可观看全部视频。除此之外，为方便读者学习，在有视频解析的题目下也配有二维码，读者扫码即可观看相关的讲解

视频。

此外，为了更好地为广大读者服务，我们计划建立读者答疑群。购买正版图书的读者可以凭所附的数字学习卡，一书一码，扫码进微信答疑群，我们会请相关书的作者不定期地进行集中的答疑。在这里，您既可以跟全国的读者进行交流，又可以得到专家学者的指导，从而能在学习上获得更多的帮助和支持。

最后，推荐大家关注中国人民大学出版社法律分社的微信公众号"人大社法律出版"。这里不仅有大量的出版资讯，还有不少的数字资源，是跟我们联系的另一条渠道。

您的喜爱是我们前行的动力，衷心希望这套练习题集能够做得越来越好，在您的前进道路上略尽绵薄之力。

2021 年 11 月

扫码关注"人大社法律出版"

目 录

第一章　国际经济法概论

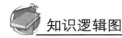
知识逻辑图

国际经济法的调整对象（两横两纵）　　　国际经济法的渊源

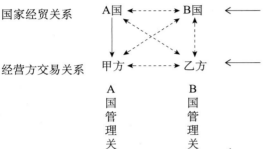

国家经贸关系　A国 ←--→ B国　←　国际公约（公法规范）
　　　　　　　　　　　　　　　　　　国内法

经营方交易关系　甲方 ←--→ 乙方　←　国际公约（私法规范）
　　　　　　　　A　　　　B　　　　　国内法
　　　　　　　　国　　　国
　　　　　　　　管　　　管　　　　　国际惯例
　　　　　　　　理　　　理
　　　　　　　　关　　　关
　　　　　　　　系　　　系　←　国内法

名词解释与概念比较

1. Lex Moratoria（考研）
2. UNIDROIT（考研）
3. 万民法（考研）

选择题

（一）单项选择题

1. 国际经济法与国际私法的主要区别是（　　）。

A. 国际经济法是调整经济活动的法律，而国际私法不调整经济活动

B. 国际经济法是公法的一个分支，而国际私法是私法的一个分支

C. 国际经济法直接调整当事人的权利义务，而国际私法通过冲突规范间接调整当事人的权利义务

D. 国际经济法是由国际条约组成的，而国际私法是国内制定法

2. 根据国家经济主权原则，下列哪一说法是正确的？（　　）

A. 各国有权将外国投资国有化，无须给予补偿

B. 各国对其领土内的自然资源享有完整永久主权，外国公司不得开采

C. 随着经济全球化程度的加深，各国相互依赖，经济主权已经不存在了

D. 各国对其境内的经济活动享有管理、控制或限制的权利

3. 下列不属于国家经济主权原则的外化表现的是（　　）。

A. 对不符合本国利益的国际义务不予遵行

B. 国家对本国范围内的自然资源能完全掌控

C. 国家可以对相关企业实行经济制裁

D. 国家有权征收和国有化外国财产

4. 下列有关国际惯例的说法正确的是（　　）。

A. 如同习惯国际法一样，由于其惯例的特性，国际惯例具有普遍的约束力

B. 国际惯例的效力来自国家法律的确认和当事人的意思表示

C. 国际惯例是不成文的

D. 国际惯例与国内法冲突时，可以替代国内法的规定

5. 就国际货物买卖合同而言，下列选项正确的是（　　）。

A. 如果当事人的约定与国际惯例不同，则适用国

1

际惯例

  B. 如果当事人的约定与《联合国国际货物销售合同公约》的规定不同，应适用该公约

  C. 如果国际惯例与《联合国国际货物销售合同公约》的规定不同，应适用该公约

  D. 如果当事人对某一事项没有约定，则可能适用相关的国际惯例

6. 国际法院的判决只对本案和本案当事人有约束力，这表示（   ）。

  A. 国际法院的判决对以后的案件没有影响

  B. 国际法院的判决不对第三方创设义务

  C. 国际法院的判决不发展国际法的规则

  D. 国际法院的判决对国家没有约束力

7. 下列关于国际经济法的渊源说法正确的一项是（   ）。

  A. 一国涉外经济法的效力不可能超越本国之外

  B. 国际条约只有通过转化为国内法才能产生效力

  C. 一国经实践并确信为法律的习惯对其具有约束力

  D. 国际组织决议对一国国内法不会产生约束力

视频讲题

8. 国际经济"软法"概念本身存在较大争议，对其认识正确的一项是（   ）。

  A. 国际软法的内容在类型上属于"次级规则"

  B. 各国通过软法合作，为的是在敏感领域寻求共识

  C. 国际软法属于造法过程中造法方式的"软化"

  D. 国际软法并不具有"硬化"的可能性

9. 国际经济法规范发展的历史轨迹是（   ）。

  A. 国家干预——商人自治——国际协调

  B. 国际协调——国家干预——商人自治

  C. 商人自治——国际协调——国家干预

  D. 商人自治——国家干预——国际协调

视频讲题

10. 下列有关国际组织宪章性法律文件的内容表达正确的一项是（   ）。

  A. 《联合国宪章》提倡运用国际机构以促进全球人民经济社会发展

  B. 《关于解决国家和他国国民之间投资争端公约》通过仲裁解决纠纷

  C. 《建立世界贸易组织的马拉喀什协议》规定的成员资格是主权国家

  D. 《国际货币基金组织协定》只接受会员国的本国货币来进行缴纳

（二）多项选择题

1. 下列有关国际法与国内法的表述哪些是错误的？（   ）（司考）

  A. 国际法就是指国际条约

  B. 国内法是由国家立法机关制定的、在领陆范围内适用的法律

  C. 国内法的一切规范性文件均在全国范围内适用

  D. 国际法是国内法的渊源

2. 国际经济法的渊源包括下列哪些形式？（   ）

  A. 国内立法

  B. 电子商务示范法

  C. 《联合国国际货物销售合同公约》

  D. 《国际贸易术语解释通则》

3. 下列选项中，属于国际经济法调整对象的是（   ）。

  A. 股票海外发行

  B. 产品国际外包

  C. 外国旅客来中国旅游

  D. 海外遗产继承

4. 下列有关国际条约适用的说法正确的是（   ）。

  A. 《联合国国际货物销售合同公约》可以直接用于确定法院诉讼程序中当事人的权利义务

  B. 《与贸易有关的知识产权协定》可以直接用于确定法院诉讼程序中当事人的权利义务

  C. 《关税与贸易总协定》可以用于确定世界贸易组织争端解决程序中成员间的权利义务

  D. 世界贸易组织某成员的国内公司可以以中国政府违反"中国入世议定书"中的开放贸易经营权的承诺为由，向中国法院提起行政诉讼

5. 国际经济法之所以成为独立的法律部门，是因

为( )。

  A. 其主体独特

  B. 其调整对象独特

  C. 具有一整套的法律规范

  D. 其作用为其他法律部门所不能替代

6.《国际法院规约》第38条规定的裁判时确定法律原则的补助资料包括( )。

  A. 善意原则

  B. 权威公法学家学说

  C. 国际司法判例

  D. 国际组织决议

7. 国际经济法的渊源之中也包括习惯国际法，有关习惯国际法的说法正确的是( )。

  A. 根据国际法委员会的报告，国际组织实践也可以构成一般实践这一客观要素

  B. "一贯反对者"规则必须要在规则形成时就主张某一习惯不存在

  C. 速成习惯国际法的出现意味着习惯国际法摆脱了时间持续性的要求

  D.《维也纳条约法公约》规定的解释原则不适用于解释习惯国际法

8. 有关国际条约与国内法的关系，下列说法正确的是( )。

  A. "一元论"的观点认为国际法优先于国内法

  B. "二元论"的观点主张国内法和国际法在各自领域具有最高效力

  C. 国内法律层面处理国际法和国内法关系一般是由宪法性法律规定

  D. 国际司法裁判机构通常将一国国内法视为事实性的存在

视频讲题

9. 有关统筹推进涉外法治的说法正确的是( )。

  A. 涉外法治意味着构建中国的治外法权

  B. 涉外法治需要中国推动法律域外适用

  C. 涉外法治要求中国积极采取制裁措施

  D. 涉外法治提倡我们以斗争求和平合作

10. 国际经济法治是国际经济法的最高追求，这并不意味着( )。

  A. 国际经济法要构筑以规则为基础的国际秩序

  B. 国际经济法立法过程要规避国际强行法规则

  C. 国际经济法良法和全球经济善治要协同推进

  D. 国际经济法要加强程序正义并减少政治安排

（三）不定项选择题

1. 下列哪些属于国际经济法的渊源?( )

  A.《联合国国际货物销售合同公约》

  B. 中国企业所得税法

  C.《国际贸易术语解释通则》

  D. 中国海商法

2. 下列有关国际经济法与国际公法的关系的表述正确的是( )。

  A. 国际经济法的主体有国家、经济组织、法人和个人，国际公法的主体没有个人，但包括法人

  B. 国际公法主要调整国家与国家之间的关系，而国际经济法主要调整国际经济关系，包括商事交易关系

  C. 国际经济法的法律规范有国际公约、国际商业惯例和国内法，与国际公法相同

  D. 国际经济法和国际公法一样都具有强制性

3. 持国际经济法"狭义说"的学者会认同的观点是( )。

  A. 国际经济关系指的是国家政府之间、国际组织之间、国家与国际组织之间的经济关系

  B. 国际经济法是国际公法的分支

  C. 国际经济法的主体包括跨国公司

  D. 国际私法和各国的涉外经济立法不属于国际经济法的范畴

4. 对国际经济法"广义说"的观点理解不正确的是( )。

  A. 国际经济法实际上是多门类、跨学科的边缘性综合体

  B. 自然人和法人在某些场合可以作为国际经济法的主体

  C.《中华人民共和国民法典》不具有域外适用的效力

  D. 国际经济法是调整超越一国国境的经济交往的法律规范

视频讲题

5. 经济全球化对国际经济法律内容的直接影响有（　　）。

A. 丰富了国际经济法的内容

B. 促进了生产和消费的全球化

C. 促进了国际经济法的趋同性发展

D. 促进了国际经济法的多元化发展

 简答题

简述对有约必守原则的主要限制。（考研）

 论述题与深度思考题

1. 试以一项国际货物买卖关系为例，阐述国际经济关系的统一性和特殊性决定了对其进行调整的国际经济法的复杂性和多样性，它既包括国际法和国内法规范，也包括国际公法和私法规范。（考研）

2. 论述国际经济法的基本原则。（考研）

3. 试述国际贸易惯例及其适用。（考研）

4. 论述国际经济法的当下的情况和未来的发展趋势。

5. 试论"一带一路"合作倡议对国际经济法的发展。

参考答案

 名词解释与概念比较

1. 商人习惯法。这是于欧洲中世纪发展而成的一套商业惯例法，是调整特殊地方的特殊人群的法律，与当时的当地法、封建法、皇家法、教会法等分列，其中海商法最为发达。其特征在于跨国性、商人习惯、由商人自己执行、程序简单方便、强调公平。中世纪以后，商人法逐渐成为国家法律的一部分。

2. 国际统一私法协会，于1926年成立，于1940年重新设立，是独立的政府间国际组织，致力于促进各国和各多国集团之间的私法规则的统一和协调，并制定可能会逐步为各个不同国家所接受的私法的统一规则。公约一经成员国签署，立即适用。除公约外，该协会还制定示范法、各种建议、行动守则和标准合同等。该协会制定的主要公约有：《关于国际货物销售合同成立的统一法公约》《关于国际货物销售的统一法公约》《国际货物销售代理公约》等。由该协会于1994年制定、2004年修订的《国际商事合同通则》在国际上产生了很大的影响。

3. 古罗马法学家从不同角度、用不同标准将罗马法划分为四类，其中包括万民法和市民法。万民法是市民法的对称，是各国人民共同适用的法律，用以调整市民与非市民之间以及不同国籍的人和无国籍人之间的关系，即适用于外国人与外国人、外国人与罗马人所发生的法律关系的法律。在有的法学著作中，万民法被认为是调整国与国之间关系的国际公法。

 选择题

（一）单项选择题

1. C。考点：国际经济法的法律渊源、调整对象

解析：国际经济法以国际经济关系为调整对象，其法律渊源表现出多样性，其调整手段为通过权利义务的规定直接调整。其与国际私法的主要区别在于调整方法。本题选项中，A项对国际私法的说法不正确，B项机械性地区别国际经济法和国际私法，而国际经济法是综合性的，D项也没有考虑到国际经济法渊源的多样性。因而，只有C选项正确。

2. D。考点：国际经济法的主权原则

解析：对国家经济主权这一原则可以从绝对性和相对性两个方面去理解，各国对其境内的自然资源和经济活动无疑享有全面的管理权，但这并不意味着自然资源的经营和经济活动的进行没有外国的参与，也并不意味着国家政府可以无偿地取得属于私人（包括外国人）的财产。在经济全球化的今天，平等、互利、共同发展，成为全球经济发展的主题。本题选项中，A、B、C三个选项都片面地将国家经济主权绝对化了。只有选项D正确。

3. A。考点：国家经济主权原则及其内容

国家主权原则指的是每个国家对其全部财富、自然资源和经济活动享有充分、永久的主权，包括所有

权、使用权和处置权在内，并且国家能够自由行使此项主权。主权国家可以对其自然资源享有排他性权力，对其境内的外国投资者和跨国公司进行管理和监督，有权将外国财产征收或国有化。主权国家在行使经济主权之时，受到善意原则和其所缔结的国际条约的约束。因此本题中 B、C、D 选项正确。国际义务的履行是国家之间约定或承诺所达成的具体要求，构成了对国家主权的限制。从另一个角度而言，履行义务也是国家基于主权并行使独立意志的体现，不遵守义务则是滥用主权权利的表现。因此 A 项错误。

4. B。考点：国际惯例的性质

解析：国际惯例具有约定俗成性，可以是成文的，也可以是不成文的，尽管现在多表现为成文的。其对当事人的约束力既来自当事人的意思表示，也来自国内法对其的认可。它可以起到补充当事人的约定、国内法的作用，但不能替代国内法的规定。本题选项中，A 选项错误，国际惯例不具有习惯国际法的效力，C 选项排除了成文惯例，D 选项认为国际惯例的效力高于国内法，这些都是错误选项。正确答案是选项 B。

5. D。考点：国际惯例、国际公约与当事人约定的关系

解析：就国际货物买卖合同而言，或就一般性的商事合同而言，除国内强制性规定外，当事人的约定优先于国际惯例、国际公约和国内法。《联合国国际货物销售合同公约》具有无其他约定时默示适用的软法特性。国际惯例则具有补充当事人意思表示的作用。本题选项中，D 选项正确。

6. B。考点：国际经济法的法律渊源、国际法院的判决价值

解析：法院判决可以成为法律渊源之一，对于国际经济法来说也是如此。具体到国际法院的判决，从特定判决来说，无疑它不能对非本案的当事人产生约束力、对他们施加执行判决的义务，但从整个国际法院的判决来说，它们在逐渐发展着国际法的相关规则，当然影响着以后案件的审理。本题选项中，正确选项为 B。D 选项为混淆项，A、C 选项否定了国际法院通过判决发展国际法的作用与现实。

7. C。考点：国际经济法的渊源理论

一个国家的涉外经济立法又可能具有域外适用的效力。这种情况可能是管辖主体具有涉外性、管辖活动具有涉外性或者管辖客体具有涉外性。因此，A 项错误。

国际条约的效力和生效是两个不同层面的问题。国际条约达成之后，具备应然层面、规则框架内对时间和空间、人和物的法律约束力。条约的生效是其效力对具体国家产生约束的开端。后者一般表现为签订条约和在一国立法机关内进行表决通过。B 项混淆了两者因果关系，因此错误。

国际习惯，作为通例之证明而经接受为法律者。C 项是对习惯国际法内容的引申和解释。

国际组织决议的法律约束力的产生是基于组织和成员间的关系。一个国家加入国际组织，意味着遵守组织章程赋予的权利义务。遵守组织决议是履行义务的一个方面。因此，D 项错误。

8. B。考点：国际软法的内涵与意义

国际软法指的是那些不具有正式渊源的法律约束力，但却对主体具有实际影响力的规范。软法的内容主要是实体性权利义务规则，属于"初级规则"。因此 A 项错误。软法之所以"软化"，是因为其表现形式不限于《国际法院规约》第 38 条规定的表现形式，并不是造法过程的"软化"，而是结果的"软化"。因此，C 项错误。国际软法具有"硬化"的可能。其背后所遵循的逻辑基础是国家是否同意将其实质规定纳入条约或以习惯法的方式遵行。因此，D 项错误。软法的出现是一个消极信号，说明了在某些领域内各个合作方并不愿采用硬法的合作方式，明确将权利义务规定下来，所以退而求其次，选择软法方式。因此，B 项正确。

9. D。考点：国际经济法发展历程

国际经济法的发展历程首先是商人之间的习惯积累。中世纪的商人法是国际经济法最早的表现形式，属于市场的自发调节。此后，随着市场调节自身的弊端凸显，国家开始进行宏观调控。在这个过程中出现了一些国家宏观调控对外经济贸易的法律规范。各国的法律在国内领域具有最高效力。但是各国做法的不统一，导致了私人主体在不同国家进行贸易往来的过程中面临不相同的待遇。国际层面的协调由此诞生。按照这一逻辑，选项 D 正确。

10. A。考点：国际组织宪章对国际经济法的影响

提倡运用国际机构以促进全球人民经济社会发展，是《联合国宪章》在序言当中开宗明义提出的要求。因此选项 A 正确。

《关于解决国家和他国国民之间投资争端公约》不

仅提倡通过仲裁解决纠纷，还提倡通过调解方式解决纠纷。因此 B 项表述不全面。

《建立世界贸易组织的马拉喀什协议》规定的成员资格不仅包括主权国家，还包括单独关税区以及欧盟等主体。因此 C 项表述不全面。

《国际货币基金组织协定》不仅接受会员国的本国货币来进行缴纳，还同意各国可以通过特别提款权（SDR）进行缴纳。因此 D 项表述也不全面。

（二）多项选择题

1. ABCD。考点：国际法和国内法的概念比较

解析：国际法是调整国家之间关系的、有拘束力的原则、规则和制度的总体，故 A 选项错误。制定国内法的机关除了立法机关，还有经法律授权的行政机关，而国内法也可以根据属人原则和国家主权，适用于在国外的内国公民和内国驻外国使领馆，并且国际条约也是国内法的渊源之一，故 B 选项错误。就国内法而言，并不是所有的规范性文件都在全国范围内适用，如地方性法规就只在本地区范围内生效和适用，故 C 选项错误。至于 D 选项，涉及国际法与国内法的关系，对此各国的实践存在很大差异。国际法并不必然构成一国国内法的组成部分，也就是说并不一定为国内法的渊源之一。因此，D 选项也是错误的。

2. ABCD。考点：国际经济法渊源的广泛性

解析：国际经济法是以国际经济关系为调整对象的法律规范。其法律渊源既包括国内立法，也包括国际公约；既包括有约束力的立法，也包括示范性的或国际惯例性的规范；既包括政府间国际组织制定的规则，也包括非政府间国际组织制定的规则。本题选项中，A、B、C、D 四个选项分别代表了国内立法、示范法、国际公约和国际惯例四个部分，都是正确选项。

3. ABC。考点：国际经济法的调整对象

解析：国际经济法调整国际经济活动，既包括平等主体间的经济活动，也包括政府或国际组织对经济活动的纵向管理活动。在活动流向上，既包括从内国向外国的流动，也包括外国向内国的流动。经济活动的内容也多种多样。本题选项中，A 选项为国际融资方式的一种，B 选项为国际生产链中的一环，C 选项属于服务贸易中的境外消费，这些都属于国际经济法的调整范围。D 选项为婚姻家庭法中的内容，尽管跨越国界，但不属于国际经济法的调整对象。

4. AC。考点：不同性质的国际公约的不同适用

解析：在国际条约的适用中，应注意区分民商性公约和管制性公约：前者直接赋予经营活动者以权利义务，后者确立成员政府的权利义务。二者在国内法律制度中的适用方式截然不同：前者无须国内通过特别立法，可以直接引用，而后者需要通过国内立法予以转化，将国际条约转为国内法。本题选项中，A、D 选项分别代表了这两种形式的不同适用，A 选项正确、D 选项错误。B 选项尽管涉及知识产权这一民商事权利问题，但它属于世界贸易组织规则体系的一部分，世界贸易组织规则不要求直接适用，现有实践都证明不能直接适用。C 选项描述的是世界贸易组织争端解决程序中的事项，是正确选项。

5. ABCD。考点：国际经济法的特征

解析：关于国际经济法的独立法律部门问题，存在着一些争议。但不论关于其独立存在的各种说法如何，都不能否认其综合性、专门性，现有的其他法律部门都不能适应经济全球化所带来的需求及挑战。无论在国际商事交易领域，还是在国际贸易管理领域，都存在着明显的统一趋势。其独特性越来越明显。本题四个选项都为正确选项。

6. BC。考点：国际法渊源的内容

《国际法院规约》第 38 条规定法院对于陈诉各项争端，应依国际法裁判之，裁判时应适用：（子）不论普通或特别国际协约，确立诉讼当事国明白承认之规条者。（丑）国际习惯，作为通例之证明而经接受为法律者。（寅）一般法律原则为文明各国所承认者。（卯）在第五十九条规定之下，司法判例及各国权威最高之公法学家学说，作为确定法律原则之补助资料者。因此本题只有 B、C 两项符合题意。

7. AB。考点：习惯国际法及其新发展

2018 年国际法委员会在《习惯国际法的识别》报告中首次将国际组织实践纳入习惯国际法一般实践的范畴。因此 A 项正确。习惯国际法的形成要求长期性、持续性和反复性。对习惯国际法的否认也需要在其产生之初就进行持续反对。因此 B 项正确。习惯法可以通过速成的方式产生，例如速成习惯国际法在海洋法、外空法领域的实践时间只有短短几年。但这并不是习惯国际法产生的常规路径。认定习惯的形成时间没有统一的"量"的要求，并不代表这一因素可以被完全抛弃。因此 C 项错误。《维也纳条约法公约》第 31、32 条规定的解释条约原则本身就来源于习惯国际法，因此必

然可以用来解释习惯国际法自身。所以 D 项错误。

8. BCD。考点：国际法与国内法的关系

一元论认为国内法与国际法属于一个法律体系，在此基础上有国际法优先和国内法优先两种区分。因此 A 项错误，不全面。二元论是认为国内法与国际法不属于一个法律体系，互不隶属、相互独立，在各自领域内具有最高效力。因此 B 项正确。宪法是一国的根本大法。国际法和国内法关系属于两个法律体系之间的总阀门。宪法性法律具有规定这一问题的最高权威。因此 C 项正确。国际司法机构在争端解决过程中通常适用当事人选择的法律，或者该机构所在组织主导下生成的规定。国内法的约束力不及于国际司法机构。在国内层面具有最高性也并不意味着国内法可以始终作为法律而存在，最有可能以事实为存在依据。因此 D 项正确。

9. BD。考点：涉外法治、国际法治和国内法治的关系

从一国视野来看，治外法权是免除外国司法权的各种情形。这意味着外国法律的管辖权不能及于本国实体，而只能通过本国的法律对其进行管辖。同时，治外法权分为和平的治外法权和强加的治外法权两种。中国推崇积极、和平的法律域外适用，而不是片面主张治外法权。因此 A 项错误，B 项正确。国际制裁是制裁国对被制裁国基于非经济目的实施的一种经济上的强制性行为。制裁与反制裁是矛和盾的关系，具有"一体两面"性，即制裁国的实施和被制裁国的应对可能采取相同、对等的手段。中国不主动实施制裁，但也不消极应对外国制裁。《中华人民共和国反外国制裁法》在目的和宗旨上采取防守姿态。因此 C 项错误。中国在国际社会中要紧紧依靠国际法规则，敢于斗争、善于斗争，根据形势变化及时调整斗争策略；并且要学会在斗争中争取团结，在斗争中谋求合作，在斗争中争取共赢。因此 D 项正确。

10. ABD。考点：国际经济法治

当前和今后一个时期，中国对国际法的态度是坚决维护以联合国为核心、以国际法为基础的国际体系。以规则为基础的国际秩序，是以美国为代表的西方国家主导的话语体系。因此 A 项错误。强行法是那些由国际社会全体接受并公认为不能违背、须绝对遵守且仅仅由以后具有同等性质的法律规范。国际经济法亦不能违背之。因此 B 项错误。国际经济法治在内部划

分上，包括实体法治和程序法治。国际法背后的决定因素并不全然是法律因素，政治性考量也包括在内。但政治安排不是越多越好。因此 D 选项中前半部分说法正确，后半部分说法过于绝对。法治的最初定义是"良法"和"善治"，国际经济法治必然包括国际经济良法的制定和国际经济善治的实施。因此 C 项正确。

（三）不定项选择题

1. ABCD。考点：国际经济法的渊源

解析：A 项是国际公约，C 项是国际惯例，B、D 项属于国内经济立法中涉外的部分。

2. B。考点：国际经济法与国际公法的关系

解析：国际公法的主体没有个人也没有法人，故 A 选项错误。国际经济法的法律规范有国际公约、国际商业惯例和国内法，但国际公法的法律规范是国际条约、国际习惯与一般法律原则，两者不同。国际经济法并不全具有强制性，例如国际惯例。所以 C、D 选项错误，B 选项正确。

3. ABD。考点：国际经济法狭义说的内涵

国际经济法"狭义说"认为，国际经济法是调整国际法主体（国家、国际组织等）之间的经济关系的法律规范总称，其规范范围限于国际公法规范，因此认为国际经济法属于国际公法的分支。依照这一理解，A 项正确、C 项错误，因为该说主张对国际经济法主体不包括私人，而仅仅是公法主体；B 项正确，因为该说主张仅承认国际经济法是国际公法的一个领域；D 项正确，因为该说主张仅仅承认国际经济法内部的公法性质的规范。

4. C。考点：国际经济法广义说的内涵

"广义说"（或"大国际经济法说""综合国际经济法说"）主张，国际经济法是调整国际经济关系的国际法和国内法规范的总称，而国际经济关系应当理解为既包括国际法主体（国家、国际组织等）之间的经济关系，也包括私方当事人（自然人、法人、经济组织等）之间的跨国经济关系，还包括国家对涉外经济活动的管理关系，因此其所涉及的规范范围内既有国际法规范，也有国内法规范；既包括公法规范，也包括私法规范。依照这一理解，A、B、D 项正确。C 项表述错误，主要是因为一方面，调整涉外经济活动也可以由本国国内法为之；另一方面，当事人可以选择某国国内法作为调整双方法律关系的法律。我国民商事法律规范可以构成国际经济法的渊源之一，其国内法

的属性不影响其具有域外适用的可能性。

5．ACD。考点：经济全球化

经济全球化是指世界经济活动超越国界，通过对外贸易、资本流动、技术转移、提供服务、相互依存、相互联系而形成的全球范围的有机经济整体的过程。经济全球化也是商品、技术、信息、服务、货币、人员、资金、管理经验等生产要素跨国跨地区的流动，也就是世界经济日益成为紧密联系的一个整体。经济全球化是当代世界经济的重要特征之一，也是世界经济发展的重要趋势。A、C、D选项对此是从不同侧面说明了经济全球化对国际经济法的影响结果。选项B陈述的是经济全球化现象，而非结果。

简答题

有约必守原则是国际经济法的原则之一。其明确规定于《维也纳条约法公约》。但该公约也对其适用规定了必要的限制。

（1）条约必须是合法、有效的。

《维也纳条约法公约》针对条约的违法和失效问题，列举的情况包括违反国内法关于缔约权的规定、错误、欺诈、贿赂、强迫、违反国际强行法。错误：缔约时对于作为立约根据之事实的认定有错误，以致条约内容具有非文字性的实质错误，缔约国可据此撤销其承受条约拘束的同意。诈欺：一国因另一谈判国的诈欺行为而缔结条约，前者可援引诈欺为理由，撤销其承受条约拘束的同意。贿赂：一国同意承受条约拘束是因另一谈判国直接或间接贿赂其代表而取得，前者可援引贿赂为理由，撤销其承受条约拘束的同意。强迫：违反《联合国宪章》所包含的国际法原则，通过威胁或使用武力而缔结的条约无效。违反国际强行法：违反一般国际法强制规范而缔结的条约无效。任何新产生的条约，如与现存的一般国际法强制规范相抵触，即归于无效，应予终止。国家主权平等原则、经济主权原则、公平互利原则等，都应属于国际强行法范畴。由此可见，历史上和现实中一切以诈欺或强迫手段签订的不平等条约，一切背离主权平等原则、侵害他国经济主权的国际经济贸易条约，都是自始无效的或可以撤销的，它们都绝对不在"有约必守"之列，相反，应当把它们绝对排除在"有约必守"的范围以外。

（2）情势变迁原则。

如果由于不可预见的情势变迁或事态变化而使国际条约中所规定的某项义务危及缔约国一方的生存或重大发展，该缔约国一方应当有权要求解除这项义务。《维也纳条约法公约》规定，可以援引"情势之根本改变"作为终止条约或退出条约的根据，但该公约对"情势变迁"原则的适用有严格限制。

论述题与深度思考题

1．国际经济法的范围，主要是指国际经济法应包括哪些基本法律规范。一般来讲，调整国际经济关系的法律包括以下几个层次：（1）调整私人国际经济交往的民商法规范，如合同法、保险法等；（2）国家政府管理对外经济交往的法律规范，如关税法、进出口管制法、反倾销法、税法等；（3）调整国家间经济关系的国际法规范，包括有关的多边条约、双边条约、国际惯例等。其中（1）（2）是国内法规范，（3）是国际法规范；（1）是国内私法规范，（2）是国内公法规范，（3）中条约为国际公法规范，国际惯例多为私法规范。

国际经济关系的统一性和特殊性决定了对其进行调整的国际经济法的复杂性和多样性。如在一项国际货物买卖中，若甲国A公司从乙国B公司购买一批服装，A公司与B公司都要受到本国对贸易进行管理和管制的国内公法如关税法、进出口管制法、税法等的调整，如B公司可能构成倾销，则A公司还要受到本国反倾销法的规制；A公司与B公司要受到本国合同法、国内买卖法等国内私法的规范；若双方交易符合《联合国国际货物销售合同公约》的适用范围或甲国、乙国签订了双边贸易协定或加入的多边条约有相关的规定，则还要受这些国际公法的规制；若A公司与B公司采用2020年《国际贸易术语解释通则》的贸易术语，则双方还要受到国际惯例的规制。可见，国际经济法既包括国际法和国内法规范，也包括公法和私法规范。

2．国际经济法的基本原则是指那些获得国际社会广大成员的公认，对国际经济法各个领域均具有普遍意义，并构成国际经济法基础的法律原则。其中，国家经济主权原则、公平互利原则、国际合作以谋发展原则等与国际经济关系关系密切，对国际经济法具有直接指导意义。

（1）国家经济主权原则。国家主权原则在国际经济领域表现为国家对自然资源的永久主权，也即国家的经济主权。国家的经济主权是国家主权不可分割的一部分，是新的国际经济秩序的基础。它是依照《各国经济权利和义务宪章》确立的，主要包括：第一，国家对其自然资源享有永久主权。国家有权自由利用其自然资源，有权自由处置其自然资源，包括有权实行国有化或把所有权转移给本国国民。第二，国家有权对其境内的外国投资以及内国公司的活动进行管理和监督。第三，国家有权将外国财产收归国有或征用。上述宪章明确规定有权将外国财产的所有权收归国有、征收或转移，在收归国有、征收或转移时，应由采取此种措施的国家适当地赔偿。国有化赔偿问题是国内法管辖事项，而不是依传统的国际法进行赔偿。

（2）公平互利原则。《各国经济权利和义务宪章》强调：所有国家在法律上一律平等，并作为国际社会的平等成员，有权充分有效地参加解决世界经济、金融和货币问题及作出国际决议的过程，并公平分享由此产生的利益。真实意义上的公平，不仅是形式上的平等，也是实质上的平等。所谓互利就是要照顾到有关各方的利益。我国早在1954年就提出了平等互利原则，并为世界大多数国家所承认，成为国际法基本原则之一。实行公平互利原则，是摧毁旧的国际经济秩序和建立新的国际经济秩序的客观要求。根据公平互利原则，不仅在一般国际经济关系中应遵循平等互惠原则，更重要的是，在经济实力悬殊的发达国家和发展中国家的经济关系中，不仅要消除不等价的交换关系以及任何歧视待遇，还必须实行非对等的优惠待遇，谋求实质性的平等。

（3）国际合作以谋发展原则。《各国经济权利和义务宪章》指出：国际合作以谋发展是所有国家的一直目标和共同义务，每个国家都应对发展中国家的努力提供合作，提供有利的外界条件，给予符合其发展需要和发展目标的积极协助；要尊重各国的主权平等，不附带任何有损它们主权的条件，以加速它们的经济和社会发展。根据这个原则，要促进所有国家的经济发展，首先必须促进发展中国家的经济发展，必须加强国际合作。所有国家都必须在公平互利的基础上，在经济、社会、文化、科技等领域进行合作。发达国家应在国际经济合作可行的领域内给予发展中国家普遍优惠的、非互惠的和非歧视的待遇，等等。

3. 国际贸易惯例是指在长期的国际贸易实践中，在某一地区或者行业逐渐形成的为该地区或该行业所普遍认知、适用的商业做法或贸易习惯，作为确立当事人权利义务的规则，对适用的当事人有约束力。现在的国际贸易惯例经过人们的整理和编纂，表现为书面的成文形式。某组织协会的标准合同文本、指导原则、业务规范、术语解释都可以是国际贸易惯例。

国际贸易惯例具有以下特征：（1）它是在长期的国际贸易中自发形成的，而且其成文化一般也是由商业自治团体自发编纂而成。其非主权性大大增强了国际贸易惯例的普遍适用性。（2）国际贸易惯例是为某一地区、某一行业的人们所普遍遵守和接受的。（3）国际贸易惯例非法律，即其适用具有任意性，没有强制适用力。

由于国际商事惯例具有可选择性、变更性，其本质上是供当事人在其从事的特定交易中，在法律允许的范围内自愿适用的制度。只有在当事人明示或默示同意采用时，才对当事人具有法律效力。若当事人明示或默示加以排除，则不能将国际贸易惯例强加给当事人。国际贸易惯例的法律拘束力源于双方共同的意思表示。一经当事人选择适用就对当事人产生约束力，即应当按照惯例的一般含义对合同进行解释。

国际贸易惯例可以补充现有法律的不足，明确合同条款的含义，更好地确定当事人的意图和权利义务。同时国际贸易惯例可以促进国际贸易规范的统一，减少当事人的争议，促进国际贸易的发展。

4. 随着世界各国经济联系的加强，其相互依赖的程度更为提高。当前，国际经济法当前发展的情况是：在国际贸易方面，随着关税减让、非关税壁垒的逐步限制与取消，各国市场更为开放，货物进出口更为自由、便利，国内市场与国际市场紧密地连为一体，不可分割，世界已成为一个统一的大市场。在投资方面，资本、技术人员等生产要素的跨国自由流动和合理配置，促进了分工与协作，实现了各国市场的相互融合和世界生产市场的一体化。在金融方面，银行、保险、证券等金融服务贸易的自由化将金融服务纳入金融全球化的轨道，使国内金融市场与国际金融市场融为一体，促进了全球金融市场一体化的进程。

未来，国际法在经济领域的作用和效力大为增强，国际经济法的发展趋势的特征也大大凸显。这表现为：第一，原先处于国内法管辖与调控的经济活动现在同时置于国际法规则的控制之下，国内法规则与国际法

规则基本一体化或趋同，调整国际经济关系的国际法规范的地位日益突出，涉及日益宽泛的多个领域。第二，国际商事实体法的统一步伐加快。有关国际组织在这个方面起到了十分积极的促进作用，这其中，涉及的领域和事项主要有国际合同和国际惯例、运输、破产、电子商务、国际支付、担保交易、采购和货物销售等。第三，国际经贸争端解决机制的强化。这在国际货物贸易领域的典型代表是WTO争端解决机制的判例体系的形成与完善，在国际投资领域的典型代表是ICSID的投资者与国家间仲裁机制被广泛采用。

5. "一带一路"作为中国引领全球治理的首次尝试，为全球治理提供了一种新思路、新畅想和新规划，作为全球治理的载体，"一带一路"对全球治理方式的完善、目标的实现和中国引领国际经贸规则的整合提供了"中国思路"、"中国方案"和"中国办法"。全球治理是对全球化的回应，其中面临许多机遇和挑战，"一带一路"倡议的提出，能够激发中国和"一带一路"沿线国家参与全球治理的主动性，增强两者的互动性，进而促使全球治理进入更高水平，实现全方位、高质量合作下"共商、共建、共享"的全球治理新模式。但是还需要看到，"一带一路"构想所要建立的新秩序不会也不能抛开现行的国际秩序。就"一带一路"倡议下国际经济法的发展而言，还需要借鉴现存的国际规则和国际机制的合理内容，同时其也会受到现存国际规则和国际机制的制约。

第一方面，在"一带一路"建设中，"一带一路"区域贸易法律制度主要是以自由贸易区网络为主要形式，加快实施自由贸易区战略，逐步构筑高标准自由贸易区网络。积极同"一带一路"沿线国家和地区商建自由贸易区。同时，还要维护多边体制的主渠道地位，坚持互利共赢原则，促进全球贸易投资的自由化和便利化，坚定反对各种形式的贸易保护主义。维护世界贸易组织在全球贸易投资中的主渠道地位，推动多边贸易谈判进程，促进多边贸易体制均衡、共赢、包容发展，形成公正、合理、透明的国际经贸规则体系。另外，"一带一路"区域贸易法律制度还要以促进贸易便利化为主要目标，旨在促进区域货物和服务贸易便利化和公正性。妥善处理与多边贸易安排以及其他区域贸易法律安排的关系。需要明确国民待遇和市场准入的具体内容，确定适合区域实际的原产地标准，逐步简化通关程序，协调卫生和检疫规则，削减区域技术壁垒，构建特色贸易救济途径。

第二方面，在"一带一路"建设中，"一带一路"区域投资法律制度首先以投资便利化为切入点和突破口，通过"负面清单"对外商投资进行管理，使其在不属于负面清单所列举的行业上享受国民待遇，从而激发自由贸易区的投资活力与经济增长。在这个过程中，密切同"一带一路"沿线国家的合作，推动"投资便利化合作机制"的落地和缔结含有"投资便利化措施"的双边或区域性的投资协定。其次，伴随着中国企业在"一带一路"沿线国家投资的开展，中国企业海外投资风险也显著提升。"一带一路"沿线的很多国家处于中高风险评级的名单之上，故而在"一带一路"投资法律制度的构建过程中，建立制度化和法制化的海外投资保护机制成为日益突出的问题。对此，需要积极推进海外投资保险立法、加强对多边投资担保机构对利益，从国内和国际两个层面进行风险规避。最后，我国企业在"一带一路"沿线国家进行的投资还面临着不同程度的安全审查，由于"一带一路"建设设计基础设施、能源、自由和电信等重点投资行业和敏感投资领域，"一带一路"沿线的东道国对此设置了不同的审查标准，而外国投资者则面临不同程度的信息披露要求。这其中，要积极应对那些歧视性的安全审查，以行使保护主义之实，特别是西方针对我国有企业问题的重点关注。

第三方面，在"一带一路"建设中，"一带一路"区域金融法律制度的展开，则是围绕金融支持、金融监管和金融创新等方面进行的。金融作为"一带一路"的引擎，在金融支持方面，我国依靠国际货币基金组织、"20国集团"等多边渠道，以亚洲基础设施银行和丝路基金为依托，促进国际金融法律制度和体系的完善，为"一带一路"建设提供投融资体系支持。与此同时，还应加强金融监管合作，推动签署双边监管合作谅解备忘录，逐步在区域内建立高效监管协调机制。完善风险应对和危机处置制度安排，构建区域性金融风险预警系统，形成应对跨境风险和危机处置的交流合作机制。加强征信管理部门、征信机构和评级机构之间的跨境交流与合作。而"一带一路"框架下的金融创新，则是通过拓宽金融合作领域、创新金融服务方式来实现的。例如，可以以银团贷款、银行授信等方式开展多边金融合作，支持沿线国家政府和信用等级较高的企业以及金融机构在中国境内发行人民币债券。符合条件的中国境内金融机构和企业可以在境外发行人民币债券和外币债券，鼓励在沿线国家使用所筹资金。

第四方面，在"一带一路"建设中，"一带一路"区域税收法律制度构建需要对标高效、统一、规范的国际税收规则体系和管理体系。国际税收能够优化生产要素的配置、消除跨境投资的障碍、维护国际市场统一和促进国际社会公平。在此基础上，"一带一路"沿线国家在税收法律合作领域需要首先达成区域税收协调和共识。在具体内容层面，"一带一路"税收协调的主要内容包括：通过税收协调削减或取消关税壁垒，签订"一带一路"双边或区域性的税收协定划分税收管辖范围，避免国际重复征税，进一步协调税收制度，避免税收歧视。在协定的配合实施方面，"一带一路"税收协调还需要"一带一路"沿线各国强化税收管理的合作，制定"一带一路"税收优惠政策，特别是向"一带一路"沿线的重点项目和设施、特定行业与领域进行倾斜。税收激励和优惠措施是国家对"一带一路"建设行使宏观调控的重要手段和政策工具。在税收优惠政策的支持下，能够帮助参与"一带一路"建设的企业抵御和降低生产、投资和经营的风险。而税收优惠政策本质上则属于税收补贴，是主权国家政府在税收方面给予市场主体的支持与扶持。对此，"一带一路"的税收优惠政策要坚持审慎态度，需要在不违反WTO反补贴规则要求下为之，从而在遵守国际义务与利用好税收优惠政策之间取得平衡。

第二章　国际经济法的主体

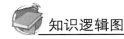 **知识逻辑图**

主体
- 国际经济组织
  - 政府间国际经济组织
  - 非政府间国际经济组织（如国际商会）
- 政府
  - 主权国家政府
  - 独立关税区政府（如我国香港地区）
- 经营主体
  - （国家）政府
  - 经济实体
    - 跨国公司
    - 一般公司（法人）
    - 非法人实体（如非法人的中外合作经营企业）
  - 自然人

 名词解释与概念比较

1. 国际经济法主体
2. 国际货币基金组织
3. WBG（考研）

选择题

（一）单项选择题

1. 下列有关跨国公司的说法正确的是（　　）。

A. 跨国公司是一个具有多重国籍的法人

B. 跨国公司是由不同实体组成的，这些实体分布在不同国家

C. 跨国公司是区别于合伙的、其投资者分布多个国家的股份公司

D. 跨国公司内部不存在母子公司关系，而是总公司与分公司的关系

2. 下列有关跨国公司的说法正确的是（　　）。

A. 由于跨国公司的跨国性，跨国公司既是国际经济法的主体，也是国际法的主体

B. 跨国公司的根本特征在于它们之间存在股权投资关系

C. 微软中国公司，作为一个独立的中国法人，享有独立于微软公司的决策经营权

D. 跨国公司的出现与发展，是与全球经济一体化的发展相联系的

3. 就跨国公司的管辖来说，下述说法正确的是（　　）。

A. 跨国公司是国际法人，受国际法院管辖

B. 跨国公司是国内法人，受国内法院管辖

C. 跨国公司是国际法人，直接适用国际法确定其权利义务

D. 跨国公司是国内法人，其国籍的确定只有一种标准

4. 关于跨国公司中母子公司之间的责任，正确选项是（　　）。

A. 由于母公司集中管理，母公司对子公司承担全部责任

B. 由于母子公司是相互独立的法人，母公司对子公司按照公司法承担有限责任

C. 由于母子公司分属不同国家的法人，母子公司之间无任何责任

D. 由于母子公司之间存在关联性，它们共同承担连带责任

视频讲题

5. 下列有关国际货币基金组织与世界贸易组织关系的说法正确的是（ ）。

A. 二者的调整对象是独立的，在这方面无联系

B. 二者的管理体制是一样的，其决策都遵循多数表决原则

C. 二者的组成成员是不同的，国际货币基金组织的成员必须是国家政府，而世界贸易组织的成员可以是单独关税区政府

D. 国际货币基金组织主要负责对发展中国家的贷款，而世界贸易组织负责对国际贸易的管理

6. 国际经济组织的法律人格是指（ ）。

A. 在法律上享有人格权，其人格不受侵犯

B. 是国内法人，根据公司法享有权利和承担义务

C. 在国际经济关系上独立地享有权利、承担义务的资格

D. 在其出资的范围内承担有限责任的资格

7. 下面有关国际经济组织的陈述正确的是（ ）。

A. 是政府间国际组织

B. 包括非政府间国际组织

C. 享有外交特权与豁免

D. 依据国际条约设立

8. 下列国际经济组织中，每一成员均享有一票投票权的组织是（ ）。

A. 国际货币基金组织

B. 世界贸易组织

C. 国际金融公司

D. 国际复兴开发银行

9. 下列国际经济组织中，属于经济区域一体化的组织是（ ）。

A. 世界贸易组织

B. 欧盟

C. 联合国贸易与发展会议

D. 国际商会

10. 在欧洲联盟的机构中，起主要立法作用的机构是（ ）。

A. 欧洲法院 　　　　　　 B. 欧洲议会

C. 欧盟（部长）理事会 　 D. 欧盟委员会

（二）多项选择题

1. ABC 有限公司是依据中国内地外商投资立法设立的外资公司，该公司由美、日、英、法四国的投资者投资设立，其中美国投资者所占股份为76%，该公司主要在中国香港地区从事经营。根据公司国籍的确定标准，该公司可能是（ ）。

A. 中国内地法人 　　 B. 美国法人

C. 中国香港法人 　　 D. 国际法人

2. 在欧盟的机构中，起立法作用的机构是（ ）。

A. 欧盟委员会 　　 B. 欧盟议会

C. 欧盟理事会 　　 D. 欧洲法院

3. 有关国家及其财产豁免的下述说法中，正确的是（ ）。

A. 国家外交人员享有外交特权与豁免

B. 国家财产神圣不可侵犯

C. 国家豁免原则的基础是主权平等

D. 国家及其财产豁免的趋势是有限豁免

4. 中国对外贸易法中规定的外贸经营权，属于（ ）。

A. 自然人的权利能力 　 B. 自然人的行为能力

C. 法人的权利能力 　　 D. 法人的行为能力

5. 对外国法人的承认方式主要包括（ ）。

A. 成立地规则 　　 B. 许可制

C. 相互承认制 　　 D. 一般承认制

6. 与政府组织和跨国公司相比，非政府组织的特点主要有（ ）。

A. 其设立的依据是某一国内法

B. 其活动具有非营利性

C. 参加该类组织的成员可以是非国家政府的单独关税区政府

D. 非政府组织参与国际经济法律规范的制定

7. 下列国内立法中，对外国及其财产采取有限豁免的立法是（ ）。

A. 美国《外国主权豁免法》

B. 英国《国家豁免法》

C. 中国《外交特权与豁免条例》

D. 《中华人民共和国外国中央银行财产司法强制措施豁免法》

8. 下面有关外国人的说法正确的有（　　）。

A. 如果自然人不具有某一国家的国籍，则该自然人在该国被视为外国人

B. 外国人在东道国的法律地位，由东道国的国内法或其参加的国际条约决定

C. 外国人在东道国可能享有国民待遇

D. 外国人在东道国可能享有最惠国待遇

9. 外国人在东道国享有国民待遇，就国际经济领域来讲，是指（　　）。

A. 东道国国民享有什么待遇，外国人就享有什么待遇

B. 外国人在东道国享有的国民待遇，限于某些具体方面

C. 在某些领域，外国人享有的待遇不低于东道国国民在相同方面的待遇

D. 外国人在东道国享有国民待遇，与外国产品享有国民待遇是一回事

10. 国际经济法的主体包括自然人、法人、国际经济组织和国家。下列表述哪些是正确的？（　　）

A. 国家作为国际经济法主体所进行的活动，包括其对经济的管理和监督

B. 国际经济法的内容不仅包括经济法律规范和民事法律规范，还包括部分行政法律规范

C. 国家只有自愿放弃豁免权，以平等的民事主体资格进行民事和经济活动时，才是国际经济法主体

D. 作为国际经济法主体时，国家仅以其授权以国家的名义从事民事和经济活动的组织和机构的财产为限承担民事责任

视频讲题

（三）不定项选择题

1. 国际组织之所以被认定为独立的国际法主体，是因为其成立基础是（　　）。

A. 能以自身活动影响其所在领域国际规则

B. 拥有至少一个独立于其成员意志的机构

C. 具备权利能力和行为能力

D. 享有特权并能够获得豁免

2. 世界银行集团下属的国际开发协会是（　　）。

A. 区域性国际组织　　　　B. 功能性国际组织

C. 全球性国际组织　　　　D. 一般性国际组织

3. 欧盟被认为是"超国家组织"，是因为（　　）。

A. 组织具有财政自主权

B. 组织的法律直接对成员国及其国民发生效力

C. 成员方不可能以单方意思表示径直退出组织

D. 组织的法律可以不经过转化便直接适用

4. 以下有关非政府组织活动特征，说法不正确的是（　　）。

A. 其成员可以是个人、民间团体或其他类型的主体

B. 其具有独立的人事任免权和组织财政权

C. 其所追求的理念与国际社会的价值目标完全一致

D. 其存在会给政策制定者施加来自国际社会的压力

视频讲题

5. 国际经济组织仅仅是国家为处理特定国际经贸事项而设立的合作机制，但是国际经济社会互动优先于国家利益而存在。前述论断体现了哪些国际关系理论的观点？（　　）

A. 现实主义　　　　　　　B. 制度自由主义

C. 功能主义　　　　　　　D. 建构主义

视频讲题

 简答题

1. 简述欧盟的主要机构及职能。（考研）

2. 简述"77 国集团"。（考研）

3. 简述跨国公司的特征。（考研）

4. 简述国际经济组织的特征、种类及发展趋势。

（考研）

5. 简述 NGO 对国际经济法的影响。

 论述题与深度思考题

1. 论述国家及其财产豁免原则的历史演变和最新发展。（考研）

2. 论述国际组织决议对国际经济法渊源的发展。

3. 论述国际经济法对发展中国家利益的确认与保护。

参考答案

 名词解释与概念比较

1. 国际经济法主体是指国际经济交往的法律关系中享有权利和承担义务的法律人格者，包括自然人、法人、国家和国际经济组织。它具备两个因素：第一，必须具有独立参加国际经济关系的资格；第二，必须具有直接承受国际经济法律关系中的权利和义务的能力。与国际法主体不同的是，其范围比较广泛，承受的权利义务不同。

2. 国际货币基金组织是 1945 年根据《国际货币基金组织协定》成立的全球性国际经济组织。其宗旨是促进国际货币合作和国际贸易的扩大与平衡发展，促进汇价的稳定，协助建立成员国之间经常性交易的多边支付制度，帮助消除阻碍世界贸易发展的外汇限制。其最高权力机构是理事会，执行董事会是国际货币基金组织处理日常事务的机构，行使理事会授予的一切权力。国际货币基金组织成员国的投票权与其所缴份额多寡密切相关。

3. WBG 即 World Bank Group，世界银行集团。它是由国际复兴开发银行（IBRD）、国际开发协会（IDA）、国际金融公司（IFC）、多边投资担保机构（MIGA）和国际投资争端处理中心（ICSID）这五个国际金融组织构成的。世界银行集团是世界上最大的多边开发援助机构，对其成员国而言，也是最大的国外借贷机构。世界银行集团的宗旨是：通过提供资金、经济和技术援助、鼓励国际投资等方式，帮助成员国特别是发展中国家提高生产力，促进经济发展和社会

进步，改善和提高人民生活水平。理事会是其最高权力机构。中国是世界银行的创始国。

 选择题

（一）单项选择题

1. B。考点：跨国公司的概念理解

解析：根据《联合国跨国公司行动守则》中对跨国公司的定义，跨国公司是由位于多个国家的实体组成的企业，以本国企业为基地，对设在不同国家或地区的子公司或分公司集中管理。因此，跨国公司与多重国籍、多个股东没有必然的联系，也不必然是总公司与分公司的关系，这些都不是其本质特点。本题选项中，B 选项是正确答案，A、C、D 选项是非正确选项。

2. D。考点：跨国公司的概念

解析：跨国公司的最根本特点是分布在多个国家，集中管理。无论跨国公司的实力有多大，其实质仍然是一类企业，是经济活动的参加者，而不能作为政府的身份发挥作用。同时，随着各国市场开放和经济依赖性的加强，企业在不同市场中进行投资、经营成为经营手段的一部分。本题选项中，A 选项混淆了国际法与国际经济法的区别；C 选项否定了跨国公司集中管理的根本特征；B 选项绝对化了企业之间的股权投资关系，实际上它们之间可能存在多种安排。本题正确选项为 D：经济全球化促进了跨国公司的发展。

3. B。考点：跨国公司的概念

解析：跨国公司不是国际法意义上的主体，而是根据国内法设立的企业的一种形式。因此，本题选项中，选项 A、C 明显错误。选项 D 似乎正确，但由于各国对公司国籍确定上存在不同的标准，对跨国公司的国籍确定自然也存在多种标准，而不是存在唯一标准，故选项 D 不正确。选项 B 符合跨国公司的情况，为正确选项。

4. B。考点：跨国公司母子公司间的责任承担

解析：关于跨国公司的责任问题目前国际上没有统一的标准，一般按照各国的公司法及相关法律来处理。全部责任、无责任或连带责任，既与各国公司法不符，也不利于跨国公司的经营与发展。通常是按照公司法承担有限责任，极个别情况下会突破这一限制，让跨国公司承担更大的责任，如所谓的"揭开公司面

纱"的情形。本题选项中，B 项为正确选项，A、C、D 项为非正确选项。

5. C。考点：国际货币基金组织与世界贸易组织的区别

解析：国际货币基金组织与世界贸易组织的管理对象虽然不同，但二者存在一定的合作与联系，特别是在与贸易有关的外汇储备、进口限制等方面，故排除选项 A。但二者的决策机制不同，一个是表决制，另一个是协商一致，故选项 B 被排除。成员构成不同，一个是国家政府，另一个可以是单独关税区政府。因此，本题选项中，正确选项为 C。D 选项为混淆选项，对国际货币基金组织的职责描述错误。

6. C。考点：国际经济组织的法律人格及权利能力

解析：国际经济组织是国际经济活动的主体之一，因而必须具有相应的资格。其法律人格实际上就是各国法律承认的享有权利、承担义务的资格，该资格源于其成员的授予以及非成员对该资格的承认。它与国内法上的法人或人格不是同一概念。因此，本题各选项中，只有选项 C 正确。A 选项与民法意义上的人格权混同，选项 B、D 与公司法意义上的法人混同。

7. B。考点：对国际经济组织的理解

解析：国际经济组织包括政府间国际经济组织与非政府间国际经济组织，非政府间国际经济组织不一定享有外交特权与豁免，也并非一切国际经济组织都是依据国际条约而成立的。因此，本题选项中，只有 B 选项正确。

8. B。考点：国际经济组织的决策机制

解析：在本题的四个选项中，除 B 选项世界贸易组织外，都属于国际货币基金组织或世界银行的范围，这些组织除向每一成员分配一定的投票权外，还按认缴份额进行分配。所以其相关选项均被排除。只有世界贸易组织是每成员一票投票权，尽管其决策优先遵循协商一致原则。

9. B。考点：国际经济组织的类型

解析：本题正确选项显然是 B。经济区域一体化指的是某一特定区域经济一体化，而不是指全球区域经济一体化。

10. C。考点：欧盟的机构与职责

解析：对于欧盟，特别注意的是其主要立法机构不是貌似立法机构的欧洲议会，而是欧盟（部长）理事会，它由各成员政府部长级代表组成，是最高决策机关和主要立法机构。

（二）多项选择题

1. ABC。考点：法人国籍的确定

解析：法人的国籍确定，依据不同的法律可能存在不同的标准，常见的标准有公司设立地、住所地、资本控制标准等。因此，本题中的 A、B、C 三个选项都有可能。

2. ABC。考点：欧盟的机构及其职能

解析：在欧盟的机构中，主要立法机构是欧盟理事会，但欧洲议会在立法方面所起的作用越来越大，欧洲委员会也可以制定适用于欧盟境内的条例、规章。因而，正确的选项应该是 A、B、C。

3. CD。考点：国家及其财产豁免

解析：国家及其财产豁免经历了从绝对豁免到相对豁免或有限豁免的发展过程。由于国家参与经济活动的程度越来越大，绝对豁免呈缩小趋势，而有限豁免呈发展趋势。2004 年年底《联合国国家及其财产管辖豁免公约》采取了有限豁免原则，同时规定了不得引用豁免的领域。本题中正确选项是 C、D。

4. BD。考点：国际经济法主体的能力

解析：自然人和法人参与国际经济活动，必须具备相应的权利能力和行为能力，一般来说，权利能力与生俱来，而行为能力是从事特定活动的资格。对外贸易经营权显然属于后一种类。中国对外贸易法规定自然人和法人都可以从事对外贸易，本题正确选项为 B、D。

5. BCD。考点：外国法人的承认

解析：外国法人的承认指内国对外国法人权利能力和行为能力的承认。是否承认取决于内国的规定。本题选项中，A 选项是确定法人国籍的原则，其他三个选项都是承认法人的几种方式，是正确选项。

6. ABD。考点：非政府组织、国际经济法主体

解析：非政府组织的最大特点是非政府组织性，其成员为国家政府之外的自然人、法人或其他实体或组织。与政府组织不同的是，其设立依据不是国际条约，而是某一国的国内法。非政府组织的非营利性是其另外一大特点。在经济全球化时代，非政府组织在促进国际经济法律规范方面所起的作用越来越大。正确答案是选项 A、B、D，C 选项为非正确

答案。

7. AB。考点：国家及其财产豁免

解析：在国家及其财产豁免问题上，英美曾长期采取绝对豁免主义，但美国《外国主权豁免权》及英国《国家豁免法》采取的是有限豁免原则。《中华人民共和国外国中央银行财产司法强制措施豁免法》仅对特定财产实施豁免，在这一点上是绝对豁免。尽管存在对等豁免的规定，但这与绝对豁免或有限豁免不是一回事。本题选项中 C 项是混淆项，其仅适用于外交人员。本题的正确选项为 A、B。

8. ABCD。考点：外国人的确定及待遇

解析：不是本国人的就是外国人。根据现有的实践和国际条约的规定，外国人在东道国可以享有国民待遇、最惠国待遇或非歧视待遇，具体取决于国内法及相关国际条约的规定。因而，本题的四个选项都是正确选项。

9. BC。考点：外国人的地位、国民待遇

解析：外国人在东道国的地位不是绝对的、抽象的，也不是与东道国国民享有完全相同的待遇。例如，外国投资者在中国享有的待遇，在某些方面高于中国投资者享有的待遇，在另外一些方面低于中国投资者享有的待遇。同时，外国人享有的待遇与外国产品享有的待遇，是两个概念，不能混同。本题的正确选项是 B、C。

10. AB。考点：国际经济法的内容及主体

解析：国家是一个特殊的民事主体，作为主权的最高代表和象征，国家可以自己的名义从事各种国际、国内的经济活动，签订各种合同、条约和协议，并以国库的全部资产承担责任。然而国家又不同于一般的民事主体，表现为：它享有不可被剥夺的主权豁免权；未经国家同意，国家的主权行为和财产不受外国管辖和侵犯；国家不能作为被告在外国法院出庭、应诉，国家财产不能作为诉讼标的以及法院强制执行的对象。然而，为了适应国际经济交往的需要，国家可以通过一定方式宣布自愿放弃豁免权，以平等的民事主体资格从事各种经济活动。在这种情况下，由国家授权的负责人代表国家进行民事和经济活动。除直接从事各种经济活动之外，国家作为国际经济法主体，还具有其他主体所不具有的特殊职能，即对经济进行管理和监督的职能，这些行政法律规范构成了国际经济法的重要内容。

（三）不定性选择题

1. ABC。考点：国际组织的构成要件

国际经济组织既可以是主权国家或者区性地方政府的政府间国际经济组织，也可以是由来自不同国家的民间团体、自然人或者法人组成的非政府间国际经济组织。国际组织与非政府组织和跨国公司的不同在于：国际组织是根据国家之间的协定建构的、至少存在一个独立于各成员方的机构以及在国际法的指导下活动的国际法人。照此说法，A、B、C 项正确。国际组织的特权与豁免虽然是国际组织法中的重要问题，但这并不属于国际组织成立的判定标准。国家在国际法上也有享有特权和豁免。因此 D 项错误。

2. BC。考点：国际组织的分类

国际开发协会是世界银行的附属机构之一，1960年 9 月 24 日正式成立，同年 11 月开始营业。该协会宗旨为对低收入的国家提供条件优惠的长期贷款，以促进其经济的发展。因此从地域范围上看，国际开发协会属于全球性国际组织；从职能方面看，国际开发协会的特殊职能、金融工具属性决定了其属于专门性/功能性国际组织。因此，A、D 项不符合题意。

3. ABCD。考点：国际组织的形态

超国家组织是政府间国际组织合作形式的"升级版"。超国家组织的六个特征是：（1）组织决定具有较高的约束力；（2）作出决定的机构不依赖成员间的合作；（3）组织的法律直接对成员国及其国民直接发生效力、高于成员国国内法（组织的法律可以不经过转化便直接适用）；（4）组织具有强制执行力；（5）组织具有财政自主权；（6）成员方不可能以单方意思表示径直退出组织。因此 A、B、C、D 四个选项都正确。

4. C。考点：非政府组织

非政府间的国际组织（NGO），指的是那些不是根据政府间的协议建立起来的国际组织。NGO 的本质具有"非官方性"，可以作为国际社会的监督性力量和议题的发起者，影响和参与全球治理的进程。因此 A、D 项说法正确。NGO 的宗旨、目的和原则独立于国家政府调整的体系之外，因而 NGO 的人事的任免、财务的状况以及决策的作出都不依附于政府机构，也不依赖于政府间的国际组织。因此 B 项说法正确。虽然 NGO 的活动具有公益性的特点，但是其利益并非与国际社会利益相一致。其中依然存在许多利益冲突与对抗。因此 C 项说法过于绝对。

5．ACD。考点：国际经济法与国际关系理论

现实主义理论认为国家是国际法的唯一主体，自助是国家采取的行为法则。国际组织是国家派生的产物，是国家功能的延伸并且服从于国家。制度自由主义认为，国际组织（或国际制度、机制）可以帮助某些类型的国家解决国内的可信承诺问题。建构主义的核心观点认为：全球秩序是一种社会建构，规范和制度帮助构建世界秩序；世界政治行为体和结构之间存在相互构成的关系；信仰、规范、观念和认识构成了物质之外的社会结构。功能主义的观点则认为，国家是理性的行为者，它们利用国际组织来推进自己的目标，在此基础上国家有意地去设计国际组织的结构。题干中的观点前半部分体现了现实主义和功能主义的观点，即把国际组织当成合作工具、国家的附庸。因此 A、C 项当选。社会身份优于国家利益，属于建构主义的内涵。因此 D 项当选。题干并未强调制度合作的功能和优先性，未体现国际制度的特点。因此 B 项不当选。

 简答题

1．欧洲联盟是在 1992 年《欧洲联盟条约》（又称《马斯特利赫特条约》）的基础上建立起来、由欧共体发展起来的，旨在建立欧洲经济与货币联盟和政治联盟的国际性组织，兼具国际组织的属性和联邦的特征。《欧洲联盟条约》使欧洲联盟成为一个高度自主的决策机构，并赋予其立法权。在机构的组成和权利的分配上，欧盟强调每个成员国的参与，成员国自愿将国家的部分主权转移到欧洲联盟。其主要机构包括欧盟（部长）理事会、欧盟委员会、欧洲议会和欧洲法院。

欧盟（部长）理事会是欧盟的最高决策机构和主要立法机构，由成员国部长级的代表组成。欧盟（部长）理事会的职能是：（1）负责协调各成员国的经济政策。（2）拥有欧盟绝大部分的立法权，在条约授权的范围内公布对各成员国都有拘束力的法规。（3）作出决定后，授权欧盟委员会具体执行欧盟理事会作出的规则。（4）在特定情况下保留直接执行规则的权力。

欧盟委员会是欧盟的常设机构，它代表欧盟的超国家利益。欧盟委员会由 27 名成员组成，只有成员国国民才能成为委员会的委员，委员会应由每一成员国的至少一名国民参加。委员会成员为了欧洲联盟的利益完全独立地行使职权。其主要职能是：（1）保证《欧洲联盟条约》的规定和共同体机构根据条约采取的措施得到执行。（2）在《欧洲联盟条约》明确规定或委员会认为有必要时，就条约规定范围内的事项提出建议或发表意见。（3）拥有自己的决策权，并有权以条约规定的方式同欧盟（部长）理事会或欧洲议会一起制定将要采取的措施。（4）在欧盟（部长）理事会授权下实施欧盟（部长）理事会制定的规则。

欧洲议会是欧盟的监督和咨询机构，它代表成员国的人民。欧洲议会的议员由直接选举产生，选举遵照各个成员国国内的选举体制进行。欧洲议会的职能主要是监督性和咨询性的。

欧洲法院是欧盟的司法机构，由 13 名法官组成。欧洲法院的职能是：（1）审理成员国或委员会对另一成员国或委员会违反条约义务提起的诉讼。（2）审理对共同体机构提起的诉讼。（3）对成员国国内法院提出的关于共同体法的有效性或解释作出先行裁决。先行裁决是欧洲法院对欧洲联盟法的司法解释权，保障了欧盟法在各国适用的统一性。

除了以上主要机构，欧盟还设置了一系列附属机构和专门机构，如审计院、经济和社会委员会、运输委员会、货币委员会等。

2．"77 国集团"是发展中国家在维护自己经济权益的斗争中逐渐形成和发展起来的。该集团组织松散，不设总部，也无常设机构，没有章程和财务预算，议事时采取协商一致的原则作出决定。但在主要的国际经济机构中都有它的组织。

第二次世界大战后，亚非拉广大发展中国家虽然获得了政治上的独立，但在经济上并没有获得真正的独立，依然受国际经济旧秩序的影响。在日内瓦召开的第一届联合国贸易和发展会议上，发达国家和发展中国家在一些重大问题上产生尖锐分歧。77 个发展中国家和地区联合起来发表了《77 国联合宣言》，要求建立新的、公正的国际经济秩序，并以此组成一个集团参加联合国贸易和发展会议的谈判，因而该集团被称为"77 国集团"。虽然后来成员国逐渐增加，但集团名称仍保持不变。该集团的宗旨是在国际经济领域内加强发展中国家的团结和合作，推进建立新的国际经济秩序，加速发展中国家的工业化进程。它在联合国、贸易和发展会议、工业发展组织中的活动尤为活跃。每届联合国大会、贸易和发展会议举行之前该集团通

常举行部长级会议，协调立场，研究对策。部长级会议是该组织的最高权力机构。该组织成立多年来，已成为发展中国家在国际经济组织中共同利益的代表。它为促进南南合作、推动南北对话、维护自己的正当权益以及改变不合理的国际经济秩序作出了不懈的努力，并取得了可喜的成就，在联合国贸易和发展会议主持的谈判中达成了一系列对发展中国家有利的国际公约和协定。中国不是"77 国集团"成员，但一贯重视发展同"77 国集团"的合作，支持"77 国集团"的正义主张和合理要求，并与其保持良好的合作关系。

3. 根据《联合国跨国公司行为守则（草案）》中的定义，跨国公司是指由分设在两个或两个以上国家的实体组成的企业，而不论这些实体的法律形式和活动范围如何；这种企业的业务是通过一个或多个决策中心，根据一定的决策体制经营的，因而具有一贯的政策和共同的战略；企业的各个实体由于所有权或别的因素的联系，其中一个或一个以上的实体能对其他实体的活动施加重要影响，尤其是可以同其他实体分享知识、资源以及分担责任。根据该定义，可以看出跨国公司具有以下特征：

（1）跨国性。跨国公司的实体分布于多国，在多国从事投资经营活动。一般以一国为基地，受一国大企业的控制、管理和指挥，而在国外经营采用子公司、参与公司、分公司等多种形式。母公司和总公司通过所有权或其他手段对这些实体行使决定性的控制。

（2）战略的全球性和管理的集中性。第一，跨国公司在制定战略时，从整个公司的利益出发，以全世界市场为角逐目标，从全球范围考虑公司的生产等政策和策略，以取得最大限度的和长远的高额利润；第二，跨国公司由母公司制定全球战略，母公司的决策中心对整个公司集团各实体拥有高度集中的管理权。

（3）公司内部的相互联系性。跨国公司是由分布在各国的诸实体所组成的企业，其内部各实体之间特别是母公司和子公司之间，由于所有权或别的因素的联系，其中一个或一个以上的实体能对其他实体的活动施加重要影响，尤其是可以同其他实体分享知识、资源以及分担责任。

4. 国际经济组织是指两个或两以上的国家或民间团体为了实现共同的经济目标，通过缔结国际条约或协议建立的具有常设组织机构和经济职能的国家或组织联合。广义的国际经济组织包括政府间的国际经济组织和非政府间的国际经济组织。狭义的国际经济组织仅指政府间的国际经济组织。

政府间的国际经济组织具有以下特征：第一，具有明确的目标或宗旨。国际经济组织是为了实现成员之间的一个或多个经济目标而成立的。第二，国际经济组织是以缔结条约或其他协议的形式而设立的组织，而且这些公约、条约、协定、决议、守则、示范法等是调整国际经济组织成员之间关系的规范性文件，有的文件对组织的成员有法律约束力，而有的只具有指导意义。第三，国际经济组织是国家之间的联合，而不是凌驾于国家之上的组织。国际经济组织的权力都是成员国通过缔结条约所赋予的。第四，政府间国际经济组织在完成其职能之限度内，在各成员国领土享有特权。

国际经济组织具有以下种类：（1）世界性国际经济组织，是指成员资格向世界各国开放，调整全球范围内重要经济事务的国际组织。（2）区域性国际组织，是由经济发展水平相近、政治制度相似的同一区域内的若干国家组成的国际经济组织。区域性国际经济组织的主要目的是依靠区域集团的力量实现各国单独难以实现的经济和政治目标。

国际经济组织的发展趋势表现为：第一，国际经济组织的数量持续增长。第二，国际经济组织的活动范围不断扩大，职能日益丰富。第三，国际经济组织的作用加强。国际经济组织的监督、管理、执行能力都有所增强。

5. 在国际经济法领域内，非政府间国际组织（NGO）在制定相关的交易规则、促进全球经济贸易发展等方面发挥了重要作用。其中的典型者有国际商会（ICC）、国际海事委员会、国际法协会以及各种行业协会组织和民间团体等。NGO 在制定规则方面，也有其独特的作用，那些按照贸易客观发展规律和国际商事交易规律制定的规则，同样有可能被相关行业普遍采纳。例如，国际商会制定的《国际贸易术语解释通则》和《跟单信用证统一惯例》，得到了各国从事国际经济贸易交易的自然人和法人的普遍遵守。

很多情况下，NGO 的出现是作为弥补单纯由主权国家治理、调整和推动国际社会发展和国际法治进程的重要补充和新兴力量而存在的。同时，NGO 也以积极的姿态参与和回应针对全球性问题的治理活动。除活动领域广泛、关注议题多样之外，NGO 还因为在国际社会中的灵活性大、遇到的政治阻力较小等特点，为全球性问题的解决提供了拥有独立来源的以及更多元的解决方案。在国际经济领域，NGO 能够为主权国家和国际组织提供信息资源和决策咨询意见；能够以自身的影响对相关议题形成关注，将这些关切提上议事日程；能够以自身所长为国际经济发展提供服务和支持、监督国家政府对相关条约的履行情况；能够充当中立的第三方进行斡旋和交涉，促进国际经济争端的有效解决；等等。在这些过程中，国际法中的平等互助理念、合作发展原则某种程度上都会以不同方式得到彰显。

但还需要指出的是，NGO 的实践与活动并非都会如预期般成功，也并非都会得到主权国家及其政府和国际组织的支持。其行为在复杂的国际社会中时常遭遇挫折与失败，更有甚者，特定 NGO 可能会被一些不友好势力所利用，充当干涉他国内政的"白手套"。NGO 不可能像主权国家那般拥有完全的权利能力与行为能力，也不像国际组织那般得到缔约国的主权让渡或授权；就其内部而言，NGO 也缺乏领土、主权和居民这些构成国际法上的独立行为体的基础要素的支撑。因此在物质基础、法律地位和资源调配上，NGO 都展现出与生俱来的缺陷，进而造成对政策制定的影响力和实际上的行动能力不足。换言之，NGO 的活动受到国家和国际组织的制约，其目的与宗旨的实现很大程度上亦取决于国家与国际组织的配合。极端的情况是，为了达到自身的目标，一些 NGO 不惜以或暴力，或激进的方式，采取戏剧性和夸张的做法来表达自身的诉求，并企图影响国家或国际组织政策制定与谈判进程。所以从这个角度上说，NGO 对于国际关系与国际法的影响是间接性和局部性的。

NGO 存在的意义是，可以作为国际社会的监督性力量和议题的发起者，从而以自身独特的优势深刻影响和参与全球治理的进程：（1）在全球治理过程中，NGO 可以引导国家和国际组织考虑并关注哪些问题，由此确定哪些属于当前应该关注的相对优先事项；（2）在优先事项确定下来之后，NGO 需要围绕着这一事项进行活动，积极倡导与推动议题的落地和落实，并给相关政策制定者施加来自国际社会"民间"的压力；（3）在与国际政策制定者的互动过程中，NGO 还需要积极地将自身主张通过各种渠道宣扬开来，以自身代表团体的积极主张影响并塑造全球治理过程中的话语体系。

论述题与深度思考题

1. 关于国家及其财产豁免原则的历史演变及其新发展，需要从如下几个方面进行论证。

（1）概念。

国家豁免原则是指国家及其财产不受他国管辖。它包括三个方面的内容：

第一，管辖豁免，指的是未经一国同意，不得在另一国法院对该国提起诉讼或以其财产为诉讼标的提起诉讼。

第二，诉讼程序豁免，是指即使一国放弃管辖豁免，未经其同意，不得对其财产采取诉讼保全措施，也不得强制其出庭作证或提供证据以及为其他诉讼行为。

第三，执行豁免，指一国放弃管辖豁免而同意在他国法院作为被告或主动作为原告参加民事诉讼时，即使败诉，未经其同意，仍不得对其财产实行强制执行。

（2）历史演变。

历史上主要存在两种国家豁免的理论，即绝对国家豁免论和相对国家豁免论。

绝对国家豁免论认为，在任何情况下，国家及其财产都享有豁免权，除非国家自愿放弃这种豁免权。该原则可以追溯到 14 世纪著名法学家巴托尔的学说"平等者间无裁判权"；16 世纪后，该原则被认为是和君主的个人豁免相同的原则；18 世纪末到 1886 年，各国一致认定该原则。

该理论有其合理性，但是在实践中也存在问题。首先，依该原则处理国家与外国私人之间的纠纷常会将问题上升到国家之间的外交纠纷，这对于维护国家的对外关系的稳定性是不利的。其次，该原则容易导致与国家进行交易的个人对自身利益的可靠性产生怀疑，从而限制国家对外经济活动。

相对豁免论认为，国家行为应分为主权行为和非主权行为，国家及其财产是否享有豁免权，要看它从事的是哪一类行为：外国国家以政治主体资格行使统治权活动即所谓的主权行为或公法行为时，享有豁免权；反之，外国国家从事商业活动，为非主权行为或私法行为时，则不享有豁免权。该理论是 19 世纪末、20 世纪初开始在国际上出现的。先是资本主义国家之间对于国有商船是否享有豁免出现分歧，之后国家与私人交易增多，为保护私人利益，部分国家开始对他国的非主权行为拒绝给予豁免。第一次世界大战后，该理论在欧洲大陆的一些国家渐成趋势。第二次世界大战后，一些坚持绝对豁免论的国家，例如英美，走上了相对豁免之路。

（3）最新发展。

近年来，相对豁免理论逐渐为各国所接受，成为当今趋势。其中最明显的例子莫过于2004年联合国大会通过的《联合国国家及其财产管辖豁免公约》。我国也正式签署该公约。该公约在认为国家及其财产的管辖豁免为一项普遍接受的习惯国际法原则的同时，也考虑到国家实践的发展，特别是在国家与自然人或法人的交易方面的实践。

该公约尽管避免使用绝对或相对豁免理论，但实际上采用了相对豁免理论。虽然公约目前尚未生效，但作为第一个全面规范国家及其财产豁免问题的公约，对于国际法的发展、国家参与涉外经济活动都将产生重大影响。

其主要内容包括：

第一，在原则上肯定了国家及其财产的管辖豁免是一项国际法规则的同时，具体规定了国家不得享有管辖豁免的8种情况：商业交易；雇佣合同；人身伤害和财产损害；财产的所有、占有和使用；知识产权和工业产权；参加公司或其他集体机构；国家拥有或经营的船舶；仲裁协定的效果。

第二，在什么是国家的"商业交易"的判断标准问题上，该公约综合了"性质论"和"目的论"的主张。根据该公约第2条第2款规定，"商业交易"应主要参考该合同或交易的性质，但如果合同或交易的当事方达成一致，或者根据法院地的实践，合同或交易的目的与确定其非商业性质有关，则其目的也应予以考虑。

第三，该公约把对国家财产的强制措施分为判决前的强制措施和判决后的强制措施两种。对前者，公约基本上采取了绝对豁免的立场。公约第18条规定，不得在另一国法院的诉讼中针对一国财产采取判决前的强制措施，例如查封和扣押措施，除非：（a）该国以某些方式明示同意采取此类措施，或（b）该国已经拨出或专门指定财产用于清偿该诉讼标的的请求。对于后者，公约基本上采取了相对豁免的立场。公约第

19条（c）项规定，如果已经证明某项财产被某国具体用于或意图用于政府非商业性用途以外的目的，并且处于法院地国领土内，那么可以对该财产采取判决后强制措施。但公约第21条也规定了5类特定财产作为例外。

第四，公约第10条第3款规定，国家豁免不因那些具有独立法律人格的国有企业涉诉而受影响。该款意在避免国有企业被诉时，国家被连带受诉。此外，也规定了一些例外，涉及国家实体故意虚报其财务状况，国家可能因国有企业的状况而受诉。这是发达国家和发展中国家相互妥协的产物。

（4）中国在该问题上长期坚持绝对豁免理论，但是近年来，随着我国对外开放的不断扩大，涉及国家的民事诉讼案件日益增多，而在国际上支持相对豁免论的国家也越来越多，继续坚持绝对豁免理论对我国是不利的。我国既要坚持国家及其财产豁免这一国际法原则，明确相对豁免的立场，又要在实践中采取灵活多样的措施来协调在这个问题上同其他国家及其自然人或法人的利害冲突。

2. 国际（经济）组织的决议的性质可以被表述成软法，即那些虽然有影响力，但却没有普遍的法律约束力（除了针对该组织内部特定事项）的规范。这些决议的内容主要由两大部分构成：一是那些明确确定国际经济法主体间的权利义务关系的法律规则决议，二是那些数量繁多的内容模糊且只具有原则性和指导下的决议。即便如此，国际组织决议的法律价值却不能因此被否认。虽然在这些决议被起草之时并没有创制法律规则的意图，但是这种模糊的规定体现了被国家实践普遍确认和认可的原则，由此，能够对国际法的形成产生实质性、长久性的影响。从另一个角度来看，除了国际组织，区域组织、跨国公司、非政府组织的"造法"活动和设立标准的活动也能够产生软法。在国际金融领域，国际软法由于存在着诸多优点而被众多跨国金融机构乐于遵从，例如巴塞尔委员会制定关于跨国银行监管方面的国际性协议。

《国际法院规约》第38条对国际法渊源的列举并不是穷尽的，亦不能据此认为非上述所载之渊源便不属于国际法的渊源。所以可以看到，国际组织的决议及其规范性文件不属于前述所列举的类型，但实际上可能仍属于国际法的其他可能渊源而存在。这主要是因为国际组织决议，特别是以联合国大会和安全理事

会为代表的国际组织决议，对国际法发展所造成的影响更为深远。因而，国际组织决议既可以证明习惯法的存在，也可以明确那些正在形成的习惯法规则。

3. 在国际经济合作中，如何解决广大发展中国家的发展问题，一直是国际经济法亟待解决而又没能很好解决的问题。迄今，绝大多数发展中国家仍然没有发展起来，仍有许多发展中国家处于贫穷落后境地。国际经济法在自身的发展过程，对发展中国家始终予以特殊的照顾和对待。在组织层面，发达国家和发展中国家的矛盾的爆发集中在 20 世纪 60 至 70 年代。伴随着全球化的进程，资本和技术在全球范围内充分流动。跨国公司是其中的主要推手。越来越多的商业和资本转向本土以外，在远离旧址的地方建厂运作。在这个过程中，投资者在东道国境内频频引发了跨国投资带来的环境污染、劳工问题和人权问题。在联合国的积极协调推动下，发达国家与发展中国家就建立国际经济新秩序展开对话。在联合国框架内，各方通过了一系列的宣言和宪章，成立了联合国工业发展组织和联合国开发计划署。

在法律层面，20 世纪 60、70 年，代发展中国家、摆脱殖民统治的第三世界国家在联合国框架内展开建立国际经济新秩序的斗争。这一概念最初是在 1964 年第二次不结盟国家首脑会议上提出的。最终联合国大会第六届特别会议在 1974 年 5 月通过了《建立国际经济新秩序宣言》《建立国际经济新秩序行动纲领》，在 1974 年 12 月又通过了《各国经济权利与义务宪章》等文件。此外，1979 年"东京回合"谈判之时，应大多数发展中国家呼吁，通过了《关于发展中国家差别、更优惠、互惠和较全面参与的决定》（"授权条款"），其中规定了发达国家与发展中国家间达成的区域贸易安排排除适用《关税和贸易总协定》第 1 条的最惠国待遇原则。其中的安排是：第一，应旨在便利和促进发展中国家的贸易，而不是对任何其他缔约方的贸易设置障碍或造成不当的困难；第二，不得构成对在最惠国基础上进行贸易的关税削减或消除及其他限制的障碍；第三，在发达缔约国给予发展中国家这种待遇的情况下，应设计并在必要时加以修改，以积极响应发展中国家的发展、金融和贸易需要。

第三章 国际货物买卖法

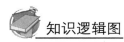 知识逻辑图

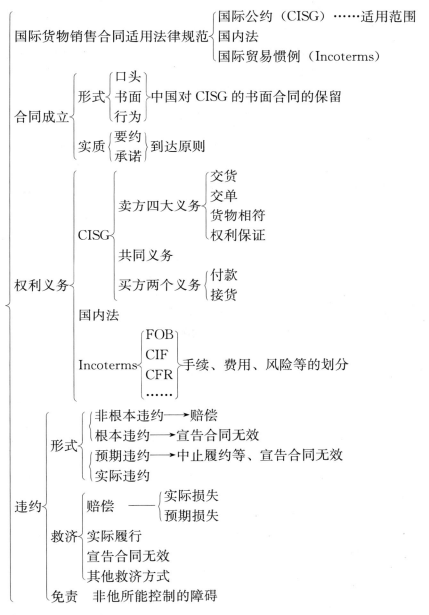

国际货物销售合同适用法律规范 { 国际公约（CISG）……适用范围 / 国内法 / 国际贸易惯例（Incoterms）

合同成立 { 形式 { 口头 / 书面 / 行为 } 中国对 CISG 的书面合同的保留 ; 实质 { 要约 / 承诺 } 到达原则

权利义务 {
CISG { 卖方四大义务 { 交货 / 交单 / 货物相符 / 权利保证 } ; 共同义务 ; 买方两个义务 { 付款 / 接货 } }
国内法
Incoterms { FOB / CIF / CFR / …… } 手续、费用、风险等的划分
}

违约 {
形式 { 非根本违约──→赔偿 / 根本违约──→宣告合同无效 / 预期违约──→中止履约等、宣告合同无效 / 实际违约 }
救济 { 赔偿 ── { 实际损失 / 预期损失 } / 实际履行 / 宣告合同无效 / 其他救济方式 }
免责 非他所能控制的障碍
}

名词解释与概念比较

1. FAS（考研）
2. CIF（考研）
3. CPT（考研）
4. FCA（考研）
5. CFR（考研）
6. 根本违约（考研）
7. 预期违约（考研）
8. Unconscionability（考研）
9. Voidable Contract（考研）
10. Rescission（考研）

 选择题

（一）单项选择题

1. 对《联合国国际货物销售合同公约》的理解正确的是（　　）。

A. 公约的规定优先于国际货物买卖合同当事人的约定

B. 公约与我国民事法律有不同规定时，适用公约的规定，但我国声明保留的除外

C. 如果国际货物买卖合同当事人的营业地所在国都是公约缔约国，则他们之间的国际货物买卖合同必须适用该公约

D. 公约调整国际货物买卖合同所涉及的全部法律问题

2. CIF 术语为"成本、保险费加运费（指定目的港）"，它表示（　　）。

A. 卖方必须在指定目的港交货

B. 卖方必须支付将货物运至指定目的港的所有费用

C. 按照通常条件自行负担费用订立运输合同

D. 卖方应投保较高的保险险别

3. 根据《联合国国际货物销售合同公约》的有关规定，判定合同是否为国际货物买卖合同的标准是（　　）。

A. 当事人具有不同的国籍

B. 合同在不同的国家签订

C. 当事人的营业地位于不同的国家

D. 标的物作跨越国境的运输

4. 国际货物买卖合同中的风险转移是指（　　）。

A. 风险本身的转移

B. 风险承担责任的转移

C. 风险本身及风险承担责任的转移

D. 风险的不存在

5. 中国甲公司于 5 月 9 日发商务电传至加拿大乙公司，该电传称："可供白糖 1 500 公吨，每公吨 500 美元，CFR 温哥华，10 月装船，不可撤销信用证付款，本月内答复有效。"乙公司于 6 月 9 日回电："你方 5 月 9 日报盘我接受，除提供通常单据外，需提供卫生检验证明。"甲公司未予答复。甲公司与乙公司之间的合同关系是否成立？（　　）（司考）

A. 乙公司的回电在实质上变更了要约的条件，因此合同不成立

B. 乙公司的回电未在实质上变更要约的条件，因此合同成立

C. 乙公司未在要约的有效时间内作出承诺，该逾期承诺原则上无效

D. 由于乙公司提出新条件，甲公司未予答复，因此合同不成立

视频讲题

6. 《联合国国际货物销售合同公约》对合同的适用范围作了规定，下列哪个选项应适用公约的规定？（　　）（司考）

A. 缔约国中营业地处于同一国家的当事人之间货物的买卖

B. 缔约国中营业地分处不同国家的当事人之间飞机的买卖

C. 不同国家的当事人之间股票的买卖

D. 缔约国中营业地分处不同国家的当事人之间的货物的买卖

7. 根据 2020 年《国际贸易术语解释通则》的规定，某一贸易术语卖方应承担下列责任、风险和费用：①提供符合合同规定的货物、单证或相等的电子单证；②自负费用及风险办理出口许可证及其他货物出口手

续，交纳出口捐、税、费；③依约定的时间、地点，依港口惯例将货物装上买方指定的船舶或提供装船的货物并给予买方以充分的通知；④承担货物装船之前的风险和费用。该术语应为下列哪项国际贸易术语？（　　）

A. FOB　　B. CIF　　C. CFR　　D. DDP

8. 我国山东渤海公司与日本东洋株式会社在万国博览会上签订了一份由日方向中方提供 BX2-Q 船用设备的买卖合同，其中价格条款为 USD832000/DDP。运输途中由于不可抗力导致船舶起火，虽经及时抢救，仍有部分设备烧坏。之后双方就设备损失赔偿发生争议并申请仲裁。你认为应由谁来承担烧坏设备的损失？（　　）

A. 东洋株式会社　　　　B. 山东渤海公司

C. 船公司　　　　　　　D. 保险公司

9. 根据《联合国国际货物销售合同公约》的规定，对于正在运输途中的货物进行交易，货物的风险从何时由卖方转移给买方？（　　）（司考）

A. 卖方交货时　　　　B. 买方收取货物时

C. 双方约定的时间　　D. 合同成立时

10. 根据 2020 年《国际贸易术语解释通则》的规定，下列哪一种贸易需由卖方办理进口手续？（　　）（司考改编）

A. FAS　　B. FCA　　C. DDP　　D. CPT

11. 某年 7 月 20 日，香港甲公司给厦门乙公司发出要约称："鳗鱼饲料数量 180 吨，单价 CIF 厦门 980 美元，总值 176 400 美元，合同订立后三个月装船，不可撤销即期信用证付款，请电复。"厦门乙公司还盘："接受你方发盘，在订立合同后请立即装船。"对此香港甲公司没有回应，也一直没有装船。厦门乙公司认为香港甲公司违约。在此情形下，下列选项哪个是正确的？（　　）（司考改编）

A. 甲公司应于订立合同后立即装船

B. 甲公司应于订立合同后三个月装船

C. 甲公司一直未装船是违约行为

D. 该合同没有成立

视频讲题

12. 中国甲公司（卖方）与德国乙公司（买方）签订的国际货物买卖合同中使用了"CIP 汉堡"贸易术语。下列哪一种说法符合该贸易术语的要求？（　　）（司考）

A. 货物应运至汉堡港

B. 货物风险自货交第一承运人时转移

C. 由甲公司负责办理进口手续

D. 甲公司订立多式联运运输合同，乙公司负责办理保险

13. 英国法上的"中间条款"（intermediate terms）与下列事项相关的是（　　）。（考研）

A. 解除合同的权利　　B. 合同的成立

C. 合同的形式要件　　D. 合同条款的位置

14. 要约的撤回，是指要约人必须要在要约中根据下述哪一时间，通过向受约人及时送达撤回通知否认要约的效力？（　　）（考研）

A. 受要约人承诺之后

B. 到达受约人之后

C. 到达受要约人之前或同时

D. 在要约人承诺之前

15. 下列哪种情况下，要约是可以撤回的？（　　）（考研）

A. 要约人以电报发出要约，以电传撤回要约

B. 要约人在受要约人收到要约前发出撤回要约通知

C. 要约人在受要约人承诺前送达撤回要约通知

D. 要约人在受要约人收到要约前送达撤回要约通知

16.《联合国国际货物销售合同公约》不涉及下列哪方面的内容？（　　）（考研）

A. 合同的订立　　　　B. 买卖双方的义务

C. 违约及救济方法　　D. 合同的有效性

17. 根据《联合国国际货物销售合同公约》，在下列情况下，卖方承担工业产权或其他知识产权的担保义务的是（　　）。（考研）

A. 买方在订立合同时，已经知道第三方会对货物提出有关侵犯工业产权的权利或请求

B. 卖方在订立合同时，已知货物将转售第三国，第三方在第三国对该货物享有知识产权

C. 第三方提出的有关侵犯工业产权的权利或请求，是由于卖方按照买方提供的技术图纸为其

制造产品而引起的

　　D. 卖方在交付货物时，已知货物侵犯了第三方的工业产权或其他知识产权

　　18. 当货物以重量计算价格时，如买卖双方发生疑义，根据《联合国国际货物销售合同公约》的规定，应按（　　）。（考研）

　　A. 毛重计算　　　　　　B. 净重计算

　　C. 由卖方自行定价　　　D. 由买方自行定价

　　19. 下列交易中，适用《联合国国际货物销售合同公约》的交易是（　　）。

　　A. 在法院监督下汽车拍卖

　　B. 专利技术的转让

　　C. 石油的买卖

　　D. 电力的销售

　　20. 我国 A 公司于 20×× 年 2 月 3 日向美国 B 公司以特快专递发出一项发盘，欲出售某货物，B 公司于 2 月 7 日收到发盘。2 月 6 日，A 公司发现市场有变，以特快专递发函要求撤销发盘。2 月 8 日，B 公司发出承诺。2 月 10 日，A 公司的撤销通知到达 B 公司。2 月 12 日，B 公司的承诺到达 A 公司。在本次交易中，（　　）。（考研）

　　A. 合同已成立，因为 A 公司不得撤销发盘

　　B. 合同不成立，因为发盘已被 A 公司撤销

　　C. 合同已成立，因为承诺先于撤销通知到达发出

　　D. 合同不成立，因为发盘撤销通知早于承诺发出

　　21. 根据《联合国国际货物销售合同公约》，发价撤回的时间仅限于下述哪种情形？（　　）（考研）

　　A. 发价到达被发价人之前

　　B. 被发价人作出接受之前

　　C. 被发价人作出的接受生效之前

　　D. 被发价人的接受到达发价人之前

　　22. 买方在收到货物使用时，由于货物的潜在缺陷而遭受损失，包括货物损失和人身伤害。此时尚在货物的保证期内。在此情况下，根据《联合国国际货物销售合同公约》的规定，买方可以（　　）。（考研）

　　A. 就其人身伤害向卖方提出损害赔偿

　　B. 就其货物损失向卖方提出损害赔偿

　　C. 就其货物损失和人身伤害向卖方提出损害赔偿

　　D. 不得向卖方提出损害赔偿要求，因为其接收货物时没有指出货物不符

　　23. 按照《联合国国际货物销售合同公约》的规定，

下列关于卖方品质担保义务的论述错误的是（　　）。

　　A. 若合同中对货物的品质规格作出规定，卖方的交货须与此规定相符

　　B. 若在订立合同时买方曾明示或默示地通知卖方其所购货物的特定用途，则无论在何种情况下，卖方的交货都必须与该特定用途相符

　　C. 货物的质量应与卖方向买方提供的货物样品或式样相同，除非当事人另有约定

　　D. 交付的货物适合同一规格货物通常使用的目的

　　24. 根据《联合国国际货物销售合同公约》，买方对货物不符应通知卖方。下面有关买方通知卖方货物与合同不符的说法正确的是（　　）。

　　A. 买方须在货物到港后尽可能短的时间内进行通知

　　B. 买方须在实际发现或理应发现货物与合同不符后一段合理的时间内通知

　　C. 如果买方不在实际收到货物之日起 4 年的时间内将货物不符合同的情况通知卖方，他就丧失了声称货物与合同不符的权利

　　D. 买方在接受货物之前必须通知卖方货物不符的情况

　　25. 根据《联合国国际货物销售合同公约》的规定，如果卖方不按照合同规定的时间交货本身已经构成根本违反合同，则买方（　　）。（考研）

　　A. 必须给卖方一段合理的期限履行合同

　　B. 可以不给卖方一段合理的期限即可解除合同

　　C. 只能采用请求损害赔偿的方法来补救

　　D. 宣告合同无效的声明不以向卖方发出通知为生效条件

　　26. 根据《联合国国际货物销售合同公约》，在以下交易中，属于国际货物买卖合同标的的是（　　）。

　　A. H 种股票　　　　B. 洗衣机

　　C. 远洋货轮　　　　D. 劳务交易

　　27. A 得知某地区正短缺某种货物后，遂将此种货物装入集装箱并于 2 月 6 日装上开往该地区的一条海船。2 月 14 日，该船行驶中与另一船相撞，经抢修后继续驶往目的地。2 月 16 日，A 与 B 订立合同将货物出售给 B。2 月 22 日，货到目的地，B 开箱验货，发现货物部分损坏，但无法确定损坏发生的具体时间。根据《联合国国际货物销售合同公约》的规定，在此交易中，货物的风险原则上已于下列哪一时间转移给 B？（　　）

A. 2月6日　　　　　B. 2月14日

C. 2月16日　　　　　D. 2月22日

28. 根据《联合国国际货物销售合同公约》的规定，下列一方当事人向另一方当事人发出的通知中，哪一个是发出生效的？（　　）（考研）

A. 宣告合同无效的通知

B. 撤销要约的通知

C. 卖方要求补救交货中缺陷而向买方发出的通知

D. 撤回要约的通知

29. 违约方向守约方承担损害赔偿责任时，应当以（　　）。（考研）

A. 履行合同违约方可合理预见到的因违约所致的损失为限

B. 履行合同时守约方可合理预见到的因违约所致的损失为限

C. 订立合同违约方可合理预见到的因违约所致的损失为限

D. 订立合同时守约方可合理预见的因对方违约所致的损失为限

30. 在国际贸易术语中，属于装运合同的术语意味着（　　）。（考研）

A. 买方自行负责订立运输合同并负责运输中的风险

B. 货物的风险在装运港由卖方转移至买方

C. 卖方负责订立运输合同、保险合同并负责运输中的风险

D. 卖方不承担在目的地或目的港交货的义务

31. 根据《联合国国际货物销售合同公约》的规定，对于除传递原因之外造成的逾期承诺，要约人若及时通知确认该承诺有效的，则（　　）。（考研）

A. 合同于要约人确认通知发出的时间成立

B. 合同于要约人确认通知到达承诺人的时间成立

C. 合同于承诺人逾期的承诺到达要约人的时间成立

D. 合同于承诺人发出逾期的承诺的时间成立

32. 卖方对买方承担品质担保义务意味着：（　　）。（考研）

A. 卖方应对于货物到达时存在的品质不符承担责任

B. 卖方应对于风险转移买方后的合理时间内存在的品质不符承担责任

C. 卖方应对于风险转移于买方时存在的品质不符承担责任

D. 卖方应对买方检验货物时发现的品质不符承担责任

33. 根据《联合国国际货物销售合同公约》，关于减轻损失的义务，下列表述正确的是（　　）。（考研）

A. 减轻因违约而引起的损失不包括利润方面的损失

B. 一方违反合同时应注意采取合理必要的措施减轻另一方的损失

C. 另一方在一方违反合同时必须按情况采取合理措施减轻自己的损失

D. 一方违反合同时应注意采取一切的措施减轻另一方的损失

34. 根据《联合国国际货物销售合同公约》的规定，减价是指（　　）。

A. 按实际交付的货物在交货时的价格与合格货物在当时的价格之差计算

B. 按实际交付的货物在交货时的价格与合同规定的价格之差计算

C. 按实际交付的货物在交货时的价格与合格货物在当时的价格两者之间的比例计算

D. 按实际交付的货物在交货时的价格与合同订立时的价格比例计算

35. 如买方根本违约，卖方宣告合同无效，但并未实际转卖原合同项下货物，下列哪种说法是正确的？（　　）（考研）

A. 卖方可以取得原合同的价格与宣告合同无效时的时价之间的差额

B. 卖方可以取得原合同规定的价格与买方违约时的时价之间的差额

C. 卖方可以取得原合同规定的价格与合同订立时的时价之间的差额

D. 卖方可以取得原合同规定的价格与合同原定交货时的时价之间的差额

36. 如卖方根本违约，买方在接收货物后宣告合同无效，但并未实际购买（补进）原合同项下货物的替代物，下列哪种说法是正确的？（　　）

A. 买方可以取得原合同的价格与宣告合同无效时的时价之间的差额

B. 买方可以取得原合同规定的价格与卖方违约时

的时价之间的差额

    C. 买方可以取得原合同规定的价格与合同订立时的时价之间的差额

    D. 买方可以取得原合同规定的价格与接收货物时的时价之间的差额

37. 根据《联合国国际货物销售合同公约》的规定，有关用于计算损害赔偿的货物时价，下列表述正确的是（　　）。（考研）

    A. 如国际贸易合同中使用"CIF 上海"，时价应指上海市场的现行价格

    B. 如国际贸易合同中使用"FOB 纽约"，时价应指纽约市场的现行价格

    C. 如果国际贸易合同中使用"DDP 上海"，时价应指卖方所在地的现行价格

    D. 如果国际贸易合同中使用"EXW 纽约"，时价应指买方所在地的现行价格

38. 根据 2020 年《国际贸易术语解释通则》的规定，关于 FOB 贸易术语，下列哪一选项是正确的？（　　）

    A. 卖方应当在目的港交货

    B. 卖方应当自费取得货物保险

    C. 卖方无义务自费订立运输合同

    D. 该贸易术语适用于各种运输方式

39. 20××年 8 月 11 日，中国甲公司接到法国乙公司出售某种设备的发盘，有效期至 9 月 1 日。甲公司于 8 月 12 日电复："如能将每件设备价格降低 50 美元，即可接受"。对此，乙公司没有答复。甲公司于 8 月 29 日再次致电乙公司表示接受其 8 月 11 日发盘中包括价格在内的全部条件。根据 1980 年《联合国国际货物销售合同公约》，下列哪一选项是正确的？（　　）（司考）

    A. 乙公司的沉默表明其已接受甲公司的降价要求

    B. 甲公司 8 月 29 日的去电为承诺，因此合同已成立

    C. 甲公司 8 月 29 日的去电是迟到的承诺，因此合同没有成立

    D. 甲公司 8 月 29 日的去电是新要约，此时合同还没有成立

40. 甲公司与乙公司订立一份国际货物买卖合同，分三批履行，其中第二批出现了质量问题。请问依《联合国国际货物销售合同公约》的规定，下列哪一选

项是正确的？（　　）（司考）

    A. 只要第二批货物的质量问题构成根本违约，买方即可宣告合同对该批货物无效

    B. 只要第二批货物的质量问题构成根本违约，买方即可宣告合同对已交付或今后交付的各批货物无效

    C. 如第二批货物的质量问题构成一般违约，买方可宣告合同对该批货物无效

    D. 如第二批货物的质量问题构成根本违约，买方仅可宣告合同对该批货物和今后交付的货物无效

视频讲题

41. 甲公司（卖方）与乙公司于 20××年 10 月签订了两份同一种农产品的国际贸易合同，约定交货期分别为次年 1 月底和 3 月中旬，采用付款交单方式。甲公司依约将第一份合同项下的货物发运后，乙公司以资金周转困难为由，要求变更付款方式为货到后 30 天付款。甲公司无奈同意该变更。乙公司未依约付款，并以资金紧张为由再次要求延期付款。甲公司未再发运第二个合同项下的货物并提起仲裁。根据《联合国国际货物销售合同公约》，下列哪一选项是正确的？（　　）（司考）

    A. 乙公司应以付款交单的方式支付货款

    B. 甲公司不发运第二份合同项下货物的行为构成违约

    C. 甲公司可以停止发运第二份合同项下的货物，但应及时通知乙公司

    D. 如乙公司提供了付款的充分保证，甲公司仍可拒绝发货

42. 甲国 A 公司（卖方）与中国 B 公司采用 FOB 价格条件订立了一份货物买卖合同，约定货物保质期为交货后 1 年。B 公司投保了平安险。货物在海运途中因天气恶劣部分损毁，另一部分完好交货，但在交货后半年左右出现质量问题。根据《联合国国际货物销售合同公约》和有关贸易惯例，下列哪一选项是正确的？（　　）（司考）

A. A公司在陆地上将货物交给第一承运人时完成交货

B. 货物风险在货物装船后转移

C. 对交货后半年出现的货物质量问题，因风险已转移，A公司不承担责任

D. 对海运途中损毁的部分货物，应由保险公司负责赔偿

43. 甲国公司（卖方）与乙国公司订立了国际货物买卖合同，FOB价格条件，采用海上运输方式。甲乙两国均为《联合国国际货物销售合同公约》缔约国，下列哪一选项是正确的？（   ）（司考）

A. 货物的风险应自货物交第一承运人时转移

B. 因当事人已选择了贸易术语，《联合国国际货物销售合同公约》整体不再适用该合同

C. 甲国公司应在装运港于约定日期或期限内将货物交至船上

D. 甲国公司在订立运输合同并装船后应及时通知乙国公司办理保险

44. 某国甲公司向中国乙公司出售一批设备，约定贸易术语为"FOB（Incoterms 2020）"，后设备运至中国。依《国际贸易术语解释通则》和《联合国国际货物销售合同公约》，下列哪一选项是正确的？（   ）（司考改编）

A. 甲公司负责签订货物运输合同并支付运费

B. 甲、乙公司的风险承担以货物在装运港越过船舷为界

C. 如该批设备因未按照同类货物通用方式包装造成损失，应由甲公司承担责任

D. 如该批设备侵犯了第三方在中国的专利权，甲公司对乙公司不承担责任

45. 中国甲公司与法国乙公司商谈进口特种钢材，乙公司提供了买卖该种钢材的格式合同，两国均为1980年《联合国国际货物销售合同公约》缔约国。根据相关规则，下列哪一选项是正确的？（   ）（司考）

A. 因两国均为公约缔约国，双方不能在合同中再选择适用其他法律

B. 格式合同为该领域的习惯法，对双方具有约束力

C. 双方可对格式合同的内容进行修改和补充

D. 如双方在合同中选择了贸易术语，则不再适用公约

46. 中国甲公司与德国乙公司签订了进口设备合同，分三批运输。两批顺利履约后乙公司得知甲公司履约能力出现严重问题，便中止了第三批的发运。依《联合国国际货物销售合同公约》，下列哪一项选项是正确的？（   ）（司考）

A. 如已履约的进口设备在使用中引起人身伤亡，则应依公约的规定进行处理

B. 乙公司中止发运第三批设备必须通知甲公司

C. 乙公司在任何情况下均不应中止发运第三批设备

D. 如甲公司向乙公司提供了充分的履约担保，乙公司可依情况决定是否继续发运第三批设备

47. 法国乙公司与中国甲公司签订了向中国出口服装的合同，价格条件CIF。货到目的港时，甲公司发现有两箱货物因包装不当途中受损，因此拒收，该货物在目的港码头又被雨淋受损。依1980年《联合国国际货物销售合同公约》及相关规则，下列哪一选项是正确的？（   ）（司考）

A. 因本合同已选择了CIF贸易术语，则不再适用公约

B. 在CIF条件下应由法国乙公司办理投保，故乙公司也应承担运输途中的风险

C. 因甲公司拒收货物，乙公司应承担货物在目的港码头雨淋造成的损失

D. 乙公司应承担因包装不当造成的货物损失

48. 根据我国《民法典》的规定，下述哪个说法是正确的？（   ）

A. 受托人以自己的名义与第三人订立的合同，该合同可以直接约束委托人

B. 受托人以自己的名义与第三人订立的合同，第三人在订立合同时知道受托人与委托人之间的代理关系的，该合同可以直接约束委托人

C. 受托人以委托人的名义，与第三人恶意串通订立的损害委托人利益的合同，该合同可以约束委托人

D. 受托人以自己的名义，在委托人的授权范围内与第三人订立的合同，第三人在订立合同时知道受托人与委托人之间的代理关系的，通常该合同可以约束委托人

（二）多项选择题

1. 对于买方付款与检验的关系，下列表述正确的

是（　　）。

A. 买方付款表明买方接受了卖方交付的货物，放弃了检验的权利

B. 交单付款的方式下，买方即使付款也仍有权在货物到达后进行检验

C. 买方付款不构成买方对卖方交付货物的接受，买方仍有权在货物到达后进行检验

D. 买方在未有机会检验货物前，无义务支付价款，除非这种机会与双方当事人议定的交货或支付程序相抵触

2. 假设下列各公司所属国均为《联合国国际货物销售合同公约》的缔约国，依公约的规定，下列哪几种情况适用公约？（　　）（司考）

A. 营业地位于中国的两个不同国家的公司订立的关于电视机的买卖合同

B. 营业地位于不同国家的两公司订立的补偿贸易合同，其中服务未构成供货方的绝大部分义务

C. 营业地位于不同国家的两公司关于食糖的贸易合同

D. 营业地位于不同国家的两公司订立的补偿贸易合同，其中服务构成了供货方的绝大部分义务

3. 2020 年《国际贸易术语解释通则》有关 FCA 贸易术语下交货与装货义务的规定包括下列哪些内容？（　　）

A. 当卖方在其所在地交货时，应由买方负责装货

B. 当卖方在其所在地交货时，应由卖方负责装货

C. 当卖方在其他地点交货时，则当货物在卖方的运输工具上尚未卸货即完成交货

D. 当卖方在其他地点交货时，则卖方应负责将货物运至交货地点并卸下才完成交货

视频讲题

4. 根据《联合国国际货物销售合同公约》的规定，下列关于逾期承诺的效力的表述，哪些是正确的？（　　）（司考）

A. 如要约人毫不迟延地向受要约人表示接受逾期承诺，则逾期承诺仍然有效

B. 对由于邮递延误造成的逾期承诺，只要要约人

毫不迟延地表示接受，则该逾期承诺仍然有效

C. 由于邮递延误造成的逾期承诺具有承诺的效力，除非要约人毫不迟延地通知受要约人其认为要约已失效

D. 非因邮递原因造成的逾期承诺应当为有效承诺，除非要约人毫不迟延地表示其认为要约已失效

5. 《联合国国际货物销售合同公约》适用于下列哪些合同？（　　）（司考）

A. 营业地在不同缔约国的当事人之间所订立的货物销售合同

B. 住所地在不同缔约国的当事人之间所订立的货物销售合同

C. 具有不同缔约国国籍的当事人之间所订立的货物销售合同

D. 在国际私法规则导致适用某一缔约国法律的条件下，营业地在不同国家的当事人之间所订立的货物销售合同

6. A 国某公司以 CIF 价与中国某公司签订了向中国出口食品 2 000 箱的合同，A 国公司在货物装运后，凭已装船清洁提单和已投保一切险及战争险的保险单，向银行办理了结汇。货到目的港后经复验发现，该批货物中的 342 箱食品所含的沙门氏细菌超过进口国的标准，中国公司只实收 1 995 箱货物，短少 5 箱。下列选项哪些说法是正确的？（　　）（司考）

A. 对于细菌超过标准的货物，中国公司应向 A 国公司索赔

B. 对短少的货物，中国公司应向 A 国公司索赔

C. 对短少的货物，中国公司应向承运人索赔

D. 对细菌超过标准的货物，中国公司可以要求减少价金，但不能要求损害赔偿

7. 中国甲公司从美国乙公司进口一批水果，合同约定货到验收后付款。货物到达目的港，甲公司提货验收后，发现货物总重量短少 12％，单个体积和重量也不符合合同规定。下列有关此案的表述哪些是正确的？（　　）（司考）

A. 甲公司有权拒绝接收货物

B. 甲公司有权要求退货

C. 甲公司可以将货物寄放于第三方仓库，其费用由乙公司承担

D. 甲公司可以将货物出售，并从出售价款中扣除

保全货物和销售货物发生的合理费用

8. A 得知某地区正短缺某种货物后，遂将此种货物装入集装箱并于 2 月 6 日装上开往该地区的一条海船。2 月 14 日，该船行驶中与另一船相撞，经抢修后继续驶往目的地，但造成部分货物损坏。2 月 16 日，A 与 B 订立合同，将货物出售给 B。2 月 22 日，货到目的地，B 开箱验货，发现货物部分损坏，其中部分货物明显系碰撞所引起，但无法确定损坏发生的具体时间。根据《联合国国际货物销售合同公约》的规定，在此交易中，下述货物损坏的风险承担的说法，正确的是( )。

A. 应由 A 承担
B. 应由 B 承担
C. 碰撞损失部分应由 A 承担
D. 非碰撞损失部分应由 B 承担

9. 买卖双方采用 CIF 术语签订了国际货物买卖合同，合同约定装运港为旧金山，目的港为上海。下列何种表述是正确的？( )（司考）

A. 卖方必须负责把货物运至上海
B. 因美国西部海港装运工人罢工、封港，卖方可以不可抗力为由免除迟延交货的责任
C. 对货物从装运港到目的港的灭损风险，由卖方购买保险，买方承担风险
D. 出口清关手续由卖方负责

10. 一国甲公司与另一国乙公司订立国际货物买卖合同，假设《联合国国际货物销售合同公约》适用于该买卖合同，那么依该公约的规定，甲公司对于所售货物的权利担保事项包括下列哪些？( )（司考）

A. 交付的货物为甲方所有
B. 交付的货物为甲方占有
C. 交付的货物在买方所在国或转售国不侵犯他人的知识产权
D. 交付的货物在世界范围内不侵犯他人的知识产权

11. 中国山东某公司于 20××年 6 月 14 日收到甲国某公司来电称："×设备 3 560 台，每台 270 美元 CIF 青岛，7 月甲国×港装船，不可撤销即期信用证支付，20××年 6 月 22 日前复到有效。"中国山东某公司于 20××年 6 月 17 日复电："若单价为 240 美元 CIF 青岛，可接受 3 560 台×设备；如有争议在中国国际经济贸易仲裁委员会仲裁。"甲国某公司于 20××年 6 月

18 日回电称仲裁条款可以接受，但价格不能减少。此时，该机器价格上涨，中方又于 20××年 6 月 21 日复电："接受你 14 日发盘，信用证已经由中国银行福建分行开出。"但甲国公司未予答复并将货物转卖他人。关于该案，依 1980 年《联合国国际货物销售合同公约》的规定，下列选项哪些是正确的？( )（司考）

A. 甲国公司要约中所采用的是在甲国完成交货的贸易术语
B. 甲国公司将货物转卖他人的行为是违约行为
C. 中国山东某公司于 2013 年 6 月 17 日的复电属于反要约
D. 甲国公司于 2013 年 6 月 18 日回电是在要约有效期内发出，属有效承诺

视频讲题

12. 根据 2020 年《国际贸易术语解释通则》，关于 DAP、DPU 和 DDP 术语，下列选项正确的是( )。

A. 属于到货合同
B. 卖方负责把货物运至约定的地点或目的地
C. 卖方承担货物运至目的地的全部风险和费用
D. 只在一个地点用于交货、确定风险和费用

13. 根据《联合国国际货物销售合同公约》，在下列情况下，卖方不承担工业产权或其他知识产权的担保义务的是( )。（考研）

A. 买方在订立合同时，已经知道第三方会对货物提出有关侵犯工业产权的权利或请求
B. 卖方在订立合同时，知道货物将转售第三国，而第三方在该国对该货物享有工业产权
C. 第三方提出的有关侵犯工业产权的权利或请求，是由于卖方按照买方提供的技术图纸为其制造产品而引起的
D. 卖方在交付货物时，才发现货物侵犯了第三方的工业产权或其他知识产权

14. 某年 10 月，中国公司向法国公司出售 10 000 公吨一级大米，由于转载问题，中国公司实际交付 11 000 公吨大米。按照《联合国国际货物销售合同公约》的规定，法国公司可以( )。

A. 拒收全部 11 000 公吨大米，宣告合同无效

B. 收取 11 000 公吨大米，但须就对方多交付的 1 000 公吨大米按合同规定的单价付款

C. 收取 11 000 公吨大米，但须就对方多交付的 1 000 公吨大米按市场价格支付货款

D. 收取 10 000 公吨大米，对卖方多交的部分拒收

15. 我国外贸经营者签订国际货物买卖合同时，可以采取的形式有（   ）。

A. 合同书　　　　　　B. 口头

C. 信件和电子邮件　　D. 行为

16. 根据《联合国国际货物销售合同公约》的有关规定，下列陈述正确的有（   ）。

A. 损害赔偿可以适用于任何形式的违约

B. 损害赔偿可以同时与其他救济办法一并采用

C. 损害赔偿额不得超过违约方订立合同时预期或应预期的可能损失

D. 违反合同一方，对于另一方没有按情况采取合理措施而引起的损失，可以要求从损害赔偿中扣除

17. 根据 2020 年《国际贸易术语解释通则》的规定，卖方承担义务最小和最大的贸易术语分别为（   ）。

A. EXW　　B. DAT　　C. DDP　　D. CIF

18. 《联合国国际货物销售合同公约》规定要约的内容必须十分确定，应包括（   ）。

A. 货物的名称　　　　B. 支付方式

C. 数量　　　　　　　D. 交货时间

19. 《联合国国际货物销售合同公约》规定卖方必须对货物的品质承担保证责任，他交付的货物必须（   ）。

A. 符合通常使用的用途

B. 是一流品牌产品

C. 与样品相符

D. 没有侵犯第三人的权利

20. 根据国际公约有关规定，在卖方有义务移交与货物有关的单据的情况下，关于卖方的此项义务，下列哪些选项是正确的？（   ）（司考）

A. 卖方必须在规定的时间移交

B. 如卖方在规定的时间前移交，可以在该时间到达前纠正其中不符合同规定的情形

C. 卖方行使纠正单据的权利使买方承担不合理开支的，买方有权要求赔偿

D. 卖方在不使买方承担不合理开支的情况下，可以改变移交单据的地点和方式

21. 某年 6 月，佛易纳公司与晋堂公司签订了一项买卖运动器材的国际货物销售合同。晋堂公司作为买方在收到货物后发现其与合同约定不符。依据《联合国国际货物销售合同公约》的规定，下列哪些表述是正确的？（   ）（司考改编）

A. 如果货物与合同不符的情形构成根本违反合同，晋堂公司可以解除合同

B. 根据货物与合同不符的情形，晋堂公司可以同时要求减价和赔偿损失

C. 只有在货物与合同不符的情形构成根本违反合同时，晋堂公司关于交付替代物的要求才应当被支持

D. 如果收到的货物数量大于合同规定的数量，晋堂公司应当拒绝接受多交部分的货物

22. 甲公司与乙公司依 CIF 安特卫普价格订立了出口一批布料的合同。货物运输途中，乙公司将货物转卖给丙公司。关于这批布料两次交易的风险转移时间，依 2020 年《国际贸易术语解释通则》及《联合国国际货物销售合同公约》的规定，下列哪些选项是正确的？（   ）（司考）

A. 在甲公司与乙公司之间，货物风险在货物交第一承运人时转移

B. 在甲公司与乙公司之间，货物风险在货物装船后转移

C. 在乙公司与丙公司之间，货物风险原则上在双方订立合同时转移

D. 在乙公司与丙公司之间，货物风险原则上在丙公司收到货物时转移

23. 甲公司（卖方）与乙公司订立了国际货物买卖合同。由于甲公司在履约中出现违反合同的情形，乙公司宣告合同无效。依据《联合国国际货物销售合同公约》，下列哪些选项是正确的？（   ）（司考）

A. 宣告合同无效意味着解除了甲乙两公司在合同中的义务

B. 宣告合同无效意味着解除了甲公司损害赔偿的责任

C. 双方在合同中约定的争议解决条款也因宣告合同无效而归于无效

D. 如甲公司应归还价款，它应同时支付相应的利息

24. 甲公司（买方）与乙公司订立了一份国际货物买卖合同。后因遇到无法预见与不能克服的障碍，乙公司未能按照合同履行交货义务，但未在合理时间内将此情况通知甲公司。甲公司直到交货期过后才得知此事。乙公司的行为使甲公司遭受了损失。依《联合国国际货物销售合同公约》，下列哪些表述是正确的？（　　）（司考）

　　A. 乙公司可以解除合同，但应把障碍及其影响及时通知甲公司

　　B. 乙公司解除合同后，不再对甲公司的损失承担赔偿责任

　　C. 乙公司不交货，无论何种原因均属违约

　　D. 甲公司有权就乙公司未通知有关情况而遭受的损失请求赔偿

25. 根据2020年《国际贸易术语解释通则》，CIF条件和FOB条件的主要区别在于哪些方面？（　　）

　　A. 货物的价格构成不同，在CIF条件下，货价中包括了保险费和运费；而在FOB条件下，货价中不包括保险费和运费

　　B. 卖方所承担的责任不同，在CIF条件下，卖方必须根据买方公司的要求，负责订立货物运输合同和货物运输保险合同，负责支付运费与保险费，并及时向买方提供适当的提单和保险单据

　　C. 在CIF条件下，卖方需要办理的货物出口所需的一切海关手续由买方办理

　　D. 风险转移的时间不同，在CIF条件下，卖方负担货物丢失或损坏的一切风险，直至货物在目的港卸下船为止；而在FOB条件下，卖方负担的风险至货物在装运港装上船为止

视频讲题

26. 根据2020年《国际贸易术语解释通则》，下列选项中，应在买方国家交货的是（　　）。

　　A. DPU　　B. DAP　　C. FAS　　D. DDP

27. 甲公司的营业所在甲国，乙公司的营业所在中国，甲国和中国均为《联合国国际货物销售合同公约》的当事国。甲公司将一批货物卖给乙公司，该批货物通过海运运输。货物运输途中，乙公司将货物转卖给了中国丙公司。根据该公约，下列哪些选项是正确的？（　　）（司考）

　　A. 甲公司出售的货物，必须是第三方依中国知识产权不能主张任何权利的货物

　　B. 甲公司出售的货物，必须是第三方依中国或者甲国知识产权均不能主张任何权利的货物

　　C. 乙公司转售的货物，自双方合同成立时风险转移

　　D. 乙公司转售的货物，自乙公司向丙公司交付时风险转移

28. 中国甲公司向波兰乙公司出口一批电器，采用DAP术语，通过几个区段的国际铁路运输，承运人签发了铁路运单，货到目的地后发现有部分损坏，依相关国际惯例及《国际铁路货物联运协定》，下列哪些选项是正确的？（　　）（司考）

　　A. 乙公司必须确定损失发生的区段，并只能向该区段的承运人索赔

　　B. 铁路运单是物权凭证，乙公司可通过转让运单转让货物

　　C. 甲公司在指定目的地运输终端将仍处于运输工具上的货物交由乙公司处置时，即完成交货

　　D. 各铁路区段的承运人应承担连带责任

29. 根据我国法律规定，合同的书面形式包括哪些形式？（　　）

　　A. 电报　　　　　　　B. 电传

　　C. 电子邮件　　　　　D. 未删除的微信记录

（三）不定项选择题

1. CFR和CIF贸易术语适用于（　　）。

　　A. 海上运输　　　　　B. 内河运输

　　C. 装运合同　　　　　D. 工厂交货

2. 根据2020年《国际贸易术语解释通则》的规定，由买方承担出口结关手续的贸易术语包括（　　）。

　　A. EXW　　B. FAS　　C. FCA　　D. DEQ

3. 中国甲公司与德国乙公司签订了出口某商品的合同，合同约定数量为250公吨，单价为每公吨78英镑CFR不来梅，品质规格为水分最高15%、杂质不超过3%，交货品质以中国商品检验局品质检验为最后依据。成交后，乙公司又要求甲公司提供货物样品，甲公司寄送了样品，但声明此笔生意只是凭规格的买卖，

货物装运前中国商品检验局检验签发了品质规格合格证书。货物运抵目的港后，乙公司提出虽有中国商检局出具的品质合格证书，但货物的品质却比样品低，甲公司应交付与样品一致的货物。下列有关该案的表述中哪些是正确的？（　　）（司考）

    A. 该合同为凭样品确定商品品质的合同
    B. 该合同在商品检验上采用的是以货物离岸时的品质、重量为准的做法
    C. 甲公司应承担其所交货物与样品不符的责任
    D. 该合同为凭规格确定商品品质的合同

4. 2014 年 6 月 12 日，中国天宏进出口公司受我国某蜡烛生产企业的委托，与瑞典天使贸易公司签订了出口蜡烛一批的合同。合同约定与本合同有关的争议适用瑞典法律。主要成交条件是：CIF 哥德堡每箱 32 美元，9 月装船。2014 年 7 月 20 日，该批蜡烛 7 500 箱经中国商检部门检验合格后装上了某远洋公司的"Qimen"轮上。鉴于蜡烛如放在 40℃ 左右的地方时间一长会变形，因此托运人指示承运人在运输中应注意适当通风。承运人收货后签发了清洁提单。依合同约定的贸易条件，中国方公司向中国人民保险公司投保了一切险。在运输途中"Qimen"轮与一日本籍"海城丸"号发生碰撞，导致一货舱进水，使装于该货舱的 700 箱蜡烛及其他货物湿损。为修理该船以便继续航行，该轮开进附近的避难港，并发生了避难港费用和必要的船舶修理费用。"Qimen"轮到达目的港后，收货人发现余下的 6 800 箱蜡烛已变形，不能用于正常的目的，收货人只能按市价 30％ 出售。经查，蜡烛变形是运输中未适当通风导致温度过高所致。请回答下列问题：（司考）

（1）中国天宏进出口公司与我国某蜡烛生产企业是什么关系？（　　）
    A. 货运代理关系　　　　B. 船务代理关系
    C. 外贸代理关系　　　　D. 买卖合同关系

（2）本案有关贸易合同的争议应适用下列何国法或公约？（　　）
    A. 中国法
    B. 瑞典法
    C. 日本法
    D. 《联合国国际货物销售合同公约》

（3）依《海牙规则》的规定，关于 700 箱湿损的货物，下列选项正确的是（　　）。

    A. 应由收货人向承运人提出索赔，因为是船舶的碰撞引起的湿损
    B. 应由收货人向发货人提出索赔，因为货物是在装船前损的
    C. 应由收货人向保险人提出索赔，因为承运人有航行过失免责
    D. 应由发货人向保险人提出索赔，因为发货人是投保人

（4）依《海牙规则》，关于 6 800 箱变形的蜡烛，下列选项正确的是（　　）。

    A. 承运人不应赔偿收货人的损失，因为承运人有过失免责
    B. 承运人应当赔偿收货人的损失，因为承运人负有管货责任
    C. 如果承运人拒绝赔偿，收货人可以向保险人提出索赔请求
    D. 收货人不应向发货人索赔，因为货损是在运输途中发生的

（5）在承运人拒绝赔偿收货人 6 800 箱货物，而保险公司赔偿了收货人的情况下，依《中华人民共和国海事特别程序法》的规定，保险人应以下列什么名义行使代位求偿权？（　　）

    A. 以收货人的名义
    B. 以保险公司的名义
    C. 以被保险人的名义
    D. 以发货人的名义

（6）关于避难港费用和必要的船舶修理费用，下列选项正确的是（　　）。

    A. 避难港费用是为船货各方共同的利益而发生的，应由受益的各方来分摊
    B. 船舶的修理费用是为船方利益而发生的，应由船方来承担
    C. 船舶的修理费用是为安全完成本航程而发生的，应由受益的各方来分摊
    D. 避难港费用是为船方的利益而发生的，应由船方来承担

5. 我国进出口公司 A 与美国公司 B 以"CIF 纽约"条件签订出口 10 000 吨茶叶的合同，即期信用证付款。货物由远洋运输公司 C 承运，货物在装运港上海装船后，向保险公司 D 投保海洋货物运输的平安险。当货物运至某航行海域时，因遭受暴风雨袭击，致使船舶

迟延30天到达目的港，并因船员的过失使1/3的茶叶变质。为此，B公司提出索赔。请对下列问题选出正确选项：

（1）下列有关中国A公司的说法正确的有（　　）。

A. 为茶叶国际买卖合同的买方

B. 有义务与C签订运输合同

C. 该公司应保证茶叶运到美国纽约港

D. 货物在美国纽约港交付

（2）就向D公司办理国际海上货物运输保险，下列正确的说法是（　　）。

A. 我国A公司订立保险合同

B. 保险申请人有义务购买的保险险别仅为最低险别

C. 该保险的保险金额应为货物的全部金额

D. 如果买方收到货物后发现茶叶串味，可以据保险申请人有义务购买的保险单向保险人索赔

（3）根据《联合国国际货物销售合同公约》的有关规定，A公司交付的茶叶应符合（　　）。

A. 商销品质

B. 订立合同时B明确通知A的特定事项

C. 按茶叶通用的方式装箱或包装

D. 与所售茶叶的样品相符

（4）下列有关货物的交付的说法正确的是（　　）。

A. 在装运港的船边

B. 在目的港码头

C. 卖方向买方交货属于象征性交货

D. 卖方将货物交付给承运人

（5）假设A公司已取得合同规定的单据，在B公司接收单据（货物）和B公司付款的关系上，下述说法正确的是（　　）。

A. B公司按规定验收货物之前不应付款

B. B公司在收到单据之前无付款义务

C. B公司验收货物合格后应该付款

D. B公司并不承担直接对A公司付款的义务

（6）对本题提供的案情中货物迟延30天到达且遭受暴风雨造成的损失，承担这一损失的公司是（　　）。

A. A公司　　　　　　B. C公司

C. D公司　　　　　　D. B公司自己承担

（7）假设B公司向C公司提出诉讼，按照《汉堡

规则》的规定，诉讼时效为（　　）。

A. 半年　　B. 1年　　C. 2年　　D. 4年

视频讲题

6. 甲国A公司向乙国B公司出口一批货物，双方约定适用2020年《国际贸易术语解释通则》中CIF术语。该批货物由丙国C公司"乐安"号商船承运，运输途中船舶搁浅，为船舶起浮抛弃了部分货物。船舶起浮后继续航行中又因恶劣天气，部分货物被海浪打入海中。到目的港后发现还有部分货物因固有缺陷而损失。关于CIF贸易术语的适用，下列选项正确的是（　　）。（司考改编）

A. 货物的风险在装运港完成交货时由A公司转移给B公司

B. 货物的风险在装运港越过船舷时由A公司转移给B公司

C. 应由A公司负责海运运输

D. 应由A公司购买货物海运保险

7. A公司和B公司于20××年5月20日签订合同，由A公司将一批平板电脑售卖给B公司。A公司和B公司营业地分别位于甲国和乙国，两国均为《联合国国际货物销售合同公约》缔约国。合同项下的货物由丙国C公司的"潇湘"号商船承运，装运港是甲国某港口，目的港是乙国某港口。请回答下列问题：（司考改编）

（1）在贸易术语适用上，A、B公司在双方的买卖合同中仅约定适用FOB术语。对此，下列选项正确的是（　　）。

A. 该合同应当适用2020年《国际贸易术语解释通则》

B. 货物的风险应自货交C公司时由A公司转移给B公司

C. B公司必须自付费用订立从指定装运港运输货物的合同

D. 因当事人选择了贸易术语，故不再适用《联合国国际货物买卖公约》

（2）如货物运抵乙国后，乙国的E公司指控该批平板电脑侵犯了其在乙国取得的专利权，致使货物遭

乙国海关扣押，B公司向A公司索赔。在下列选项中，A公司无须承担责任的情形是（　　）。

A. A公司在订立合同时不知道这批货物可能依乙国法属侵权

B. B公司在订立合同时知道这批货物存在第三者权利

C. A公司是遵照B公司提供的技术图样和款式进行生产的

D. B公司在订立合同后知道这批货物侵权但未在合理时间内及时通知A公司

8. 甲公司从国外进口一批货物，根据《联合国国际货物销售合同公约》，关于货物检验和交货不符合同约定的问题，下列说法正确的是（　　）。（司考）

A. 甲公司有权依自己习惯的时间安排货物的检验

B. 如甲公司须再发运货物，没有合理机会在货到后加以检验，而卖方在订立合同时已知道再发运的安排，则检验可推迟到货物到达新目的地后进行

C. 甲公司在任何时间发现货物不符合同均可要求卖方赔偿

D. 货物不符合同情形在风险转移时已经存在，在风险转移后才显现的，卖方应当承担责任

9. 营业地在中国的甲公司向营业地在法国的乙公司出口一批货物。乙公司本拟向西班牙转卖该批货物，但却转售到意大利，且未通知甲公司。意大利丙公司指控该批货物侵犯其专利权。关于甲公司的权利担保责任，根据《联合国国际货物销售合同公约》规定，下列哪些选项是正确的？（　　）（司考）

A. 甲公司应承担依意大利法提出的知识产权主张产生的赔偿责任

B. 甲公司应承担依法国法提出的知识产权主张产生的赔偿责任

C. 甲公司应担保在全球范围内该批货物不侵犯他人的知识产权

D. 甲公司的知识产权担保义务不适用于该批货物依乙公司提供的技术图样生产的情形

 简答题

1. 简述《联合国国际货物销售合同公约》规定的卖方义务。（考研）

2. 简析解除国际货物买卖合同的条件及效果。（考研）

3. 简述《联合国国际货物销售合同公约》中关于买卖双方风险的分担原则。（考研）

4. 中国对《联合国国际货物销售合同公约》第1条（关于该公约的适用范围）作了什么保留？（考研）

5. 简述《国际商事合同通则》。（考研）

6. 简述合同关系消灭的主要情形。

7. 《联合国国际货物销售合同公约》对解释该公约及合同规定了哪些原则？（考研）

8. 简析在买方违约情形下，卖方根据《联合国国际货物销售合同公约》可以采取的救济措施。（考研）

9. 简述《联合国国际货物销售合同公约》中规定的卖方知识产权担保义务。（考研）

 **案例分析题**

1. 一份CIF合同，买卖一批化工原料。合同规定"6月份装船"，"凭不可撤销即期信用证方式付款"。卖方向银行提交的单据中，包括6月30日装船的提单。经银行审核，单据在表面上与信用证的内容相符，银行已接受单据并支付货款。但是买方收到单据后，发现货物的实际装船日期是7月1日，买方由此拒绝收货，并要求卖方退回货款。试问：

（1）买方拒收货物的理由是什么，能否成立，买方能否要求退款？

（2）买方收到单据后，发现提单是伪造的，他是否有权利要求银行负责？

2. 一份CIF合同，出售一批散装农产品，从亚洲某港口运往伦敦。合同规定"按CIF条件交货，凭单据支付货款"。当货物运到时，卖方只提交一份提货单，但没有保险单。买方以卖方未提交保险单为理由，拒付货款。但卖方认为这是一份CIF合同，或者到货合同，既然已经到货，买方应当付款。试问在上述情况下，买方有无拒绝付款的权利？为什么？

3. 2021年2月中国香港地区某公司A（买方）与中国内地某公司B（卖方）签订了关于买卖新型自行车的合同。合同约定的标的是试生产中的第一批全部数额自行车1 000辆，交货日期为2021年3月31日至2021年7月31日，分批交货。合同签订后，B又与加拿大某公司C签订了销售合同，以较高价格将该批试

生产中的全部新型自行车出售。2021 年 3 月 3 日，B 电告 A，称生产厂家为了对该批新型自行车进行技术完善，将进一步改进生产线，故第一批货物的装运只能延迟到 2021 年 9 月。A 因已获知 B 已将货物转售给 C 而拒绝了 B 关于延期交货的要求。B 也没有交付合同项下的货物。试问：

(1) B 的行为是否构成违约？为什么？

(2) 针对此种情况，A 应采取何种应对措施？

 论述题与深度思考题

1. 分别阐述 FOB 合同中卖方依据 2020 年《国际贸易术语解释通则》和《联合国国际货物销售合同公约》所承担的义务，并简要分析两类义务之间的关系。（考研）

2. 试述《联合国国际货物销售合同公约》的适用范围。（考研）

3. 比较 Incoterms 2020 与 Incoterms 2010。（考博改编）

参考答案

 名词解释与概念比较

1. FAS 是 2020 年《国际贸易术语解释通则》中的贸易术语之一，该术语全称为 Free Alongside Ship (...named port of shipment)，即船边交货（指定装运港），与美国对外贸易定义所指的 Free along side（在交通工具旁边交货）有所不同。在该术语中，卖方在指定的装运港码头或驳船内将货物交至船边，履行其交货义务；买方承担从交到船边时起货物丢失或损坏的一切风险。根据 2020 年《国际贸易术语解释通则》，FAS 要求卖方办理出口清关手续。该术语只能用于海运和内河运输。

2. CIF 即 Cost, Insurance and Freight (...named port of destination)，成本加保险费、运费（指定目的港），是 2020 年《国际贸易术语解释通则》中的贸易术语之一。在该术语中，卖方必须订立运输合同，支付将货物运至指定目的港所必需的费用和运费，并订立保险合同、支付保险费，为货物在运输中灭失或损坏的买方风险取得海上保险；但货物装船后灭失或损坏的风险以及由于货物装船后发生的事件而引起的任何额外费用，自卖方转移至买方。该术语要求卖方办理货物出口清关手续。该术语只能用于海运和内河运输。

3. CPT 即 Cost and Freight Paid To (...named port of destination)，运费付至（指定目的港），是 2020 年《国际贸易术语解释通则》中的贸易术语之一。在该术语中，卖方支付将货物运至目的地的运费；关于货物丢失或损坏的风险以及货物交由承运人后发生事件所产生的任何额外费用，自货物已交付至承运人照管之时起从卖方转由买方承担。该术语要求卖方办理货物出口的结关手续。该术语可适用于各种运输方式，包括多式联运。

4. FCA 即 Free Carrier (...named place)，货交承运人（指定地点），2020 年《国际贸易术语解释通则》中贸易术语之一。卖方办理出口结关手续，在指定地点，将货物交付给买方指定的承运人或其他人，即履行交货义务，且此时风险转移至买方。买方自行办理保险和运输，支付运费。若交货地在卖方所在地，则货物装上承运人运输工具时完成交货；若在卖方所在地之外，卖方可在自己运输工具上完成交货。FCA 适用于任何运输方式。若因买方原因导致交货延迟，则自规定交货的约定日期或任何期限届满之日起，买方承担货物风险。

5. CFR 即 Cost and Freight (...named port of destination)，成本加运费（指定目的港），2020 年《国际贸易术语解释通则》中的术语。卖方支付成本费和可将货物运至指定目的港所需的运费，包括装货费用和据运输合同（不限于定期班轮）由卖方承担的卸货费用。卖方将货物装上船或提交装上船的货物，货物灭失或损坏的风险以及货物装船后产生的任何费用，自货物装船后即从卖方转由买方承担。CFR 适用于海上或内河运输。由此订立的合同属于装运合同。

6. 一方当事人违反合同的结果，如使另一方当事人蒙受损害，以至于实际上剥夺了他根据合同规定有权预期得到的东西，即为根本违约，除非违反合同的一方并不预知而且一个同等资格、通情达理的人处于相同情况下也没有任何理由预知会发生这种结果。根本违约的主要标准是受害方的预期利益的丧失。这种结果应是买卖双方在合同订立时所共同预期的。根本违约的效果是受害方可以宣告合同无效。根本违约是

《联合国国际货物销售合同公约》创造的法律概念，我国《民法典》合同编确立的合同解除制度，是以根本违约作为内容性的法律技术连接点。该制度尚需从程序方面予以结构化，以确保适用效果。

7. 预期违约又称先期违约，是指在合同订立之后、履行期限到来之前，一方当事人履行义务的能力或其信用有严重缺陷，或准备履行合同或履行合同中的行为，表明其显然将不履行其大部分重要义务。其特点是：（1）是当事人在合同规定的履行期之前表现出的不履行；（2）侵害对方当事人期待的债权而不是现实的债权；（3）赋予守约方立即的违约救济。预期违约赋予了对方中止履行合同或要求提供履约保证的权利。预期违约可能是一般违约，也可能是根本违约。在预期违约构成根本违约时，它赋予另一方中止履行合同、要求提供履约保证或宣告合同无效的权利。预期违约对国际货物买卖合同双方的权利有较大的影响。预期违约包括两种形态，即明示预期违约和默示预期违约。明示预期违约，是指一方当事人无正当理由，明确肯定地向对方表明将在履行期到来之时不履行合同。默示预期违约，是指在履行期到来之前，一方以自己的行为表明其将在履行期到来之前不履行合同。其特点为：债务人虽然没有表示不履行合同，但其行为表明将不履行合同或不能履行合同。

8. Unconscionability 即显失公平，或显失公平原则，主要是合同双方之间的权利义务出现重大失衡。法院根据该原则可以合同缔结中的程序滥用或以与合同内容相关的实体滥用为由拒绝强制执行不公平或压迫性合同，因为任何一种滥用都是以显失公平为基础的。对合同是否显失公平的基本检验标准是，根据缔约时的环境和通常的商业背景以及特定交易的商业要求，确定合同条款是否不合理地使一方当事人受益，从而压迫另一方当事人或对另一方当事人不公平。如果一方当事人未能对合同内容作出有实质意义的选择却使另一方不合理地受益，则属于显失公平。

9. Voidable Contract 指可撤销合同，该合同可由当事人之一方（在极少数情况下可能是双方）选择而被确认或拒绝。它与自始即属无效的无效合同不同，其一开始是有效的，并可产生与有效合同相同的法律效果，只是因一方当事人根据法律规定的情形的选择而导致其无效。

10. Rescission 即撤销、解除；协议解除。在英美合同法中，该词并不区分合同的撤销与解除，凡是使现有合同终止或消灭者，不论原因为何，均可以该词表述。例如在英国法中，无论是通过当事人的行为还是法院裁判，无论是因为违约、错误还是虚假陈述，该词均表示合同的终止。但在衡平法上，它意味着使当事人恢复到合同订立之前的状态，所以在可能恢复原状的情况下才可以为之。在普通法上，其效果仅在于使合同当事人无须承担继续履行合同的义务，因而在不能恢复原状的情况下也可以为之。

 选择题

（一）单项选择题

1. B。考点：《联合国国际货物销售合同公约》的适用性及特征

解析：《联合国国际货物销售合同公约》的适用具有可选择性和可变更性，是一项软性公约，故 A 选项不正确。C 选项排除了当事人自由选择适用法律的权利及可能性，也不正确。该公约只调整国际货物买卖的订立与权利义务问题，并非涉及全部法律问题，故 D 选项错误。B 选项涉及我国民事法律与国际公法的关系问题，属于我国法律规定，故正确。

2. C。考点：CIF 术语的特点

解析：依据 2020 年《国际贸易术语解释通则》CIF 术语，卖方在装运港交货，故 A 选项不正确；卖方有支付将货物运到目的港的主要运费的义务，故 B 选项不正确；卖方有投保最低险别的保险的义务，故 D 选项被排除。只有 C 选项卖方自费订立运输合同正确。

3. C。考点：《联合国国际货物销售合同公约》的适用范围

解析：国际上国际合同的确定可能有多种方法。我国原《涉外经济合同法》即规定以当事人的国籍为判断标准。《联合国国际货物销售合同公约》采取了当事人的营业地标准。该公约第 1 条明确规定："本公约适用于营业地在不同国家的当事人之间所订立的货物销售合同"。

4. B。考点：风险转移的概念

解析：国际货物买卖合同中的风险，是指货物遗失或损坏的风险。这种风险很显然不以当事人的意志为转移，因而，风险转移这一概念是针对造成遗失或

损坏的后果、责任承担的分配，规定从什么时候起、在什么样的条件下这种风险的承担由卖方转移给买方。例如，在 FOB 术语下，风险以货物越过船舷为界。另外，风险转移与履行义务是两个不同的概念。《联合国国际货物销售合同公约》第 66 条规定："货物在风险转移到买方承担后遗失或损坏，买方支付价款的义务并不因此而解除，除非这种遗失或损坏是由于卖方的行为或不行为所造成。"

5. C。考点：国际货物买卖合同的成立

解析：本题中要约规定了承诺的有效期，即受要约人应于"本月内答复"，本月内应为 5 月内，而受要约人是在 6 月答复，因此，属于逾期承诺。《联合国国际货物销售合同公约》第 21 条并没有一概地否定逾期承诺的效力，该条对逾期的承诺有下列变通的规定：(1) 对于逾期的承诺，如果要约人毫不迟延地用口头或书面将接受的意思通知受要约人，则该逾期的承诺仍为有效的承诺。(2) 如果载有逾期承诺的信件或其他书面文件表明，它是在传递正常能及时送达要约人的情况下寄发的，则该项逾期承诺具有承诺的效力，除非要约人毫不迟延地用口头或书面通知受要约人，他认为其要约已经失效。因此，该逾期承诺原则上无效。

6. D。考点：《联合国国际货物销售合同公约》的适用范围

解析：《联合国国际货物销售合同公约》第 1 条规定："本公约适用于营业地在不同国家的当事人之间所订立的货物销售合同：（a）如果这些国家是缔约国；或（b）如果国际私法规则导致适用某一缔约国的法律。"该条包含的意思是该公约只适用于国际货物销售合同，国际因素以当事人的营业地分处不同国家为标准，而不考虑当事人的国籍。此外该公约第 2 条规定了 6 种不适用该公约的合同种类：消费合同（供私人、家庭使用的货物销售）；拍卖；依据法律执行令状或其他令状的销售；金融证券（如公债、股票、投资证券、流通票据或货币）；准不动产（如船舶、飞机、气垫船等）；电力。

7. B。考点：贸易术语的卖方责任

解析：根据 CIF 术语，卖方既要签订运输合同、支付运费，又要签订保险合同、支付保险费。卖方应按照通常条件自行负担费用订立运输合同，支付将货物按惯常航线、用通常类型可供装载该合同货物的海上航行船只（或适当的内河运输船只）装运至指定目

的港的运费。在规定的日期或期限内，将货物装到船上，或以取得已装船货物的方式，完成交货。货物灭失或损坏的一切风险在货物装上船时转移给买方。

8. A。考点：贸易术语 DDP

解析：DDP 是 2020 年《国际贸易术语解释通则》的国际贸易术语之一，是指完税后交货（指定目的地）。卖方在指定的目的地将未卸离到达的运输工具的货物交付给买方，履行其交货义务。卖方必须承担将货物运至指定目的地的一切风险和费用，包括关税、捐税、交付货物的其他费用，并办理进口结关。与 EXW 卖方承担最小责任正相反，该术语中卖方承担最大责任。DDP 适用于任何运输方式。本题中，货物显然尚未交付，货物因不可抗力造成的损失（风险）自然应当由卖方自己承担。

9. D。考点：《联合国国际货物销售合同公约》中在途货物的风险转移

解析：《联合国国际货物销售合同公约》第 68 条规定："对于在运输途中销售的货物，从订立合同时起，风险就移转到买方承担。但是，如果情况表明有此需要，从货物交付给签发载有运输合同单据的承运人时起，风险就由买方承担。"在途货物买卖在订立合同时货物正在运输工具上，买卖双方均不了解此时货物是否发生了风险，在交货、收取货物或约定时间转移对一方不公。其中，"情况表明有此需要"须以卖方在订立合同时不知道货物已灭失或损坏为限。

10. C。考点：贸易术语中进出口清关手续的办理

解析：根据 2020 年《国际贸易术语解释通则》，FAS、FCA 和 CPT 均是装运术语，不在进口国交货，谈不上办理进出口手续。本题提供的 4 个贸易术语中只有 DDP 术语由卖方承担办理进出口清关手续的义务。

11. D。考点：国际货物买卖合同的成立

解析：国际货物买卖合同是当事人之间意思表示一致的结果。它是通过一方提出要约、另一方对要约表示承诺后成立的。承诺是受要约人对要约表示无条件接受的意思表示，实质上变更要约条件则构成反要约。所谓实质上变更是指要约条件中有关货物价格、付款、货物质量和数量、交货地点和时间、赔偿责任范围或争议解决等的变更。本题中装船时间的改变是交货时间的改变，是实质性变更，因此合同没有成立。

12. B。考点：国际贸易术语

解析：CIP 后跟指定目的地，而非港口，因此 A

选项不准确。由于 CIF 限于海运，其后所跟的地点也限于港口，因而国际商会制定了 CIP 术语以适应海运以外的运输方式。因为 CIP 要求将货物运输到指定的目的地而不是港口，所以卖方没有义务一定要将货物运至汉堡港，更可能的是应当将货物运至汉堡机场，这也是它们选择 CIP 而不是 CIF 的通常原因。B 选项正确：在 CIP 术语下，货物的风险是自货交第一承运人时转移的。C 选项不正确：在 CIP 术语下，应由买方乙公司办理进口手续，而不是甲公司。D 选项不正确：在 CIP 术语下，应由卖方办理运输合同和保险合同，而不是由买方乙公司负责办理保险。

13．A。考点：英国合同法上的条款分类

解析：在英国合同法上，传统的分类是保证条款和条件条款。其分类标准是在一方违约时另一方享有的权利是解除合同还是仅享有赔偿。这种分类方法成了一种标签，与违约的后果轻重关系不大。英国高等法院根据违约后果认为应存在一种"中间条款"，而不仅仅是看某条款的标签是什么。该中间条款，既不涉及合同的成立，也不涉及合同的形式要件，更不涉及条款在合同中的具体位置。上述四个选项中，只有选项 A 正确。

14．C。考点：要约撤回的条件

解析：《联合国国际货物销售合同公约》第 15 条规定："（1）要约于送达被要约人时生效。（2）一项要约，即使是不可撤销的，得予撤回，如果撤回通知于要约送达被要约人之前或同时，送达被要约人。"如果被要约人已经承诺，则合同成立，故不能撤回要约。要约到达被要约人后，已经生效，也不能撤回，而只能是撤销的问题，即使是在要约人承诺之前。在本题的四个选项中，只有选项 C 正确。

15．D。考点：要约撤回与撤销的区别及条件

解析：根据《联合国国际货物销售合同公约》第 15 条的规定，一项要约能否被撤回，关键在于撤回通知是否在要约送达受要约人之前或同时送达受要约人。承诺是在要约送达受要约人之后的事。因此，在本题中，A 选项中，尽管电传速度快于电报，但它没有说明是什么时候发出的，故不清楚电传与电报是同时到达还是电传在电报送达之前送达，故不正确；B 选项强调的是发出要约时间，而非送达要约时间，条件不对；C 选项提到在后的承诺时间，不是用于确定能否撤回要约的时间。四个选项中，只有选项 D 正确。

16．D。考点：《联合国国际货物销售合同公约》的适用范围

解析：《联合国国际货物销售合同公约》的调整范围是有限的，主要调整合同的订立以及买卖双方的权利义务及违约救济，不涉及合同的有效性问题，后者由国内法解决。

17．B。考点：卖方的知识产权担保义务

解析：根据《联合国国际货物销售合同公约》，卖方对其交付的货物承担知识产权上的担保责任，保证货物不存在第三方的知识产权主张，但该担保义务有限制条件，它仅限于买卖双方订立合同时已知的情况，限于卖方已知或不可能不知的权利要求，且这种要求限于一定的地域，例如，买方所在地或双方预期的转售地。这一义务存在两项重要例外，这就是买方在订立合同时已知第三方的权利主张，以及卖方遵循买方要求。故本题中 A、C 选项均排除了卖方的责任。D 选项中的时间是交付货物，而非订立合同，不能肯定其承担责任。故只有 B 项正确，卖方须承担工业产权的担保责任。《联合国国际货物销售合同公约》第 42 条规定："（1）卖方所交付的货物，必须是第三方不能根据工业产权或其他知识产权主张任何权利或要求的货物，但以卖方在订立合同时已知道或不可能不知道的权利或要求为限，而且这种权利或要求根据以下国家的法律规定是以工业产权或其他知识产权为基础的：（a）如果双方当事人在订立合同时预期货物将在某一国境内转售或做其他使用，则根据货物将在其境内转售或做其他使用的国家的法律；或者（b）在任何其他情况下，根据买方营业地所在国家的法律。（2）卖方在上一款中的义务不适用于以下情况：（a）买方在订立合同时已知道或不可能不知道此项权利或要求；或者（b）此项权利或要求的发生，是由于卖方要遵照买方所提供的技术图样、图案、程式或其他规格。"

18．B。考点：价格分歧时的确定

解析：《联合国国际货物销售合同公约》第 55 条允许当事人默示地引用订立合同时此种货物在有关贸易的类似情况下销售的通常价格。该公约第 56 条紧接着规定了以重量确定价格的问题："如果价格是按照货物的重量规定的，如有疑问，应按净重确定。"

19．C。考点：《联合国国际货物销售合同公约》的适用范围

解析：《联合国国际货物销售合同公约》调整的是

货物，且仅是以某些方式销售的某些货物。拍卖这种方式和专利技术转让这种非货物销售，都不属于该公约调整的范围。电力销售被该公约明确排除。上述选项中未被排除的只有石油的买卖这一选项。《联合国国际货物销售合同公约》第2条规定："本公约不适用于以下的销售：（a）购供私人、家人或家庭使用的货物的销售……（b）经由拍卖的销售；（c）根据法律执行令状或其他令状的销售；（d）公债、股票、投资证券、流通票据或货币的销售；（e）船舶、船只、气垫船或飞机的销售；（f）电力的销售。"另外，该公约第3条第2款还规定："本公约不适用于供应货物的一方的绝大部分义务在于供应劳力或其他服务的合同。"

20. C。考点：要约的撤销、承诺的生效

解析：根据《联合国国际货物销售合同公约》第16条第1款的规定，"在未订立合同之前，发价得予撤销，如果撤销通知于被发价人发出接受通知之前送达被发价人"。本案中，承诺于2月8日发出，而撤销通知在2月10日才到达被发价人，所以该撤销的条件不具备。故B、D两个选项都不正确，不能以无效的撤销作为合同不成立的理由。A选项似乎正确，但除特快专递这一情形外，并不能确定该发盘是不可撤销的。且本题是单选题，毋庸置疑C选项正确。

21. A。考点：发价的撤回与撤销

解析：撤回是指在被发价人收到发价之前或同时收到了发价人撤回发价的通知。此时被发价人根本无时间考虑接受问题，故不以接受或承诺时间为标准，也不以接受或承诺生效为标准。发价的撤回应在最早的时间发生。本题中，选项C、D均以发价接受的生效条件为条件，不符合要求，而B选项是以接受本身为条件，亦不符合要求。这些都混淆了发价的撤回与撤销之间的区别。只有A选项正确。《联合国国际货物销售合同公约》第15条规定："（1）发价于送达被发价人时生效。（2）一项发价，即使是不可撤销的，得予撤回，如果撤回通知于发价送达被发价人之前或同时，送达被发价人。"而该公约第16条第1款规定了发价撤销的情形："在未订立合同前，发价得予撤销，如果撤销通知于被发价人发出接受通知之前送达被发价人。"

22. B。考点：卖方承担赔偿责任的范围

解析：《联合国国际货物销售合同公约》的调整范围有一定的限制。它不调整产品责任问题。该公约第5条规定："本公约不适用于卖方对于货物对任何人所造成的死亡或伤害的责任。"因此，选项A、C因涉及人身伤害责任而被排除。D选项似乎正确，但因货物在保证期内，卖方仍应负责，故该选项被排除。本题中只有B选项正确。

23. B。考点：买卖合同中卖方的货物相符担保义务

解析：《联合国国际货物销售合同公约》规定了两种货物相符的标准，一种是当事人约定，另一种是该公约规定的最低标准。除非当事人另有协议规定，否则应符合该公约规定的标准。该公约第35条第2款规定："除非当事人业已另有协议外，货物除非符合以下规定，否则即为与合同不符：（a）货物适用于同一规格货物通常使用的目的；（b）货物适用于订立合同时曾明示或默示的通知卖方的任何特定目的，除非情况表明买方并不依赖卖方的技能和判断力，或者这种依赖对他是不合理的；（c）货物的质量与卖方向买方提供的货物样品或样式相同……"将本题中的选项对照该公约的上述要求，就会发现，A、C、D选项均为正确选项，但不是题目要求选择的选项，只有B选项绝对化了该公约的要求，违反了该公约的原意，属于不正确选项，故本题的正确选项应是B。

24. B。考点：买方通知卖方货物不符的时间要求

解析：买方及时通知卖方货物不符的情形，与诉讼时效是两回事。如果不及时通知，其声称货物不符的权利就此丧失。及时通知不符是买方主张权利的前提。《联合国国际货物销售合同公约》第39条规定："（1）买方对货物不符合同，必须在发现或理应发现不符情形后一段合理时间内通知卖方，说明不符合同情形的性质，否则就丧失声称货物不符的权利。（2）无论如何，如果买方不在实际收到货物之日起两年内将货物不符合同情形通知卖方，他就丧失声称货物不符合同的权利，除非这一时限与合同规定的保证期不符。"本题中，选项A和选项D都是收货前的时间要求，不符合实际和公约要求。选项C改变了公约的时间限制，也不正确。只有选项B正确。

25. B。考点：宣告合同无效的条件和要求

解析：《联合国国际货物销售合同公约》第49条第1款明确规定了买方宣告合同无效的权利："买方在以下情况下可以宣告合同无效：（a）卖方不履行其在合同或本公约中的任何义务，等于根本违反合同……"卖方根本违约，无论是何种违约，都赋予了买方直接

宣告合同无效的权利。但该权利以向卖方发出宣告合同无效的通知为生效条件。该公约在第26条规定："宣告合同无效的声明，必须向另一方当事人发出通知，方始有效。"因此，本题中，A选项另外设定了额外时间，不符合公约的规定。C选项本身就与宣告合同无效矛盾，故也不正确。D选项否认宣告合同无效通知，不正确。B选项正确。

26. B。考点：《联合国国际货物销售合同公约》的适用范围

解析：《联合国国际货物销售合同公约》第2条和第3条分别排除了该公约不调整的销售或交易：第2条排除了股票、船只的销售，第3条排除了供应劳力或服务的合同。因此，本题中的正确选项是B。

27. C。考点：货物的风险转移

解析：本题涉及的是买卖运输途中的货物，《联合国国际货物销售合同公约》第68条规定，对于运输途中销售的货物，从订立合同时起，风险就转移到买方承担。本题只涉及转移时间问题，没有具体涉及由买方或卖方承担风险问题，因此，第68条规定中的移转例外可以不予考虑。该例外规定："如果卖方在订立合同时已知道或理应知道货物已经遗失或损坏，而他又不将这一事实告诉买方，则这种遗失或损坏应由卖方负责。"本题的正确答案应是订立合同的时间，即选项C 2月16日。

28. A。考点：合同订立和履行中通知的效力

解析：《联合国国际货物销售合同公约》对不同类型的通知生效的时间作出了不同的规定。一般来说，主张权利的通知发出生效，而要求对方从事或限制某种行为的通知送达生效。该公约第15条第2款规定："一项发价，即使是不可撤销的，得予撤回，如果撤回通知于发价送达被发价人之前或同时，送达被发价人。"这一规定排除了本题中的D选项。而第16条第1款规定了撤销要约的情况："在未订立合同之前，发价得予撤销，如果撤销通知于被发价人发出接受通知之前送达被发价人。"这一规定排除了B选项。该公约第48条对卖方补救产品缺陷作了规定，卖方补救的要求或通知，根据该条第4款，"必须在买方收到后，始生效力"。这排除了本题中的C选项。A选项是正确的。该公约第26条规定："宣告合同无效的声明，必须向另一方当事人发出通知，方始有效。"这是生效的规定。

29. C。考点：违约的赔偿责任及限制

解析：《联合国国际货物销售合同公约》第74条规定："一方当事人违反合同应负的损害赔偿额，应与另一方当事人因他违反合同而遭受的包括利润在内的损失额相等。这种损害赔偿额不得超过违反合同一方订立合同时，依照他当时已经知道或理应知道的事实和情况，对违反合同预料到或理应预料到的可能损失。"据此规定，B、D两选项以守约方的合理预期额作为标准，不符合公约的要求。而A选项尽管以违约方的合理预期额为限，但预期时间是履行合同时而非公约要求的订立合同时，因而也不正确。本题的正确答案是C选项，违约方订立合同时的预期违约额。

30. D。考点：装运合同与到达合同术语的区别

解析：顾名思义，装运术语只负责装运，不负责到达。因而，本题中D选项很明显是正确选项。其他三个选项乍看似乎正确，但都只涉及C或F组的某一个具体术语的特点，而非整个装运合同术语的特点，以偏概全，都不正确。A选项用于描述F组自然正确，但不能包括C组；B选项将运输方式仅限于海运，显然没有包括其他运输方式的术语，例如FCA、CPT、CIP；C选项只能理解为指CIF、CPT，也不能概括所有的装运组术语。

31. C。考点：逾期承诺的合同成立时间

解析：《联合国国际货物销售合同公约》第21条规定了逾期承诺的情形，它构成了第18条规定的"承诺要约于表示同意的通知送达要约人时生效"这一一般原则的例外。该条区分了两种情形，第1款涉及非传递原因造成的逾期承诺，第2款涉及传递原因造成的逾期承诺。对于本题中涉及的第一种情况，如果要约人及时确认，则尽管逾期，但该承诺依然有效，合同成立时间为承诺到达时间。本题选项中，D选项明显不正确。B选项将要约人的确认当成了承诺对待，也不正确。逾期承诺从承诺人方面说，合同已经成立，不过因其逾期，要约人需要作出选择，因而其发出确认通知只是表明自己态度，与承诺时间无关。A选项也不正确。正确选项是承诺到达时间，即选项C。

32. C。考点：风险转移与货物品质相符责任

解析：《联合国国际货物销售合同公约》第36条规定："卖方应按照合同和本公约的规定，对风险转移到买方时所存在的任何不符合同情形，负有责任，即使这种不符合同情形在该时间后方始明显。"本题选项

中，A、B、D 三项似乎都有道理，但显然不可能都对。A、D 两项包括了卖方交货后的时间内可能产生的损害，卖方对这些未必都一定负责任，因此这两个选项是错误的。B 选项增加了风险转移后的"合理时间"，造成买卖双方责任分配不清，应被排除。C 选项没有错误，尽管卖方负责的可能不仅仅是这些不符（例如风险转移后才明显地不符）。本题正确答案应该选 C 选项。

33．C。考点：遭受损失方减轻损失的义务

解析：减轻损失义务是声称对方违约的一方应承担的义务。因此，本题中选项 B、D 被排除。这两个选项互为混淆项，但都不是正确选项。《联合国国际货物销售合同公约》第 77 条规定："声称另一方违反合同的一方，必须按情况采取合理措施，减轻由于该另一方违反合同而引起的损失，包括利润方面的损失。如果他不采取这种措施，违反合同一方可以要求从损害赔偿中扣除原可以减轻的损失数额。"A 选项改变了公约中的规定，将包括利润改为不包括利润，显然不对。C 选项符合公约规定，是排除其他选项后剩余的唯一正确选项。

34．C。考点：减价的规定

解析：有关减价问题，《联合国国际货物销售合同公约》第 50 条规定："如果货物不符合同，不论价款是否已付，买方都可以减低价格，减价按实际交付的货物在交货时的价值与符合合同的货物在当时的价值两者之间的比例计算。"因此，减价方法既不是实际交付的货物自己在两个不同时间（价格）的比较，也不是这种货物自己与合格货物在一个时间（价格）之间的比较，而是包括实际交付货物和合格货物在内的两个时间（价格）点的比较，反映了可能的价格变动后的比例关系。A、B、D 选项都不正确，只有 C 选项正确。

35．A。考点：宣告合同无效的损害赔偿

解析：《联合国国际货物销售合同公约》第 76 条第 1 款规定："如果合同被宣告无效，而货物又有时价，要求损害赔偿的一方，如果没有根据第七十五条规定进行购买或转卖，则可以取得合同规定的价格和宣告合同无效时的时价之间的差额以及按照第七十四条规定可以取得的任何其他损害赔偿。"根据该规定，用于计算价格差额的两个价格分别是合同价格和宣告无效时的时价，而不是买方违约时的时价或合同订立

时的时价或原定交货时的时价。因此，本题选项中，B、C、D 三个选项都不正确，只有 A 选项正确。

36．D。考点：宣告合同无效的损害赔偿

解析：《联合国国际货物销售合同公约》第 76 条第 1 款规定："如果合同被宣告无效，而货物又有时价，要求损害赔偿的一方，如果没有根据第七十五条规定进行购买或转卖，则可以取得合同规定的价格和宣告合同无效时的时价之间的差额以及按照第七十四条规定可以取得的任何其他损害赔偿。但是，如果要求损害赔偿的一方在接收货物之后宣告合同无效，则应适用接收货物时的时价，而非宣告合同无效时的时价。"根据该规定，卖方根本违约时，一般情况下，用于计算价格差额的两个价格分别是合同价格和宣告无效时的时价，而不是卖方违约时的时价或合同订立时的时价。因此，选项 B、C 被排除。但如果先接收货物，后宣告合同无效，则用于计算差额的时价应是接收货物时的时价，而非宣告合同无效时的时价。因此，本题选项中，A 选项又被排除。只有 D 选项正确。

37．B。考点：贸易术语及损害赔偿

解析：《联合国国际货物销售合同公约》第 76 条第 2 款规定："为上一款的目的，时价指原应交付货物地点的现行价格，如果该地点没有时价，则指另一合理替代地点的价格，但应适当地考虑货物运费的差额。"显然，上述时价是指交货地的现行价格。在本题的四个选项中，A 选项术语指目的港，应被排除。C 选项中交货地为上海，时价应为买方所在地的价格，而非卖方所在地价格，应被排除。D 选项中纽约是货物交付地，是卖方所在地，而非买方所在地，应被排除。只有 B 选项纽约与交货地是统一的，应为正确选项。

38．C。考点：《国际贸易术语解释通则》FOB 术语中的买卖义务

解析：根据 2020 年《国际贸易术语解释通则》，FOB 术语意为"指定装运港船上交货"。选项 A 明显错误。根据该术语，买方派船接货，卖方将货物装上买方指定的船只。卖方既无租船义务也无投保货物运输保险义务。因此，选项 B 错误，选项 C 正确。该术语仅适合水运，选项 D 错误。

39．D。考点：《联合国国际货物销售合同公约》中的要约和承诺

解析：本案中乙公司发出要约，甲公司 8 月 12 日

的电复改变了要约中的价格，从而拒绝了要约，乙公司的要约对甲公司失去效力，从而不再受有效期9月1日的约束。乙公司没有义务对甲公司的电复进行答复。故A选项错误。因乙公司的要约已经失效，甲公司8月29日的去电只能认为是甲公司的要约，故B选项错误，D选项正确；由于甲公司已经拒绝了乙公司的要约，故8月29日的去电也不是迟到的承诺，C选项错误。

40. A。考点：《联合国国际货物销售合同公约》中的分批交货制度

解析：《联合国国际货物销售合同公约》第73条规定，对于分批交付货物，如果一方当事人不履行任何一批货物的义务，便对该批货物构成根本违反合同，另一方可以宣告合同对该批货物无效。如果一方当事人不履行对任何一批货物的义务，使另一方当事人有充分理由断定对今后各批货物会发生根本违反合同，该另一方可在一段合理期限内宣告合同今后无效。如果各批货物相互依存，宣告一批货物无效可同时宣告以前交付的及今后交付的均无效。根据这些规定，本题选项A显然正确。选项C中的一般违约不构成宣告合同无效的理由。选项B、D都缺乏宣布整个合同无效的要件。

41. C。考点：《联合国国际货物销售合同公约》对预期违反合同的相关规定

解析：选项C正确，其他各选项均错误。本案涉及公约对预期违反合同的相关规定。预期违反合同是指在合同订立后、履行期到来前，一方明示拒绝履行合同，或通过其行为推断其将不履行。当一方出现预期违反合同的情况时，依公约的规定，另一方可以采取中止履行义务的措施。本案中，对第一份合同，甲公司依约将该合同项下的货物发运后，乙公司以资金周转困难为由，要求变更付款方式，甲公司同意了这一变更，此为对合同条款的变更。因此，乙公司可以根据新的规定，并且应当根据新的规定在货到后30天付款。在约定付款期限到来时，乙公司再次以资金困难为由拒绝付款。这表明乙方的履约能力存在缺陷。本题中，虽然第二份合同表面上独立于第一份合同，但实质上是分批次交货的安排。卖方可以认定，对第二份合同，乙公司无履约能力，其行为构成预期违约，甲公司可以中止履行义务，该中止履行不构成违约。公约规定，中止履行的一方当事人不论是在货物发运

前还是发运后，都必须通知另一方当事人，如经另一方当事人对履行义务提供充分保证，则中止履行的一方必须继续履行义务。不过，本案中卖方直接要求仲裁，是否合乎合同的规定，本案并未提供充分的事实情形。

42. B。考点：FOB术语、平安险

解析：根据2020年《国际贸易术语解释通则》的规定，FOB术语意为"船上交货（指定装运港）"，由买方负责派船接运货物，卖方应在合同规定的装运港和规定的期限内，将货物装上买方指定的船只，并及时通知买方。货物在装上指定的船上时，风险即由卖方转移至买方。故A项错误，B项正确。根据《联合国国际货物销售合同公约》的规定，卖方有质量担保义务，卖方必须保证其交付的货物与合同的规定相符。选项C错误。本案涉及保险险别为平安险。平安险的英文意思为"单独海损不赔"，单纯由于自然灾害所造成的部分损失不属于其承保的责任范围。只有被保险货物在运输途中由于恶劣气候、雷电、海啸、地震、洪水等自然灾害造成的整批货物的全部损失或推定全损在平安险承保的责任范围内，才属于赔偿范围。本题中，货物在海运途中因天气恶劣导致的部分损毁是单纯由于自然灾害所造成的部分损失，不属于平安险的责任范围，保险公司不予赔偿。选项D错误。

43. C。考点：《联合国国际货物销售合同公约》和FOB术语

解析：公约承认商业贸易惯例的效力，国际贸易惯例与公约是互补关系，故B选项错误。在FOB的情况下，买方负责订立运输合同，并自愿购买保险。卖方装运港将货物装到指定船上，风险在货物装船后由卖方转移到买方。A、D选项均为错误选项。选项C正确。

44. C。考点：FOB（Incoterms 2020）术语及根据《联合国国际货物销售合同公约》卖方承担的义务

解析：在FOB（Incoterms 2020）术语中，货物装上船后，有关费用以及货物灭失或损坏的一切风险转由买方承担，买卖双方的风险划分不再以船舷为界，而以装船为界；买方自行负担费用订立从指定装运港运输货物的合同。所以A、B选项错误。根据《联合国国际货物销售合同公约》，卖方承担的义务包括卖方保证货物按照同类货物通用的方式装箱或包装，如果没有这种通用方式，则按照足以保全和保护货物的方式

装箱或包装，否则卖方承担责任。故 C 选项正确。卖方还要承担权利担保义务，卖方所交付的货物，必须是第三方不能根据工业产权或其他知识产权主张任何权利或要求的货物，但以卖方在订立合同时已知道或不可能不知道的权利或要求为限。本案中买方为中国公司，货物运往中国，卖方应承担保证交付货物不侵犯中国知识产权的义务。故 D 项错误。

45. C。考点：公约、格式合同与约定的关系

解析：选项 A 错误：《联合国国际货物销售合同公约》在公约的适用上不具有排他性，当事人双方仍可以在合同中再选择适用其他法律。选项 B 错误、选项 C 正确：从性质上讲，格式合同既不是法律，在双方签字以前也不是真正的合同。选项 D 错误：贸易术语和公约在内容上是相互补充的，可以同时适用。

46. B。考点：中止履行

解析：选项 A 错误：根据《联合国国际货物销售合同公约》，以下问题为公约未涉及的问题：（1）有关销售合同的效力或任何惯例的效力；（2）合同对所售货物所有权可能产生的影响；（3）卖方对货物所引起的人身伤亡责任。选项 B 正确。甲公司的履约能力出现严重问题，符合中止履行的前提条件，故选项 C 错误。选项 D 错误：甲公司提供了充分的担保，则中止履行的一方必须继续履行。

47. D。考点：买卖合同、运输合同和保险合同；CIF

解析：选项 A 错误：公约的排除适用只能明示，选择贸易术语与适用公约并非互斥。选项 B 错误：CIF 术语下，卖方须办理货物的保险并缴纳保险费，货物的风险在卖方在装运港完成交货时转移。选项 C 错误：买方有收货的义务，无权就不收货而导致扩大的损失提出索赔。选项 D 正确：包装不当，违反了质量担保义务，应由卖方乙公司承担责任。

48. D。考点：《民法典》第 925 条

解析：《民法典》第 925 条规定：受托人以自己的名义，在委托人的授权范围内与第三人订立的合同，第三人在订立合同时知道受托人与委托人之间的代理关系的，该合同直接约束委托人和第三人；但是，有确切证据证明该合同只约束受托人和第三人的除外。受托人与第三人订立的合同，直接约束委托人应至少满足两个要件：一是受托人在授权范围内与第三人订立合同，二是第三人在订立合同时知道受托人与委托

人之间的代理关系。A 项缺少前述两个要件；B 项未阐明受托人是否在授权范围与第三人订立合同；C 项受托人明显违反了其授权范围。因此，选项 A、B、C 错误。

（二）多项选择题

1. BCD。考点：付款义务与货物的检验及接受

解析：付款是买方的义务，而检验是买方的权利。这两项本质上不矛盾。只不过检验应在一定的时间内进行。《联合国国际货物销售合同公约》第 38 条第 1 款规定："买方必须在按情况实际可行的最短时间内检验货物或由他人检验货物。"因此，付款导致检验权丧失的 A 选项很明显是错误的。而且，该公约第 58 条第 3 款存在一般性规定："买方在未有机会检验货物前，无义务支付价款，除非这种机会与双方当事人议定的交货或支付程序相抵触。"这正是选项 D 的内容，因而该选项正确。选项 B、C 都强调支付并不导致检验权的丧失，这与公约的规定以及一些支付方式是一致的。因而，B、C 选项也是正确选项。

2. BC。考点：《联合国国际货物销售合同公约》的适用范围

解析：《联合国国际货物销售合同公约》对"国际"采取了营业地的标准，适用于营业地分处不同国家当事人之间的货物买卖。故 A 项排除，C 项正确。该公约还排除了对提供货物与提供服务相结合的合同的适用，即（1）通过劳务合作方式进行的购买（如补偿贸易）；（2）通过货物买卖方式进行的劳务合作（如技贸结合）。D 项恰属于其中一种，也应排除。但服务未构成供货方绝大部分义务的货物与服务相结合的合同仍然适用该公约，因此，B 选项正确。

3. BC。考点：FCA 术语

解析：FCA 术语的全称是货交承运人（指定地点），指卖方只要将货物在指定地点交给由买方指定的承运人，并办理了出口清关手续，即完成交货。交货地点的选择对在该地点装货和卸货的义务会产生影响。如在卖方所在地交货，则卖方应负责装货，当货物装上买方指定的承运人或代表买方的其他人提供的运输工具时完成交货。如在其他地点交货，则卖方可以在自己的运输工具上完成交货，而不负责将货物从自己的运输工具上卸下，即卖方是"管装不管卸"。

4. AC。考点：《联合国国际货物销售合同公约》中的合同成立

解析：承诺应在有效的时间内作出。理论上迟到的承诺或逾期的承诺，不是有效的承诺，而是新的要约。《联合国国际货物销售合同公约》并没有一概地否定逾期承诺的效力，于第21条规定："（1）逾期接受仍有接受的效力，如果发价人毫不迟延地用口头或书面将此种意见通知被发价人。（2）如果载有逾期接受的信件或其他书面文件表明，它是在传递正常、能及时送达发价人的情况下寄发的，则该项逾期接受具有接受的效力，除非发价人毫不迟延地用口头或书面通知被发价人：他认为他的发价已经失效。"B项是错误的，无须加上"只要要约人毫不迟延地表示接受"这一限定条件。

5. AD。考点：《联合国国际货物销售合同公约》的适用范围

解析：根据《联合国国际货物销售合同公约》第1条的规定，该公约采取了"营业地标准"，适用于营业地分处不同缔约国的当事人之间所订立的货物销售合同，而不考虑当事人双方是否具有同一国籍。另外，该公约有"扩大适用"的规定，即营业地在不同国家的当事人之间所订立的货物销售合同，如果国际私法规则导致适用某一公约缔约国的法律，尽管当事人双方营业所在地国有一个或两个都不是该公约缔约国，该公约照样适用于该合同。因此，选项A和选项D的说法都是正确的。

6. AC。考点：国际货物买卖合同双方的义务、班轮运输

解析：部分货物中细菌超标，属于货物的固有缺陷，根据《海牙规则》中规定的承运人的17项免责，以及我国《海商法》第51条第9项、第243条第2项，这种损失既不能要求承运人承担责任，也不能要求保险公司承担责任，因为它属于承运人的免责事项和保险公司的除外责任。本案卖方于交货前已经违约（货物品质有瑕疵），因此A项是正确的，中国公司应向A国公司索赔。关于货物短少，因为承运人签发了2 000箱货物清洁提单，表明承运人已收到托运人交付的2 000箱货物，也表明托运人已按合同约定数量完成交货义务，因此对短少的货物，中国公司不能向A国公司索赔，题目中没有提供承运人免责事由，故B项错误、C项正确。根据《联合国国际货物销售合同公约》的规定，买卖双方在对方违约时采用任何其他救济措施都不影响守约方要求损害赔偿的权利，这也是各国

合同法的通常规定，因此D项是错误的。

7. BCD。考点：国际货物买卖中买方的收货义务

解析：在国际货物买卖中，买方的主要义务是支付货款和接收货物。买方接收货物的义务要求买方按时提取货物，不管该货物是否符合合同约定的数量或质量。接收货物不等于接受货物，如货物在目的港经检验不符合合同约定，买方有权索赔。本题中，卖方显然违反了交货品质担保义务，存在违约行为，此时买方有义务先接收货物，再追究卖方的违约责任，因此A项错误。《联合国国际货物销售合同公约》第77条规定："声称另一方违反合同的一方，必须按情况采取合理措施，减轻由于该另一方违反合同而引起的损失，包括利润方面的损失。如果他不采取这种措施，违反合同一方可以要求从损害赔偿中扣除原可以减轻的损失数额。"故本题C、D两项的做法是正确的。题干暗示的信息表明卖方交付的货物根本无法实现买方的合同目的，已构成根本违约，买方有权要求退货，故B项也是正确的。

8. CD。考点：货物的风险转移

解析：本题涉及的是买卖运输途中的货物风险承担的问题。《联合国国际货物销售合同公约》第68条规定："对于运输途中销售的货物，从订立合同时起，风险就转移到买方承担。但是，如果情况表明有此需要，从货物交付给签发载有运输合同单据的承运人时起，风险就由买方承担。尽管如此，如果卖方在订立合同时已知道或理应知道货物已经遗失或损坏，而他又不将这一事实告诉买方，则这种遗失或损坏应由卖方负责。"本题的问题既涉及风险的移转时间问题，又涉及例外规定问题。本题明确区分了两种不同性质的损失，因而应区分情况对待，A、B两个选项采取单一方法不符合公约规定和此题的本意。本题中的正确选项是C和D。

9. CD。考点：CIF术语

解析：CIF术语全称是"成本、保险费加运费（……指定目的港）"，是指卖方必须支付将货物运至指定的目的港所需的运费和费用，还必须办理买方货物在运输途中灭失或损坏风险的海运保险。在出口清关方面，卖方负责出口国出口清关，买方负责进口国进口清关。因此C、D项正确。卖方负责运输，并不代表卖方必须负责把货物运至上海，卖方义务只限于寻找承运人和承运船舶、与承运人签订运输合同并支付运

费，因此 A 项错误。在国际贸易中，特别是在与西方发达国家之间进行的国际贸易中，应避免把罢工算作不可抗力，因为罢工经常发生，并不一定是不可避免和不能控制的，如不分情况以罢工为由援引不可抗力，推卸对合同应履行的责任，将有碍合同的履行，因此 B 项不正确。

10. AC。考点：国际贸易买卖中的权利担保

解析：A 选项正确：依《联合国国际货物销售合同公约》，国际货物买卖中卖方的权利担保义务可概括为所有权担保和知识产权担保，所有权担保指卖方保证其对出售的货物享有完全的所有权，必须是第三方不能提出任何权利或要求的货物，因此，卖方（甲方）应保证交付的货物为甲方所有。B 选项不正确：因为光保证占有是不足的，应当保证享有完全的所有权。C 选项正确、D 选项错误：知识产权担保指卖方所交付的货物必须是第三方不能依工业产权或其他知识产权主张任何权利或要求的货物。但要求不侵犯全世界任何一个知识产权人的权利是不现实的，因此，该公约将标准进行了如下限制：第一，第三人的请求是依据货物销售目的国的法律提出的；第二，第三人的请求是依据买方营业地所在国法律提出的。因此，卖方的义务并非在世界范围内保证不侵犯他人的知识产权。

11. AC。考点：贸易术语及货物买卖合同的成立

解析：本题涉及对 CIF 术语的把握，以及《联合国国际货物销售合同公约》有关要约与承诺规定的运用。A 选项正确：CIF 贸易术语属于装运合同，在装运港的船上完成交货，本案的装运港位于甲国，因此卖方采用的是在甲国完成交货的贸易术语。B 选项不正确：本案合同没有成立，甲国某公司的回电没有同意中国山东某公司有关价格减少的复电。因此，甲国公司可以将货物转卖他人。C 选项正确：中国山东某公司于 17 日的复电属于反要约，因为山东某公司改变了单价。D 选项不正确：甲国公司的回电不同意价格减少，因此，不是承诺，本案合同没有成立。

12. ABCD。考点：2020 年《国际贸易术语解释通则》D 组术语

解析：2020 年《国际贸易术语解释通则》D 组，包括 3 个贸易术语，即 DAP、DPU 和 DDP，属于到货合同，卖方负责把货物运至约定的地点或目的地。卖方承担货物运至目的地的全部风险和费用。D 组术语

中，只在一个地点用于交货、确定风险和费用。因此，本题 A、B、C、D 项均正确。

13. ACD。考点：卖方的知识产权担保义务

解析：根据《联合国国际货物销售合同公约》，卖方对其交付的货物承担知识产权上的担保责任，保证货物不存在第三方的知识产权主张，但该担保义务有限制条件，它仅限于买卖双方订立合同时已知的情况，限于卖方已知或不可能不知的权利要求，且这种要求限于一定的地域，例如，买方所在地或双方预期的转售地。这一义务存在两项重要例外，就是买方在订立合同时已知第三方的权利主张，或者是卖方遵循买方要求的结果。故本题中 A 选项和 C 选项均正确。D 选项涉及的时间是交货时，而非订立合同时，故卖方也不能承担责任，故 D 选项也正确。B 选项符合卖方承担责任的条件，且未指出不承担责任的条件，卖方应承担责任。《联合国国际货物销售合同公约》第 42 条规定："（1）卖方所交付的货物，必须是第三方不能根据工业产权或其他知识产权主张任何权利或要求的货物，但以卖方在订立合同时已知道或不可能不知道的权利或要求为限，而且这种权利或要求根据以下国家的法律规定是以工业产权或其他知识产权为基础的：（a）如果双方当事人在订立合同时预期货物将在某一国境内转售或做其他使用，则根据货物将在其境内转售或做其他使用的国家的法律；或者（b）在任何其他情况下，根据买方营业地所在国家的法律。（2）卖方在上一款中的义务不适用于以下情况：（a）买方在订立合同时已知道或不可能不知道此项权利或要求；或者（b）此项权利或要求的发生，是由于卖方要遵照买方所提供的技术图样、图案、程式或其他规格。"

14. BD。考点：卖方多交付货物的处理

解析：《联合国国际货物销售合同公约》第 52 条第 2 款规定："如果卖方交付的货物数量大于合同规定的数量，买方可以收取也可以拒绝收取多交部分的货物，如果买方收取多交部分货物的全部或一部分，他必须按照合同价格付款。"买方享有是否收取的主动权或选择权，但在收取多交部分的价格上不能选择。拒收时，买方只能拒收多交的部分，不能全部拒收，因此 A 选项明显错误，C 选项违反了公约对价格的要求，B、D 选项符合公约规定，为正确答案。

15. ABCD。考点：合同形式要件

解析：根据我国《民法典》第 469 条，订立合同

可以采取书面、口头和行为三种方式，而信件与电子邮件属于书面范围。本题选项中的四个选项都正确。这里需要指出的是，订立国际货物买卖合同的形式与我国对《联合国国际货物销售合同公约》作出的书面保留是两个不同的问题，后者涉及公约的适用问题，只有书面的合同才可以适用该公约。该保留不涉及不适用该公约的合同订立形式问题。

16．ABCD。考点：违约的损害赔偿

解析：本题考查损害赔偿这种救济方式的适用及损害赔偿额的确定，相关规定见于《联合国国际货物销售合同公约》。该公约第45条第2款规定："买方可能享有的要求损害赔偿的权利，不因他行使采取其他补救办法的权利而丧失。"第61条第2款有类似的规定："卖方可能享有的要求损害赔偿的权利，不因他行使采取其他补救办法的权利而丧失。"这两项规定说明了损害赔偿救济方式的普遍性。而公约第74条和第77条分别规定了损害赔偿额的确定方法。第74条规定了最大赔偿额："一方当事人违反合同应负的损害赔偿额，应与另一方当事人因他违反合同而遭受的包括利润在内的损失额相等。这种损害赔偿不得超过违反合同一方在订立合同时，依照他当时已知道或理应知道的事实和情况，对违反合同预料到或理应预料到的可能损失。"第77条规定了守约方减轻损失的义务："声称另一方违反合同的一方，必须按情况采取合理措施，减轻由于该另一方违反合同而引起的损失，包括利润方面的损失。如果他不采取这种措施，违反合同一方可以要求从损害赔偿中扣除原可以减轻的损失数额。"

17．AC。考点：国际贸易术语

解析：根据2020年《国际贸易术语解释通则》，EXW是工厂交货，DDP是完税后交货，前者买方承担的义务最大，后者卖方承担的义务最大。本题的正确选项是A、C。

18．ABCD。考点：合同条款

解析：买卖对象、数量、交付时间、如何付款是最基本的交易内容，缺少了这些则无法交易，无法构成"订立合同的建议"。本题所有选项为正确选项。

19．AC。考点：卖方的货物相符义务

解析：《联合国国际货物销售合同公约》第35条规定了卖方承担的货物相符的义务，其中第2款规定了除买卖方双方另有协议外应满足的一般性要求，其中包括了本题选项中的A、C两项，但无B项。D项涉及卖方

的权利担保问题，不是货物品质问题，故应排除。

20．ABC。考点：货物单据的移交要求

解析：《联合国货物销售合同公约》第34条规定："如果卖方有义务移交与货物有关的单据，他必须按照合同所规定的时间、地点和方式移交这些单据。如果卖方在那个时间以前已移交这些单据，他可以在那个时间到达前纠正单据中任何不符合合同规定的情形，但是此一权利的行使不得使买方遭受不合理的不便或承担不合理的开支。但是，买方保留本公约所规定的要求损害赔偿的任何权利。"据此，卖方改变单据移交地点和方式是非常重要的改变，可能影响当事人之间的权利义务，不仅仅涉及不合理开支的问题。本题的四个选项中，选项D错误，选项A、B、C正确。

21．ABC。考点：《联合国国际货物销售合同公约》中的违约救济制度

解析：根据《联合国国际货物销售合同公约》的相关规定，卖方的根本违约赋予了受害方解约权和要求交付替代物的权利；买方在仍然接受卖方交付的不合格货物时，可以要求减价，并要求赔偿；赔偿适用于任何违约情形。本题中的选项A、B、C都是正确的。如果卖方交付的数量大于合同约定的数量，买方可以接受，也可以拒绝接受多交付的货物。故D选项错误。

22．BC。考点：货物风险转移的时间

解析：根据2020年《国际贸易术语解释通则》，在CIF术语下，货物风险的转移时间是货物装船后转移。而依《联合国国际货物销售合同公约》，对于途中出售货物，货物风险的转移时间是合同订立时。因此，本题的正确选项是B、C。A、D选项都是干扰性的错误选项。

23．AD。考点：《联合国国际货物销售合同公约》中宣告合同无效的规定

解析：根据《联合国国际货物销售合同公约》第81条的规定，宣告合同无效解除了双方在合同中的义务，但对于应负责的任何损害赔偿仍应负责。宣告合同无效不影响合同中关于解决争端的任何规定，也不影响合同中关于双方在宣告合同无效后权利和义务的任何其他规定。根据公约规定，解除合同后，买卖双方必须归还因接受履行所获得的收益。综上，选项A、D正确，选项B、C错误。

24．AD。考点：《联合国国际货物销售合同公约》中关于免责情况的规定

解析：《联合国国际货物销售合同公约》第79～80条对免责的情况进行了规定，免责的条件是：（1）不履行必须是当事人不能控制的障碍所致。（2）这种障碍是不履行一方在订立合同时不能预见的。（3）这种障碍是当事人不能避免或不能克服的。根据公约第79条第4款的规定，不履行义务的一方必须将障碍及其对他履行义务能力的影响通知另一方。如果对方在不履行义务的一方已知道或理应知道此一障碍后一段合理时间仍未收到通知，则不履行义务的一方对由于对方未收到通知而造成的损害应负赔偿责任。关于免责的后果，根据公约第79条第5款的规定，免责一方所免除的是对另一方损害赔偿的责任，但受损方依公约采取其他补救措施的权利不受影响。根据上述规定，乙公司遇到了其无法预见与不能克服的障碍，未能按照合同履行交货义务，符合公约规定的免责条件，其不交货不属于违约。乙公司没有在合理时间内将障碍及其对它履行义务能力的影响通知甲公司，乙公司的行为使甲公司遭受了损失，所以乙公司对由于甲公司未收到通知而造成的损失应负赔偿责任，甲公司有权就乙公司未通知有关情况而遭受的损失请求赔偿。故选项A、D正确，B、C错误。

25. AB。考点：CIF和FOB的区别

解析：CIF与FOB所包含的费用和责任划分不同，但都是由卖方办理出口海关手续，风险也都是在货物装上船时转移向买方。故C、D选项错误，选A、B项。

26. ABD。考点：不同贸易术语下的交货地点

解析：《国际贸易术语解释通则》的2020年版本中的D组条款，属于到货合同，所以该组贸易术语中的货物均运至买方国家交货，所以A、B、D选项正确。FAS，即船边交货（指定装运港），指卖方在指定的装运港将货物交至买方指定的船边，即完成交货，风险从此时起由买方承担。应该注意，国际贸易术语的惯例具有选择性、非强制性，在国际货物买卖合同中应注明Incoterms的版本，某些具体的术语在不同的规则中具有不同的含义。

27. AC。考点：国际货物买卖中的权利担保和风险转移

解析：《联合国国际货物销售合同公约》第42条规定：（1）卖方所交付的货物，必须是第三方不能根据工业产权或其他知识产权主张任何权利或要求的货物，但以卖方在订立合同时已知道或不可能不知道的

权利或要求为限，而且这种权利或要求根据以下国家的法律规定是以工业产权或其他知识产权为基础的：（a）如果双方当事人在订立合同时预期货物将在某一国境内转售或做其他使用，则根据货物将在其境内转售或做其他使用的国家的法律；或者（b）在任何其他情况下，根据买方营业地所在国家的法律。（2）卖方在上一款中的义务不适用于以下情况：（a）买方在订立合同时已知道或不可能不知道此项权利或要求；或者（b）此项权力或要求的发生，是由于卖方要遵照买方所提供的技术图样、图案、程式或其他规格。注意：公约要求卖方承担的知识产权担保义务仅及于两个地方：买方营业地和合同预期的转售地或使用地。本案中，虽然合同没有规定转售地，但由于该转售发生在买方所在地，故对知识产权担保义务并不发生影响，所以A项正确、B项错误。根据公约规定，运输途中销售的货物的风险，原则上自买卖合同成立时其转移给买方。结合本案事实，C项正确，D项错误。

28. CD。考点：DAP及《国际铁路货物联运协定》

解析：选项A错误、选项D正确：根据《国际铁路货物联运协定》，负责联运的承运人对于货损应承担连带责任。选项B错误：铁路运单并非物权凭证。选项C正确：根据DAP术语，卖方应负责将货物运至目的地，无卸货义务。

29. ABCD。考点：《民法典》第469条

解析：《民法典》第469条规定：当事人订立合同，可以采用书面形式、口头形式或者其他形式。书面形式是合同书、信件、电报、电传、传真等可以有形地表现所载内容的形式。以电子数据交换、电子邮件等方式能够有形地表现所载内容，并可以随时调取查用的数据电文，视为书面形式。A、B、C项为该条明确规定的书面形式，因此，A、B、C项正确。D项中未删除的微信记录，属于电子数据交换，同时可以随时查取，应被视为书面形式，因此，D项也正确。

（三）不定项选择题

1. ABC。考点：国际贸易术语的理解

解析：CFR和CIF都属于C组术语，属于装运合同，而非到达合同，亦非工厂交货（EXW）；从运输方式方面看，二者都是水运。因此，本题的正确选项是A、B、C。

2. A。考点：贸易术语的理解

解析：在2020年《国际贸易术语解释通则》的11

个贸易术语中，除 EXW 和 DDP 外，都是卖方办理出口手续、买方办理进口手续。EXW 是买方办理出口手续的唯一一个术语，DDP 是卖方办理进口手续的唯一一个术语。故本题只有一个正确选项，这就是 A。

3．BD。考点：合同的品质和检验问题

解析：商品检验有离岸检验、到岸检验和双重检验，本案的检验在卖方所在地进行，故属于离岸检验。本案中合同成立时约定为凭规格确定品质，合同成立后甲公司寄送了样品，但声明此笔生意只是凭规格的买卖，因此，甲公司只承担依规格履行合同的义务，而不承担依样品履行合同的义务。本案中国商检局出具的品质合格证书，符合合同约定。故甲公司不承担其所交货物与样品不符的责任。

4．（1）C。考点：外贸代理

解析：我国某蜡烛生产企业与瑞典天使贸易公司之间是买卖合同关系，中国天宏进出口公司受该蜡烛生产企业委托与瑞典天使贸易公司签订出口蜡烛一批的合同，故二者只能是外贸代理关系。

（2）B。考点：涉外合同的法律适用

解析：我国《涉外民事关系法律适用法》第 41 条规定，合同当事人可以选择处理合同争议所适用的法律。本案合同中已约定与本合同有关的争议适用瑞典法律，且本合同又是一般买卖合同，因此遵照当事人意思自治的原则，适用瑞典法。

（3）C。考点：海上运输途中货物损失的责任承担

解析：根据题意，这 700 箱湿损的货物是由船舶碰撞引起的，属于一切险的承保范围。船舶碰撞是由承运人驾驶船舶有过失造成的，根据《海牙规则》，承运人可以免责。CIF 合同中，货物风险自装船后转移给买方。承运人收取货物后签发了清洁提单，表明货物在装船时表面状况良好，不能说在装船前受损。因此，应由收货人向保险人提出索赔。

（4）BCD。考点：海上运输途中货物损失的责任承担

解析：根据题意，蜡烛变形是运输途中未适当通风导致温度过高造成的，属于承运人管货不当，承运人应负赔偿责任，故 B 项正确。对于承运人造成的货损，保险公司在承担责任后可以向承运人追偿，故 C 项正确。货物风险自装船后转移给买方，损失又并非卖方的过失造成，故 D 项正确。

（5）B。考点：代位求偿

解析：我国《海事诉讼特别程序法》第 94 条规定："保险人行使代位请求赔偿权利时，被保险人未向造成保险事故的第三人提起诉讼的，保险人应当以自己的名义向该第三人提起诉讼。"

（6）AC。考点：共同海损的认定

解析：我国《海商法》第 193 条规定："共同海损，是指在同一海上航程中，船舶、货物和其他财产遭遇共同危险，为了共同安全，有意地合理地采取措施所直接造成的特殊牺牲、支付的特殊费用。无论在航程中或者在航程结束后发生的船舶或者货物因迟延所造成的损失，包括船期损失和行市损失以及其他间接损失，均不得列入共同海损。"而单独海损是海上风险对营运中的船舶和运输中的货物所造成的直接损失。《海商法》第 194 条规定："船舶因发生意外、牺牲或者其他特殊情况而损坏时，为了安全完成本航程，驶入避难港口、避难地点或者驶回装货港口、装货地点进行必要的修理，在该港口或者地点额外停留期间所支付的港口费、船员工资、给养、船舶所消耗的燃料、物料，为修理而卸载、储存、重装或者搬移船上货物、燃料、物料以及其他财产所造成的损失、支付的费用，应当列入共同海损。"共同海损由受益各方分摊。

5．（1）B。考点：CIF 术语下的卖方义务

解析：本题从"CIF 纽约"可以看出，中国公司是茶叶的卖方，因而其有义务签订运输合同、支付运费，但不承担将货物在纽约港交付的义务。本题选项中正确的只有 B。

（2）AB。考点：CIF 术语下的保险

解析：根据《国际贸易术语解释通则》，卖方有义务购买最低险别的保险，金额为货物价值的 110%。尽管买卖双方仍可自由商定较高的险别，2020 年《国际贸易术语解释通则》仍默许卖方仅有义务购买最低险别的保险，不包括其他附加险，例如串味。在本题选项中，A、B 为正确选项，C 选项保险金额错误，D 选项保险范围错误。

（3）ABCD。考点：国际货物买卖合同中卖方的品质保证责任

解析：本题四个选项正好是《联合国国际货物销售合同公约》中规定的卖方有关品质相符的四项义务，A 选项是通常用途，B 选项是特别要求，C 选项是惯常包装，D 选项是与样品相符的要求。故四个选项都是正确选项。

（4）CD。考点：CIF术语下的货物交付

解析：CIF术语属于象征性交货，卖方在指定的装运港的船上将货物交给承运人，即完成了交货义务。A、B选项显然不正确，正确选项是C、D。

（5）D。考点：CIF术语下信用证付款

解析：CIF术语下信用证付款，通常称为单据买卖。这主要是从卖方角度说的。银行根据卖方提供的单据向卖方付款，银行在付款后向买方索偿。本题情形下，只有D选项是正确选项。

（6）B。考点：CIF术语下的保险责任

解析：CIF术语下卖方只负责签订运输合同、支付保险费，不承担货物延迟到达引起的责任，故A选项被排除。本题介绍的情况显然也不能由B公司自己承担，故D选项被排除。C公司显然应负赔偿责任，无论是从延迟还是从船员过失方面。在最低险别的情况下，保险公司只负责赔偿全部损失和意外事故造成的部分损失，自然灾害造成的部分损失不赔，因而，C选项不是正确选项。

（7）C。考点：汉堡规则的诉讼时效

解析：《汉堡规则》规定的诉讼时效为2年。

6. ACD。考点：CIF术语的含义及变化

解析：根据2020年《国际贸易术语解释通则》，CIF，指成本、保险费加运费（指定目的港）。卖方不仅要支付主要运费，还要支付保险费。卖方应按照通常条件自行负担费用订立运输合同，支付将货物按惯常航线用通常类型可供装载该合同货物的海上航行船只（或适当的内河运输船只）装运至指定目的港的运费。在规定的日期或期限内，将货物装到船上，货物灭失或损坏的一切风险在货物装上船时转移向买方。与2000年《国际贸易术语解释通则》定义的CIF术语不同，风险从卖方转移给买方的时间是货物装到船上，不是货物越过船舷。故本案除B选项错误外，其他选项均为正确选项。

7.（1）C正确，A选项原则上也正确。考点：FOB术语，《国际贸易术语解释通则》与《联合国国际货物销售合同公约》的关系

解析：选项A原则上正确是因为，虽然一般地说《国际贸易术语解释通则》2000年版、2010年版、2020年版三个版本并存，由当事人选择适用，在当事人没有明确哪一版本的情况下，应理解为选择了新版术语，而不能必然断定其选择了旧的术语。依据当事

人若希望适用新术语必须注明适用新术语这一说法来判定不使用新术语，有点牵强。无论适用哪一版本的FOB术语，货物风险转移时间都不以货物在公司间转移为标准，且都由买方自费订立运输合同。故B选项错误、选项C正确。适用FOB术语时，由买方负责运输。只要双方没有明确排除《联合国国际货物销售合同公约》的适用，应推定《联合国国际货物销售合同公约》自动适用于它们之间的买卖合同，即贸易术语与公约是互补关系，不是排斥关系，故选项D错误。

（2）BCD。考点：卖方对知识产权担保义务的限制

解析：根据《联合国国际货物销售合同公约》，卖方对出售货物承担知识产权担保义务，是指在货物买卖法律关系中，卖方有义务保证，对于其向买方交付的货物，第三方不能基于知识产权向买方主张任何权利或要求。但由于知识产权本身的特点，如知识产权的地域性、时间性、来样加工生产等，公约对该义务规定了例外情况。《联合国国际货物销售合同公约》第42条规定：（1）卖方所交付的货物，必须是第三方不能根据工业产权或其他知识产权主张任何权利或要求的货物，但以卖方在订立合同时已知道或不可能不知道的权利或要求为限，而且这种权利或要求根据以下国家的法律规定是以工业产权或其他知识产权为基础的：（a）如果双方当事人在订立合同时预期货物将在某一国境内转售或做其他使用，则根据货物将在其境内转售或做其他使用的国家的法律；或者（b）在任何其他情况下，根据买方营业地所在国家的法律。（2）卖方在上一款中的义务不适用于以下情况：（a）买方在订立合同时已知道或不可能不知道此项权利或要求；或者（b）此项权利或要求的发生，是由于卖方要遵照买方所提供的技术图样、图案、程式或其他规格。选项A错误，选项B、C正确。《联合国国际货物销售合同公约》第43条第1项规定，买方如果不在已知道或理应知道第三方的权利或要求后一段合理时间内，将此一权利或要求的性质通知卖方，就丧失主张货物侵犯知识产权的权利。选项D正确。属于《联合国国际货物销售合同公约》第43条规定的免责条款。

8. BD。考点：货物检验和交货不符合同的相关规定

解析：《联合国国际货物销售合同公约》第38条规定："（1）买方必须在按情况实际可行的最短时间内检验货物或由他人检验货物。（2）如果合同涉及货物的运

输，检验可推迟到货物到达目的地后进行。（3）如果货物在运输途中改运或买方须再发运货物，没有合理机会加以检验，而卖方在订立合同时已知道或理应知道这种改运或再发运的可能性，检验可推迟到货物到达新目的地后进行。"可见甲公司作为买方检验货物是有时限要求的，不是任意的，所以 A 选项错误，B 选项正确。《联合国国际货物销售合同公约》第 39 条第 1 款规定："买方对货物不符合同，必须在发现或理应发现不符情形后一段合理时间内通知卖方，说明不符合同情形的性质，否则就丧失声称货物不符合同的权利。"甲公司作为买方，发现货物不符通知卖方有时限要求，不是任意的，故 C 项错误。《联合国国际货物销售合同公约》第 36 条第 1 款规定："卖方应按照合同和本公约的规定，对风险移转到买方时所存在的任何不符合同情形，负有责任，即使这种不符合同情形在该时间后方始明显。"故选项 D 正确。

9. D。考点：《联合国国际货物销售合同公约》中的卖方知识产权担保责任

解析：根据《联合国国际货物销售合同公约》，卖方承担第三人对其出售的货物不提出知识产权权利要求的担保责任，但第三人据以提出知识产权权利要求的，只能是买卖双方共同意向的转售国以及除此之外的买方所在国的法律。如果卖方提供的货物是依据买方提供的技术图样生产，则卖方不承担该知识产权担保责任。本案中，买卖双方的共同意向转售国是西班牙，而非意大利。因此，卖方只保证其交付的货物不侵犯依西班牙法律而保护的知识产权。本题中的选项 A、B、C 都是非正确选项。正确选项只有 D。

 **简答题**

1. 根据《联合国国际货物销售合同公约》，在卖方承担的义务中，除与买方同样承担的通知和减少损失义务外，还必须按照合同和该公约的规定，交付货物、移交一切与货物有关的单据并转移货物所有权。具体包括以下四个方面：

（1）交付货物。卖方没有义务在特定的地点交货，如涉及运输，则交由第一承运人；如不涉及运输，则买卖双方知道货物所在地或制造生产地的，卖方应在该地点交付货物；其他情况下卖方在其订立合同时的营业地向买方交货。卖方应在约定的期限内按一定的

交付方式交付货物。如卖方有义务办理运输和保险，则必须订立必要的合同；如无保险义务，则应请求，应提供必要的帮助。

（2）货物相符。货物相符包括交付的货物数量和质量与合同的规定相符。在大宗货物的情形下一般应允许卖方在合同规定的增减范围内交货。货物的质量应符合合同中具体的品质条款。《联合国国际货物销售合同公约》规定了当事人没有约定时确定货物相符的标准：货物适用于同一规格货物通常使用的目的；货物应符合订立合同时曾明示通知过卖方的特殊目的，除非情况表明买方不依赖于卖方的技能与判断，或者这种依赖对卖方不合理；货物的质量与卖方向买方提供的样品的质量相符；货物按照通用的方式包装或装箱，或按照足以保全和保护货物的方式包装。

（3）交付单据。卖方有义务移交与货物有关的单据，必须按照合同所规定的时间、地点和方式移交这些单据。单据包括发票、运输单、保险单、质量检验证书、原产地证明、出口许可证等。应该按照合同约定交付相应的单据，否则就是卖方违约，买方因此获得相应的救济。

（4）权利担保。卖方必须保证在交付货物时对货物享有所有权或处置权，出售的货物上不存在未向买方透露的担保物权，同时卖方还必须保证其出售的货物没有侵犯他人的知识产权。该担保要求是严格的，必须是第三方不能提出要求的。对物权和知识产权的担保也是不一样的：对物权的担保是交付货物时，对知识产权的担保是订立合同时，且限于双方预期的国家的知识产权要求，如果买方已知或卖方按照买方的要求制作货物，则卖方不承担知识产权担保责任。

2. 当国际货物买卖合同一方违约时，受损失一方可选择解除合同并要求损失赔偿作为救济方式。《联合国国际货物销售合同公约》使用了宣告合同无效来表示类似中国法上的合同解除。

（1）解除国际货物买卖合同的条件。

《联合国国际货物销售合同公约》规定了卖方或买方可以解除合同的两种情况：其一，买方或卖方不履行合同或公约义务，足以构成根本违反合同。在难以判断一项违约是否构成根本违反合同时，通常由一方给违约方以宽限期，如在宽限期内仍不履行合同，则作为根本违约对待。其二，在一方先期违约的情况下，另一方可以解除合同。根据公约规定，如果买方已经

付款或卖方已提交货物，原则上卖方或买方丧失解除合同的权利；此外，解除合同必须由一方在合理时间内向另一方发出通知才能有效。

各国的立法及实践与公约的上述规定是一致的，即在当事人未按期履约、严重违约、拒绝履约或履约已不可能时，可以解除合同。

（2）解除国际货物买卖合同的效果。

《联合国国际货物销售合同公约》规定：第一，宣告合同无效，解除了双方在合同中的义务，任何一方无权要求另一方继续履行合同规定的义务；第二，已全部或部分履行合同的一方可以要求另一方归还他按照合同供应的货物或提供的价款。如果双方都必须归还，则双方必须同时归还。解除合同不影响合同中关于解决争议以及双方在解除合同后有关权利义务的其他规定。

3. 在国际货物买卖中，货物风险主要指货物在高温、水渍、火灾、严寒、盗窃或查封等非正常情况下发生的短少、变质或灭失等损失。在通常情况下，这些损失可通过保险在经济上得到补偿，但下列问题仍涉及买卖双方的风险分担：（1）谁有资格向保险公司求偿；（2）在不属于保险范围内或当事人漏保的情况下的风险分担问题；（3）对受损货物进行保全与救助的责任问题等。

《联合国国际货物销售合同公约》对于买卖双方风险的分担采用了以下原则：（1）以交货时间确定风险的原则。该公约采用了所有权与风险相分离的方法，确定了以交货时间为风险转移时间的原则。（2）过失划分的原则。第一项原则的适用有一个前提，即风险的转移是在卖方无违约行为的情况下。该公约规定：货物在风险转移到买方后遗失或损坏，买方仍需履行付款义务，除非这种遗失或损坏是卖方的作为或不作为所致。（3）国际惯例优先原则。双方当事人业已同意的任何惯例和他们之间确立的任何习惯做法，对双方当事人均有约束力。若当事人选择了这种惯例或习惯做法，则其风险分担原则优于该公约的规定。2020年《国际贸易术语解释通则》中的贸易术语就风险在买卖双方之间的划分作了规定。（4）划拨是风险发生转移的前提条件。根据该公约，货物在划拨合同项下前风险不发生转移；经过划拨的货物，卖方不得再随意进行提取、调换或挪作他用。其一，当交货涉及运输时，风险于货交第一承运人时起转移到买方，但在货物未划拨合同项下前不发生转移；其二，在交货不涉及运输时，风险是在货物交由买方处置时发生转移，但在货物未划拨合同项下以前，不得视为已交给买方处置。

4. 中国在1986年12月11日提交核准书时，分别就书面形式和国际私法适用对《联合国国际货物销售合同公约》提出了两项保留。

（1）关于国际货物买卖合同采取书面形式的保留。该公约规定，国际货物买卖合同无须以书面订立或书面证明，在证明方面也不受任何其他条件的限制，各国可以用包括人证在内的任何方法证明，即国际货物买卖合同可以用口头或书面方式成立。而我国当时考虑到国际货物买卖关系的金额巨大、复杂性以及解决合同纠纷的便利性，认为适用该公约的国际货物买卖合同必须采用书面形式。但我国《民法典》合同编对合同的形式没有强制性要求。

（2）关于该公约适用范围的保留。该公约规定，该公约也适用于营业地位于不同国家的当事人之间所订立的货物销售合同，如果国际私法规则导致适用某一缔约国的法律。这一规定易使该公约的适用范围产生不确定性。该公约允许缔约国对此作出保留。我国认为该公约的适用范围仅限于双方的营业地处于不同缔约国的当事人订立的货物买卖合同，故对该规定作出保留。

5. 《国际商事合同通则》是1994年由国际统一私法协会制定，于2004年修订的法律性文件。它不是一个国际公约，而是一个国际惯例，不具有强制性，是由当事人自愿选择适用的。其旨在为国际商事合同确立一般规则，用于解释或补充国际统一法律文件，也可用作国家或国际立法的范本。它是以非立法的形式统一或协调法律。该通则避免使用现存法律体系的特定术语，对条款所作的解释也避免参照各个国家的法律，但遵循了《联合国国际货物销售合同公约》的方法和某些规定，意图制定一套可以在世界范围内适用的均衡的规则体系。该通则的适用范围很广：当事人一致同意，或当事人同意合同"受法律的一般原则""商事规则"或类似的措辞所制定的规则管辖，或无法确定合同的适用法律对某一问题的相关规则时，该通则都可适用。该通则没有对国际商事合同作统一的定义，但它不适用于消费者合同。该通则的体系由前言、总则、合同的效力、合同的解释、合同的内容、合同的履行和不履行、合同的转让等组成。该通则虽然不是一项产生约束力的法律文件，但对国际范围内商事合同的统一起了较大的促进作用，在国际经济生活中的影响也越来越大。

6. 合同关系，即当事人之间的权利义务关系，因合同的订立而发生，随着合同的终止而消灭。合同关系消灭的情形有：合同已按约定条件得到履行；由于障碍（不可抗力），履行合同义务成为不可能；双方当事人就终止合同达成协议；宣告合同无效。

7. （1）对该公约的解释应遵循国际性原则和诚实信用原则。

《联合国国际货物销售合同公约》第7条第1款对该公约的解释作了以下规定：在解释该公约时，应考虑到该公约的国际性质和促进其适用的统一以及在国际贸易上遵守诚信的需要。

（2）公约的一般原则。

该公约第7条第2款规定：凡该公约未明确解决的属于该公约范围的问题，应按照该公约所依据的一般原则来解决；在没有一般原则的情况下，则应按照国际私法规定适用的法律来解决。

（3）对合同的解释，遵循客观解释原则。

该公约规定：其一，为该公约的目的，一方当事人所作的声明和其他行为，应按照他的意旨解释，如果另一方当事人已知道或者不可能不知道这一意旨。其二，如果上一款的规定不适用，当事人所作的声明和其他行为，应按照一个与另一个当事人同等资格、通情达理的人处于相同情况中应有的解释来解释。其三，在确定一方当事人的意旨或一个通情达理的人应有的解释时，应适当地考虑到与事实有关的一切情况，包括谈判情况、当事人之间确立的任何习惯做法、惯例和当事人其后的任何行为。

8. 买方违约主要有四种情况：不付款、不收取货物、延迟收取货物、延迟付款。《联合国国际货物销售合同公约》规定，如果买方不履行他在合同和该公约中的任何义务，卖方可以：（1）要求买方支付价款、收取货物或履行他的其他义务，除非卖方已采取与此一要求相抵触的某种补救办法。（2）卖方可以规定一段合理时限的额外时间，让买方履行义务。除非卖方收到买方的通知，声称他将不在所规定的时间内履行义务，卖方不得在这段时间内对违反合同采取任何补救办法。但是，卖方并不因此丧失他对迟延履行义务

可能享有的要求损害赔偿的任何权利。（3）宣告合同无效。（4）要求损害赔偿。

卖方可能享有的要求损害赔偿的任何权利，不因他行使采取其他补救办法的权利而丧失。

如果卖方对违反合同采取某种补救办法，法院或仲裁庭不得给予买方宽限期。

9. 《联合国国际货物销售合同公约》规定卖方有四项义务，即交付货物及单据、转移货物所有权、货物的品质担保、货物的权利担保。卖方知识产权担保义务是权利担保义务的一部分，是指卖方应保证其所出售的产品不侵犯第三人的工业产权或其他知识产权；如果在买方接收货物后，任何第三人通过司法程序指控买方所购的货物侵犯了其知识产权，卖方应承担代替买方应对指控的义务。

这项义务的履行有两个限制条件：

（1）地域限制。若规定卖方出售的货物不得侵犯世界任何一个知识产权人的利益是不现实的，所以公约在地域上作了两个限制：其一，若双方约定了货物的最终使用地或转售地，则第三人的请求必须依此使用地或转售地的法律提出。其二，若双方没有约定货物的最终使用地或转售地，则第三人的请求必须依买方营业地所在国的法律提出。若买方有一个以上的营业地，则以与合同及合同的履行关系最密切的营业地为其营业地；如果没有营业地，则以其惯常居住地为准。

（2）主观限制，即在买方主观已知情况下免除卖方此人义务，具体包括：其一，买方在订立合同时已知或不可能不知第三人的此项权利或要求时。其二，第三人的此项权利或要求的发生，是由于卖方遵照买方所提供的技术图样、图案、款式或其他格式。

另外，买方应在已知或应知第三人的权利或要求后一段合理时间内通知卖方，否则，卖方不再承担此项义务。

案例分析题

1. （1）从提供的案情看，买方拒收货物的理由是倒签提单，倒签提单是将实际装船日期签成在此之前的日期的提单。倒签提单属于船公司和托运人欺诈收货人的欺诈行为。倒签提单可以成为拒收单据的合理理由，但已经收取单据后，根据本案的事实，不能成

为拒收货物的正当理由，买方也不能要求退款。拒收货物和退款都是买方订立合同的预期目的没有实现时的救济方式。本案情况下不存在。

（2）UCP 600规定，银行必须合理小心地审核一切单据，以确定单据表面上是否符合信用证条款；银行对单据的形式、完整性、准确性、真实性、伪造或法律效力……概不负责。由此可见，在缺乏相反证据的情况下，银行对单据是否系伪造不负责任。

2. 买卖双方以CIF条件订立合同，卖方应当提交提单和保险单，否则买方有拒收单据和拒付货款的权利。CIF合同是装运合同，卖方只承担支付将货物运到目的港的运费的义务，而且合同约定凭单据付款，而CIF合同中运输单据和保险单是两项主要单据，缺一不可。卖方应当以提交提单和保险单作为买方付款的对等条件。否则，即使货物已经安全运抵目的港，买方也有拒绝收货和付款的权利。

3. （1）B的行为构成了违约，因为根据合同约定，B必须在约定的时间内分批交付货物，而B却没有交付合同项下的货物，而且A也没有同意B所提出的延期交货的要求，合同没有变更，所以构成了违约。（2）因为B事实上已经违反了合同约定，所以A可以采取的针对措施有：第一，要求卖方B实际履行合同义务，交付货物。第二，撤销合同，向卖方B发出撤销合同的通知。第三，请求损害赔偿，就因B违约导致的损失包括利润要求卖方B赔偿。第四，可以补进货物，并就因此而多支出的部分要求卖方B赔偿。

论述题与深度思考题

1. FOB即装运港船上交货，在该贸易术语中，当货物在指定装运港装上船时，卖方即履行了交货义务，买方须自该时起负担一切费用和货物灭失或损害的一切风险。该术语只适用于海运和内河运输。FOB合同中卖方依据2020年《国际贸易术语解释通则》主要承担下述义务：（1）负责向买方提供符合合同规定的货物、单证或相等的电子单证；（2）自负费用及风险办理出口许可证及其他货物出口手续，交纳出口捐、税、费；（3）按照约定的时间、地点，依照港口惯例将货物装上买方指定的船舶并给予买方以充分的通知；（4）承担在装运港货物装上船以前的风险和费用。

《联合国国际货物销售合同公约》对卖方义务的规

定是一般性义务的规定，不针对某一特定贸易术语。该公约规定的卖方义务主要包括交货、交单、货物相符及权利担保四个方面。在交货和交单方面，按照合同和该公约的规定提交货物及单据以转移货物所有权。若合同对交货时间和地点未作规定，则按照该公约：（1）交货地点。没有约定地点时是卖方的营业地；但若订立合同时，双方都知道货物在卖方营业地外的某一特定地点，则为该特定地点；涉及运输时，由买方负责同承运人租船订舱，卖方在装货港将货物交付给承运人。（2）交货时间。卖方应在订立合同后一段合理的时间内交货。（3）单据的交付。卖方应保证单据的完整和符合合同及该公约的规定，以及应在合同约定的时间、地点交付单据。在货物相符方面，卖方提交的货物除符合合同的约定外，还应适用于同一规格货物通常使用的目的；适用在订立合同时买方明示或默示通知卖方的特定目的；在凭样品或说明书的买卖中，货物要与样品和说明书相符；卖方应按照同类货物通用的方式装箱或包装，若没有通用的方式，则用足以保全和保护货物的方式装箱和包装。在权利担保方面，包括所有权担保和知识产权担保：卖方应向买方担保他确有权出售货物；货物上不存在任何不为买方所知的他人的权利；担保第三者对所提交的货物不得提出知识产权权利要求等。

上述卖方依2020年《国际贸易术语解释通则》和该公约承担的义务的关系：（1）二者在很多方面的规定是一致的，如提交符合合同约定的货物及单据等。（2）相对而言，卖方依该公约承担的义务增加了对所有权担保的义务，从而更有利于保护买方利益。（3）该公约规定买卖双方业已同意的任何惯例对双方当事人均有约束力，因此，当该公约与2020年《国际贸易术语解释通则》的规定冲突时，后者对卖方义务的规定优先适用。（4）该公约把交货和交单等同看待，没有实际交货和象征性交货的区别；但2020年《国际贸易术语解释通则》强调FOB交易条件下交单是交货的标志，产生了实际交货与象征性交货的区分。

2.《联合国国际货物销售合同公约》对其适用范围从不同方面进行了界定。它适用于国际性的有关货物销售的合同。第1条对该公约的适用范围作了概括性的规定："适用于营业地在不同国家的当事人之间订立的货物销售合同"。

第一，该合同具有国际性。如果合同当事人的营

业地位于不同的该公约缔约国，该合同事项属于该公约的调整范围，则该公约自动适用。该公约判断国际性的标准是当事人的营业地，若没有营业地，则以惯常居住地为准。当事人的营业地所在的国家是公约缔约国或者根据国际私法规则导致适用某一缔约国法律，则该公约适用。若该公约被纳入某国的国内法，当事人在选择法律的时候，若不想适用公约，需明确指出。

第二，该公约关于货物的界定：该公约只调整国际货物销售合同，因此该公约排除了不被视为货物或有争议的货物，如公债、股票、投资证券、流通票据和货币的销售。同时该公约也排除了一般不被视为动产的货物，如船舶、船只、气垫船或飞机的销售及电力的销售。并且该公约还规定货物不仅包括存在物，也包括尚待制造或生产的货物。

第三，销售。该公约指出不适用于提供服务或劳务合同，也就是说，该公约不适用于供货方的绝大多数义务在于供应劳力或其他服务的合同。

第四，该公约只调整国际货物销售合同的某些方面，包括合同的订立、买卖双方的权利义务及救济等，不调整合同的效力、合同对所售货物所有权可能产生的影响，以及货物对人身的伤害责任等。

第五，即使对于上述调整内容，该公约也无强制约束力。只有在当事人没有另外协议时，才予以适用，且当事人可以减损该公约的任何规定或其效力。

3.《国际贸易术语解释通则》（Incoterms）是国际商会（ICC）创立的对各种贸易术语解释的正式规则。在销售合同中引用《国际贸易术语解释通则》可以明确界定当事人双方的各自义务，引导企业外贸业务活动的正常履行，合理规避潜在的风险。国际商会于1936年首次公布《国际贸易术语解释通则》，并在1953年、1967年、1980年、1990年、2000年、2010年、2020年的不同版本中作了修订和补充。

相对于2010年《国际贸易术语解释通则》，2020年《国际贸易术语解释通则》主要有如下变化：

第一，2010年《国际贸易术语解释通则》中的DAT术语被2020年版本中的DPU取代。DAT的英文表达为Delivered at Terminal，即目的港站交货；DPU的英文表达为Delivered at Place Unloaded（named place of destination），即目的地卸货后交货。DAT术语意味着交货地点必须为目的港或目的站，而DPU则减少了交货地点方面的限制，这意味着DPU中的交货地点可能为任何地点。

第二，在保险级别方面，CIF和CIP在2010年《国际贸易术语解释通则》中的保险范围均只需根据英国伦敦保险协会货物险保险条款（C）［Institute Cargo Clauses（C）］的要求予以适用。2020年《国际贸易术语解释通则》提高了使用CIP所需的保险级别，要求其符合英国伦敦保险协会货物险保险条款（A）［Institute Cargo Clauses（A）］或类似条款的要求。条款（A）涵盖了更全面的保险级别，通常适用于制成品，而（C）条款可能更适用于大宗商品。

第三，对于2020年《国际贸易术语解释通则》中的FCA术语，当该术语与信用证一起使用时，能够帮助卖方快速收取货款，即买方和卖方可以约定由承运人向卖方开具装船提单等证件，进而方便卖方收款时向银行出示相关票据。

第四，在交通运输方面，2020年《国际贸易术语解释通则》涵盖了买方或卖方自行安排运输的情况，并非所有交易均需交给第三方承运人运输。

第四章　国际货物运输与保险

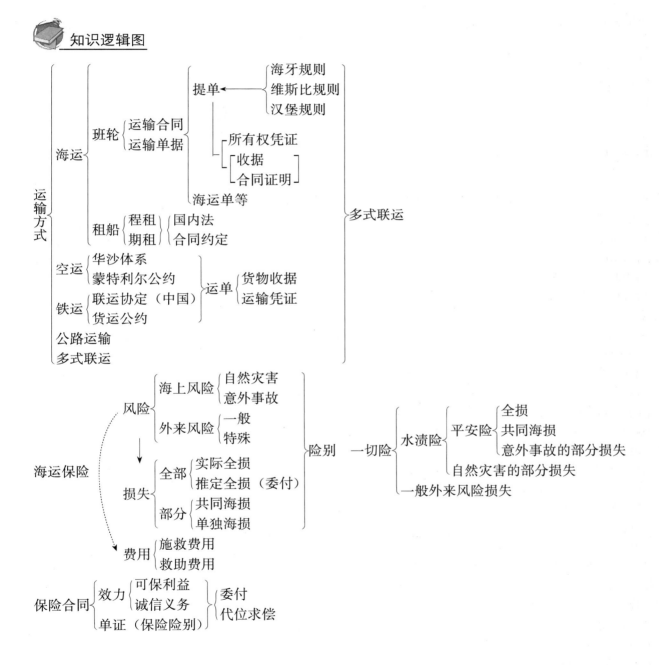

名词解释与概念比较

1. 受载期限（考研）
2. Bill of Lading（B/L）（考研）
3. Voyage Charter（考研）
4. 劳氏救助合同（考研）
5. HNS公约（考研）
6. 船舶扣押（考研）
7. Charter party（考研）
8. General average（考研）

 选择题

（一）单项选择题

1. 我国《海商法》规定的关于船舶所有权的取得、转让、消灭应适用的准据法是什么？（ ）（司考）

A. 船旗国法

B. 船舶的所在地法

C. 船舶的原所有人的住所地法

D. 所有权转移合同签订时的船舶的所在地法

2. 按照我国《保险法》的规定，如果投保人故意隐瞒事实，不履行如实告知义务的，由此订立的保险合同（ ）。（考研）

A. 属无效合同　　　　　B. 属可撤销合同

C. 属效力待定的合同　　D. 属有效合同

3. 由于出租人的原因造成船舶不符合约定的适航状态，不能正常营运，如果出租人不采取合理措施使之尽快恢复，承租人（ ）。（考研）

A. 有权要求对此而造成的营运时间损失不付租金

B. 有权要求赔偿因此而遭受的损失

C. 有权要求解除合同

D. 有权要求时间顺延

4. 甲国A公司（买方）与乙国B公司（卖方）签订一份进口水果合同，价格条件为CFR，装运港的检验证书作为议付货款的依据，但约定买方在目的港有复验权。货物在装运港检验合格后交由C公司运输。由于乙国当时发生疫情，船舶到达甲国目的港外时，甲国有关当局对船舶进行了熏蒸消毒，该工作进行了数天。之后，A公司在目的港复验时发现该批水果已全部腐烂。依据《海牙规则》及有关国际公约，下列哪一选项是正确的？（ ）（司考）

A. C公司可以免责

B. A公司应向B公司提出索赔，因为其提供的货物与合同不符

C. A公司应向C公司提出索赔，因为其没有尽到保管货物的责任

D. A公司应向B公司提出索赔，因为其没有履行适当安排保险的义务

视频讲题

5. 平安险是中国人民保险公司海洋货物运输保险的主要险别之一。下列哪一损失不能包括在平安险的责任范围之内？（ ）（司考）

A. 被保险货物在运输途中由于自然灾害造成的全部损失

B. 被保险货物在运输途中由于自然灾害造成的部分损失

C. 共同海损的牺牲、分摊

D. 共同海损的救助费用

6. 下列哪一损失不属于中国人民保险公司海洋运输货物保险中平安险承保的责任范围？（ ）（司考）

A. 被保险货物在运输途中由于自然灾害造成的货物的全部损失

B. 被保险货物在运输途中由于意外事故造成的货物的全部损失

C. 被保险货物在运输途中由于意外事故造成的货物的部分损失

D. 被保险货物在运输途中由于自然灾害造成的货物的部分损失

7. 依据《海牙规则》的规定，下列有关承运人适航义务的表述中哪个是错误的？（ ）（司考）

A. 承运人应在整个航程中使船舶处于适航状态

B. 承运人应在开航前与开航时谨慎处理，使船舶处于适航状态

C. 承运人应适当地配备船员、设备和船舶供应品

D. 承运人应使货舱、冷藏舱和该船其他运载货物的部位适宜并能安全地收受、运送和保管货物

8. 中国甲公司进口一批日产空调，合同规定以信用证支付。甲公司开出的信用证规定装船期限为20××年7月10日至7月20日，由承运人所属的"SALA"号货轮承运上述货物。"SALA"号在装货港外锚地因遇大风走锚与另外一艘在锚地停泊的油轮相撞，使"SALA"号不能如期装货。"SALA"号最后于8月15日完成装货，船长在接受了托运人出具的保函的情况下签发了与信用证一致的提单，并办理了结汇。由于船舶延迟到港错过了空调的销售季节，给甲公司造成了很大损失。甲公司为此向承运人提出了索赔要求。下列关于承运人责任的选项哪个是正确的？（　　）（司考）

A. 延迟装货是因为不可抗力，因此承运人对延迟不负责任

B. 承运人的行为是倒签提单，承运人应对此承担责任

C. 承运人倒签提单是应托运人的要求，因此不应承担任何责任

D. 承运人的行为是预借提单，承运人应对此承担责任

视频讲题

9. 中国甲公司与美国乙公司于2015年10月签订了购买4 500公吨化肥的合同，由某航运公司的"NEWsWAY"号船将该批货物从美国的新奥尔良港运至大连。"NEWsWAY"号船在途中遇小雨，因货舱舱盖不严使部分货物湿损。下列关于货物责任的选项哪个是正确的？（　　）（司考）

A. 承运人应赔偿货物湿损的损失

B. 承运人可依海商法的规定主张免责，但应承担举证责任

C. 乙公司应自行承担此项损失

D. 甲公司应赔偿乙公司的损失

10. 我国不是《汉堡规则》的签字国，但我国《海商法》中适当吸收了《汉堡规则》的某些规定。下列选项中，哪一概念是我国《海商法》从《汉堡规则》中吸收的内容？（　　）（司考）

A. 实际承运人　　　　B. 承运人赔偿限额

C. 承运人的责任　　　　D. 诉讼时效

11. 在光船租赁合同中，出租人假若要在光船租赁期间对船舶设定抵押权，必须满足下列哪项条件？（　　）（司考）

A. 承租人利益不受影响

B. 承租人事先书面表示同意

C. 承租人不再进行转租

D. 出租人书面通知承租人

12. 20××年10月，香港A公司向大连海事法院起诉，根据其对我国B公司货轮"明星号"享有的贷款抵押权求偿。经法院调查，"明星号"是我国B公司从希腊租用的一艘在巴拿马登记并悬挂巴拿马国旗的光船。大连海事法院在处理该案时，应适用下列哪一法律？（　　）（司考）

A. 香港法　　　　B. 希腊法

C. 巴拿马法　　　　D. 中国法

13. 下述有关承运人权利、义务的说法正确的是（　　）。

A. 如果承运人同意接收运输危险货物，运输途中承运人为了避免危险而销毁该货物，承运人应承担赔偿责任

B. 承运人如果不在约定的卸货港卸货而在邻近港口卸货，承运人应承担违约责任

C. 承运人签发的提单构成了其据以交付货物的最终证据

D. 承运人在签发备运提单后仍可以签发已装船提单

14. 下述有关不清洁提单的说法，正确的是（　　）。

A. 不清洁提单指的是提单表面有污渍的提单

B. 不清洁提单意味着交付的货物已经损坏

C. 在明知货物已经损坏的情况下，以保函换取清洁提单，构成了对收货人的欺诈

D. 在说明情况的情况下，信用证项下的银行可以接受不清洁提单

15. 将托运人以保函换取清洁提单合法化的国际运输规则是（　　）。

A. 海牙规则　　　　B. 汉堡规则

C. 维斯比规则　　　　D. 华沙规则

16. 根据我国《海商法》，下述有关承运人赔偿责任的说法正确的是（　　）。

A. 承运人对船长管理船舶的过失承担赔偿责任

B. 承运人对火灾造成的货物损失承担责任

C. 承运人对管理货物的过失造成的损失承担赔偿责任

D. 承运人对托运人的行为造成的货物损失承担赔偿责任

17. 托运人将货物交付给承运人后，承运人另雇用了装卸队负责装船。在装船过程中，造成货物严重损坏。对此损坏的责任承担，下述选项中正确的是( )。

A. 装卸队须对托运人直接承担赔偿责任

B. 承运人对托运人的实际损失承担全部责任

C. 装卸队无权主张责任限额

D. 托运人可以对承运人或装卸队任何一个提起赔偿之诉

18. 下述有关海上货物运输承运人的货物留置权的说法，正确的是( )。

A. 货物留置权仅对托运人行使，不对收货人行使

B. 承运人留置的货物，超过一定期限无人提取的，可以自由拍卖

C. 留置权的行使是为了收取没有付清的运费或其他相关费用

D. 如果收货人不按时收取货物，承运人则享有货物留置权

19. 下列海上货物运输方式中，受到国内法强制性调整的是( )。

A. 航次租船合同　　　B. 提单运输

C. 定期租船合同　　　D. 租船运输

20. 下述事项中属于定期租船合同中的约定事项的是( )。

A. 绕航　　　　　　　B. 滞期

C. 速遣费　　　　　　D. 船舶用途

21. 下述几个公约的规定相冲突时，优先适用的公约是( )。

A.《华沙公约》　　　B.《海牙议定书》

C.《危地马拉议定书》　D.《蒙特利尔公约》

22. 一架俄罗斯民用航班飞机由莫斯科飞往符拉迪沃斯托克，因天气原因，临时经停中国哈尔滨。有关该运输的正确说法是( )。

A. 根据《华沙公约》，该运输是国际运输

B. 该运输不适用于《蒙特利尔公约》

C. 根据《蒙特利尔公约》，该运输是国际运输

D. 根据《海牙议定书》，该运输是国际运输

23. 航空运单与可转让提单的不同是( )。

A. 可转让提单不具有货物收据的作用

B. 航空运单不具有所有权凭证的作用

C. 航空运单经托运人背书后转让给收货人

D. 航空运单由承运人填写、签字

24. 下述有关多式联运的说法正确的是( )。

A. 多式联运表示在将货物从接管地运送至目的地的整个过程中多次海运

B. 在同一运输过程中，有多个承运人的存在

C. 尽管是处于同一运输过程，但存在多个运输合同

D. 同一运输过程中采取了类似航空、铁路、海运等不同的运输方式

25. 根据中国人民保险公司的保险条款，在平安险下，保险人须予以赔付的损失为( )。

A. 自然灾害造成的部分损失

B. 意外事故造成的部分损失

C. 自然渗漏

D. 串味

26. 关于海上货物运输中的迟延交货责任，下列哪一表述是正确的？( )（司考）

A.《海牙规则》明确规定承运人对迟延交付可以免责

B.《维斯比规则》明确规定了承运人迟延交付的责任

C.《汉堡规则》只规定了未在约定时间内交付为迟延交付

D.《汉堡规则》规定迟延交付的赔偿为迟交货物运费的 2.5 倍，但不应超过应付运费的总额

27. 海运单是 20 世纪 70 年代以来，随着集装箱运输的发展，特别是航程较短的运输中产生出来的一种运输单证。关于海运单，下列哪一选项是正确的？( )（司考）

A. 海运单是一种可流通的书面运输单证

B. 海运单不具有证明海上运输合同存在的作用

C. 第三方以非法的方式取得海运单时无权提取货物

D. 海运单具有物权凭证的特征，收货人凭海运单提取货物

28. 中国甲公司通过海运从某国进口一批服装，承运人为乙公司，提单收货人一栏写明"凭指示"。甲公司持正本提单到目的港提货时，发现货物已由丙公司

以副本提单加保函提取。甲公司与丙公司达成了货款支付协议，但随后丙公司破产。甲公司无法获赔，转而向乙公司索赔。根据我国相关法律规定，关于本案，下列哪一选项是正确的？（　　）（司考改编）

A. 本案中正本提单的转让无须背书

B. 货物是由丙公司提走的，故甲公司不能向乙公司索赔

C. 甲公司与丙公司虽已达成货款支付协议，但未得到赔付，不影响甲公司要求乙公司承担责任

D. 乙公司应当在责任限制的范围内承担因无单放货造成的损失

29. 关于海洋运输货物保险，下列哪一选项是正确的？（　　）（司考）

A. 平安险项下赔偿的因自然灾害造成的全部损失只包括实际全损

B. 保险人的责任期间自保险合同订立时开始

C. 与平安险相比，水渍险的保险范围还包括因自然灾害造成的保险标的的部分损失

D. 附加险别可独立承保

视频讲题

30. 一批货物由甲公司运往中国青岛港，运输合同适用《海牙规则》。运输途中因雷击烧毁部分货物，其余货物在目的港被乙公司以副本提单加保函提走。丙公司为该批货物正本提单持有人。根据《海牙规则》和我国相关法律规定，下列哪一选项是正确的？（　　）（司考改编）

A. 甲公司应对雷击造成的货损承担赔偿责任，因损失在其责任期间发生

B. 甲公司可限制因无正本提单交货的赔偿责任

C. 丙公司可要求甲公司和乙公司承担连带赔偿责任

D. 甲公司应以货物成本加利润赔偿因无正本提单交货造成的损失

31. 甲公司依运输合同承运一批从某国进口中国的食品，当正本提单持有人乙公司持正本提单提货时，发现货物已由丙公司以副本提单加保函提走。依我国

相关法律规定，下列哪一选项是正确的？（　　）（司考改编）

A. 无正本提单交付货物的民事责任应适用交货地法律

B. 乙公司可以要求甲公司承担违约责任或侵权责任

C. 甲公司对因无正本提单交货造成的损失按货物的成本赔偿

D. 丙公司提走了货物，不能要求甲公司承担责任

32. 中国甲公司以 CIF 价向某国乙公司出口一批服装，信用证方式付款，有关运输合同明确约定适用《海牙规则》。甲公司在装船并取得提单后，办理了议付。两天后，甲公司接乙公司来电，称装船的海轮在海上因雷击失火，该批服装全部烧毁。对于上述情况，下列哪一选项是正确的？（　　）（司考）

A. 乙公司应向保险公司提出索赔

B. 甲公司应向保险公司提出索赔

C. 甲公司应将全部货款退还给乙公司

D. 乙公司应向承运人提出索赔

33. 青田轮承运一批啤酒花从中国运往欧洲某港，货物投保了一切险，提单上的收货人一栏写明"凭指示"，因生产过程中水分过大，啤酒花到目的港时已变质。依《海牙规则》及相关保险规则，下列哪一项是正确的？（　　）（司考）

A. 承运人没有尽到途中管货的义务，应承担货物途中变质的赔偿责任

B. 因货物投保了一切险，保险人应承担货物变质的赔偿责任

C. 本提单可通过交付进行转让

D. 承运人对啤酒花的变质可以免责

34. 中国甲公司向加拿大乙公司出口一批农产品，CFR 价格条件。货装船后，乙公司因始终未收到甲公司的通知，未办理保险。部分货物在途中因海上风暴毁损。根据相关规则，下列哪一选项是正确的？（　　）（司考）

A. 甲公司在装船后未给乙公司以充分的通知，造成乙公司漏保，因此损失应由甲公司承担

B. 该批农产品的风险在装港船舷转移给乙公司

C. 乙公司有办理保险的义务，因此损失应由乙公司承担

D. 海上风暴属不可抗力，乙公司只能自行承担

损失

（二）多项选择题

1. 下列关于委付和代位求偿权关系的说法，哪些是正确的？（　　）（司考）

A. 委付适用于推定全损，而代位求偿适用于全损或部分损失

B. 委付转让的是保险标的的所有权及其他相关的权利义务，而代位求偿是向第三者追偿的权利

C. 委付仅适用于海上货物运输保险，而代位求偿适用于所有类型的货物运输保险

D. 委付是保险人取得保险标的的所有权后，向被保险人支付保险赔款，而代位求偿是以保险人向被保险人支付赔偿为前提

2. 在国际海上货物运输中，如承运人签发的是指示提单，下列关于该提单的表述中哪些是正确的？（　　）（司考）

A. 提单正面载明了收货人的名称

B. 提单在转让时不需要背书，只要将提单交给受让人即可

C. 提单的转让必须经过背书

D. 提单中的收货人一栏没有具体的收货人名称，而是载明"凭指示"的字样

3. 一批投保了海洋运输货物险"一切险"的货物发生了损失。在此情况下，下列选项中哪些事故原因可使保险公司不承担赔偿责任？（　　）（司考）

A. 货物损失是发货人在发运货物前包装不当造成的

B. 货物损失是由于货物在装船前已经有虫卵，运输途中孵化而导致的

C. 货物损失是由于运输迟延引起的

D. 货物损失是由于承运人驾驶船舶过失造成的

4. 依《海牙规则》规定，下列哪些货损承运人可以免责？（　　）（司考）

A. 船舶在开航前和开航时不具有适航性引起的货损

B. 船长和船员在驾驶或管理船舶中的疏忽引起的货损

C. 未谨慎积载引起的货损

D. 包装不当引起的货损

5. 可适用于 FCA 术语的运输方式有（　　）。

A. 陆运　　　　　　　　B. 海运和内河运输

C. 空运　　　　　　　　D. 多式联运

6. 深圳甲公司从日本购进线钢 4 500 公吨，价格条件为 CIF 广州。由于短途运输和船速较快，该批货物先于提单到达了目的港。深圳甲公司凭副本提单加自己签署的保函提取了货物，之后该公司未去银行付款赎单。银行于是向承运人提出了索赔要求。下列关于本案的主张有哪些是正确的？（　　）（司考）

A. 承运人可以凭副本提单加保函向深圳公司交货

B. 承运人应当赔偿银行的损失

C. 承运人应凭正本提单向收货人交货

D. 承运人与银行没有关系，不应承担任何责任

视频讲题

7. 某国远洋货轮"亚历山大号"满载货物从 S 港起航，途中遇飓风，货轮触礁，货物损失惨重。货主向其投保的保险公司发出委付通知。在此情况下，该保险公司可以选择的处理方法是什么？（　　）（司考）

A. 必须接受委付

B. 拒绝接受委付

C. 先接受委付，然后撤回

D. 接受委付，不得撤回

8. 甲公司是一家英国公司，乙公司是一家设在中国上海的中外合资经营企业。甲乙签订了一份国际货物买卖合同，合同中规定乙公司是信用证付款。乙公司付款后，凭提单却没有提到货物。经查是因甲提交给银行的提单中，在收货人一栏的填写上出了不符合提单填写要求的问题。请你判断收货人一栏的填写错误可能是下列情况？（　　）（司考）

A. 甲公司名称　　　　　B. 乙公司名称

C. 凭甲公司指示　　　　D. 凭乙公司指示

9. 下列单据中，仅构成运输合同的证明和货物收据的是（　　）。

A. 海上运单　　　　　　B. 大副收据

C. 提货指示　　　　　　D. 可转让提单

10. 货物实际装船日期与提单所载日期不同的提单是（　　）。

A. 备运提单改签的已装船提单

B. 预借提单

C. 倒签提单

D. 不可转让提单

11. 下述有关CIF术语下可转让提单的说法正确的是( )。

A. 它是收货人向承运人提取货物的凭证

B. 它是承运人和托运人的运输合同的证明

C. 它是承运人和收货人之间的运输合同

D. 承运人向其交付货物的人并不一定是原货物买卖合同的买方

视频讲题

12. 下述有关FOB术语下可转让提单的说法正确的是( )。

A. 对于FOB合同的卖方来说，该提单仅是承运人接收货物的收据，而不是运输合同或其证明

B. 对于FOB合同的买方来说，该提单是运输合同的证明

C. 如果提单与运输合同相矛盾，承运人应按照运输合同向买方交付货物

D. 如果采取信用证方式结汇，该提单对开证行的保护不如CIF合同项下提单的保护大

视频讲题

13. 下列运输中，适用《蒙特利尔公约》的运输是( )。

A. 始发地和目的地位于两个缔约国境内

B. 始发地和目的地位于同一缔约国境内，但在非缔约国的第三国有约定的经停地点

C. 始发地在某一缔约国，经停另一缔约国，到达非缔约国

D. 可以是旅客运输，也可以是货物运输

14. 根据《蒙特利尔公约》，对于承运人承运期间造成的货物损失，可以向其提出索赔的人是( )。

A. 托运人可以以自己的名义为收货人的利益提出索赔

B. 托运人可以以自己的名义为自己的利益提出索赔

C. 收货人可以以自己的名义为托运人的利益提出索赔

D. 收货人可以以自己的名义为自己的利益提出索赔

15. 根据《蒙特利尔公约》，下述选项中正确的是( )。

A. 当事人可以在运输合同中规定，排除该公约有关条款的适用

B. 损害赔偿诉讼，无论是基于该公约、运输合同还是基于侵权，都只能依照该公约规定的条件和责任限额提起

C. 运输合同的当事人可以选择仲裁方式裁决损害赔偿问题，仲裁员可以根据公平原则裁定，而不根据《蒙特利尔公约》裁定

D. 《蒙特利尔公约》规定的诉讼时效为2年

16. 中国甲公司与某国乙公司签订茶叶出口合同，并投保水渍险，议定由丙公司"天然"号货轮承运。下列哪些选项属于保险公司应赔偿范围？( )（司考）

A. 运输中因茶叶串味等外来原因造成货损

B. 运输中因"天然"号过失与另一轮船相撞造成货损

C. 运输延迟造成货损

D. 运输中因遭遇台风造成部分货损

17. 中国甲公司从国外购货，取得了代表货物的单据，其中提单上记载"凭指示"字样，交货地点为某国远东港，承运人为中国乙公司。当甲公司凭正本提单到远东港提货时，被乙公司告知货物已不在其手中。后甲公司在中国法院对乙公司提起索赔诉讼。乙公司在下列哪些情形下可免除交货责任？( )（司考）

A. 在甲公司提货前，货物已被同样持有正本提单的某公司提走

B. 乙公司按照提单托运人的要求返还了货物

C. 根据某国法律要求，货物交给了远东港管理当局

D. 货物超过法定期限无人向某国海关申报，被海

关提取并变卖

18. 甲公司向乙公司出口一批货物，由丙公司承运，投保了中国人民保险公司的平安险。在装运港装卸时，一包货物落入海中。海运途中，因船长过失触礁造成货物部分损失。货物最后延迟到达目的港。依《海牙规则》及国际海洋运输保险实践，关于相关损失的赔偿，下列哪些选项是正确的？（　　）（司考）

　　A. 对装卸过程中的货物损失，保险人应承担赔偿责任

　　B. 对船长驾船过失导致的货物损失，保险人应承担赔偿责任

　　C. 对运输延迟造成的损失，保险人应承担赔偿责任

　　D. 对船长驾船过失导致的货物损失，承运人可以免责

19. 两批化妆品从韩国由大洋公司"清田"号货轮运到中国，适用《海牙规则》，货物投保了平安险。第一批货物因"清田"号过失与他船相碰致部分货物受损，第二批货物收货人在持正本提单提货时，发现已被他人提走。争议诉至中国某法院。根据相关规则及司法解释，下列哪些选项是正确的？（　　）（司考改编）

　　A. 第一批货物受损虽由"清田"号过失碰撞所致，但承运人仍可免责

　　B. 碰撞导致第一批货物的损失属于保险公司赔偿的范围

　　C. 大洋公司应承担第二批货物无正本提单放货的责任，但可限制责任

　　D. 大洋公司对第二批货物的赔偿范围限于货物的价值加运费

（三）不定项选择题

1. 共同海损的损失和费用包括（　　）。

　　A. 船舶损失　　　　　　　B. 货物损失

　　C. 救助费用　　　　　　　D. 避难港费用

2. 中国甲公司与美国乙公司于 2021 年 10 月 2 日以 FOB 天津价格条件签订了从中国向美国出口一批纽约唐人街华人所需春节用品的合同，乙公司通过银行开出信用证规定的装船日期为 2020 年 12 月 10 日至 31 日天津装运。乙公司所订船舶在来天津的途中与他船相碰，经修理于 2021 年 1 月 20 日才完成装船。甲公司在出具保函的情况下换取了承运人签发的注明 2020 年 12 月 31 日装船的提单。船舶延迟到达目的港纽约，造

成收货人丙公司与一系列需方签订的供货合同均延迟履行，并导致一些需方公司向丙公司提出了索赔。丙公司赔偿了提出索赔要求的需方后转而向承运人提出了索赔。对于该案，下列选项哪些是正确的？（　　）（司考改编）

　　A. 本案承运人签发的提单属于倒签提单

　　B. 承运人应赔偿收货人丙公司的损失

　　C. 丙公司应向保险人提出索赔

　　D. 本案货物的风险自装运港船舷由卖方转移给买方

3. 中国某公司向欧洲出口啤酒花一批，价格条件是每公吨 CIF 安特卫普欧元。货物由中国人民保险公司承保，由"罗尔西"轮承运，船方在收货后签发了清洁提单。货到目的港后发现啤酒花变质，颜色变成深棕色。经在目的港进行的联合检验，发现货物外包装完整，无受潮受损迹象。经分析认为该批货物是在尚未充分干燥或温度过高的情况下进行的包装，以至于在运输中发酵造成变质。据此，下列表述何者为正确？（　　）（司考）

　　A. 收货人应向承运人索赔，因为其签发了清洁提单

　　B. 收货人应向发货人索赔，因为该批货物在装船前就有品质问题

　　C. 承运人对变质可以不承担责任，因为承运人对于货物的固有缺陷可以免责

　　D. 承运人对变质应承担责任，因为承运人在运输中有谨慎管理货物的义务

4. 中国甲公司与德国乙公司签订了进口一批仪器的国际货物买卖合同，合同约定有关合同的一切争议适用德国法，此批货物由新加坡籍货轮"比西"号承运，并投保了一切险。"比西"号在印度洋公海航行时与巴拿马籍货轮"丽莎"号相撞。"比西"号船长为了避免该轮沉没采取了自愿搁浅的措施，"比西"号在救助人的帮助下进入了避难港，经修理继续航行到达中国目的港。但在途中曾突遇特大暴风雨，使部分仪器湿损。请回答下述两题：（司考）

（1）上述各方当事人如发生诉讼，下列关于法律适用问题的选项哪些是正确的？（　　）

　　A. 如果该船舶碰撞案在中国法院审理，应适用中国法

　　B. 如果该船舶碰撞案在中国法院审理，应适用侵权行为地法

C. 如果有关该国际货物买卖合同的争议在中国法院审理，应适用中国法

D. 如果有关该国际货物买卖合同的争议在中国法院审理，应适用德国法

（2）上述案件根据目的港有关共同海损理算的法律，下列哪些选项是正确的？（　　）

A. "比西"号采取的自愿搁浅措施所引起的损失属于共同海损

B. "比西"号因碰撞而进入避难港的费用属于单独海损

C. 暴风雨造成的仪器湿损属于单独海损，应由保险人负责赔偿

D. 暴风雨造成的仪器湿损属于单独海损，应由承运人负责赔偿

视频讲题

5. 天津甲公司与荷兰乙公司签订了出口肠衣的合同，价格条件是 CIF 鹿特丹，甲公司依合同的规定将肠衣用木桶装妥后交承运人所属的"美虹"号货轮运输。该批货物投保了水渍险并附加渗漏险。"美虹"号在途中由于突遇台风，船剧烈颠簸。当船抵达目的港时发现大部分木桶破碎，货物损失约 20 万美元。对于该案，下列选项哪些是正确的？（　　）（司考）

A. 本案应由天津甲公司与承运人签订海上货物运输合同

B. 本案应由天津甲公司办理投保

C. 承运人可依《海商法》有关免责的规定免除货物损失的赔偿责任

D. 乙公司应向保险公司提出索赔要求

6. 某轮船所有人拖欠船员的工资，在船只进入某港口时又拖欠港务费；该船舶所有人向银行贷款时办理了抵押该轮的手续并进行了登记。在发生了工资和港务费的债项后，该轮遇难。为救该轮又发生了一笔救助费。下列选项哪些不符合《海商法》的规定？（　　）（司考）

A. 港务费应排在第一位优先受偿

B. 如该轮船舶所有人将该轮转让，则上述优先权消灭

C. 发生在工资债项之后的救助费应在船员工资之前受偿

D. 船舶灭失，则船舶优先权消灭

7. 南美某国的修格公司希望从我国太原辉泉公司购买一批货物。双方正在就货物销售合同的具体条款进行谈判。双方都希望选择国际商会 2020 年《国际贸易术语解释通则》中的贸易术语来确定货物销售的价格和相关义务。双方对于该货物的国际买卖均有丰富经验，且都与从事国际海上货物运输和保险的专业公司保持着经常的业务关系。基于上述事实，下列何种表述是正确的？（　　）（司考改编）

A. 从修格公司的角度出发，如果选择 EXW 贸易术语，意味着它要承担的相关义务比选择任何其他的贸易术语都要大

B. 修格公司可以接受"CFR 天津"的贸易术语而自己向保险公司投保货物运输险

C. 假如双方采用了"CIF 布宜诺斯艾利斯"的贸易术语，辉泉公司对货物在公海上因船舶沉没而导致的货损应向修格公司承担赔偿责任

D. 双方都有可能接受《国际贸易术语解释通则》F 组中的某项贸易术语

8. 甲国 A 公司向乙国 B 公司出口一批货物，双方约定适用 2020 年《国际贸易术语解释通则》中 CIF 术语。该批货物由丙国 C 公司"乐安"号商船承运，运输途中船舶搁浅，为起浮抛弃了部分货物。船舶起浮后继续航行中又因恶劣天气，部分货物被海浪打入海中。到目的港后发现还有部分货物因固有缺陷而损失。该批货物投保了平安险，关于运输中的相关损失的认定及赔偿，依《海牙规则》，下列选项正确的是（　　）。（司考改编）

A. 为起浮抛弃货物造成的损失属于共同海损

B. 因恶劣天气部分货物被打入海中的损失属于单独海损

C. 保险人应赔偿共同海损和因恶劣天气造成的单独海损

D. 承运人对因固有缺陷损失的货物免责，保险人应承担赔偿责任

 简答题

1. 简述定期租船合同当事人的主要责任。（考研）

2. 简述《海牙规则》中的不完全过失责任。（考研）

案例分析题

1. 我国 A 公司与某国 B 公司于 2015 年 10 月 20 日签订购买 52 500 吨化肥的 CFR 合同。A 公司开出信用证规定，装船期限为 2016 年 1 月 1 日至 1 月 10 日。由于 B 公司租来运货的"雄狮"号在开往某外国港口途中遇到飓风，结果装货至 2016 年 1 月 20 日才完成。承运人在取得 B 公司出具的保函的情况下签发了与信用证条款一致的提单。"雄狮"号于 1 月 21 日驶离装运港。A 公司为这批货物投保了水渍险。2016 年 1 月 30 日"雄狮"号途经达达尼尔海峡时起火，造成部分化肥烧毁。在船长命令救火过程中又造成部分化肥湿毁。由于船在装货港口的延迟，使该船到达目的地时赶上了化肥价格下跌，A 公司在出售余下的化肥时价格不得不大幅度下降，给 A 公司造成很大损失。请根据上述事例，回答以下问题：（司考）

（1）途中烧毁的化肥损失属什么损失，应由谁承担？为什么？

（2）途中湿毁的化肥损失属什么损失，应由谁承担？为什么？

（3）A 公司可否向承运人追偿由于化肥价格下跌造成的损失？为什么？

（4）承运人可否向托运人 B 公司追偿责任？为什么？

2. 我国某进出口公司向意大利某公司购买了 20 000 吨袋装化肥（采用 CIF 价格条件），为此，意大利公司以航次租船的形式租用了我国某远洋公司的船舶。待货物装船以后，船方向意大利的发货人签发了清洁提单，并在提单上注明"租船合同的全部条款均并入本提单"的字样。货物运抵目的港后发现化肥数量短少八百余吨，但收货人因故在一年零两个月时才向承运人提出索赔，索赔的依据是提单。承运人声称：本运输属于提单运输，按照海商法的规定，1 年的诉讼时效已过，故货方丧失诉权。收货人则认为，既然已将租船合同的条款并入提单，本航次的运输就应该服从租船合同的规定，海商法所规定的有关航次合同的诉讼时效应该是 2 年。但是，法院不支持收货人的主张，因此决定裁定不予立案。嗣后，收货人再一次寻求提单中的"并入条款"的保护，认为既然提单中已经明

确宣布，将租船合同的全部条款都并入提单，即使法院不受理此案，也可以按照租船合同中的仲裁条款，将此案交付仲裁。请问：（考研）

（1）承运人的主张以及法院的裁决是否正确？为什么？

（2）收货人依据提单上的"并入条款"申请仲裁有无依据？为什么？

论述题与深度思考题

试述我国《海商法》中关于海运货物留置权制度的基本内容，以及该项制度在实践中面临的问题。（考研）

参考答案

名词解释与概念比较

1. 受载期限，即航次租船合同中规定的出租人的船舶到达装运港准备装货的期限。如出租人的船舶未在受载期限内到达装运港，承租人有权解除合同，并请求赔偿损失（船舶因不可抗力未到达除外）。受载期限的最后一天是承租人有权解除合同的日期。

2. Bill of Lading（B/L），即提单，是最重要的国际贸易单据之一。它是承运人接收货物或将货物装船后，由其本人或其授权的人或代表他的人（如船长）向托运人签发的，用以证明海上货物运输合同和货物已经由承运人接收或者装船，以及承运人保证据以交付货物的凭证。

3. Voyage Charter，即航次租船合同，亦称航程租船合同，是指船舶出租人向承租人提供船舶的全部或部分舱位，装运约定的货物，从一港运至另一港，由承租人支付约定运费的合同。它属于运输合同，但有别于班轮运输合同。

4. 劳氏救助合同（LOF）是海上救助合同的一种格式合同，是典型的"无效果无报酬"合同，对各国海事立法产生重要影响，具有国际惯例的地位。其基本内容主要有无效无酬原则、救助劳务、船长法定立约权、担保条款、仲裁条款、上诉条款、给付条款等。LOF 格式于 1908 年首次公开使用后，历经 9 次修改。LOF 1995 已成为目前全世界使用最为广泛的标准海难

救助合同格式，取得"准公约"的法律地位。

5. 国际海事组织在 1996 年举行的关于有害有毒物质和责任限制的国际会议上通过了 1996 年《海上运输有害有毒物质损害责任和赔偿国际公约》（简称"HNS公约"）。该公约尚未生效。该公约规定了包括石油在内的有害有毒物质引起的损害赔偿责任。对载运 HNS 物质的船舶所有人实行严格责任制，只有在发生战争行为、自然灾害、第三方发动的国际行动以及政府的错误行动时，该船舶所有人方可免责，但是对船舶所有人的责任设定一定的限制。该公约另外还有一个最大的特点就是设立双重赔偿机制：一是要求船舶所有人对承运有害有毒物质的船舶进行强制保险；二是要求有害有毒物质的进口商或收货人分摊基金，设立国际有害有毒基金。

6. 船舶扣押，是指法院根据海事请求人的申请，对被申请人的船舶所采取的限制该船舶自由的司法强制措施。海事请求人普遍采取申请扣押船舶的方式保护和实现其海事请求权。为了实现船舶扣押法律问题的国际统一，国际社会先后制定了 1952 年《统一海船扣押某些规定的国际公约》和 1999 年《国际扣船公约》。根据 1999 年公约的规定，当事人只能基于保全海事请求而非任何其他请求的目的申请法院扣押船舶，但是这一规定不影响为执行或履行法院判决或其他可执行文书而扣留船舶。1999 年公约还详细规定了海事请求的范围，扣押权的行使，被扣押船舶的释放，再次扣押和多次扣押，对被扣押船舶所有人和光船承租人的保护，对案件实体审理的管辖权等内容。我国尚未参加 1999 年公约，但是在《海事诉讼特别程序法》第三章第二节"船舶的扣押与拍卖"部分参照吸收了1999 年公约的有关规定。

7. 租船合同，是指采用租船运输方式的承租人与出租人之间订立的，有关租船问题的权利义务关系的协定；分为航次租船合同（voyage charter party）和定期租船合同（time charter party）：前者是指出租人向承租人提供船舶或船舶的部分舱位，装运约定的货物，从一港运输至另一港，由承租人支付约定费用的合同。后者是指船舶出租人向承租人提供约定的由出租人配备船员的船舶，由承租人在约定的期限内按照约定的用途使用，并支付租金的合同；其最大的特点是承租人负责船舶的经营管理，出租人只负责船舶的维护和维修。租船合同很少受国内法律或国际条约的调整，当事人在不违反强行法的前提下可以自由订立合同条款并受其拘束。租船合同下也可签发提单，据此签发的提单一般不受国内法调整，可以受类似海牙规则的调整。

8. 共同海损，指在同一海上航程中，船舶、货物和其他财产遭遇共同危险，为了共同安全，有意地、合理地采取措施所造成的特殊牺牲、支付的特殊费用。共同海损应当由受益方按照各自受益的价值的比例分摊。

 选择题

（一）单项选择题

1. A。考点：我国《海商法》中船舶所有权的法律适用

解析：我国《海商法》第 270 条规定："船舶所有权的取得、转让和消灭，适用船旗国法律。"船旗国法律作为准据法具有稳定性和一致性，而 B、C、D 项的偶然性较大。

2. A。考点：保险合同中的诚信义务

解析：最大诚信原则是保险合同中的根本性原则，其重要性非其他一般原则可比，因而违反这一义务的后果也不同。根据合同法的一般规定，欺诈使合同成为可撤销合同，而在保险合同中，隐瞒事实、不履行如实告知义务，则导致合同无效。因而，本题中 A 选项是正确答案。

3. C。考点：船舶出租人保证船舶适航的义务

解析：船舶出租人承担的根本义务是保证船舶适航，如果不适航，即构成根本性违约。本题提供的四个选项，似乎都有点道理，但本题是单项选择题，只能选择最适合的特有的救济方式。在船舶出租方的船舶不适航的情况下，对承租人的最大救济是解除合同，解除合同不影响损害赔偿。其他两项选择相对于解除合同来说，都是次要的。因此，本题中 C 选项正确。

4. A。考点：《海牙规则》关于承运人免责的规定及贸易术语的运用

解析：A 选项正确：根据《海牙规则》，本题中承运人 C 公司对因检疫限制而引起的损失可以免责。B选项不正确：因为该案在装货前已进行了检验并合格，说明卖方所交货物没有质量问题，A 公司不应向 B 公司提出索赔。C 选项不正确：尽管 C 公司依《海牙规则》有管货的义务，但《海牙规则》同样规定了承运

人的检疫限制免责，本案货损是因为熏蒸消毒数天导致水果全部腐烂，所以，承运人可以免责。D选项不正确：在CFR价格条件下，卖方B公司没有安排保险的义务，此价格条件的风险是在装运港船上转移的，因此是由买方A公司为自己的利益而安排投保。

5. B。考点：平安险的责任范围

解析：平安险的责任范围主要包括：（1）被保险货物在运输途中由于自然灾害造成的全部损失；（2）由于运输工具遭受意外事故造成货物的全部或部分损失；（3）在运输工具发生意外事故的前后又遭受自然灾害所造成的部分损失；（4）装卸或转运时整件落海造成的全部或部分损失；（5）施救费；（6）避难港费用；（7）共同海损的牺牲、分摊和救助费用；（8）运输合同中订有"船舶互撞责任"条款，依该条款规定应由货方偿还船方的损失。可见，上述选项中，只有B项不能包括在平安险的责任范围之内。平安险负责赔偿因自然灾害造成的全部损失，不赔偿自然灾害造成的部分损失，要想使被保险货物在运输途中由于自然灾害造成的部分损失也得到赔偿，应投保水渍险或一切险。

6. D。考点：平安险的承保范围

解析：平安险的英文意思是"单独海损不赔"，其责任范围主要包括：（1）被保险货物在运输途中由于遭遇恶劣气候、雷电、海啸等自然灾害造成的整批货物全部损失或推定全损；（2）由于运输工具遭遇搁浅、触礁、沉没、互撞、与流冰或其他物体碰撞以及失火、爆炸等意外事故造成货物的全部或部分损失；（3）在运输工具已经发生搁浅、触礁、沉没、焚毁等意外事故的情况下，货物在此前后又在海上遭遇恶劣气候、雷电、海啸等自然灾害造成的货物的部分损失……平安险不承担由于自然灾害造成的货物的部分损失。

7. A。考点：承运人的适航义务

解析：根据《海牙规则》，承运人的适航义务是指承运人在船舶开航前和开航当时应当谨慎处理，使船舶处于适航状态，妥善配备船员，装备船舶和配备供应品，并使货舱、冷藏舱、冷气舱和其他载货处所适宜并能安全收受、载运和保管货物。需要强调的是，承运人保证适航的责任期间是开航前和开航时，A项将此责任期间扩展到航行整个期间是错误的。

8. B。考点：倒签提单的后果

解析：承运人倒签提单是指货物装船后，承运人签发的一种早于货物实际装船日期的提单。倒签提单是一种欺诈行为，是托运人与承运人合谋欺诈提单持有人，因此承运人要承担责任。预借提单是指当信用证规定的有效期即将届满，而货物还没装船时，托运人为了使提单上的装船日期与信用证规定的日期相符，要求承运人在货物装船前签发的已装船提单。本题中货物已装船，因此不是预借提单。

9. A。考点：承运人的责任

解析：依《海商法》第48条的规定，承运人应当妥善地、谨慎地装载、搬移、积载、运输、保管、照料和卸载所运货物。本题中船舶是遇小雨，不属于《海商法》第51条规定的可免责的事项，且货损是由于货舱舱盖不严。可见，船方没有尽到管货的义务，因此应当承担责任。

10. A。考点：我国《海商法》对《汉堡规则》的吸收和采纳

解析：《汉堡规则》首次规定了实际承运人的概念，弥补了《海牙规则》和《维斯比规则》的不足，我国海商法采纳了这一概念。关于承运人的责任，我国海商法采纳的是《海牙规则》的规定，而关于承运人的赔偿限额和诉讼时效，我国的规定与各公约都不完全相同。

11. B。考点：光船租赁期间的船舶抵押权设定

解析：我国《海商法》第151条规定，未经承租人事先书面同意，出租人不得在光船租赁期间对船舶设定抵押权。

12. C。考点：我国海商法中船舶抵押权的法律适用

解析：我国《海商法》第271条规定："船舶抵押权适用船旗国法律。船舶在光船租赁以前或者光船租赁期间，设立船舶抵押权的，适用原船舶登记国的法律。"因为船舶抵押权的设立登记，适用原船舶登记国的法律具有稳定性和连贯性。本题中的船舶是在巴拿马登记并悬挂巴拿马国旗的船舶，因而适用巴拿马法律。

13. D。考点：承运人的权利、义务

解析：承运人承担着保管货物、运输货物的责任。提单是其收货凭证和交货凭证，但提单在转让之前和之后其作用有所不同，转让前是初步证据，转让后是最终证据。承运人的责任在一定条件下存在某些例外或责任豁免。本题中，A选项不正确，因为承运人有权销毁危险货物而不承担赔偿责任；B选项正是法律

规定的相反陈述，因不可抗力等原因承运人可以在邻近港口卸货而视为履行了义务；C选项没有区分转让之前和之后的情况；D选项正确，承运人签发备运提单后，在货物实际装船后，经托运人要求，可签发已装船提单。

14．C。考点：不清洁提单及相关责任

解析：不清洁提单表示承运人在提单上对货物的包装、外表等情况作出的批注，或表示对货物无法核对，并不必然表示货物实际已经损坏，故A、B选项均为错误选项。由于不清洁提单含有不确定性、可疑性，收货人为保护其利益，通常指示信用证项下的银行不收取不清洁提单。托运人为了避免这种情况的发生，常向承运人提供保函，要求承运人签发清洁提单，而对承运人可能据清洁提单项下的责任提供赔偿。承运人在明知货物确已经损坏的情况下签发清洁提单，构成了欺诈。本题正确选项为C。

15．B。考点：国际海上货物运输规则

解析：本题选项中的D选项是混淆选项，它是航空运输规则，而非海上货物运输规则。正确选项是B，《汉堡规则》即《联合国海上货物运输公约》。

16．C。考点：承运人的义务及赔偿责任

解析：承运人的重大义务是提供适航的船舶，管理货物，其中对管理货物承担严格责任。承运人的赔偿责任存在许多例外，包括船长管理船舶的过失、非自己原因造成的火灾引起的货物损失。本题选项中，A、B选项与法律规定不符。D选项明显错误，为混淆选项。正确答案是C项。

17．D。考点：承运人及其代理人、受雇人的责任

解析：承运人对其受雇人、代理人在相关权限内的行为过失承担责任。托运人也可以以侵权为诉由直接起诉装卸队。装卸队可以引用承运人的责任限额抗辩，但故意行为除外。本题选项中，A选项否定了承运人可能承担的责任，B、C两个选项都否定了责任限额问题，均为非正确选项。D选项正确：托运人可以基于合同或侵权对承运人或装卸队起诉。

18．C。考点：承运人的货物留置权

解析：承运人行使货物留置权是为了收取其有权收取的但没有付清的运费及相关费用，必要时可以向法院申请拍卖，以实现相关费用，但不能自己拍卖。运费可能由托运人支付，或由收货人支付。收货人不按时提取货物并不是产生留置权的条件。因此，本题

选项中，正确选项是C。

19．B。考点：海上运输方式

解析：海上运输方式中，只有提单运输属于国内法强制规范的范畴。正确答案为B项。

20．D。考点：定期租船合同与航次租船合同的区别

解析：由于定期租船合同是按期限出租，在约定期限内承租人享有支配权，所以无所谓本题前三个选项中提及的问题。只有船舶用途才是正确选项，即D项。

21．D。考点：不同国际航空规则的关系

解析：本题四个选项中，前三个选项同属华沙体系，B、C项是在A项基础上适用的；前三个选项与第四个选项是两个不同体系。第四个选项中的公约旨在逐步统一国际航空规则，根据其规定，如果与其他几个选项的公约相冲突，则优先适用《蒙特利尔公约》的规定。故应选D选项。

22．B。考点：不同国际航空规则的适用范围

解析：无论根据哪一项国际规则，本题中所说的航程都不符合其定义的国际运输，因为虽经停第三国，却不是经停点，只是由于天气原因而突然降落。因而，B项是正确选项。

23．B。考点：航空运单与可转让提单的异同

解析：可转让提单具有三项功能，而航空运单只具有其中的两项，而不具备货物所有权凭证功能。同时航空运单应由托运人填写，三份分别交由承运人、收货人和托运人自己留存。因此，本题选项中，正确答案只有B项。

24．D。考点：多式联运的概念

解析：多式联运，即多种运输方式联合运输。一个运输合同，多个运输方式，可能存在多个实际承运人。本题选项中只有D项符合多式联运的概念。

25．B。考点：平安险的承保赔付范围

解析：平安险是险别范围最小的险，不包括属于附加险的部分，对于自然灾害造成的部分损失也不予赔付。故选项B正确。

26．D。考点：国际海上货物运输公约中迟延交付责任

解析：有关承运人迟延交货问题，《海牙规则》和《维斯比规则》都没有规定。而《汉堡规则》中不仅规定了迟延交货的责任，还规定了该责任的限额，即本题选项D所规定的内容。因此，本题的正确选项为D，

其他为错误选项。

27. C。考点：海运单与提单的区别

解析：提单具有运输合同证明、货物收据、物权凭证的功能，而海运单只具有前两项功能，且不能转让，货物只能交给海运单上记名的收货人。因此，本题选项中，A、B、D项均与前述不符，属于错误选项，C项为正确选项。

28. C。考点：无正本提单交付货物问题

解析：《海商法》第79条第2项规定，指示提单：经过记名背书或者空白背书转让。本案中，正本提单收货人一栏写明"凭指示"，该提单属于指示提单，因此，其转让需要经过背书。故选项A错误。根据最高人民法院《关于审理无正本提单交付货物案件适用法律若干问题的规定》（2020年修正），正本提单持有人可以要求无正本提单交付货物的承运人与无正本提单提取货物的人承担连带赔偿责任。故选项B错误、选项C正确。上述最高人民法院司法解释规定，承运人因无正本提单交付货物造成正本提单持有人损失的赔偿额，按照货物装船时的价值加运费和保险费计算，故选项D错误。

29. C。考点：海洋运输货物保险

解析：本案涉及平安险。平安险的意思为"单独海损不赔"，其项下赔偿的因自然灾害造成的全部损失包括实际全损和推定全损，故选项A错误。保险责任的期间也就是保险期间，有三种确定方法：（1）以特定时间来确定；（2）以空间来确定，例如仓至仓；（3）以空间和时间两方面来对保险期间进行限定的方法，例如规定自货物离开起运地仓库起至货物抵达目的地仓库止，但如在全部货物卸离海轮后60日内未抵达上述地点，则以60日期满为止。故选项B错误。水渍险的责任范围除平安险的各项责任外，还负责被保险货物由于恶劣气候、雷电、海啸、地震、洪水等自然灾害所造成的部分损失。故选项C正确。海洋货物运输保险的附加险别是投保人在投保主要险别时，为补偿因主要险别范围以外可能发生的某些危险造成的损失所附加的保险。附加险别不能单独承保，它必须附于主险项下。故选项D错误。

30. C。考点：《海牙规则》下承运人的责任与免责、无正本提单交货

解析：根据《海牙规则》规定，承运人对由于天灾引起或造成的货物的灭失或损害免责。甲公司对该

雷击造成的货损不承担责任。故选项A错误。最高人民法院《关于审理无正本提单交付货物案件适用法律若干问题的规定》（2020年修正）第4条规定，承运人因无正本提单交付货物承担民事责任的，不适用《海商法》第56条关于限制赔偿责任的规定。故选项B错误。最高人民法院《关于审理无正本提单交付货物案件适用法律若干问题的规定》（2020年修正）第11条规定，正本提单持有人可以要求无正本提单交付货物的承运人与无正本提单提取货物的人承担连带赔偿责任。故选项C正确。最高人民法院《关于审理无正本提单交付货物案件适用法律若干问题的规定》（2020年修正）第6条规定，承运人因无正本提单交付货物造成正本提单持有人损失的赔偿额，按照货物装船时的价值加运费和保险费计算。故选项D错误。

31. B。考点：无正本提单交付货物问题

解析：最高人民法院《关于审理无正本提单交付货物案件适用法律若干问题的规定》（2020年修正）第3条第1款规定，承运人因无正本提单交付货物造成正本提单持有人损失的，正本提单持有人可以要求承运人承担违约责任，或者承担侵权责任。据此可知，正本提单持有人可以要求承运人承担违约责任或者承担侵权责任。可见，具体法律适用，首先要看要求承运人承担何种责任，然后再进行确定。故选项A错误，选项B正确，选项D错误。最高人民法院《关于审理无正本提单交付货物案件适用法律若干问题的规定》（2020年修正）第6条规定，承运人因无正本提单交付货物造成正本提单持有人损失的赔偿额，按照货物装船时的价值加运费和保险费计算。故选项C错误。

32. A。考点：CIF术语、《海牙规则》中承运人的免责规定

解析：CIF术语下，根据2020年《国际贸易术语解释通则》，货物的风险在装运港装船后由卖方转移给买方。本题中货物已经装船，风险转移给乙公司。CIF涉及保险虽为最低险别保险，但对于全部损失仍属于赔偿之列。根据《海牙规则》，由于雷击失火，承运人免责。甲公司获得议付后，包括保险单在内的单据已经转让给了乙公司。所以，应由乙公司向保险公司提出索赔。甲公司没有过错，不需要退还货款给乙公司。故选项A正确，选项B、C、D错误。

33. D。考点：凭指示提单

解析：选项 A、B 错误，选项 D 正确：根据《海牙规则》关于承运人免责的规定，货物固有的性质或缺陷引起的损失，承运人负责。选项 C 错误：载明凭指示交付货物的提单是指示提单，指示提单的转让必须经过背书。

34. A。考点：CFR

解析：根据 2020 年《国际贸易术语解释通则》，CFR 意为"成本加运费（指定目的港）"，货物的风险是在装运港船上交货时转移的。保险应当由买方办理，所以，卖方在装船后应当给买方以充分的通知，否则，因此而造成买方漏保引起的货物损失应由卖方承担。

（二）多项选择题

1. ABD。考点：委付和代位求偿权关系

解析：委付是指保险标的造成推定全损时，被保险人将该标的的一切权利转移给保险人，而请求保险人赔偿全部保险金额的法律行为。代位求偿是指保险标的的损失是由第三方造成的，投保人向保险人取得赔偿损失后，把向第三者追偿的权利转让给保险人，保险人有权向过失责任方提出索赔。据此推出选项 A、B、D 正确。

2. CD。考点：提单的种类

解析：以收货人的抬头为标准，提单可以分为指示提单、记名提单和不记名提单三种。指示提单是提单正面载明"凭指示"或"凭某某指示"字样的提单。这种提单通过背书转让，故又称为"可转让提单"，在国际贸易中普遍使用。提单正面载明了收货人姓名的提单是记名提单，一般不能转让。提单正面未载明收货人姓名的提单是不记名提单，转让时无须背书，只要将提单交给受让人即可。

3. ABC。考点：一切险的承保范围、保险人的除外责任

解析：关于保险人的除外责任，我国《海商法》第 242 条规定："对于被保险人故意造成的损失，保险人不负赔偿责任。"第 243 条规定："除合同另有约定外，因下列原因之一造成货物损失的，保险人不负赔偿责任：（一）航行迟延、交货迟延或者行市变化；（二）货物的自然损耗、本身的缺陷和自然特性；（三）包装不当。"根据上述规定，选项 A、B、C 三项都属于保险人的除外责任，保险公司都可以之为由拒绝承担赔偿责任。D 项中承运人驾驶船舶过失造成的货损属于一切险的承保范围，保险人仍要承担责任。

4. BD。考点：《海牙规则》有关承运人免责的规定

解析：依《海牙规则》的规定，承运人的基本责任之一是在开航前和开航时应谨慎处理，使船舶适航，因此，A 选项下不能免责。B 选项属于《海牙规则》规定的航行过失免责。C 选项属于《海牙规则》规定的承运人的管货责任，不能免责。D 选项属于包装不当的免责。本题 B 和 D 选项下承运人可以免责。

5. ABCD。考点：贸易术语与运输方式

解析：FCA 术语是货交承运人，它并没有限定承运人采取什么运输方式运输，因而，所有运输方式都可以选择 FCA 术语。

6. BC。考点：无单放货的法律后果

解析：提单是代表货物的权利凭证，持单人提货时应出具正本提单，副本提单无权提货。本案中，承运人凭深圳甲公司的副本提单加保函交货，而甲公司又未向银行付款赎单，则真正提单的持有人是银行，显然银行可凭正本提单向承运人要求交货，承运人自然无货可交，赔偿在所难免。

7. BD。考点：委付的接受

解析：我国《海商法》第 249 条规定："保险标的发生推定全损，被保险人要求保险人按照全部损失赔偿的，应当向保险人委付保险标的。保险人可以接受委付，也可以不接受委付，但是应当在合理的时间内将接受委付或者不接受委付的决定通知被保险人。委付不得附带任何条件。委付一经保险人接受，不得撤回。"

8. AC。考点：提单的基本知识

解析：提单中收货人一栏内载明特定收货人名称的提单是记名提单，只有该人才能提货。在收货人一栏内载明"凭指示"或"凭某某指示"字样的提单是指示提单，承运人只能将货物交给该人指示的人。所以若该提单中填写了 B 或 D 选项的内容，乙公司自然可以提到货。

9. ABC。考点：海上货物运输单据的种类及功能

解析：在海上货物运输单据中，只有可转让提单具有本题所说的两种功能之外的所有权凭证功能，其他都只具有两种功能。因此，本题的正确选项是除可转让提单的其他所有选项，即 A、B、C。

10. BC。考点：提单的种类

解析：本题选项中，已装船提单和不可转让提单本身，都不必然意味着货物实际的装船日期不同于提

单签署日期。本题选项中的 B、C 两个选项，或者是装船完成后签署之前的日期，或者是根本未实际装船，因而提单日期都与实际装船日期不符。本题正确选项为 B、C。

11. ABCD。考点：可转让提单的性质与作用

解析：对于可转让提单来讲，其具备完整的三个功能，即合同证明、货物收据和所有权凭证。但提单转让至收货人手中时，其构成了承运人与收货人之间的运输合同本身。由于是可转让的，很显然，出于许多原因，真正最后的收货人并不一定是原货物买卖合同的买方，例如，原买方已经转售。本题的正确选项是所有四项。

12. ABCD。考点：贸易术语、提单、信用证

解析：在 FOB 术语下，买方负责租船运输、与承运人签订运输合同，承运人与买方之间的权利义务受该运输合同的调整，卖方相当于该运输合同的第三人。提单对卖方而言是承运人收据，对买方而言是运输合同证明。因此，本题选项中前三项无疑都是正确选项。由于该提单在卖方手中仅起货物收据的作用，不能控制承运人按照运输合同的规定处理货物，其作为所有权凭证的功能受到极大削弱，其担保作用受到削弱，无疑不如 CIF 术语下典型的单据式买卖中提单对银行的保护程度。因此，D 选项同为正确选项。

13. ABD。考点：《蒙特利尔公约》的适用范围

解析：《蒙特利尔公约》的适用范围根据运输的始发地和目的地是否位于缔约国确定，即使二者均在同一缔约国境内，但在第三国经停，也适用该公约。如果始发地或目的地不在缔约国境内，即使经过缔约国停留，也不适用该公约。该公约既适用于旅客运输，也适用于货物运输。因此，本题的正确选项是 A、B、D。

14. ABCD。考点：《蒙特利尔公约》下对承运人的索赔

解析：《蒙特利尔公约》规定，托运人和收货人在履行相关义务的条件下，无论为本人或者他人的利益，都可以以本人的名义行使相关权利。托运人和收货人的关系类似法定代理关系。本题四个选项均为正确选项。

15. BD。考点：《蒙特利尔公约》的强制性规定

解析：《蒙特利尔公约》具有强制性、排他性适用的特点，不允许当事人自由约定责任排除或责任限额，

有关法律的适用必须适用该公约而不得适用其他规则。因此，本题中 A、C 选项是错误选项，B、D 是正确选项。

16. BD。考点：水渍险的承保范围

解析：平安险的意思为"单独海损不赔"，由于运输工具遭受搁浅、触礁、沉没、互撞等意外事故造成的货物的全部或部分损失，属于平安险规定的赔偿责任范围。水渍险内容已包括平安险，所以选项 B 正确。水渍险的责任范围除平安险的各项责任外，还负责被保险货物由于恶劣天气、雷电、海啸、地震、洪水等自然灾害所造成的部分损失。因此选项 D 正确。串味、异味属于一切险的承保范围。因此选项 A 错误。运输迟延属于海洋货物运输保险中的除外责任，即保险公司不承担这种损失的赔偿。因此选项 C 错误。

17. ACD。考点：承运人对抗正本提单、免除交货责任的相关规定

解析：本题涉及"凭批示"的可转让提单。甲公司收到了正本提单，但通常承运人会签署多份正本提单，其中任一正本提单提货后，其他提单皆作废，承运人无须对其他正本提单交货，也不承担责任。所以本题 A 项是正确选项。C、D 两项内容都是国内法的强制性规定，在符合这些要求的情况下，承运人也不用承担责任。故选项 C、D 是正确选项。B 选项是干扰项。在提单已经转让的情况下，承运人乙公司不应再遵从托运人的指示，如按其要求返还货物，则应向真正权利人，即本案的甲公司承担交货责任。故 B 选项是错误选项。

18. ABD。考点：平安险的承保范围及承运人的免责条款

解析：中国人民保险公司的平安险承保自然灾害造成的全损、意外事故造成的全部损失或部分损失、装卸或转运时的全损或部分损失。装卸过程中的货物损失，应由保险公司承担责任。故 A 选项正确。船长驾船过失触礁属于意外事故，也应由保险公司承担责任，故 B 选项正确。运输迟延不属于保险公司平安险承保范围，故 C 选项错误。《海牙规则》第 4 条第 2 款 A 项规定：不论承运人或船舶，对由于"船长、船员、引水员或承运人的雇佣人员，在航行或管理船舶中的行为、疏忽或不履行义务"等原因引起或造成的灭失或损坏，都不负责。这是承运人的免责条款。故 D 选项正确。

19. AB。考点：提单平安险和《海牙规则》

解析：选项A正确。根据《海牙规则》，承运人对于管船过失造成货损可以免责。选项B正确。碰撞导致的损失属于意外事故所致，属于平安险的承保范围。选项C错误。最高人民法院《关于审理无正本提单交付货物案件适用法律若干问题的规定》（2020年修正）第4条规定，承运人因无正本提单交付货物承担民事责任的，不适用《海商法》第56条关于限制赔偿责任的规定。选项D错误。最高人民法院《关于审理无正本提单交付货物案件适用法律若干问题的规定》（2020年修正）第6条规定，承运人因无正本提单交付货物造成正本提单持有人损失的赔偿额，按照货物装船时的价值加运费和保险费计算。

（三）不定项选择题

1. ABCD。考点：共同海损的概念

解析：共同海损是航行过程中船、货和承运人面临共同危险，为了其共同的利益，而有意地合理地作出的特别牺牲或支出的特别费用。该损失或费用的产生不是为了上述任何一方的单独的利益。在遇到海难时，船舶可能受损、货物可能被抛弃、可能需要救助、可能需要避难，这些都是为了共同利益而产生的，因而本题中的四个选项都是正确选项。

2. ABD。考点：倒签提单

解析：承运人倒签提单是指货物装船后，承运人签发的一种早于货物实际装船日期的提单。倒签提单是一种欺诈行为，是托运人与承运人合谋欺诈提单持有人，保函亦因欺诈而归于无效。承运人和托运人应承担连带责任。本题货物并非由于海运货物保险人承担的风险而受损，因此，不应向保险人提出索赔。D选项正确：根据本题时间，按照2020年《国际贸易术语解释通则》，依FOB价格条件，货物的风险是在货物交到装运港买方指定的船上时由卖方转移给买方。

3. BC。考点：国际货物买卖和国际货物运输

解析：此题的关键是区分货物的损坏是质量问题还是运输中管理货物的问题：如果是质量问题则应由发货人承担责任，如果是运输中管理货物的问题则应由承运人承担责任。本题A选项不正确：尽管承运人签发了清洁提单，而货物到目的港时发现变质，但变质的原因是尚未充分干燥即进行了包装，属于发货人的责任，因此不应向承运人索赔。B选项正确：如上所述，本题货损是因发货人的责任造成。C选项正确：

本题货物尚未干燥表明货物存在固有缺陷，承运人对于货物的固有缺陷是可以免责的。D选项不正确：本题货损不是承运人运输中没有谨慎管理货物造成的，不应由承运人承担责任。

4.（1）AD。考点：涉外诉讼的法律适用

解析：我国《海商法》第273条规定："船舶在公海上发生碰撞的损害赔偿，适用受理案件的法院所在地法律。"故A项正确。在国际货物买卖中，各国均允许当事人通过合同自由选择合同适用的法律，因甲、乙公司在合同中约定争议适用德国法，故D项正确。

（2）AC。考点：共同海损的确定及承担

解析：我国《海商法》第193条第1款规定："共同海损，是指在同一海上航程中，船舶、货物和其他财产遭遇共同危险，为了共同安全，有意地合理地采取措施所直接造成的特殊牺牲、支付的特殊费用。"而单独海损是海上风险对营运中的船舶和运输中的货物所造成的直接损失。故B项不正确，因碰撞而进入避难港的费用应属于共同海损。暴风雨造成的仪器湿损属于单独海损，是一种意外，依《海商法》第51条第3项的规定，"天灾，海上或者其他可航水域的危险或者意外事故"，承运人可以免责。因此，C项正确，D项错误。

5. ABCD。考点：CIF术语、海上货物运输和保险

解析：CIF术语由卖方负责运输和投保。故本案应由天津甲公司与承运人签订海上货物运输合同，并由其办理投保。"美虹"号在途中由于突遇台风而造成的货物损失属于天灾，天灾属于承运人的免责事项，因而承运人不承担货物损失责任。因自然灾害造成的单独海损属于水渍险承保范围，故乙公司应向保险公司提出索赔要求。

6. AB。考点：船舶优先权的受偿顺序和灭失条件

解析：我国《海商法》第22条规定："下列各项海事请求具有船舶优先权：（一）船长、船员和在船上工作的其他在编人员根据劳动法律、行政法规或者劳动合同所产生的工资、其他劳动报酬、船员遣返费用和社会保险费用的给付请求；（二）在船舶营运中发生的人身伤亡的赔偿请求；（三）船舶吨税、引航费、港务费和其他港口规费的缴付请求；（四）海难救助的救助款项的给付请求；（五）船舶在营运中因侵权行为产生的财产赔偿请求。"第23条规定："本法第二十二条第一款所列各项海事请求，依照顺序受偿。但是，第

（四）项海事请求　后于第（一）项至第（三）项发生的，应当先于第（一）项至第（三）项受偿。本法第二十二条第一款第（一）、（二）、（三）、（五）项中有两个以上海事请求的，不分先后，同时受偿；不足受偿的，按照比例受偿。第（四）项中有两个以上海事请求的，后发生的先受偿。"故可以选出 A 项、排除 C 项。《海商法》第 26 条规定："船舶优先权不因船舶所有权的转让而消灭。"第 29 条规定："船舶优先权，除本法第二十六条规定的外，因下列原因之一而消灭：（一）具有船舶优先权的海事请求，自优先权产生之日起满一年不行使；（二）船舶经法院强制出售；（三）船舶灭失。"因此可选出 B 项、排除 D 项。

7. AD。考点：2020 年《国际贸易术语解释通则》

解析：本题中，中国一方是出口方，南美一方是进口方。如果选用 EXW 术语（工厂交货），无疑南美一方承担的义务最大。故 A 选项正确。D 选项说买卖双方有可能选择 F 组术语，当然也是正确的。B、C 选项均涉及 C 组术语，其属于装运术语，但主要运费付至目的港，CFR 天津显然不正确。根据 2020 年《国际贸易术语解释通则》，CIF 术语中货物灭损的风险转移点是在装运港的船舷，因此，C 选项错误。

8. AB。考点：国际海上货物运输保险

解析：共同海损是在同一海上航程中，船舶、货物或其他财产遭遇共同危险，为了共同安全，有意地、合理地采取措施所直接造成的特殊牺牲，支付的特殊费用。这属于平安险的责任范围，保险公司应予赔偿。A 项符合共同海损的特征。平安险的意思为"单独海损不赔"，单独海损是单纯自然灾害所造成的部分损失。本题中，货物在海运途中因天气恶劣导致的部分货损是单独海损，不属于平安险的责任范围，保险公司不予赔偿。所以选项 B 正确，选项 C 错误。我国《海商法》规定，除合同另有约定外，下列原因之一造成货物损失的，保险人不负赔偿责任：（1）航行迟延、交货迟延或者行市变化；（2）货物的自然损耗、本身的缺陷和自然特性；（3）包装不当。因此，D 选项错误。

 **简答题**

1. 定期租船合同是指出租人在一定期限内把配备船员的船舶出租给承租人，供其按约定的用途使用的书面协议。在定期租船合同中，出租人出租整个船舶，承租人按月或日支付租金。

定期租船合同当事人的主要责任是：

（1）出租人的保证责任：其一，船舶适航责任，出租人保证船舶在整个租期内适航且适于约定用途；其二，出租人应在约定的时间交付船舶，如违反约定给承租人造成损失，承租人有权要求损害赔偿并解除合同。

（2）承租人责任：第一，承租人保证船舶在约定的航区内的安全港口或地点之间从事约定的海上运输。第二，保证船舶用于运输约定的货物。第三，承租人可将租用的船舶转租，但其原合同的权利义务不受影响。第四，合同期内，船舶进行海难救助的，承租人有权获得扣除救助费用、损失赔偿、船员应得部分及其他费用后的救助款项的一半。第五，按合同约定支付租金，违反约定时，出租人有权解除合同，要求损害赔偿，并对船上属承租人的货物和财产以及转租船舶的收入享有留置权。第六，还船，承租人按约定向出租人还船时，要使船舶处于与出租人交船时相同的良好状态；超期还船时，承租人应按照合同约定的租金率支付租金，市场租金率高于合同租金率时，按市场租金率支付租金。

2. 承运人对在其责任期间发生的货物的灭失或者损坏是否负责，应依其本人、代理人或受雇人员有无过错而定，有过错应负责，没有过错可免责，但如货物的灭失或者损坏系船长、船员或者其他受雇人驾驶船舶或者管理船舶的过失所致，或者，由于他们的过失造成的火灾所致，承运人也可以免责。

承运人不完全过失责任原则的"不完全"体现在两项免责事项上，即航海过失免责和火灾免责。航海过失免责是指因船长、船员、引航员或者承运人的其他受雇人在驾驶船舶或者管理船舶中的过失而造成的货物损坏，承运人免于承担赔偿责任。火灾免责是指当火灾系船长、船员、承运人的其他受雇人或者代理人过失造成时，承运人对火灾所致的货物损坏免于承担赔偿责任。

案例分析题

1.（1）途中烧毁的化肥损失属单独海损，应由保险公司承担损失。依 CFR 术语，途中烧毁的化肥的风险由 A 公司即买方承担；而 A 公司购买了水渍险，赔偿范围包含单独海损，因此由保险公司承担。

考点：单独海损

解析：我国《海商法》第193条规定："共同海损，是指在同一海上航程中，船舶、货物和其他财产遭遇共同危险，为了共同安全，有意地合理地采取措施所直接造成的特殊牺牲、支付的特殊费用。"而单独海损是海上风险对营运中的船舶和运输中的货物所造成的直接损失。

共同海损和单独海损的区别是：第一，共同海损涉及船、货共同的危险，单独海损只涉及船、货一方的利益；第二，共同海损有人为因素，单独海损多由于偶然的意外事故；第三，共同海损损失由受益各方承担，单独海损由单方承担。所以途中烧毁的化肥损失属于单独海损。

根据海商法，火灾除非是承运人的实际过失或者私谋造成的，一般承运人不负责任。本案中"雄狮号"途经达达尼尔海峡时起火，对于烧毁的这部分货物，承运人是可以享受免责的。根据CFR术语，海上货物运输途中的风险在装运港就转移给买方，即由买方A公司承担责任，但A公司已经投保水渍险，而水渍险承保货物在运输途中由于自然灾害和意外事故造成的全部损失和部分损失，所以对烧毁的这部分货物损失，保险公司是应当赔偿的。

（2）途中湿毁的化肥损失属共同海损，应由A公司与船公司等受益方分别承担。因船舶和货物遭到了共同危险，船长为了共同安全，有意又合理地造成了化肥的湿毁。

考点：共同海损

解析：根据上题解析可知，途中湿毁的化肥损失属于共同海损。共同海损损失由受益各方承担，即应该由A公司与船公司等受益方分别承担。

（3）可以。因为承运人迟延装船，又倒签提单，须对迟延交付负责。

考点：倒签提单

解析：承运人倒签提单是指货物装船后，承运人签发的一种早于货物实际装船日期的提单。倒签提单是一种欺诈行为，是托运人与承运人合谋欺诈收货人。根据"欺诈使一切无效"的古老法则，托运人向承运人出具的保函无效，承运人由于欺诈也不再享有运输合同项下的免责，而保险公司因为投保人的欺诈行为也不再承担保证责任。因而，对于倒签提单后又因为

不可抗力造成的货物损失，承运人不能援引免责条款。这部分货物损失应当由承运人和托运人承担连带责任。

（4）可以。因B公司出具了保函，是最终责任人。

考点：迟延交付的责任承担

解析：根据民法的基本原理，连带债务的一方在清偿了全部债权后，可向其他连带债务人追偿其应当承担的份额。本案中，托运人B公司是迟延交付与倒签提单的终局责任人，承运人在承担了赔偿责任后可以向其追偿。

本题答案有不同理解，实践中法院在以保函倒签提单的情况下，一般不会认定承运人可以依保函向托运人追偿，因为，如前所述，以保函倒签提单是一种欺诈行为，所以保函无效，如果承运人可以依保函向托运人追偿，则必须先认定保函有效。法院曾经以承运人和托运人对收货人共同侵权为由，判两者对收货人承担连带责任。但这与直接允许承运人以保函追偿托运人不同。

2.（1）承运人的主张及法院的裁决正确，因为本次运输属于开列提单的航次货物运输，租船提单就是在租船合同下签发的提单。争端双方都具有中国国籍，无特别约定时应适用中国法，中国《海商法》第95条规定，"对按照航次租船合同运输的货物签发的提单，提单持有人不是承租人的，承运人与该提单持有人之间的权利、义务关系适用提单的约定。但是，提单中载明适用航次租船合同条款的，适用该航次租船合同的条款"。本案中提单持有人是收货人，其不是承租人，承运人与其之间的权利、义务关系适用提单的约定。提单上有并入条款，适用航次租船合同的条款。但适用航次租船合同的条款不包括时效问题，只包括承运人与其之间的具体权利、义务关系，时效是法定的。又因为租约是一个合约，只约束当事人不约束收货人。收货人（提单持有人）与承运人之间只适用提单，所以时效问题应适用提单的1年诉讼时效。

（2）收货人依据提单上的"并入条款"申请仲裁有法律依据，因为《海商法》第95条规定："提单中载明适用航次租船合同条款的，适用该航次租船合同的条款。"仲裁条款属于航次租船合同条款，可以适用。

　论述题与深度思考题

我国《海商法》规定的海上货物留置权制度包括

两类留置权，即承运人留置权和出租人留置权。《海商法》第87条规定，应当向承运人支付的运费、共同海损分摊、滞期费和承运人为货物垫付的必要费用以及应当向承运人支付的其他费用没有付清，又未提供适当担保的，承运人可以在合理限度内留置其货物。《海商法》第141条规定："承租人未向出租人支付租金或者合同约定的其他款项的，出租人对船上属于承租人的货物和财产以及转租船舶的收入有留置权。"另外，《海商法》规定了拖船合同中承托方对被托物的留置权和救助方对获救船舶与其他财产的留置权。

在司法实践中海运货物留置权的范围为争议的焦点，目前的分歧主要在于：一种观点认为，《海商法》第87条的"其货物"是指承运人留置权仅仅针对债务人的财产。而另一种观点认为，在承、托双方之间，《海商法》总是优先保护承运人的利益，因此对"其货物"的解释应符合整部法律的立法意图，应理解为"债务人的财产"，不必限于债务人所有的财产，只要承运人对该财产合法占有就可以成立留置，承运人应收取的费用未得到清偿就可以行使留置权。争论的实质在于：承运人留置权与留置财产或债务的牵连关系。

第五章　国际支付

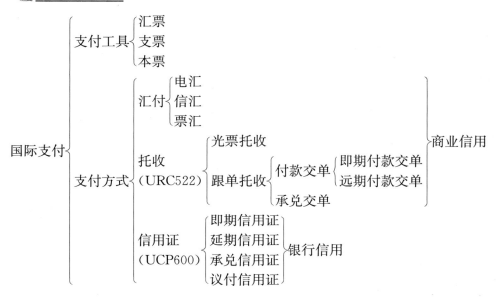

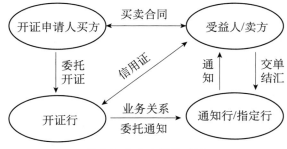

信用证当事人的关系图

名词解释与概念比较

1. Letter of Credit（考研）
2. 保兑信用证（考研）
3. Collection（考研）
4. 备用信用证（考研）
5. 远期付款交单（考研）
6. Endorse（考研）
7. 信用证（考研）

选择题

（一）单项选择题

1. 在信用证关系中，买入或贴现受益人按信用证所开出的汇票的银行是（　　）。

　A. 开证行　　　　　　B. 议付行

　C. 通知行　　　　　　D. 保兑行

2. 根据我国《票据法》的规定，下列选项哪个是票据行为的准据法？（ ）（司考）

    A. 行为实施地法   B. 出票地法

    C. 票据债务人的属人法   D. 付款地法

3. 下列选项中，哪一个是付款人在持票人向其提示汇票时应立即付款的汇票？（ ）（司考）

    A. 远期汇票   B. 银行承兑的远期汇票

    C. 即期汇票   D. 承兑汇票

4. 下述有关背书人的说法正确的是（ ）。（考研）

    A. 票据的主债务人   B. 票据的连带保证人

    C. 票据的一般保证人   D. 票据的受益人

5. 依照《跟单信用证统一惯例》（UCP600）的规定，下列哪一种情况发生时，银行可拒绝付款？（ ）（司考）

    A. 货物的数量与合同的规定不符

    B. 货物的质量与合同的规定不符

    C. 货物在运输途中由于台风灭失

    D. 发票与提单不符

6. 土耳其甲公司（卖方）与泰国乙公司（买方）订立一货物买卖合同。乙公司申请开出的不可撤销信用证规定装船时间为 2013 年 5 月 10 日前，而甲公司由于货源上的原因，最早要到 2013 年 5 月 15 日才能备齐货物并装船付运。下列哪一种做法是甲公司应采取的正确处理方法？（ ）（司考）

    A. 直接请求开证行修改信用证

    B. 通过提供保函要求承运人倒签提单

    C. 征得乙公司同意，由乙公司请求开证行修改信用证

    D. 通过提供保函要求承运人预借提单

视频讲题

7. 根据新修改的《跟单信用证统一惯例》（UCP600）的规定，经受益人申请，银行将信用证金额全部或部分转让给一个或一个以上受益人时，必须在信用证上注明什么？（ ）（司考）

    A. 可分割   B. 可转让

    C. 可过户   D. 可转移

8. 下列哪一项不是出口保理商提供的服务？（ ）（司考）

    A. 对销售货物质量进行监督

    B. 应收账款的催收

    C. 坏账担保

    D. 贸易融资

9. 适用出票地法律的票据行为是（ ）。（考研）

    A. 票据保全

    B. 背书

    C. 追索权的行使期限

    D. 承兑

10. 汇票的持票人被拒绝付款时，可以行使追索权。下述有关持票人追索权的说法正确的是（ ）。

    A. 持票人只可以向出票人行使追索权

    B. 持票人只可以向背书人行使追索权

    C. 持票人可以向出票人或者任何背书人行使追索权

    D. 持票人只可以出票、背书的次序依次行使追索权

11. 一张经承兑的转让的远期汇票，其主债务人是（ ）。

    A. 出票人   B. 背书人

    C. 付款人   D. 正当持票人

12. 下列有关付款交单的说法正确的是（ ）。

    A. 付款交单，就是钱货两讫，不付钱则不交单，因此该付款方式对卖方最为安全

    B. 付款交单中即使买方承兑了汇票，也不能取得货物单据

    C. 付款交单在 CIF 和 FOB 合同中，卖方所承担的风险是一样的

    D. 付款交单是在卖方所在地银行进行的

13. 关于《跟单信用证统一惯例》与国内法的关系，下列说法正确的是（ ）。

    A. 该惯例是全球普遍适用的规则，已经取得了习惯国际法的效力，优先适用于国内法

    B. 该惯例并没有包括与信用证交易相关的所有事项，即使该惯例适用，国内法仍然可以起补充作用

    C. 该惯例只是国际贸易惯例，无论如何都不影响国内法的适用

    D. 该惯例主要规定了银行的义务，它不涉及受益

人的义务

14. 下列有关信用证业务中通知行的作用的说法正确的是（　　）。

A. 通知行只起通知作用，不起付款作用

B. 通知行就是付款行

C. 通知行就是议付行

D. 通知行就是保兑行

15. 从受益人的角度看，信用证要求的单据不应包括下述单据（　　）。

A. 商业发票

B. 买方签署的质量合格证书

C. 第三方签署的商检证书

D. 第三方签署的运输单据

16. 汇票是出票人签发的委托付款人向收款人付款的票据。在承兑信用证中，如果需要提交汇票，该汇票的出票人是（　　）。

A. 买方 　　　　　　 B. 卖方

C. 开证行 　　　　　 D. 保兑行

17. 如果一张信用证规定其有效期限为 90 天，有效地点为开证行所在地，这意味着（　　）。

A. 受益人提交单据的期限为 90 天

B. 开证行收到单据的期限为 90 天

C. 开证行审核单据的期限为 90 天

D. 受益人制作单据的期限为 90 天

18. 根据《跟单信用证统一惯例》（UCP600），开证行须承担责任的事项是（　　）。

A. 单据相互矛盾

B. 货物已经遗失

C. 买方失去支付能力

D. 卖方没有实际交付货物

19. 信用证欺诈例外，是对下述哪一原则的例外？（　　）

A. 诚实信用原则 　　 B. 信用证独立性原则

C. 有约必守原则 　　 D. 平等互利原则

20. 下列有关保兑信用证和承兑信用证的说法正确的是（　　）。

A. 保兑信用证不可能是承兑信用证

B. 信用证保兑和承兑后，都导致信用证主债务人的变化

C. 承兑信用证就是保兑行对汇票进行承兑的信用证

D. 保兑信用证使受益人获得了双重的付款承诺

21. 修帕公司与维塞公司签订了出口 200 吨农产品的合同，付款采用托收方式。船长签发了清洁提单。货到目的港后经检验发现货物质量与合同规定不符，维塞公司拒绝付款提货，并要求减价。后该批农产品全部变质。根据国际商会《托收统一规则》，下列哪一选项是正确的？（　　）

A. 如代收行未执行托收行的指示，托收行应对因此造成的损失对修帕公司承担责任

B. 当维塞公司拒付时，代收行应当主动制作拒绝证书，以便收款人追索

C. 代收行应无延误地向托收行通知维塞公司拒绝付款的情况

D. 当维塞公司拒绝提货时，代收行应当主动提货以减少损失

视频讲题

22. 20××年年初，甲国 X 公司（卖方）与中国 Y 公司（买方）订立货物买卖合同。Y 公司向中国某银行申请开出了不可撤销信用证。在合同履行过程中，Y 公司派驻甲国的业务人员了解到，该批货物很可能与合同严重不符且没有价值，于是紧急通知 Y 公司总部。Y 公司随即向有管辖权的中国法院提出申请，要求裁定止付信用证项下的款项。依照最高人民法院《关于审理信用证纠纷案件若干问题的规定》（2020 年修正），下列哪一表述是错误的？（　　）（司考改编）

A. Y 公司须证明存在 X 公司交付的货物无价值或有其他信用证欺诈行为的事实，其要求才可能得到支持

B. 开证行如发现有信用证欺诈事实并认为将会给其造成难以弥补的损害时，也可以向法院申请中止支付信用证项下的款项

C. 只有在法院确认国外议付行尚未善意地履行付款义务的情况下，才能裁定止付信用证项下的款项

D. 法院接受中止支付信用证项下款项的申请后，须在 48 小时内作出裁定

23. 中国甲公司与德国乙公司签订了购买成套设备的进口合同。价格条件为CFR上海，信用证付款。货物按时装上了承运人所属的利比里亚籍"玛丽"轮，甲公司投保了平安险。"玛丽"轮航行到上海港区时与日本籍"小治丸"轮因双方的过失发生碰撞，致使"玛丽"轮及其货舱中的部分货物受损。基于上述情况，下列哪一选项是正确的？（   ）（司考）

A. 本案碰撞引起的货损应由甲公司自行承担

B. 依《海牙规则》，"玛丽"轮所有人对过失碰撞引起的货损可以免责

C. 因甲公司投保的是平安险，保险公司对本案碰撞引起的部分货物损失不承担赔偿责任

D. 因已知货物受损，所以即使单证相符，甲公司仍有权要求银行拒付货款

视频讲题

24. 中国甲公司（买方）与某国乙公司（卖方）签订仪器买卖合同，付款方式为信用证，中国丙银行为开证行，中国丁银行为甲公司申请开证的保证人，担保合同未约定法律适用。乙公司向信用证指定行提交单据后，指定行善意支付了信用证项下的款项。后甲公司以乙公司伪造单据为由，向中国某法院申请禁止支付令，禁止开证行对外付款。依我国相关法律规定，下列哪一选项是正确的？（   ）（司考改编）

A. 中国法院可以欺诈为由禁止开证行对外支付

B. 因指定行已善意支付了信用证项下的款项，中国法院不应禁止中国丙银行对外付款

C. 如确有证据证明单据为乙公司伪造，中国法院可判决终止支付

D. 丁银行与甲公司之间的担保关系应适用《跟单信用证统一惯例》（UCP600）的规定

25. 根据《跟单信用证统一惯例》（UCP600），下列有关信用证开证行的表述正确的是（   ）。

A. 开证行本身是指定行

B. 经受益人申请，开证行可以成为保兑行

C. 开证行在申请人向其付款后对受益人付款

D. 开证行可以开立可撤销信用证

26. 依最高人民法院《关于审理信用证纠纷案件若干问题的规定》（2020年修正），出现下列哪一情况时，不能再通过司法手段干预信用证项下的付款行为？（   ）（司考改编）

A. 开证行的授权人已对信用证项下票据善意地作出了承兑

B. 受益人交付的货物无价值

C. 受益人和开证申请人串通提交假单据

D. 受益人提交记载内容虚假的单据

27. 中国甲公司与法国乙公司订立了服装进口合同，信用证付款，丙银行保兑。货物由"铂丽"号承运，投保了平安险。甲公司知悉货物途中遇台风全损后，即通知开证行停止付款。依《海牙规则》《跟单信用证统一惯例》（UCP600）及相关规则，下列哪一选项是正确的？（   ）（司考）

A. 承运人应承担赔偿甲公司货损的责任

B. 开证行可拒付，因货已全损

C. 保险公司应赔偿甲公司货物的损失

D. 丙银行可因开证行拒付而撤销其保兑

28. 关于保理，下列说法正确的是（   ）。

A. 应收账款债权人和债务人变更或终止基础交易合同，无论对保理人产生何种影响，均对保理人发生效力

B. 应收账款债权人和债务人变更或终止基础交易合同，若事先通知保理人，则对保理人发生效力

C. 应收账款债权人和债务人变更或终止基础交易合同，对保理人产生不利影响的，对保理人不发生效力

D. 应收账款债权人和债务人变更或终止基础交易合同，无论是否事先通知保理人，均对保理人发生效力

（二）多项选择题

1. 下列关于"信用证欺诈例外"原则的说法，哪些是正确的？（   ）（司考）

A. 《跟单信用证统一惯例》（UCP600）对此作出了明确的规定

B. 它是各国司法实践中确立的原则

C. 目前世界上在成文法中对"信用证欺诈例外"作出规定的仅有美国的《统一商法典》

D. 根据美国《统一商法典》的有关规定，银行对

有欺诈嫌疑的单据可以自行确定拒绝付款或承兑

2. 在与新客户进行大额交易时，出口方为了保证收汇安全，应采取（　　）。

    A. 汇付　　　　　　　　B. 托收

    C. 不可撤销信用证　　　D. 保兑信用证

3. 载有"软条款"的信用证是对受益人危害极大的信用证，下列哪些规定应被视为信用证的"软条款"？（　　）（司考）

    A. 本信用证付款以货物经开证申请人或其授权人检验合格并签发检验证书为条件

    B. 本信用证的生效以开证行的另行通知为条件

    C. 受益人在提示单据要求付款时应提交的单据包括出口地商检机构的检验证书

    D. 受益人在提示单据要求付款时应提交开证申请人或其授权代表签署的货运收据，该签名应与开证行所保留的签名样本相符

4. 甲公司作为卖方同乙公司签订出口合同一份，采用信用证付款方式。甲公司以开证行指定的付款行丙银行为付款人开立了汇票，并凭信用证和有关单据要求丙银行承兑。丙银行承兑后，开证行撤销该信用证的通知到达丙银行。基于前述事实，下列哪些表述是正确的？（　　）

    A. 丙银行的承兑行为有效

    B. 开证行的撤销行为无效

    C. 甲公司或者其他持票人向丙银行提示付款时，丙银行有义务付款

    D. 开证行虽已书面通知丙银行撤销信用证，但仍应向丙银行偿付有关款项

视频讲题

5. 中国太宏公司与法国莱昂公司签订了出口 1 000 吨水果的合同，价格术语为 CFR 里昂，规定货物可以有 6% 的溢短装，付款方式为银行托收，付款交单（D/P）。卖方实际装船 995 吨，船长签发了清洁提单。货到目的港后经法国莱昂公司验收后发现水果总重短少 8%，且水果的质量也与合同规定不符。法国公司拒绝付款提货，并要求减价。后来水果全部腐烂。关于本案，依国际商会《托收统一规则》，下列选项哪些是正确的？（　　）（司考）

    A. 当法国莱昂公司拒绝付款赎单时，代收行应当主动提货以减少损失

    B. 当法国莱昂公司拒付时，代收行应当主动制作拒绝证书，以便收款人追索

    C. 如损失是因代收行没有执行托收行的指示造成的，托收行无须向委托人承担责任

    D. 本案采用的是跟单托收的付款方式

6. 当汇票遭到拒付时，持票人可以向其行使追索权的是（　　）。

    A. 出票人　　　　　　　B. 背书人

    C. 一切前手　　　　　　D. 保证人

7. EDI 是电子数据交换的英文缩写，于 20 世纪 60 年代末产生于欧美，目前在全世界的大公司中应用已非常普遍。EDI 给国际贸易的发展带来深刻的变化，也由此产生了许多问题。目前解决这些法律问题的国际公约和国际惯例有以下哪几项？（　　）（司考）

    A.《托收统一规则》（URC522）

    B.《跟单信用证统一惯例》（UCP600）

    C.《电子提单规则》

    D.《电子商业示范法》

8. 在英美法系中，票据应包括以下哪几种？（　　）

    A. 汇票、本票、支票

    B. 汇票、本票、不包括支票

    C. 汇票、支票、不包括本票

    D. 国际汇票和国际本票

9.《跟单信用证统一惯例》（UCP600）适用于以下哪几种信用证？（　　）（司考）

    A. 不保兑信用证　　　　B. 光票信用证

    C. 备用信用证　　　　　D. 自由议付信用证

10. 中国甲公司与美国美利公司签订了一出口红枣的合同，合同约定货物品质为三级，信用证支付。交货时甲公司因库存三级红枣缺货，便改装二级货，并在发票上注明货品二级，货款仍按原定三级货价格计收。在办理议付时，银行认为发票注明该批货物的品级与信用证规定的三级品质不符，因而拒绝收单付款。美利公司认为该货有特殊用途，因而不能接受甲公司所交的二级货，并主张甲公司应承担未按合同规定交货的责任。下列表述哪些是正确的？（　　）（司考）

A. 银行可以发票与信用证不符为由拒绝收单付款

B. 甲公司所交货物品级比合同规定的高，甲公司不应承担任何责任

C. 银行不应拒绝收单付款

D. 本案信用证的受益人为中国甲公司

11. 在信用证支付方式中，除信用证明确规定可以接受外，银行办理结汇时一般拒绝接受下列哪几种提单？（   ）（司考）

A. 不清洁提单　　　　　　B. 收货待运提单

C. 已装船提单　　　　　　D. 清洁提单

12.《跟单信用证统一惯例》（UCP600）对银行的免责作了规定，下列选项哪些是正确的？（   ）（司考）

A. 银行只对单据表面真实性作形式上的审查，对单据的真实性、有效性不作实质性审查

B. 银行对单据中货物的描述、价值及存在情况负责

C. 银行对买卖双方的履约情况概不负责

D. 银行对买卖双方的诚信情况概不负责

13. 下列哪些行为属于国际贸易支付中的拒付？（   ）（司考）

A. 付款人拒绝承兑　　　　B. 付款人破产

C. 付款人死亡　　　　　　D. 付款人避而不见

14. 在承兑信用证中，受益人提交的汇票的付款人是（   ）。

A. 买卖合同中的买方　　　B. 信用证的开证行

C. 信用证的承兑行　　　　D. 信用证的保兑行

15. 下面有关即期付款信用证和议付信用证的说法正确的是（   ）。

A. 二者是同一种信用证的不同称呼，都是受益人交单时付款

B. 议付行付款后取得了受益人的地位

C. 即期付款信用证可以不使用汇票，而议付信用证则必须使用汇票

D. 即期付款信用证向受益人付款的银行必须是信用证中明确指定的银行，议付信用证下付款的银行可以是非明确指定的银行

16. 根据中国法律的规定，下述与信用证有关的法律关系不应适用《跟单信用证统一惯例》（UCP600）的是（   ）。

A. 开证申请人与开证行之间因申请开立信用证而产生的欠款纠纷

B. 委托人和受托人之间因委托开立信用证产生的纠纷

C. 担保人为申请开立信用证或者委托开立信用证提供担保而产生的纠纷

D. 信用证项下融资产生的纠纷

17. 根据中国法律，构成信用证欺诈的情形包括（   ）。

A. 受益人伪造单据或者提交记载内容虚假的单据

B. 受益人恶意不交付货物或者交付的货物无价值

C. 受益人和开证申请人或者其他第三方串通提交假单据，而没有真实的基础交易

D. 受益人交付的单据不合格

18. 下列情况下，即使存在信用证欺诈，法院也不得裁定中止开证行付款的是（   ）。

A. 开证行的指定人、授权人已按照开证行的指示善意地进行了付款

B. 开证行或者其指定人、授权人已对信用证项下票据善意地作出了承兑

C. 保兑行善意地履行了付款义务

D. 议付行善意地进行了议付

19. 下列有关法院根据信用证欺诈禁止开证行对外付款的说法正确的是（   ）。

A. 中止开证行付款，即解除了开证行据信用证的付款义务

B. 即使我国法院最终判决信用证欺诈成立，开证行在买方所在国仍可能被判定存在付款义务

C. 法院裁定开证行中止付款，必须基于利益关系方的申请

D. 法院裁定开证行中止付款，必须基于充分的证据，而不能基于断言或怀疑

20. 下列信用证中，不必然要求使用汇票的有（   ）。

A. 即期付款信用证　　　　B. 议付信用证

C. 承兑信用证　　　　　　D. 延期付款信用证

21. 根据国际商会《跟单信用证统一惯例》（UCP600）的规定，如果受益人按照信用证的要求完成对指定银行的交单义务，出现下列哪些情形时，开证行应予承付？（   ）（司考）

A. 信用证规定指定银行议付但其未议付

B. 信用证规定指定银行延期付款但其未承诺延期付款

C. 信用证规定指定银行承兑，指定行承兑但到期

不付款

D. 信用证规定指定银行即期付款但其未付款

22. 2006年国际商会巴黎会议上通过的经修改的《跟单信用证统一惯例》(UCP600)于2007年7月1日实施。下列哪些选项属于UCP600修改或规定的内容?（　　）（司考）

A. 直接规定信用证是不可撤销的

B. 关于议付的新定义明确了议付是对票据及单据的一种售出行为

C. 规定当开证行确定单证不符时,可以自行决定联系申请人放弃不符点

D. 规定银行收到单据后的处理时间为"合理时间",不超过收单翌日起的5个工作日

23. 根据最高人民法院《关于审理信用证纠纷案件若干问题的规定》(2020年修正),中国法院认定存在信用证欺诈的,应当裁定中止支付或者判决终止支付信用证项下款项,但存在除外情形。关于除外情形,下列哪些表述是正确的?（　　）（司考改编）

A. 开证行的指定人、授权人已按照开证行的指令善意地进行了付款

B. 开证行或者其指定人、授权人已对信用证项下票据善意地作出了承兑

C. 保兑行善意地履行了付款义务

D. 议付行善意地进行了议付

24. 根据《跟单信用证统一惯例》(UCP600),下述情形中,开证行承担付款义务的选项是（　　）

A. 受益人向开证行相符交单

B. 承兑信用证项下指定行承兑但没有付款

C. 议付信用证下指定行拒绝议付

D. 延期信用证项下指定行拒绝承担延期付款责任

25. 在一国际贷款中,甲银行向贷款银行乙出具了备用信用证,后借款人丙公司称贷款协议无效,拒绝履行。乙银行向甲银行出示了丙公司的违约证明,要求甲银行付款。依相关规则,下列哪些选项是正确的?（　　）（司考）

A. 甲银行必须对违约的事实进行审查后才能向乙银行付款

B. 备用信用证与商业跟单信用证适用相同的国际惯例

C. 备用信用证独立于乙银行与丙公司的国际贷款协议

D. 即使该国际贷款协议无效,甲银行仍须承担保证责任

26. 中国甲公司与德国乙公司签订了出口红枣的合同,约定品质为二级,信用证方式支付。后因库存二级红枣缺货,甲公司自行改装一级红枣,虽发票注明品质为一级,货价仍以二级计收。但在银行办理结汇时遭拒付。根据相关公约和惯例,下列哪些选项是正确的?（　　）（司考）

A. 甲公司应承担交付不符的责任

B. 银行应在审查货物的真实等级后再决定是否收单付款

C. 银行可以发票与信用证不符为由拒绝收单付款

D. 银行应对单据记载的发货人甲公司的诚信负责

27. 保理一般涉及几方当事人?（　　）

A. 进口商　　　　　　　B. 出口商

C. 进口保理商　　　　　D. 出口保理商

（三）不定项选择题

1. 中国甲公司与英国乙公司订有一笔货物销售合同,约定以跟单托收方式结算。甲公司交运货物后,开立了以乙公司为付款人的见票即付汇票,并附随单据,交由中国银行某省分行通过中国银行伦敦分行向乙公司收款。下列何种表述是错误的?（　　）（司考）

A. 中国银行某省分行是托收行,中国银行伦敦分行为代收行

B. 中国银行某省分行与中国银行伦敦分行之间是委托关系

C. 如果中国银行伦敦分行违反托收指示行事,导致甲公司遭受损失,甲公司可以直接对其起诉

D. 中国银行伦敦分行与乙公司之间没有法律上的直接关系

2. 美国W公司（买方）与中国T公司（卖方）签订销售浮法玻璃合同,数量为10.6万平方英尺（共5个集装箱）,木箱包装,总价金58 430美元,信用证方式付款,2019年12月装运。W公司依合同规定于12月5日开给T公司信用证,但卖方发现信用证规定的数量是4个集装箱,便通知买方修改信用证。后卖方收到合格的信用证,装运货物并向指定行交单取得了货款,指定行将单据交给开证行,开证行向买方提示全套单据,要求付款赎单。买方经审单认定单证相符,但是事先已从其他渠道了解到这批货物破损严重。于是买方拒绝付款赎单,并向有关责任方索赔。

根据前述信息，请回答以下问题：

（1）本案的信用证为（　　　）。

A. 不可撤销信用证　　　B. 即期信用证

C. 保兑信用证　　　　　D. 可转让信用证

（2）银行付款时不承担责任的事由有（　　　）。

A. 单据不完整　　　　　B. 货物有瑕疵

C. 承运人的资信有问题　D. 单据的表面一致

（3）针对买方拒绝付款赎单、索赔，下述说法正确的是（　　　）。

A. 买方的做法存在法律依据

B. 开证行可以向受益人追索已经支付的款项

C. 买方向开证行付款和就货物破损问题索赔是两个不同的法律关系

D. 货物破损的责任人是卖方

（4）题中的"买方经审单认定单证相符"意味着（　　　）。

A. 运输单据是清洁的，并且与信用证的规定相符

B. 单据记载的货物是信用证要求的货物

C. 商业发票的金额未超过信用证规定的金额

D. 单据相互之间不存在矛盾的地方

（5）本案当事人的法律关系有（　　　）。

A. W 公司与 T 公司之间的买卖合同关系

B. W 公司与开证行之间的申请开证关系

C. 指定行与 T 公司之间的独立的信用证关系

D. 开证行与 T 公司之间的独立的信用证关系

视频讲题

3. 下列情形中，属于信用证欺诈的情形是（　　　）。

A. 受益人交付的单据不完整

B. 受益人提交记载内容虚假的单据

C. 受益人交付的单据不合格

D. 受益人提交的单据中存在第三人签署的单据

4. 中国甲公司（卖方）与某国乙公司（买方）签订了国际货物买卖合同，规定采用信用证方式付款，由设在中国境内的丙银行通知并保兑。信用证开立之后，甲公司在货物已经装运，并准备将有关单据交银行议付时，接到丙银行通知，称开证行已宣告破产，丙银行将不承担对该信用证的议付或付款责任。据此，下列选项正确的是（　　　）。（司考）

A. 乙公司应为信用证项下汇票上的付款人

B. 丙银行的保兑义务并不因开证行的破产而免除

C. 因开证行已破产，甲公司应直接向乙公司收取货款

D. 虽然开证行破产，甲公司仍可依信用证向丙银行交单并要求付款

5. 中国甲公司从某国乙公司进口一批货物，委托中国丙银行出具一份不可撤销信用证。乙公司发货后持单据向丙银行指定的丁银行请求付款，银行审单时发现单据上记载内容和信用证不完全一致，乙公司称甲公司接受此不符点，丙银行经与甲公司沟通，证实了该说法，即指示丁银行付款。后甲公司得知乙公司所发货物无价值，遂向有管辖权的中国法院申请中止支付信用证项下的款项。下列说法正确的是（　　　）。（司考改编）

A. 甲公司已接受不符点，丙银行必须承担付款责任

B. 乙公司行为构成信用证欺诈

C. 即使丁银行已付款，法院仍应裁定丙银行中止支付

D. 丙银行发现单证存在不符点，有义务联系甲公司征询是否接受不符点

　简答题

1. 简述跟单信用证与备用信用证的区别。（考研）

2. 简述备用信用证的法律特征。（考研）

3. 简述处理信用证关系的一般原则。（考研）

4. 简述 UCP600 对 UCP500 的修改的主要内容。

　案例分析题

2020 年 2 月 10 日，中国 A 公司电告美国 B 公司，以 CIF 条件向 B 公司出口成衣，总价为 50 万美元，以信用证支付货款。2 月 16 日收到 B 公司同意购买的回电，但要求降价至 48 万美元。A 公司于 2 月 19 日电告对方同意其要求，B 公司 2 月 20 日收到此电报。A 公司将货物运至大连港，整批货物分装在三个集装箱内，交由远洋运输公司承运。3 月 10 日承运船舶在公海航

行时，由于船员疏忽，船上发生火灾，A 公司托运的一个集装箱被烧毁。3 月 15 日货物运抵波士顿，但 B 公司拒绝接收货物，并向 A 公司提出索赔。请问：

（1）对该合同争议是否可以适用《联合国国际货物销售合同公约》？为什么？

（2）该合同何时成立？为什么？

（3）货物被烧受损，B 公司能否要求 A 公司给予赔偿？为什么？

（4）该批货物的运输保险应由谁办理？保险费由谁承担？B 公司可否向保险公司索赔？

（5）开证行可否依据货物损坏的事实及买方的要求，对信用证的受益人拒付？

参考答案

名词解释与概念比较

1. Letter of Credit，即信用证，是银行应进口商的申请向出口商开立的、承诺在一定条件下承担付款责任的书面凭证。信用证支付方式是在托收的基础上演变而来的一种比较完善的"逆汇"方式。它以银行信用代替商业信用作为支付方式的基础，使进出口双方在资金融通和利益保护上更加便利有力。

2. 保兑信用证与不保兑信用证是信用证根据其是否被开证行以外的另一家银行加以保兑而作出的分类。保兑信用证是银行应进口商的申请向出口商开立的、承诺在一定条件下承担付款责任，而由开证行以外的另一家银行加以保兑的书面凭证。

3. Collection，即托收，是出口商装运货物后，开出以进口商为付款人的汇票，委托出口地银行通过该行在进口地的代理行或分行向进口商收取货款的一种支付方式。在国际支付中，托收属于"逆汇"的范畴，它是由债权人出具票据，委托本国银行向国外债务人收取款项的一种支付方式。

4. 备用信用证是指开证人根据开证申请人的请求对受益人开立的在规定的情况下承担偿付义务的承诺。即开证行保证在开证申请人未能履行其应履行的义务时，受益人只要凭备用信用证的规定，提交开证申请人未履行义务的声明或证明文件，即可取得开证行的偿付。备用信用证对受益人来说是备用于开证申请人发生违约时，取得补偿的一种方式。如果开证申请人按期履行合同的义务，受益人就无须要求开证行在备用信用证项下支付货款或赔款。这是其被称作"备用"（standby）的由来。

5. 远期付款交单是跟单托收的一种。出口方按合同规定日期发货后，开具远期汇票连同全套货运单据，经代收行向付款人提示，付款人在汇票上承兑，并于汇票到期日付款，然后从银行处取得货运单据。付款人即使承兑汇票，也不能取得单据，只有到期付款时才能取得有关单据。远期付款交单是买方给予卖方的资金融通便利。

6. 背书。流通票据的持有人为转让其票据权利并承担由此产生的法律责任，而在票据背面签名记载的行为。背书人的背书行为不仅转移票据的完整的权利，而且产生一个明示的或暗示的效力，如对票据支付的默示担保。背书人经背书转让汇票后，成为债务的担保人，汇票持有人在不能获得付款人付款时，可以向背书人追索。

7. 根据《跟单信用证统一惯例》（UCP600）是指开证行应申请人的要求和指示，或以其自身名义，在符合信用证条款的情况下，凭规定的单据，向第三人或其指定的人付款，承兑并支付受益人出具的汇票，或授权另一家银行付款、承兑并支付受益人出具的汇票，或授权另一家银行议付。简言之，信用证是银行依据单据有条件付款的承诺，只要受益人提交的单据符合信用证的要求，银行就应付款。因此形成一项处理信用证业务的特殊原则：开证行与受益人之间的关系独立于开证行与申请人之间的关系，也独立于申请人与受益人之间的关系。信用证是一种银行信用，银行承担第一性的付款责任。

选择题

（一）单项选择题

1. B。考点：信用证的类型

解析：根据交单付款的条件不同，信用证可以分为四种类型：即期信用证、延期信用证、承兑信用证和议付信用证。只有在议付信用证下，向受益人付款的银行是买入受益人提交的汇票，自己受让了受益人的权利，成为信用证的受益人。因此，只有 B 选项正确。

2. A。考点：票据关系的法律适用

解析：我国《票据法》第 98 条规定："票据的背

国际经济法练习题集（第五版）

书、承兑、付款和保证行为，适用行为地法律。"本题是单项选择题，回答 B 项或 D 项均不完整。选项 C 属人法显然不正确。只有选项 A 最合题意。

3. C。考点：汇票

解析：即期汇票是指付款人在持票人向其提示汇票时立即支付的汇票。远期汇票是指在一定期限或特定时期付款的汇票。承兑汇票是需要先办理承兑手续，于到期时即行付款的汇票。

4. B。考点：背书人的责任

解析：一张汇票在承兑前出票人是主债务人，在承兑后承兑人是主债务人，所以背书人无论如何都不是主债务人。背书人已经转让票据，他也不是受益人。由于受益人可以向任何背书人（前手）追索，因而背书人承担的是连带保证人的角色。本题 B 项为正确选项。

5. D。考点：《跟单信用证统一惯例》（UCP600）下的银行审单和免责事项

解析：根据《跟单信用证统一惯例》（UCP600）的规定，银行在议付货款时具有审单的义务，在审单的时候必须坚持单证相符、单单相符的原则，即受益人提交的单据必须在表面上符合信用证条款，而且单据之间也应相互一致，否则银行有权拒绝接受受益人提交的单据，并拒绝付款、承兑或议付。D 项即属于"单单不一致"，银行可以此为由拒绝付款。根据《跟单信用证统一惯例》（UCP600）规定的"信用证独立原则"，信用证交易独立于基础买卖合同关系，基础合同履行的情况以及买卖当事人的资信情况不能成为银行付款或拒付的考虑事项，本题中 A、B、C 三项的情况都属于基础合同关系，银行不得以此为由拒绝付款。

6. C。考点：倒签提单与信用证的修改

解析：A 选项不正确：根据《跟单信用证统一惯例》（UCP600）第 2 条，开证行接受的是申请人的请求和指示，改证费用也由申请人支付，因此，改证申请应由申请人提出。实践中，受益人通常就信用证修改内容先与开证申请人达成协议，然后由申请人申请改证。受益人收到银行的信用证修改通知后可以接受，也可以表示拒绝。因此，A 选项错误，C 选项正确。B 选项不正确：明知货物实际装船的时间晚于信用证规定的时间还以保函要求承运人倒签提单，这样做就隐瞒了迟延交货的责任，构成了对收货人的欺诈。D 选项不正确：本题货物已装上了船，不涉及预借提单的问题。

7. B。考点：可转让信用证的加注文字

解析：《跟单信用证统一惯例》（UCP600）第 48 条规定，只有开证银行明确标注"可转让"的信用证才能转让。同时该条也规定，如只注明"可分割""可分开""可让渡"等词语，不能使该信用证成为可转让信用证。

8. A。考点：出口保理商的服务内容

解析：保理商提供的服务主要是综合性的金融服务，出口保理商为卖方主要提供下列服务：贸易融资，应收账款的催收，信用风险控制与坏账担保。可见，质量的监督并非保理商应提供的服务。

9. C。考点：票据的法律适用

解析：我国票据法对票据的法律适用作了明确的规定。记载事项、追索权的行使期限均适用出票地法律，保全适用付款地法律，背书和承兑适用行为地法律。因此本题正确选项为 C 项。

10. C。考点：持票人追索权的行使

解析：相对于持票人来说，出票人、背书人都是其连带保证人，在付款人拒绝付款时，持票人可以向包括出票人在内的其任何前手行使追索权。

11. C。考点：汇票的债务人

解析：一张远期汇票，承兑前出票人是主债务人，承兑后付款人是主债务人，出票人和背书人都是其连带保证人。故本题正确选项是 C 项。

12. B。考点：托收中的付款交单条件及风险

解析：托收实际上是位于买方所在地的代收行向买方收款，此时货物已经向买方发运或已经到达买方所在地，所以，如果买方拒绝付款，卖方则存在相当大的风险。故 A 选项和 D 选项均不正确。在 FOB 合同中，买方与承运人之间有运输合同关系，其可能控制货物的交付和收取，风险增大。本题正确选项为 B。

13. B。考点：对跟单信用证统一惯例的理解

解析：《跟单信用证统一惯例》属于国际贸易惯例，而且主要是有关银行业务的惯例，主要规范银行与受益人之间的权利义务关系。本题 A 选项混淆了国际贸易惯例与习惯国际法的效力，C 选项忽视了当事人选择惯例对国内法适用的影响，D 选项否定了对受益人的义务规定，如单证相符义务，故均为非正确选项。B 选项正确陈述了该惯例与国内法的关系，为正确选项。

14. A。考点：信用证交易中通知行的作用

解析：通知行只负责核实、通知开证行开出的信

86

用证，并不必然是付款行、议付行或保兑行。本题选项中只有 A 选项正确。

15．B。考点：信用证单据的要求

解析：信用证的最大特点是以开证行的银行信用取代了买方的商业信用，使银行的付款义务独立于买方，只要受益人提交符合信用证要求的单据，就能获得付款。但如果要求提交买方签署的单据，则又使银行付款义务依赖于买方的商业信用，这对卖方来说是有风险的。本题正确选项是 B。

16．B。考点：信用证中的汇票

解析：信用证中要求的汇票，是由受益人（卖方）自己出具的对己汇票，自己既是出票人，也是收款人（或其银行是收款人）。这是不同于一般汇票的地方。因此本题的正确选项是 B。

17．B。考点：信用证的有效期限及交单期

解析：信用证的有效期限指银行承担付款义务的有效期限，但该期限因有效地点不同而不同。如果是卖方所在地银行，则该期限意味着受益人可以实际利用的期限，但如果是在开证行所在地，受益人实际可以利用的期限受到途中传递信用证期限的限制，其有效期限缩短。本题选项中，C、D 选项为混淆项，A 选项没有考虑到有效地点，均为非正确选项。正确选项为 B。

18．A。考点：开证行的义务及免责

解析：开证行在处理信用证业务时遵循信用证独立原则和单证一致原则。根据《跟单信用证统一惯例》（UCP600）第 15 条的规定，开证行对本题选项中的 B、C、D 选项皆不承担责任。开证行只负责审核单证相符，以此作为付款的条件。本题正确选项为 A。

19．B。考点：信用证欺诈例外

解析：银行根据信用证对受益人付款的条件是受益人提交了符合信用证要求的单据，信用证关系与其可能据以产生的基础交易关系是独立的。信用证欺诈例外是对信用证独立性原则的有限例外。本题正确选项是 B。其他原则是民法的一般性原则，并非信用证欺诈例外的直接来源。

20．D。考点：保兑信用证和承兑信用证的区别

解析：保兑信用证和承兑信用证是根据不同标准分类的信用证，它们之间没有排斥关系，一张保兑信用证也可能同时是承兑信用证。保兑信用证具有开证行和保兑行的双重付款承诺，而承兑信用证则是需要对提交的远期汇票承兑的信用证，不涉及主债务人的

变化或增加。本题选项中，正确选项是 D。

21．C。考点：托收统一规则中的代收行责任

解析：托收业务中的代收行受托收行委托，代为向付款人收款，其自己不承担保证收到货款或管理货物的责任。对于付款人拒付，代收行也无采取进一步的措施便于收款人收款的责任。因此，本题选项 B、D 错误。代收行应对付款人的拒付情况及时通知托收行及收款人。本题选项 C 正确。根据《托收统一规则》，如果代收行不执行托收行指示，托收行并不因此对收款人承担责任。故 A 选项错误。

22．C。考点：信用证欺诈例外规则的适用；裁定中止信用证支付的条件

解析：根据《跟单信用证统一惯例》（UCP600），开证行在受益人提交的单据与信用证要求相符的情况下，应予以付款。但许多国家国内法存在信用证欺诈例外制度，即在受益人欺诈的情况下，即使单证一致，开证行也可以拒付。我国最高人民法院《关于审理信用证纠纷案件若干问题的规定》（2020 年修正）确立了这一制度。根据这一司法解释，采取止付信用证措施需要满足一定的条件，包括有证据证明存在欺诈、不采取措施可能造成难以弥补的损害等。法院在受理申请后应在 48 小时内采取措施。因此，本题选项 A、B、D 的内容都是正确的。信用证欺诈例外制度不仅仅适用于议付信用证，也适用于其他类型的信用证，因此 C 选项表述错误，是本题的正确答案。

23．B。考点：贸易术语 CFR、保险责任、承运人责任、开证行责任

解析：船舶碰撞属于意外事故，且在本案中属于过失引起的。根据《海牙规则》，承运人对过失引起的货物损失不承担责任，故选项 B 正确。而平安险项下的意外事故造成的部分损失属于保险人的责任范围，故选项 C 错误。由此，选项 A 也错误。信用证的开证行只根据单证相符原则支付款项，不涉及货物损失问题，因此选项 D 错误。

24．B。考点：信用证的相关规定

解析：最高人民法院《关于审理信用证纠纷案件若干问题的规定》（2020 年修正）第 9 条规定，开证申请人、开证行或者其他利害关系人发现有该规定第 8 条列举的欺诈情形，并认为将会给其造成难以弥补的损害时，可以向有管辖权的人民法院申请中止支付信用证项下的款项。第 15 条规定，人民法院通过实体审

理，认定构成信用证欺诈并且不存在本规定第 10 条的除外情形的，应当判决终止支付信用证项下的款项。第 10 条规定：人民法院认定存在信用证欺诈的，应当裁定中止支付或者判决终止支付信用证项下款项，但有下列情形之一的除外：（1）开证行的指定人、授权人已按照开证行的指令善意地进行了付款；（2）开证行或者其指定人、授权人已对信用证项下票据善意地作出了承兑；（3）保兑行善意地履行了付款义务；（4）议付行善意地进行了议付。故选项 A、C 错误，选项 B 正确。《跟单信用证统一惯例》（UCP600）没有规定担保问题，故选项 D 错误。

25. A。考点：UCP600

解析：UCP600 对开证行的义务作出了更加明确的规定，取消了 UCP500 中有关可撤销信用证的规定，开证行开出的信用证都是不可撤销的，故 D 选项错误。受益人既可以向开证行指定的指定行交单，也可以直接向开证行本身交单，开证行本身就是指定行，故 A 选项正确。保兑行是在开证行之外对相符交单独立承担付款义务的银行，故 B 选项错误。开证行承担的付款义务独立于申请人是否向其付款，故 C 选项错误。

26. A。考点：信用证欺诈

解析：最高人民法院《关于审理信用证纠纷案件若干问题的规定》（2020 年修正）第 10 条规定，人民法院认定存在信用证欺诈的，应当裁定中止支付或者判决终止支付信用证项下款项，但有下列情形之一的除外：（1）开证行的指定人、授权人已按照开证行的指令善意地进行了付款；（2）开证行或者其指定人、授权人已对信用证项下票据善意地作出了承兑；（3）保兑行善意地履行了付款义务；（4）议付行善意地进行了议付。

27. C。考点：平安险、《海牙规则》、开证行和保兑行义务

解析：选项 A 错误：根据《海牙规则》，承运人对于自然灾害造成的货损免责。选项 B 错误：银行只能审查单据，不能以货物为理由拒付。选项 D 错误：开证行拒付不能成为保兑行拒付或撤销保兑的理由，保兑行负有第一位的、相当于开证行的付款责任。

28. C。考点：《民法典》第 765 条

解析：《民法典》第 765 条规定，应收账款债务人接到应收账款转让通知后，应收账款债权人与债务人无正当理由协商变更或者终止基础交易合同，对保理人产生不利影响的，对保理人不发生效力。因此，C

项正确，A 项错误。基础交易合同的变更或终止是否通知保理人，不是对保理人发生效力的必要要件。若基础交易合同的变更或终止对保理人产生不利影响，无论是否事先通知保理人，均对保理人不发生效力，因此，B 项和 D 项错误。

（二）多项选择题

1. BC。考点：信用证欺诈例外

解析：为保证信用证的独立地位，银行坚持表面一致的原则，导致大量信用证欺诈事件，因此各国司法实践中已经确立了"信用证欺诈例外"原则，但只有美国在《统一商法典》第 5—114 条中作了明确规定，《跟单信用证统一惯例》（UCP600）并没有涉及。美国《统一商法典》规定，即使卖方已经发出通知，说明单据上存在欺诈，也只有具有管辖权的法院可以禁止款项的兑付。我国最高人民法院专门就信用证案件审理问题发布司法文件，包括了对信用证欺诈的认定及处理等问题。

2. CD。考点：支付方式

解析：在汇付、托收和信用证支付方式中，信用证支付方式对卖方的利益保护程度最高。它是以银行信用替代了买方的商业信用，且卖方只要提交符合信用证的单据即可以获得银行的付款。汇付和托收属于商业信用，在对买方不很了解的情况下尽量避免使用。正确选项是 C、D。

3. ABD。考点：信用证欺诈——软条款信用证

解析：软条款信用证是常见的信用证欺诈方式，买方通过在开立的信用证中规定一些限制性条款，使受益人（卖方）受制于他，受益人能否拿到货款取决于开证申请人是否会签发特定的凭据，而开证申请人在诈骗得手后根本不会签发这样的付款凭证，从而使受益人根本拿不到货款。信用证中常见的"软条款"有：暂不生效条款；限制性付款条款；加列各种限制。B 项属于暂不生效的条款，A 项属于限制性付款条款，D 项属于加列各种限制的条款，都属于"软条款"。而 C 项中提交商检机构的检验证书属于正当提交的单据范围。

4. ABCD。考点：信用证的不可撤销

解析：依《跟单信用证统一惯例》（UCP600）的规定，所有信用证都是不可撤销信用证，开证行一旦开出后即承担了不可撤销的付款义务。所以，本题中开证行撤销信用证的行为是无效的，相当于没有发生。因此，B、D 选项正确。丙银行依法自主承兑，受《跟

单信用证统一惯例》（UCP600）的保护，在信用证持有人要求其付款时，有义务予以付款。故选项 A、C 亦正确。注意《跟单信用证统一惯例》（UCP600）与《跟单信用证统一惯例》（UCP500）的区别，UCP500允许开证行开出可撤销的信用证。

5. CD。考点：《托收统一规则》（UCR522）关于托收的规定

解析：本题 A 选项不正确：依《托收统一规则》（UCR522），当付款人拒绝付款赎单时，除非事先征得委托人同意，银行对于跟单托收项下的货物无义务采取任何措施。B 选项不正确：依《托收统一规则》（UCR522），在汇票被拒绝付款时，如托收指示书上无特别指示，银行没有作出拒绝证书的义务。C 选项正确：损失是因代收行没有执行托收行的指示造成的，托收行没有过错，所以，托收行无须向委托人承担责任。正确的做法是由中国太宏公司通过托收行追究代收行的责任。中国太宏公司在本托收关系中是委托人，在委托人与代收行之间没有直接的合同关系，因此，如果代收行违反托收指示行事导致委托人遭受损害，委托人不能直接对代收行起诉，而应通过托收行追究代收行的责任。D 选项正确：本题采用的是付款交单，所以是跟单托收的付款方式。

6. ABCD。考点：汇票的追索权

解析：出票人的出票行为导致了票据权利和义务的产生，因此其对票据得到偿付承担保证责任。背书人和一切前手都是票据的转让人，承担着票据得到付款的责任。保证人承担保证付款义务。因此，在票据被付款人拒付时，持票人可以向本题中的四个选项中的所有人行使追索权。所有选项都正确。

7. BCD。考点：有关电子数据的公约、惯例

解析：国际商会在 1994 年对《跟单信用证统一惯例》作出了修订，即 UCP600，增加了有关电子数据的内容。《电子提单规则》是国际海事委员会规范电子提单的规则，《电子商业示范法》是联合国贸易法委员会制定的世界上第一个关于电子数据交换的法律。《托收统一规则》（URC522）中没有涉及 EDI 这一问题。

8. AD。考点：英美法系中票据的种类

解析：英美法系采取汇票、本票、支票三位一体的做法，大陆法系采取汇票、本票、支票分离的做法，一般不包括支票。

9. ACD。考点：《跟单信用证统一惯例》（UC——

P600）适用的信用证类型

解析：《跟单信用证统一惯例》（UCP600）适用于一切跟单信用证，包括备用信用证。光票信用证是仅凭买方开出的信用证所为的支付，不附具任何发票或装运单据，实践中较少采用，《跟单信用证统一惯例》（UCP600）对此没有规定。

10. AD。考点：货物质量瑕疵及信用证使用中银行的权利

解析：在国际货物买卖合同中，卖方提供的货物必须与样品或文字的品质相符，否则买方有权拒收，并有权追究违约责任。本案中虽然提高了货物品质，亦构成违约。根据《跟单信用证统一惯例》（UCP600）的规定，银行必须严格遵守单证一致的原则，即卖方提交的有关货物的单据与信用证的表述必须在表面上严格一致。如果单证不符，银行有权拒绝收单付款。受益人是指有权享受信用证利益的人，本案中信用证的受益人是甲公司，因为其是货物提供人。

11. AB。考点：提单的种类、信用证对单据的要求

解析：不清洁提单表明货物状况不良，收货待运提单未确定装船名称和日期，这两种提单均隐含着不确定性，买方的权利得不到保证，因而买方（信用证的申请人）通常要求银行拒绝接受这类提单，银行开出的信用证中含有类似的规定。

12. ACD。考点：信用证的银行免责

解析：根据《跟单信用证统一惯例》（UCP600）的规定，银行在审单中的免责事项有：（1）不管单据，银行只对单据表面真实性作形式上的审查，对单据的真实性、有效性不作实质性审查；（2）不管货物，银行对单据中货物的描述、价值及存在情况概不负责；（3）不管买卖双方的资信与履约情况如何，信用证开出后，银行只按信用证审核单据，对买卖双方、运输行、保险人等其他任何人的诚信行为或履约情况概不负责。所以 B 项不正确。

13. ABCD。考点：拒付

解析：国际贸易中的拒付是指付款人拒绝承兑和拒绝付款的行为。拒付不仅包括付款人明确的拒绝，还包括付款人破产、付款人避而不见、死亡等情况。因为在这些情况下，持票人无法从付款人那里取得汇票的金额，其结果和拒付是一样的。

14. BCD。考点：承兑信用证及汇票

解析：在承兑信用证中，尽管使用了远期汇票，

但该汇票的付款人不是买方，买方不参与向受益人付款的活动。该汇票的付款人只能是银行，根据具体情况，该银行可以是开证行本身，也可以是指定承兑行，或保兑行。正确选项是 B、C、D。

15. BD。考点：信用证的种类，即期付款信用证与议付信用证的区别

解析：议付信用证是开证行允许其他授权银行通过买入单据的方式向受益人付款，议付行由此成为信用证下受益人，议付可以是限制议付或自由议付，在自由议付的情况下，可以是任何银行。在即期付款信用证和议付信用证下，向受益人付款的银行的权利义务是不同的。本题选项中，A 选项混同二者，C 选项以使用汇票作为二者区别的条件，均为非正确选项。正确选项是 B、D。

16. ABCD。考点：信用证关系及相关关系的法律适用

解析：本题四个选项中的法律关系，是与信用证相关的但非信用证关系，不涉及开证行对受益人的义务问题。根据最高人民法院《关于审理信用证纠纷案件若干问题的规定》（2020 年修正），这些法律关系适用中国法律的规定，而不适用《跟单信用证统一惯例》（UCP600）。四个选项均为正确选项。

17. ABC。考点：信用证欺诈

解析：本题选项中的 D 项只是开证行拒绝付款的理由。根据最高人民法院《关于审理信用证纠纷案件若干问题的规定》（2020 年修正），其他三个选项均构成信用证欺诈。

18. ABCD。考点：法院中止开证行支付的条件

解析：在存在信用证欺诈的情况下，申请人可以申请法院中止开证行对外付款，但法院发布这种裁定是有条件的。本题四个选项均是最高人民法院《关于审理信用证纠纷案件若干问题的规定》（2020 年修正）明令不得中止裁定止付的情况。四个选项无疑均为正确选项。

19. BCD。考点：法院禁止开证行付款的条件及结果

解析：中止支付只是暂时禁止支付，与解除开证行的付款义务是两回事，故本题 A 选项错误。C、D 选项分别是对法院裁定中止开证行付款的程序和证据要求，为正确选项。选项 B 则是考虑到了信用证业务的国际性及法院裁决不能在其他国家获得承认与执行的现实，以及可能存在的法律冲突。因此 B 选项同为正确选项。

20. ABD。考点：信用证中的汇票要求

解析：信用证作为一种付款方式，与作为支付手段的汇票并非必然联系在一起。信用证可能需要汇票，也可能不必然需要汇票，这取决于信用证的种类。在本题的四个选项中，只有承兑信用证因为要求承兑汇票必须使用汇票，其他三项则不必然使用汇票。正确选项是 A、B、D。

21. ABCD。考点：《跟单信用证统一惯例》（UCP600）

解析：2007 年 7 月 1 日起生效的《跟单信用证统一惯例》（UCP600）第 7 条专门规定了开证行的义务，并对其作出了比以前版本更为明确的规定，它突出强调了开证行付款义务的独立性和最终性。本题四个选项正是上述第 7 条规定的由开证行付款的情形，故均为正确选项。

22. ACD。考点：《跟单信用证统一惯例》（UCP600）的新规定

解析：根据《跟单信用证统一惯例》（UCP600），信用证即是不可撤销信用证，故选项 A 正确。议付是议付行对单据、票据的购买行为而非卖出行为，故选项 B 错误。开证行在确定单证不符时，可以自行联系申请人放弃不符点，故选项 C 正确。《跟单信用证统一惯例》（UCP600）规定银行的审单日不应超过收单翌日起的 5 个工作日，故选项 D 正确。不过，《跟单信用证统一惯例》（UCP600）已经无"合理时间"这样的文字要求。

23. ABCD。考点：信用证欺诈例外

解析：最高人民法院《关于审理信用证纠纷案件若干问题的规定》（2020 年修正）第 10 条规定，人民法院认定存在信用证欺诈的，应当裁定中止支付或者判决终止支付信用证项下款项，但有下列情形之一的除外：（1）开证行的指定人、授权人已按照开证行的指令善意地进行了付款；（2）开证行或者其指定人、授权人已对信用证项下票据善意地作出了承兑；（3）保兑行善意地履行了付款义务；（4）议付行善意地进行了议付。本案提供的四个选项正好是上述例外的内容，故全部正确。

24. ABCD。考点：《跟单信用证统一惯例》（UCP600）下开证行的义务

解析：《跟单信用证统一惯例》（UCP600）明确了开证行的独立和最终付款义务。根据其第 7 条的规定，如果信用证规定向开证行交单，开证行应根据相符交

单予以付款。如果信用证指定其他行付款、承兑汇票并付款或议付，而指定行拒绝或没有付款，则开证行应承担最终的付款责任。所以，本题选项都正确。

25. CD。考点：备用信用证

解析：选项 A 错误，选项 C、D 正确。在信用证支付的情况下，银行只对单据作形式审查，并无义务对违约事实进行审查。备用信用证本身独立于作为基础合同的贷款合同，基础合同是否有效，并不影响备用信用证开证行的付款责任。选项 B 错误。普通信用证主要适用的国际惯例为《跟单信用证统一惯例》（UCP600），备用信用证适用的国际惯例主要是《国际备用信用证惯例》（ISP98）。

26. AC。考点：交货义务，审单义务

解析：选项 A 正确。卖方交付的货物必须与合同规定的数量、质量和规格相符，并需按照合同所规定的方式装箱或包装。选项 B、D 错误。银行对于单据中表明的货物描述、数量、重量、品质、状况、包装、交货、价值或其存在与否，对于货物的发货人、承运人、运输代理人、收货人、保险人或其他任何人的诚信与否、作为、不作为、清偿能力、履约或资信，概不负责。选项 C 正确。在受益人交付的单据与信用证规定一致（单证一致）、单据与单据之间一致（单单一致）时，银行须根据信用证兑用的类型履行相应的义务。当按照指定行事的指定银行、保兑行或开证行确定交单不符时，可能拒绝承付或议付。

27. ABCD。考点：保理的业务关系

解析：保理（factoring），也叫保付代理、客账代理或承购应收账款业务或发票贴现，指银行或保理公司向卖方收购以发票表示的债务人的应收账款来提供综合性服务，包括销售分账户管理、债款回收、信用销售控制、坏账担保和贸易融资。一笔保理业务中保理商至少处理上述两种业务。保理的特点是，在一般情况下，出口保理商承担了信贷风险；保理商负责对进口商的资信情况进行调查、托收、收款，甚至代办会计处理手续；预支货款。因此，A、B、C、D 项均正确。

（三）不定项选择题

1. C。考点：托收

解析：托收流程中接受卖方委托的银行叫托收行，托收行通常再委托买方所在地的银行向买方收取货款，在买方所在地的银行称为代收行，因此 A 项说法是正确的。托收中卖方是委托人，其与托收行之间，以及托收行与代收行之间都是委托关系，故 B 项说法也是正确的。委托人和代收行之间不存在直接的合同关系，根据代理法的一般原则，如果代收行违反托收指示行事导致委托人遭受损失的，委托人并不能直接对代收行起诉，只能通过托收行追究代收行的责任，因此，C 项的说法错误。同时，代收行与付款人之间也没有法律上的直接关系，代收行仅是依据托收行的委托进行托收行为，而付款人是否付款是依其对托收票据的付款责任，因此，D 项的说法正确。

2. （1）AB。（2）ABC。（3）C。（4）ABCD。（5）ABD。考点：信用证关系中不同当事人之间的权利义务

解析：（1）题中，受益人交单获得款项，从现有选项中明显是即期付款信用证，同时由于 UCP600 确定了信用证的不可撤销性，因而应为不可撤销信用证，正确选项为 A、B。

（2）题中，银行只负责单据表面的一致性，因此对其他几个选项均不负责，故正确选项是 A、B、C。

（3）题中，买方拒绝向开证行付款没有法律依据，混淆了支付关系和基础交易的买卖关系，开证行也不得追索。货物破损可能是卖方的原因，也可能是运输人的原因。本题只有 C 选项正确。

（4）选项都正确，符合单证一致、单单一致的要求。

（5）题中指定行与受益人不是独立的信用证关系，故 C 选项被排除，其他几个选项都正确。

3. B。考点：信用证欺诈及单据要求

解析：根据最高人民法院《关于审理信用证纠纷案件若干问题的规定》（2020 年修正），本题选项中 B 项构成了信用证欺诈的一种情形。本题其他三个选项不属于信用证欺诈的范围。单据不完整不影响开证行的付款义务，单据不合格导致受益人不能获得款项，受益人提交的单据中许多是第三人签署的单据，如提单、保险单等。因此这些都不是本题的正确选项。

4. BD。考点：信用证

解析：信用证付款方式是一种银行信用，信用证项下汇票上的付款人是开证行或指定银行。乙公司作为国际货物买卖合同中的买方，是开证申请人，不能成为信用证项下汇票上的付款人。选项 A 错误。保兑行，指根据开证行的授权或要求对信用证加具保兑的银行。保兑行在开证行承诺之外独立地对相符交单承担予以承付或议付的确定承诺。丙银行的保兑义务并不因开证行的破产而免除；虽然开证行破产，甲公司

仍可依信用证向丙银行交单并要求付款。故选项 B、D 正确，选项 C 错误。

5. B。考点：《跟单信用证统一惯例》（UCP600）及最高人民法院《关于审理信用证纠纷案件若干问题的规定》关于信用证纠纷的相关规定

解析：本题没有说明信用证适用何种规则，本题讨论以《跟单信用证统一惯例》（UCP600）以及最高人民法院《关于审理信用证纠纷案件若干问题的规定》（2020 年修正）为基础。《跟单信用证统一惯例》（UCP600）第 16 条 a 款规定，"当按照指定行事的指定银行、保兑行（如有的话）或者开证行确定交单不符时，可以拒绝承付或议付"。最高人民法院《关于审理信用证纠纷案件若干问题的规定》（2020 年修正）第 7 条规定，"开证申请人决定是否接受不符点，并不影响开证行最终决定是否接受不符点"。丙银行没有必须付款的责任。故 A 项错误。最高人民法院《关于审理信用证纠纷案件若干问题的规定》（2020 年修正）第 8 条第 2 项规定，"受益人恶意不交付货物或者交付的货物无价值"的，应当认定存在信用证欺诈。B 项正确。最高人民法院《关于审理信用证纠纷案件若干问题的规定》（2020 年修正）第 10 条规定，"人民法院认定存在信用证欺诈的，应当裁定中止支付或者判决终止支付信用证项下款项，但有下列情形之一的除外：（一）开证行的指定人、授权人已按照开证行的指令善意地进行了付款"。该司法解释没有规定如何构成"善意"付款，但本案中丁银行是在丙银行已经与甲沟通过存在不符点情形的情况下根据丙的指令作出付款行为的，可以认定为"善意"；在丁银行已经付款的情形下，法院不能裁定丙银行中止支付。故 C 项错误。《跟单信用证统一惯例》（UCP600）第 16 条 b 款规定，"当开证行确定交单不符时，可以自行决定联系申请人放弃不符点"。最高人民法院《关于审理信用证纠纷案件若干问题的规定》（2020 年修正）第 7 条还规定，"开证行发现信用证项下存在不符点后，可以自行决定是否联系开证申请人接受不符点"。开证行有选择权，这并非一项义务。故 D 项错误。

 简答题

1. 跟单信用证是指规定受益人议付汇票时，须备齐所要求的有效货运单据方可获取款项的信用证。

备用信用证是银行应申请人（借款人）的要求，而对受益人预先开立的、以备将来使用的一种承诺付款的凭证，依此凭证，开证银行保证如开证申请人未能按期履行合同义务，则将凭约定的单据予以偿付。

备用信用证虽实质上是一种特殊的光票信用证，具有信用证的形式和特点，但却与跟单信用证有着实质的区别：（1）适用范围不同。跟单信用证通常只用于国际贸易结算领域；而备用信用证则可广泛适用于除货物买卖以外的其他形式的国际经济交易担保。（2）作用形式不同。跟单信用证的作用在于代替贸易合同的买方承担直接付款责任，开证行的付款行为是基础合同正常履行的自然延伸；而备用信用证的作用在于担保，开证行的付款行为是基础合同未能正常履行所引起的。（3）单据要求不同。跟单信用证要求受益人提交能证明自己（卖方）适当履行基础合同的单证；而备用信用证通常只要求受益人提交能证明借款人未适当履行基础合同的文件。（4）开证申请人不同。跟单信用证的开证申请人只能是卖方；而备用信用证的开证申请人既可以是买方，也可以是卖方。（5）可撤销性不同。跟单信用证包括可撤销的信用证和不可撤销的信用证，而且对于可撤销的跟单信用证，开证行可以随时撤销或修改；而备用信用证一经开立，非经所有当事人同意不得撤销。

2. 备用信用证（stand by letter of credit），从法律上来讲实际就是独立保函。根据《联合国独立保函与备用信用证公约》，备用信用证是银行或其他机构、个人（担保人或开证行）的承诺，在受益人提出索求或附单据的索求时，根据承诺的条款和单据条件，向受益人支付一定数额或可确定数额的款项。由于申请人（本人）的违约、其他意外事件、借款或预付或到期债务，付款到期。备用信用证的最大法律特点是备用，只有在债务人违约或其他约定事项发生时，开证人才履行备用信用证项下的义务。与一般跟单信用证不同的是，备用信用证开证人是债务保证人，而跟单信用证的开证行是主债务人。备用信用证对单据的要求比较灵活，可以规定特定的单据，也可以仅仅提交索求声明，这不同于跟单信用证项下的商业单据和金融单据的要求。备用信用证的另外一个法律特点是适用范围广泛。

3. 根据《跟单信用证统一惯例》（UCP600），信用证指一项不可撤销的约定，该约定构成开证行对于相

符交单予以兑付的确定承诺，无论其名称或描述如何。

处理信用证关系的一般原则有：

（1）信用证独立原则。与信用证交易有关的当事人之间主要存在这样几类关系：银行与银行之间的关系，开证行与申请人之间的关系，开证行与受益人之间的关系，申请人与受益人之间的关系。这几类关系中，每项关系都是独立的，是不同的法律关系。根据《跟单信用证统一惯例》（UCP600）第 4 条的规定，信用证与可能作为其依据的销售合同或其他合同，是相互独立的交易。即使信用证中提及该合同，银行亦与该合同完全无关，且不受其约束。因此，一家银行作出兑付、议付或履行信用证项下其他义务的承诺，并不受申请人与开证行之间或与受益人之间在已有关系下产生的索偿或抗辩的制约。受益人在任何情况下，不得利用银行之间或申请人与开证行之间的契约关系。

信用证独立原则保障了信用证交易的独立性，用银行信用替代了买方的商业信用，这也是信用证根本的原则和特征。

（2）单证严格一致原则（strict compliance）。这一原则包括两个方面：第一，信用证交易处理的是单据；第二，处理单据时应遵循相符交单原则。

根据《跟单信用证统一惯例》（UCP600）第 5 条，银行处理的是单据，而不是单据所涉及的货物、服务或其他行为。按照指定行事的被指定银行、保兑行（如有）以及开证行必须对提示的单据进行审核，并仅以单据为基础，决定单据在表面上看来是否构成相符交单。提示信用证中未要求提交的单据，银行将不予审核。如果信用证中包含某项条件而未规定需提交与之相符的单据，银行将认为未列明此条件。

在相符交单的条件下，开证行自己或授权他人凭规定的单据付款。在受益人提交的单据与信用证规定一致（单证一致）、单据与单据之间一致（单单一致）时，银行须向受益人付款。该一致限于表面一致，并且是严格一致。严格一致是形式要求而非实质或法律效果要求。

（3）信用证的欺诈例外。在证明受益人提供假单、提供无价值的货物等情况下，即使单证一致，银行也可对受益人拒付。总的原则是保证信用证交易的独立性，同时对卖方的欺诈进行惩处。

信用证欺诈例外的核心问题是银行拒付的条件。一般认为只有卖方（受益人）亲自参加的欺诈才可使银行免除付款义务，卖方（受益人）不知的第三人欺诈，不能使受益人失去受偿的权利；同时必须存在证明受益人欺诈的证据，单纯的怀疑或者没有证明的申请人单方主张是不够的。

我国最高人民法院于 2005 年发布了《关于审理信用证纠纷案件若干问题的规定》（2020 年修正），重申了信用证独立性原则，规定了信用证欺诈例外原则适用的条件、有权申请中止支付的主体以及法院裁定中止或终止支付的例外。凡有下列情形之一的，应当认定存在信用证欺诈：第一，受益人伪造单据或者提交记载内容虚假的单据；第二，受益人恶意不交付货物或者交付的货物无价值；第三，受益人和开证申请人或者其他第三方串通提交假单据，而没有真实的基础交易；第四，其他进行信用证欺诈的情形。开证申请人、开证行或者其他利害关系人发现有上述欺诈情形，并认为将会给其造成难以弥补的损害时，可以向有管辖权的人民法院申请中止支付信用证项下的款项。人民法院认定存在信用证欺诈的，应当裁定中止支付或者判决终止支付信用证项下款项，但有下列情形之一的除外：第一，开证行的指定人、授权人已按照开证行的指令善意地进行了付款；第二，开证行或者其指定人、授权人已对信用证项下票据善意地作出了承兑；第三，保兑行善意地履行了付款义务；第四，议付行善意地进行了议付。

4. 2006 年国际商会通过了 UCP600，对 UCP500 进行了修改，主要修改内容是：

（1）更加明确了开证行的独立付款义务，在指定行拒绝付款时由开证行承担最终付款责任。

（2）取消了信用证可撤销和不可撤销的分类，明确规定信用证是不可撤销的。

（3）确立了单证一致的新标准：单内一致、单单一致、单证一致，还明确了审核单据的依据是信用证、单据本身以及国际标准银行实务。

（4）新增的定义条款有银行工作日、保兑、兑付、交单等。在单据处理天数方面，改双标准为处理天数的单标准，即"收单翌日起第 5 个工作日"。

（5）改进了有关转让信用证的规定。明确开证行可以作为转让行转让信用证，规定转让行有权在第一受益人无法或疏于换单的情况下直接将收到的第二受益人的单据提交给开证行，明确第二受益人必须向转让行交单。

（6）关于拒付后单据的处理，增加了"开证行持单直到开证申请人接受不符单据"的处理方式，如果开证行收到申请人放弃不符点的通知，则可以释放单据。

（7）关于银行的免责条款。包括：单据有效性的免责、关于信息传递和翻译的免责、不可抗力的免责、关于被指示方行为的免责。

 案例分析题

（1）可以适用。本案属于《联合国国际货物销售合同公约》规定的范围，因为双方当事人的营业地位于不同国家，且没有明确以书面形式排除对该公约的适用。

（2）合同于 2 月 20 日成立。根据上述公约的规定，合同的生效采取到达生效原则，即 B 公司收到 A 公司承诺时合同成立。

（3）B 公司无权要求 A 公司支付货物损失的赔偿费用。根据 2020 年《国际贸易术语解释通则》CIF 术语，货物的风险划分是以货物装到船上为界，本案货物被毁发生在货物装到船上以后，故应由 B 公司承担损失。

（4）运输保险应由 A 公司办理，并由它支付保险费。在 CIF 术语下，卖方必须办理运输保险手续，并支付保险费。但本案中，B 公司可以依据其受让的保险单向保险公司索赔。

（5）货物损坏事实存在，但不影响开证行的付款义务，实际上损坏问题可以经由其他法律关系解决，如保险。即使买方提出拒付要求，开证行也不应拒付。信用证关系独立于基础交易关系。

第六章 国际技术贸易

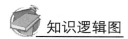**知识逻辑图**

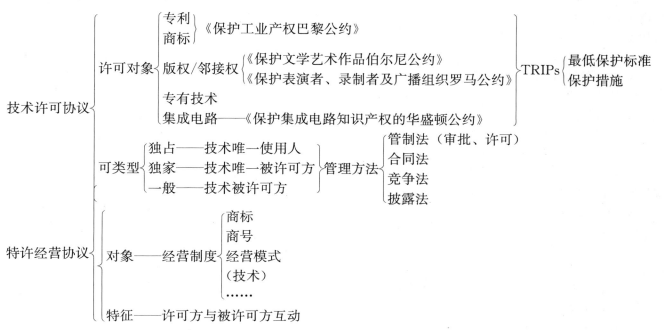

名词解释与概念比较

1. International Licensing Agreement（考研）
2. 许可证协议（考研）
3. 限制性商业条款（考研）
4. 国际普通许可合同（考研）
5. TRIPs 协定（考研）
6. 特许经营协议（考研）

选择题

（一）单项选择题

1. 依《保护文学艺术作品伯尔尼公约》的规定，非该公约成员国的国民，其作品首次在公约某一成员国出版，或同时在某一成员国及其他非成员国首次出版，则应在一切成员国中享有下列哪一种待遇？（　　）（司考）

A. 最惠国待遇　　　　　　B. 优惠待遇

C. 差别待遇　　　　　　　D. 国民待遇

2.《与贸易有关的知识产权协定》规定，具有新颖性、创造性和工业实用性的产品和工序，应享有专利权的期限不低于（　　）。

A. 10 年　　B. 15 年　　C. 20 年　　D. 25 年

3. 专有技术的特征是（　　）。

A. 专有技术不受法律的保护

B. 专有技术的所有人不具有独占权

C. 专有技术不具有严格的保护期限和保护区域

D. 专有技术的被许可人不具有保密的义务

4. 关于《世界版权公约》和《保护文学艺术作品

伯尔尼公约》对知识产权的保护，下列说法中正确的是（　　）。

A. 前者仅限于邻接权保护，后者是对版权的保护

B. 前者以履行某种程序为保护条件，而后者则为自动保护

C. 两者都是世界知识产权组织管理的条约

D. 两者都包括了对计算机软件的版权保护

5. 《保护文学艺术作品伯尔尼公约》是著作权领域第一个世界性多边国际条约，也是至今影响最大的著作权公约。下列关于该公约的说法哪一个是不正确的？（　　）（司考）

A. 该公约采用自动保护原则

B. 该公约不保护演绎作品

C. 非成员国国民的作品在成员国首次发表可以受到公约的保护

D. 该公约保护作者的经济权利

6. 《保护文学艺术作品伯尔尼公约》确立的版权保护原则中，不包括下述哪项原则？（　　）

A. 自动保护原则　　　　B. 最惠国待遇原则

C. 国民待遇原则　　　　D. 独立保护原则

7. 《保护文学艺术作品伯尔尼公约》保护作品作者的经济权利和精神权利。下述说法中正确的是（　　）。

A. 经济权利和精神权利是相互独立的权利，相互之间无依赖性

B. 经济权利的保护依赖于精神权利的保护

C. 精神权利的保护在经济权利转让后即不再存在

D. 经济权利和精神权利同时存在，同时消灭

8. 《保护工业产权巴黎公约》中的优先权原则是指（　　）。

A. 同样的发明，申请在先的受到保护

B. 同样的发明，发明在先的受到保护

C. 同一发明，在向第一个成员国正式提出申请后，向其他成员国提出申请的日期视为在第一个成员国提出申请的日期

D. 在多个被许可方产生专利使用权冲突时，第一个被许可方享有专利使用权

9. 《罗马公约》保护的是（　　）。

A. 邻接权

B. 计算机的软件保护

C. 网络作品的保护

D. 对专利的保护

10. 《与贸易有关的知识产权协定》中没有给予作品的作者保护的权利是（　　）。

A. 出租权　　　　　　B. 计算机程序保护权

C. 精神权利　　　　　D. 数据汇编保护权

11. 特许经营与技术许可的不同点在于（　　）。

A. 特许经营中不包括技术许可

B. 特许经营是一种综合性的经营制度许可

C. 技术许可中许可方与被许可方之间存在控制、管理的互动关系

D. 特许经营中没有地域的限制

12. 下面有关独占许可的说法中正确的是（　　）。

A. 被许可方是特定许可技术的唯一被许可人

B. 在特定地域内，被许可方是许可技术的唯一被许可人

C. 在特定期限内，被许可方是许可技术的唯一被许可人

D. 在特定地域内，被许可方是许可技术的唯一使用人

13. 技术许可协议中常常存在保密条款，它要求被许可人承担对许可技术的保密义务。下列有关该保密义务的说法中正确的是（　　）。

A. 该保密义务是严格的，没有例外

B. 如果法院判决要求被许可方披露该许可技术，被许可方也不应披露

C. 该技术被第三方知悉，即是被许可方违反了保密义务造成的

D. 专利技术许可中，由于专利技术已经公开，不存在被许可方保密的问题

14. 下列有关限制性商业做法的说法正确的是（　　）。

A. 限制性商业做法是法律禁止的做法

B. 限制性商业做法具有限制竞争的效果

C. 限制性商业做法的产生是为了规避国家的技术管制

D. 限制性商业做法只对被许可方有影响，不影响其他人的利益

15. 下列做法中，属于限制性商业做法的是（　　）。

A. 要求被许可方使用特定来源的原材料

B. 要求被许可方不得向某一特定区域销售产品

C. 要求被许可方生产的产品达到某一技术规格

D. 要求被特许方接受其不需要的技术并为此支付其价格

16. 根据《与贸易有关的知识产权协定》，关于商标所有人转让商标，下列哪一选项是正确的？（　　）

　　A. 必须将该商标与所属业务同时转让

　　B. 可以将该商标与所属业务同时转让

　　C. 不能将该商标与所属业务同时转让

　　D. 可以通过强制许可形式转让

17. 中美两国都是世界贸易组织成员。《保护工业产权巴黎公约》、《保护文学艺术作品伯尔尼公约》和《与贸易有关的知识产权协定》对中美两国均适用。据此，下列哪一选项是正确的？（　　）（司考）

　　A. 中国人在中国首次发表的作品，在美国受美国法律保护

　　B. 美国人在美国注册但未在中国注册的非驰名商标，受中国法律保护

　　C. 美国人仅在美国取得的专利权，受中国法律的保护

　　D. 中美两国均应向对方国家的权利人提供司法救济，但以民事程序为限

视频讲题

18. 根据《保护工业产权巴黎公约》，下列哪种说法是正确的？（　　）（司考）

　　A. 《保护工业产权巴黎公约》的优先权原则适用于一切工业产权

　　B. 《保护工业产权巴黎公约》关于驰名商标的特殊保护是对成员国商标权保护的最高要求

　　C. 《保护工业产权巴黎公约》的国民待遇原则不适用于在我国海南省设有住所的非该公约缔约国国民

　　D. 对于在北京农展馆举行的农业产品国际博览会上展出的产品中可以取得专利的发明，我国给予临时保护

19. 关于版权保护，下列哪一选项体现了《与贸易有关的知识产权协定》对《保护文学艺术作品伯尔尼公约》的补充？（　　）（司考）

　　A. 明确了摄影作品的最低保护期限

　　B. 将计算机程序和有独创性的数据汇编列为版权保护的对象

　　C. 增加了对作者精神权利方面的保护

　　D. 无例外地实行国民待遇原则

视频讲题

20. 根据《保护工业产权巴黎公约》，关于优先权，下列哪一选项是正确的？（　　）（司考）

　　A. 优先权的获得需要申请人于"在后申请"中提出优先权申请并提供有关证明文件

　　B. 所有的工业产权均享有相同期间的优先权

　　C. "在先申请"撤回，"在后申请"的优先权地位随之丧失

　　D. "在先申请"被驳回，"在后申请"的优先权地位随之丧失

21. 下列选项中，可以成为技术许可标的的是（　　）。

　　A. 含有专利、商标或专有技术的货物

　　B. 专利、商标或专有技术的所有权

　　C. 专利、商标或专有技术的使用权

　　D. 专利、商标或专有技术的排他权

22. 2021年10月16日，张某在广交会上展示了其新发明的产品，10月25日，张某在中国就其产品申请发明专利（后获得批准）。12月8日，张某在向《保护工业产权巴黎公约》成员国甲国申请专利时，得知甲国公民已在12月6日向甲国就同样产品申请专利。下列哪一说法是正确的？（　　）（司考改编）

　　A. 如张某提出优先权申请并加以证明，其在甲国的申请日至少可以提前至2021年10月25日

　　B. 2021年10月16日这一时间点对张某在甲国以及《保护工业产权巴黎公约》其他成员国申请专利没有任何影响

　　C. 张某在中国申请专利已获得批准，甲国也应当批准他的专利申请

　　D. 甲国不得要求张某必须委派甲国本地代理人代为申请专利

23. 中国甲公司与德国乙公司签订了一项新技术许可协议，规定在约定期间内，甲公司在亚太区独占使用乙公司的该项新技术。依相关规则，下列哪一选项是正确的？（　　）（司考）

    A. 在约定期间内，乙公司在亚太区不能再使用该项新技术

    B. 乙公司在全球均不能再使用该项新技术

    C. 乙公司不能再将该项新技术允许另一家公司在德国使用

    D. 乙公司在德国也不能再使用该项新技术

24. 甲国人柯里在甲国出版的小说流传到乙国后出现了利用其作品的情形，柯里认为侵犯了其版权，并诉诸乙国法院。尽管甲乙两国均为《保护文学艺术作品伯尔尼公约》的缔约国，但依甲国法，此种利用作品不构成侵权，另外，甲国法要求作品要履行一定的手续才能获得保护。根据相关规则，下列哪一选项是正确的？（　　）（司考）

    A. 柯里须履行甲国法要求的手续才能在乙国得到版权保护

    B. 乙国法院可不受理该案，因作品来源国的法律不认为该行为是侵权

    C. 如该小说在甲国因宗教原因被封杀，乙国仍可予以保护

    D. 依国民待遇原则，乙国只能给予该作品与甲国相同水平的版权保护

（二）多项选择题

1. 下列属于《保护工业产权巴黎公约》规定的工业产权的是（　　）。

    A. 实用新型　　　　　　B. 服务标记

    C. 原产地名称　　　　　D. 商标

2. 假设甲国为《保护文学艺术作品伯尔尼公约》的成员国，乙国为非成员国。依该公约的规定，下列哪些作品可以享有国民待遇？（　　）（司考）

    A. 甲国公民在甲国和乙国同时出版的文学作品

    B. 乙国公民首先在甲国出版的文学作品

    C. 在甲国有住所的乙国公民的文学作品

    D. 乙国公民在乙国发表的文学作品

3. 乌拉圭回合谈判中通过了《与贸易有关的知识产权协定》，对未泄露的信息提供保护。这些信息得到保护应当具备以下哪些条件？（　　）（司考）

    A. 未经公开的

    B. 呈送给政府机构的

    C. 具有商业价值的

    D. 信息所有者采取了合理保密措施的

4. 《保护文学艺术作品伯尔尼公约》确立了对文学艺术作品的版权保护。其国民待遇原则中的国民确定标准包括（　　）。

    A. 作者国籍标准　　　　B. 作者住所标准

    C. 作品国籍标准　　　　D. 作品完成地点标准

5. 《与贸易有关知识产权协定》纳入了《集成电路知识产权条约》的许多内容。下列选项中属于纳入的内容是（　　）。

    A. 保护期限

    B. 强制性许可

    C. 不得追溯保护

    D. 与《保护工业产权巴黎公约》的关系条款

6. 有关《世界知识产权组织版权条约》与《保护文学艺术作品伯尔尼公约》的关系，下述说法中正确的是（　　）。

    A. 该版权条约是《保护文学艺术作品伯尔尼公约》第 20 条意义下的专门协定

    B. 该版权条约可以扩大作者的权利，但不得减损缔约方根据《保护文学艺术作品伯尔尼公约》承担的义务

    C. 该版权条约与《保护文学艺术作品伯尔尼公约》一样，被《与贸易有关的知识产权协定》协定纳入

    D. 该版权条约与《保护文学艺术作品伯尔尼公约》一样，同属一个国际组织管理

7. 与《保护工业产权巴黎公约》相比，《与贸易有关的知识产权协定》增加了专利权人的权利有（　　）。

    A. 专利产品使用权

    B. 专利产品进口权

    C. 专利产品销售权

    D. 专利产品许诺销售权

8. 未披露信息的保护需要满足一定的条件，这些条件包括（　　）。

    A. 未披露信息具有商业价值

    B. 合法控制人采取了合理的保护措施

    C. 未披露信息没有许可给第三人使用

    D. 未披露信息不为通常处理有关信息范围内的人普遍了解或不易为他们获得

9. 国际上对特许经营关系的调整模式包括( )。

A. 直接调整权利、义务的合同式调整

B. 要求特许方披露相关信息的防欺诈调整

C. 针对竞争关系的竞争法调整

D. 自由放任式调整

10. 根据《与贸易有关的知识产权协定》，下列哪些选项应受到知识产权法律的保护？( )（司考）

A. 独创性数据汇编

B. 动植物新品种

C. 计算机程序及电影作品的出租权

D. 疾病的诊断方法

11. 李伍为惯常居所地在甲国的公民，满成为惯常居所地在乙国的公民。甲国不是《保护文学艺术作品伯尔尼公约》缔约国，乙国和中国是该公约的缔约国。关于作品在中国的国民待遇，下列哪些选项是正确的？( )（司考）

A. 李伍的文章在乙国首次发表，其作品在中国享有国民待遇

B. 李伍的文章无论发表与否，其作品在中国享有国民待遇

C. 满成的文章无论在任何国家首次发表，其作品在中国享有国民待遇

D. 满成的文章无论发表与否，其作品在中国享有国民待遇

12. 中国甲公司发现有假冒"麒麟"商标的货物通过海关进口。依我国相关法律规定，甲公司可以采取下列哪些措施？( )（司考）

A. 甲公司可向海关提出采取知识产权保护措施的备案申请

B. 甲公司可要求海关将涉嫌侵犯"麒麟"商标权的标记移除后再进口

C. 甲公司可向货物进出境地海关提出扣留涉嫌侵权货物的申请

D. 甲公司在向海关提出采取保护措施的申请后，可在起诉前就被扣留的涉嫌侵权货物向法院申请采取责令停止侵权行为的措施

13. 香槟是法国地名，中国某企业为了推广其葡萄酒产品，拟为该产品注册"香槟"商标。依《与贸易有关的知识产权协定》，下列哪些选项是正确的？( )（司考）

A. 只要该企业有关"香槟"的商标注册申请在

先，商标局就可以为其注册

B. 如该注册足以使公众对该产品的来源误认，则应拒绝注册

C. 如该企业是在利用香槟这一地理标志进行暗示，则应拒绝注册

D. 如允许来自法国香槟的酒产品注册"香槟"的商标，而不允许中国企业注册该商标，则违反了国民待遇原则

（三）不定项选择题

1. 为了防止或制止知识产权侵权的发生，政府有关当局可以采取下述哪些措施？( )

A. 阻止可疑货物进入商业渠道

B. 海关中止放行可疑物品

C. 要求货物的进口商提供保证金

D. 可以在事先没有通知的情况下采取临时措施

2. 根据《与贸易有关的知识产权协定》，成员可以禁止的技术进口合同中含有的限制性条款是( )。

A. 要求受让人接受其不需要的其他技术

B. 限制受让人购买原材料等的渠道

C. 阻止受让人对技术的效力提出异议

D. 规定受让人对其技术改进排他性的返授条款

3. 在许可证协议有明文规定时，接受方有权将其从许可方处得到的权利，以自己的名义转售给第三方，这类协议是( )。

A. 分许可　　　　　　　　B. 交叉许可

C. 独占许可　　　　　　　　D. 普通许可

4. 依据《与贸易有关的知识产权协定》，下列哪些表述是正确的？( )（司考）

A. 计算机程序应作为文学作品保护

B. 各成员可决定商标许可与转让的条件，但不允许商标的强制许可

C. 成员方必须以专利形式对植物品种提供保护

D. 司法当局有权禁止那些对知识产权构成侵权行为的进口商品进入商业渠道

5. 甲、乙两国都是《保护文学艺术作品伯尔尼公约》的缔约国。其中甲国对版权作品的保护期限为作者终身加死后50年，乙国为作者终身加死后70年。下列说法中正确的是( )。

A. 如果作品首先在乙国发表，在甲国的保护期限为作者终身加死后70年

B. 如果作品首先在乙国发表，在甲国的保护期限

为作者终身加死后 50 年

C. 如果作品同时在甲乙两国发表，作品的起源国是乙国

D. 如果作品的起源国是乙国，表示该作品的作者具有乙国国籍

6. 《与贸易有关的知识产权协定》确立的知识产权保护原则是（　　）。

A. 较高的最低保护标准

B. 保护范围广

C. 保护期限长

D. 保护程序严格

视频讲题

7. 日本企业甲与我国企业乙签订转让生产某种化工原料的技术许可合同，合同规定乙自 2015 年 5 月至 2021 年 5 月对该技术在中国有独占的使用权。双方履约至 2016 年 3 月，乙生产出第一批符合合同要求的产品。2016 年 5 月我国企业丙与甲联系建立合资企业生产该化工原料，甲同意以技术出资。甲与丙合作时，未提及与乙的技术转让合同。2017 年 4 月，甲与丙的合资企业丁化工厂正式筹建。乙得知丁公司是甲以技术投资的，即与甲联系，认为甲无权将该项技术转让给我国其他企业。

请根据以上材料回答下列问题：

(1) 甲与乙的国际许可合同属于（　　）。

A. 独占许可合同　　　B. 排他许可合同

C. 普通许可合同　　　D. 分许可合同

(2) 甲以其技术与丙合资建立丁公司属于（　　）。

A. 特许权转让　　　B. 合资生产

C. 设备买卖　　　　D. 交叉许可

(3) 如果甲将生产该化工原料的配方和公式许可给乙，则该许可合同为（　　）。

A. 专利技术许可合同

B. 专有技术许可合同

C. 特许经营许可合同

D. 商标许可合同

(4) 如果合同规定该技术使用费的支付由乙在签

约后一个月内支付 5％的定金，待收到主要技术资料后支付 70％的价金，另外 25％在乙生产出达到合同要求的产品后支付。则此种计价方法不属于（　　）。

A. 统包价格　　　　B. 提成价格

C. 固定提成价格　　D. 入门费加提成价格

(5) 该合同不得含有下列哪些条款？（　　）

A. 乙生产该化工原料所需要的关键设备必须从日本购买

B. 乙每年生产该化工原料不得超过一定数量

C. 乙在生产过程中不得对该技术进行改进

D. 乙对甲提供的技术秘密必须采取保密措施

 简答题

1. 简述国际技术许可合同的含义及分类。

2. 简述《与贸易有关的知识产权协定》对技术许可的规定。（考研）

 论述题与深度思考题

1. 试述《保护工业产权巴黎公约》和《与贸易有关的知识产权协定》关于专利权的主要规定，分析《与贸易有关的知识产权协定》在哪些方面提高了对专利权的保护水平。（考研）

2. 试述《修改〈与贸易有关的知识产权协定〉议定书》产生的原因、内容和意义，以及对我国产生的影响。（考研）

参考答案

名词解释与概念比较

1. International Licensing Agreement，即国际许可协议，是指营业地位于不同国家的许可方约定将其所有的或有权许可的知识产权转让给被许可方使用，而由被许可方约定向许可方支付使用费的书面协议。

2. 许可证协议是指许可方约定将其所有的或有权许可的知识产权转让给被许可方使用，而由被许可方约定向许可方支付使用费的书面协议。简言之，就是当事人之间以让渡知识产权为目的而签订的合同。

3. 限制性商业条款一般是指在国际技术转让合同中，技术转让方凭借其技术和经济优势而向受让方施加的对正常贸易和竞争具有限制或扭曲作用的条款。其中最普遍的包括：出口限制条款、搭售条款、片面回授条款、竞争性技术使用限制条款等。我国的《反不正当竞争法》和《技术进出口管理条例》都涉及相关管制内容。并非所有限制性商业条款都属于法律禁止的范围，要根据其对竞争的效果进行分析。

4. 国际普通许可合同，又称为非独占国际许可合同，仅构成技术使用的授权，即在一定的地域和期限内，受方对于技术享有使用权，但供方不仅仍保留使用该技术的权利，还有权利全部或部分地将该项技术转让给第三方使用。在普通许可情况下一般含有最惠受让方条款：同一区域内，被许可方享有的条件不低于以后的被许可方享有的条件。

5. TRIPs，即《与贸易有关的知识产权协定》，是世界贸易组织协议的重要组成部分。TRIPs 在并入一些主要知识产权国际公约的基础上，对专利、工业设计、商标、原产地标记、集成电路设计、版权和相关权利（表演者、广播者及音像制作者的权利）作了规定。它规定了上述权利的最低保护标准、实施权利的程序以及救济手段、争议解决机制，并将《关税与贸易总协定》的基本原则（如透明度、国民待遇、最惠国待遇）扩大到知识产权领域，强调知识产权保护与公共利益相协调，禁止滥用知识产权，对权利进行合理限制。该协定的最大特点就是其对实施与执行条款的规定。TRIPs 为国际知识产权的保护确立了新的统一的国际标准和准则。

6. 特许经营协议是指开发特定商业制度的特许方允许另一人（被特许方）根据特许方规定的条件使用该制度，被特许方向特许方支付费用的经营的协议。主要特征包括：(1) 许可使用已建立的制度。特许经营的核心和本质是制度许可。(2) 特许方与被特许方在法律上是相互独立的企业，相互之间是一种合同关系。(3) 特许方与被特许方之间存在密切的控制、管理关系。(4) 特许方与被特许方之间不断进行持续的互动关系。

选择题

（一）单项选择题

1. D。考点：《保护文学艺术作品伯尔尼公约》

解析：《保护文学艺术作品伯尔尼公约》主要规定了三项原则即国民待遇原则、自动保护原则和独立保护原则。该公约采取"双国籍国民待遇"，双国籍即作者国籍和作品国籍，亦即题目中的两种情形。

2. C。考点：专利权的保护期限

解析：《与贸易有关的知识产权协定》第 33 条规定了专利权的最低保护期限，从申请之日起不低于 20 年。故选项 C 正确。

3. C。考点：专有技术的特征

解析：专有技术作为一种受法律保护的财产形式，其保护方式不同于专利保护。专利保护以其公开换取一定期限的法定保护和法定专有权，而专有技术的保护以没有公开为前提，被许可人更具有保密的义务。因此，本题的正确选项是 C。

4. B。考点：《世界版权公约》和《保护文学艺术作品伯尔尼公约》的区别

解析：本题所涉两公约均为版权保护公约，其重要区别在于是否自动保护。《保护文学艺术作品伯尔尼公约》是世界知识产权组织管理的公约，而《世界版权公约》是联合国教科文组织管理的公约。二者均未包括对计算机软件的版权保护。因此，本题选项中，B 项是正确选项。

5. B。考点：《保护文学艺术作品伯尔尼公约》的基本内容

解析：本题考核对《保护文学艺术作品伯尔尼公约》基本内容的了解。A 选项正确：自动保护原则是《保护文学艺术作品伯尔尼公约》的基本原则之一。B 选项不正确：在该公约保护的客体范围中，成员国必须保护的作品包括文学艺术作品、演绎作品以及实用艺术作品和工业品外观设计。可见，演绎作品属于该公约保护的客体。C 选项正确：依该公约规定的国民待遇原则，非成员国国民的作品在成员国首次发表可以受到该公约的保护。D 选项正确：该公约保护的作者经济权利有 8 项，精神权利有 2 项。

6. B。考点：《保护文学艺术作品伯尔尼公约》的原则

解析：《保护文学艺术作品伯尔尼公约》确立了版权保护的三大重要原则，这就是自动保护、国民待遇和独立保护。本题选项中 B 是正确答案。

7. A。考点：《保护文学艺术作品伯尔尼公约》中的经济权利和精神权利

解析：《保护文学艺术作品伯尔尼公约》中对精神权利的保护是在 1928 年增加的，其保护独立于经济权利的保护。本题选项中正确答案为 A 项。

8. C。考点：《保护工业产权巴黎公约》中的优先权

解析：《保护工业产权巴黎公约》中的优先权原则是针对发明的新颖性而言的，与权利冲突或在先发明、在后发明没有关系。本题选项中正确选项是 C。A、B 选项针对的是授予专利权所遵循的原则。D 选项纯为混淆项。

9. A。考点：《罗马公约》

解析：《罗马公约》全称为《保护表演者、录制者及广播组织罗马公约》，是对邻接权保护的公约。故 A 选项正确。

10. C。考点：《与贸易有关的知识产权协定》中的版权保护内容

解析：《与贸易有关的知识产权协定》保护作者的经济权利，而非精神权利。它在纳入《保护文学艺术作品伯尔尼公约》许多规定的同时，明确排除了该公约规定的作者的精神权利。本题正确选项为 C。

11. B。考点：特许经营与技术许可的异同

解析：特许经营是商业模式制度许可，它具有综合性，既包括知识产权许可，也包括非知识产权性的其他内容的许可，其许可对象表现出非单一性和综合性，而且许可方与被许可方之间存在互动的管理与被管理关系，它也存在按地域划分的许可性问题。因此，本题选项中，只有 B 项是正确选项，C 选项将技术许可与特许经营弄反了。

12. D。考点：独占许可的概念及特征

解析：独占许可指在特定地域内被许可方是唯一有权使用该技术的人，即使是许可方也不得在该地域内使用许可技术，因此，仅是唯一一被许可方是不够的。正确选项是 D 项。

13. D。考点：技术许可协议中的保密义务

解析：技术许可协议中，即使是专利技术许可，也可能存在保密义务，因为专利权人可能并没有将其全部技术公开申请专利。被许可方的保密义务是相对的，存在一定的例外情况，例如法院判决要求公开，则被许可方应予以公开。第三方通过其他渠道知悉技术，并不一定是被许可违反了保密义务造成的。因此，本题的正确选项是 D 项。

14. B。考点：对限制性商业做法的理解

解析：限制性商业做法是指许可方滥用或谋取滥用其市场力量的支配地位，对被许可方实施不合理的限制。这种做法不仅影响被许可方本身，也影响整个市场中的竞争关系，影响被许可方所在国的经济发展。限制性商业做法是否全部为法律所禁止，则取决于其产生的不利影响与有利影响的程度。本题选项中 B 项为正确答案。

15. D。考点：限制性商业做法的表现

解析：限制性商业做法的违法性在于其限制竞争，在于其不合理性。为了保证产品质量、为了不侵犯其他许可协议的安排，不能一概认为是限制性商业做法。本题选项中，A、B、C 选项中所述情形，除非超出不合理范围，不得被认定为限制性商业做法。本题选项中 D 项是限制性商业做法。注意，现在许多技术作为一个技术群进行一揽子许可，如果被许可方只需要其中的部分技术，但许可价格统一，可能不被认为是限制性商业做法。

16. B。考点：《与贸易有关的知识产权协定》有关商标转让的规定

解析：《与贸易有关的知识产权协定》第 21 条规定：各成员可对商标的许可和转让确定条件，与此有关的理解是，不允许商标的强制许可，且注册商标的所有权人有权将商标与该商标所属业务同时或不同时转让。根据这一规定，商标与所属业务是否同时转让，由商标所有权人决定，是商标所有权人的权利而非其义务。因此，本题中 A、C 两选项都是错误选项，选项 B 是正确选项。而上述第 21 条明确不允许商标的强制许可，所以选项 D 错误。

17. A。考点：国际知识产权保护公约的适用

解析：专利权、商标及著作权均遵循地域保护原则，但专利和商标需要申请、审查才予以保护，著作权属于自动保护。驰名商标在一定条件下在非注册国也可获得保护。本题提供的选项中，A 项有关著作权的自动保护，属于正确选项。B 项涉及非驰名商标，中国法律不予保护，属于错误选项。C 项涉及专利权，未在中国申请取得，不受中国法律保护，属于错误选项。根据《与贸易有关的知识产权协定》，中美对知识产权权利人提供的司法救济，既包括民事救济，也包括刑事救济。D 选项错误。

18. D。考点：工业产权的种类，优先权，驰名商

标的保护，临时保护，国民待遇原则

解析：《保护工业产权巴黎公约》中的工业产权包括专利、商标、外观设计、商号、不正当竞争等。优先权仅适用于专利、实用新型、商标、外观设计，故A选项错误。根据《保护工业产权巴黎公约》，据以给予国民待遇的标准有两种，一种是国籍，另一种是住所，故C选项错误。该公约规定了国际展览会上的临时保护，故D选项正确。B选项是一个混淆选择，属于错误选项。

19. B。考点：《与贸易有关的知识产权协定》对《保护文学艺术作品伯尔尼公约》的补充

解析：《与贸易有关的知识产权协定》确立的知识产权保护，是建立在《保护文学艺术作品伯尔尼公约》基础之上的，但它是涉及贸易的协定，不包括精神权利。故首先C项错误。摄影作品和实用美术作品的最低保护期为作品完成后25年，这已经在《保护文学艺术作品伯尔尼公约》中规定，不属于补充内容。选项A错误。在版权保护方面，《与贸易有关的知识产权协定》对《保护文学艺术作品伯尔尼公约》的补充表现在两个方面：在保护客体方面，将计算机程序和有独创性的数据汇编列为版权保护对象；在权利内容方面，增加了计算机程序和电影作品的出租权。故选项B正确。《与贸易有关的知识产权协定》第3条规定了国民待遇原则，在知识产权保护方面，在遵守《保护工业产权巴黎公约》、《保护文学艺术作品伯尔尼公约》、《保护表演者、录制者及广播组织罗马公约》或《关于集成电路的知识产权条约》中各自规定的例外的前提下，每一成员给予其他成员国民的待遇不得低于给予本国国民的待遇。《与贸易有关的知识产权协定》在知识产权保护方面提供的国民待遇仍然是有例外的。故选项D错误。

20. A。考点：《保护工业产权巴黎公约》的优先权原则

解析：《保护工业产权巴黎公约》规定了同一事项的在后申请的优先权，但该优先权的获得并不是自动的，需要申请人于在后申请中提出优先权申请并提供有关证明文件。故选项A正确。不同事项的优先权期限不同，发明专利和实用新型专利的为12个月，外观设计和商标的为6个月。故选项B错误。《保护工业产权巴黎公约》第4条规定，如果后来提出申请时，在先的申请已被撤回、放弃或驳回，而没有提供公众审

阅，也没有遗留任何未定的权利，并且如果在先的申请尚未成为请求优先权的根据，则应按照本款第2项规定，在本同盟同一个国家内就在先的申请的同样主题所提出的后来申请应认为是第一次申请，其申请日应为优先权期限的开始日。此后，在先的申请就不得作为请求优先权的根据。据此可知，在先申请的撤回、放弃或驳回不一定影响该申请的优先权地位。故选项C、D错误。

21. C。考点：许可交易的标的

解析：国际技术许可贸易是指位于一国的许可方（知识产权的所有人）与另一国的被许可方签订许可协议，允许后者在支付使用费等条件下使用其专利、商标、著作权或专有技术，被许可方通过国际许可协议所获得的是知识产权的有限度的使用权，被许可方仅在有限的时间、地域内使用某项知识产权。当协议期届满，被许可方就无权继续使用协议项下的有关知识产权。知识产权的所有权并没有变化，故正确选项为C，相应地，A选项和B选项错误。D选项涉及知识产权的权能本身，不是许可对象。

22. A。考点：《保护工业产权巴黎公约》关于联盟成员国国民向本联盟各成员国申请专利权的相关规定

解析：《保护工业产权巴黎公约》确定了优先权原则。成员国国民向一个缔约国提出专利申请或注册商标申请后，在一定期限内（发明、实用新型的规定为12个月，外观设计、商标的为6个月）享有优先权，即当向其他缔约国又提出同样的申请，则后来的申请视作是在第一申请提出的日期提出的。我国与甲国都是《保护工业产权巴黎公约》缔约国，张某两次申请专利的时间不超过12个月，符合优先权原则的适用条件，则其在甲国的申请日可提前至2021年10月25日。故A选项正确。对于张某在广交会上展示其新发明的行为，根据《保护工业产权巴黎公约》第11条第1、2款的规定，（1）本联盟成员国应按其本国法律对在本联盟任一成员国领土上举办的官方的或经官方认可的国际展览会展出的商品中可申请专利的发明、实用新型、工业品外观设计和商标，给予临时保护。（2）这项临时保护不得延展第4条规定的期限。如以后援用优先权，任何国家的主管机关可规定其期限应从该商品参加展览会之日起算。所以B选项是错误的，2021年10月16日这一时间点并非对于专利申请没有任何

影响，这个时间是给予"临时保护"的开始时间；若张某援用优先权规则，甲国可以将商品参加展览会之日作为优先权开始时间。《保护工业产权巴黎公约》第4条之二规定了同一发明在不同国家取得的专利权的独立性，"本联盟成员国的国民向本联盟各成员国申请的专利，与其在本联盟其他成员国或非本联盟成员国为同一发明所取得的专利是相互独立的"。甲国不必然授予张某以专利权，故C项错误。《保护工业产权巴黎公约》第2条第3款规定，本联盟各成员国关于司法和行政程序、管辖权以及选定送达地址或指定代理人的法律规定等，凡关于工业产权的法律所要求的，都可明确地予以保留。甲国有可能要求张某必须委派甲国本地代理人代为申请专利，这要取决于甲国签署公约时的声明。故D项可能错误。本案是单选题，故只能选A项。

23. A。考点：许可证类型

解析：独占许可协议指在协议约定的时间及地域内，许可方授予被许可方技术的独占使用权，许可方不能在该时间及地域范围内再使用该项出让的技术，也不能将该技术的使用权另行转让给第三方。

24. C。考点：独立、自动保护

解析：根据《保护文学艺术作品伯尔尼公约》的版权独立性原则，享有国民待遇的人在公约任何成员国所得到的著作权保护，不依赖于其作品在来源国受到的保护，故选项C正确。

（二）多项选择题

1. ABCD。考点：《保护工业产权巴黎公约》的保护范围

解析：《保护工业产权巴黎公约》最早确立了知识产权（工业产权）的保护对象范围，包括专利、实用新型、外观设计、商标、服务标记、厂商名称、货源标记或原产地名称，以及不正当竞争。本题的四个选项都包括在其保护范围中，都是正确答案。

2. ABC。考点：《保护文学艺术作品伯尔尼公约》的"双国籍国民待遇"

解析：根据《保护文学艺术作品伯尔尼公约》的规定，对文学艺术作品的版权保护实行"双国籍国民待遇"原则，即：（一）"作者国籍标准"，公约成员国国民和在成员国有惯常居所的非成员国国民，其作品无论是否出版，均应在一切成员国中享有国民待遇；（2）"作品国籍标准"，非公约成员国国民，其作品只要是在任何一个成员国出版，或者是在成员国和非成员国同时出版，也应在一切成员国中享有国民待遇。根据上述规定，甲国由于是公约缔约国，其本国国民出版的作品根据"作者国籍标准"当然享有国民待遇，故A项正确；乙国虽然不是公约缔约国，但乙国公民首先在甲国出版的文学作品根据"作品国籍标准"，也应享有国民待遇，故B项正确；在缔约国甲国有住所的乙国公民的作品根据"作者国籍标准"，也应享有国民待遇，故C项正确；D项的乙国公民两个标准都不符合，故不能享有国民待遇。

3. ACD。考点：《与贸易有关的知识产权协定》中未泄露的信息的要件

解析：《与贸易有关的知识产权协定》第39条第2款规定：自然人和法人应有权阻止其合法控制的信息在未经其同意的情况下，被以违反诚实商业做法的方式泄露给他人、被他人获得或使用，只要该信息是：保密的……因为保密而具有商业价值；由该信息的合法控制人在当时的情况下采取了合理的步骤以保持其秘密性。同时该条第1款和第3款强调呈送给政府机构与否并不改变信息的地位，获得上述信息的政府部门同样负保密义务。以上三个要件类似我国《反不正当竞争法》中规定的商业秘密的特点。

4. AC。考点：《保护文学艺术作品伯尔尼公约》中的国民待遇

解析：《保护文学艺术作品伯尔尼公约》确立了版权保护的国民待遇标准。作者在作品起源国以外的其他缔约国中享有该国法律现在和将来给予其国民的权利。起源国有作者国籍标准和作品国籍标准，后者指作品在缔约国首先发表。本题正确选项为A、C：作者国籍和作品国籍。

5. CD。考点：《与贸易有关的知识产权协定》与《保护集成电路知识产权的华盛顿公约》的关系

解析：《与贸易有关的知识产权协定》对与华盛顿公约内容的纳入，包括实体性和程序性内容的纳入。在涉及本题的选项内容中，《与贸易有关的知识产权协定》延长了保护期限，不允许强制性许可。但不得追溯保护和与《保护工业产权巴黎公约》的关系，则是其纳入的内容。故本题正确选项为C、D。

6. ABD。考点：《世界知识产权组织版权条约》与《保护文学艺术作品伯尔尼公约》的关系

解析：本题选项中，只有C选项是错误选项，该

版权条约没有被《与贸易有关的知识产权协定》纳入，A、B两选项是该版权条约规定的内容，两条约同由世界知识产权组织管理。A、B、D为正确选项。

7. BD。考点：《与贸易有关的知识产权协定》下专利权的保护范围

解析：专利产品的使用、销售、生产或制造权，是《保护工业产权巴黎公约》规定的专利权人的专有权利。《与贸易有关的知识产权协定》在此基础上增加了本题选项中的B、D两项所述的权利。

8. ABD。考点：未披露信息的法律保护条件

解析：未披露信息的法律保护条件有三项：秘密性、商业价值性和已采取合理保护。本题选项中A、B、D是正确答案。

9. ABC。考点：特许经营的管理调控模式

解析：对特许经营关系，世界上并无统一的法律模式，主要根据各自的法律制度特点来进行规范。总的来说存在本题选项中的前三种模式，即A、B、C选项。

10. AC。考点：《与贸易有关的知识产权协定》的保护范围

解析：《与贸易有关的知识产权协定》第10条和第11条明确规定了对独创性数据汇编和计算机程序及电影作品的出租权的法律保护。故本题的A、C选项是正确的。该协定第27条第3款规定，成员可拒绝对疾病的诊断方法授予专利权；可拒绝对除微生物外的植物和动物以及除非生物和微生物外的生产植物和动物的主要生物方法提供专利权。但该款同时要求各成员应通过专利或一种有效的特殊制度或通过二者的组合来保护植物品种。因此，本题的选项D是应排除的选项，而B选项严格意义上是有争议的，尽管司法考试标准答案认定B选项应排除在外。

11. ACD。考点：《保护文学艺术作品伯尔尼公约》基本原则中的国民待遇原则

《保护文学艺术作品伯尔尼公约》规定的国民待遇又称为"双国籍国民待遇"，即作者国籍和作品国籍。有权享有国民待遇的包括：（1）公约成员国国民和在成员国有惯常居所的非成员国国民，其作品无论是否出版，均应在一切成员国中享有国民待遇，这称为"作者国籍标准"或者"人身标准"。（2）非公约成员国国民，其作品只有首次在任何一个成员国出版，或者在一个成员国和非成员国同时出版，才能在一切成员国中享有国民待遇，这称为"作品国籍标准"或者

"地理标准"。本案中，满成是公约成员国国民，无论文章是否发表，都在一切成员国享有国民待遇，中国是成员国，故C、D项正确。李伍是非公约成员国国民，其文章只有首次在任一成员国或者在成员国与非成员国同时出版，才能在一切成员国（包括中国）享有国民待遇，故A项正确，B项错误。因此，正确项是A、C、D。

12. ACD。考点：中国对知识产权保护的边境措施

解析：本案涉及知识产权权利人享有的与边境保护有关的相关措施。知识产权权利人请求海关采取知识产权保护措施或者向海关总署办理知识产权海关保护备案。知识产权海关保护备案自海关总署准予备案之日起生效，有效期为10年。权利人在向海关提出采取保护措施的申请后，可依我国《商标法》《著作权法》《专利法》，在起诉前就被扣留的侵权嫌疑货物向人民法院申请采取责令停止侵权行为或者财产保全的措施。权利人发现侵权嫌疑货物即将进出口的，可以向货物进出境地海关提出扣留侵权嫌疑货物的申请。海关应将扣留侵权嫌疑货物情况书面通知权利人，并将海关扣留凭单送达收货人或发货人。结合本题选项，A、C、D项正确，B项错误。

13. BC。考点：商标与地理标志

解析：选项A、D错误：《与贸易有关的知识产权协定》要求各成员有义务对地理标志提供法律保护。选项B正确：依《与贸易有关的知识产权协定》第22条第2款，禁止将地理标志作任何足以使公众对该商品来源误认的使用，即禁止利用地理标志的任何不正当竞争行为，即禁止误导和不公平竞争行为。选项C正确：依《与贸易有关的知识产权协定》第22条第3款，禁止利用商标作虚假的地理标志暗示的行为，即应拒绝商标注册或使注册无效。

（三）不定项选择题

1. ABCD。考点：知识产权的执法措施

解析：《与贸易有关的知识产权协定》与其他知识产权公约不同的是，它具体规定了知识产权保护的执法措施，该措施范围广泛，既包括民事的，也包括行政的、刑事的；既包括临时性的，也包括永久性的；既包括国内市场中的措施，也包括海关措施。本题四个选项都属于政府有关当局合法采取的措施。

2. ACD。考点：协议许可中反竞争行为的控制

解析：《与贸易有关的知识产权协定》规定了成员

政府针对协议许可中的反竞争行为可以采取的措施，包括排他性的返授条件、阻止对技术的效力提出异议、强制性一揽子许可。本题中 A、C、D 选项正确。

3. A。考点：许可协议的类型及特点

解析：本题中的四项许可中，交叉许可是指许可方和被许可方相互许可技术；独占许可是指被许可方在一定地域内享有独占的使用权；普通许可指被许可方有权使用许可技术；接受方将许可技术再许可，则是分许可类型。因此，本题正确选项是 A。

4. ABD。考点：《与贸易有关的知识产权协定》

解析：根据《与贸易有关的知识产权协定》的规定，对于计算机程序，无论是源代码还是目标代码，应作为文学作品保护。对于商标，各成员可决定商标许可与转让的条件，但不允许商标的强制许可。对于专利，成员方应对植物品种提供保护，无论是以专利形式，还是以一种特殊有效的体系，或是以综合形式。在知识产权实施方面，成员方的司法当局有权命令一成员方停止对知识产权的侵权行为，特别是应禁止那些对知识产权构成侵权行为的进口商品进入商业渠道。

5. B。考点：《保护文学艺术作品伯尔尼公约》中国民待遇

解析：《保护文学艺术作品伯尔尼公约》确立了独立保护原则和国民待遇原则。各国的版权保护依其国内法。因此，本题 B 选项正确。C 选项涉及起源国确定问题，保护期限较短的国家为起源国。起源国有两种确立方法：一种是作者国籍，另一种是作品国籍。故 D 选项中作者不一定具有乙国国籍。

6. ABCD。考点：《与贸易有关的知识产权协定》的知识产权保护特点

解析：与以前的其他知识产权公约相比，本题提供的四个选项代表了《与贸易有关的知识产权协定》知识产权保护的特点，它规定了一个统一的最低保护标准，而且该标准高于其他知识产权保护标准；它扩大了知识产权的保护范围，如计算机软件、可以获得商标权的标的等；它延长了知识产权的保护期限，如专利权规定为 20 年；它规定了严格的保护程序，这也是它区别于其他知识产权公约的突出点。本题四个选项都正确。

7. （1）A。考点：独占许可

解析：被许可方享有中国的独占使用权。

（2）B。考点：独占许可

解析：以技术出资的合资生产。

（3）B。考点：独占许可

解析：技术配方属于未披露信息，属于专有技术。

（4）BCD。考点：独占许可

解析：事先计算的价格，无论分几次支付，都是统包价格。

（5）BC。考点：独占许可

解析：禁止生产数量和技术改进属于限制性商业做法，缺乏合理性。

 简答题

1. 国际技术许可合同是指技术的提供方将自己拥有的技术的使用权有偿地转让给技术接受方而签订的合同。根据国际技术许可合同独占性的不同，即根据被许可方享有的使用权的大小，可以分类为独占许可合同、独家许可合同和普通许可合同，根据是否可以再次许可而分为可分许可的许可合同和不可分许可的许可合同。

2.《与贸易有关的知识产权协定》在多处就技术许可问题作了规定。

第一，第八节专门就协议许可中限制竞争行为的控制作了规定。首先，承认有关知识产权的限制竞争的许可做法或条件可能对贸易产生不利影响，并会妨碍技术的转让和传播。其次，允许一国通过立法，规定特定情况下可能构成对知识产权滥用并对相关市场上的竞争产生不利影响的许可做法或条件。独占性的回授许可，阻止对效力提出异议以及强迫性一揽子许可被明确禁止。最后，成员之间的协商程序。一个成员国民或在该成员有住所的人，在其他成员的境内从事或被诉从事违反后一成员有关限制竞争的惯例或法规的行为，后一成员应根据前一成员的请求与其协商。被请求成员应给予充分积极的考虑和机会。

第二，第 31 条就专利的政府强制许可作了规定。《与贸易有关的知识产权协定》允许各成员方政府在两种情况下实行强制许可：首先，在国家处于紧急状况下实施强制许可；其次，如果有用户向专利所有者提出使用专利的申请，并愿意支付合理的报酬，却长期得不到许可。在实施强制许可时，成员方必须遵守三个条件：一是付给专利所有者合理的报酬；二是实施

专利的主要目的是满足国内市场需求，而不是用来出口；三是专利技术的使用只限于必要的范围和期限内。

第三，第31条对商标的许可和转让作了规定。各成员可对商标的许可和转让确定条件，但不允许商标的强制许可，且注册商标的所有权人有权以将商标与该商标所属业务同时或非同时转让。

 论述题与深度思考题

1.《保护工业产权巴黎公约》是各种工业产权公约中最早、成员国也最广泛的一个综合性公约。在专利权方面：（1）它保证了一个成员国的国民在申请和取得专利方面，在其他成员国内享有某些统一的、最低限度的权利；（2）其核心是以互惠为前提的"国民待遇"原则；（3）它规定了专利权独立原则；（4）它规定了专利产品的输出与输入；（5）它规定了强制许可；（6）它规定了在任何成员国内不认为是侵犯专利权人权利的情况；（7）当一种产品输入到对该产品的制造方法给予专利保护的成员国时，专利权所有人对该进口产品应享有进口国法律对根据方法专利在该国制造的产品所给予的一切权利。

随着贸易全球化进程的不断加快，《与贸易有关的知识产权协定》比《保护工业产权巴黎公约》更好地保护了专利权人的权利。《与贸易有关的知识产权协定》有关专利保护的规定并不取代或抵消成员依据《保护工业产权巴黎公约》所承担的义务，而是提高了对专利权的保护水平，主要体现在：（1）扩大了可授予专利的主题范围，除有关公共道德和环境方面的发明可以排除在专利保护之外，其他任何发明都应该得到保护；（2）延长了专利保护期限为自申请日起20年；（3）扩大了专利权的权能，明确了专利权的进口权，以阻止第三方企图进口专利产品；（4）加大了专利保护的力度，规定许诺销售行为是侵犯专利权的行为；（5）确定了对专利管理机关行政行为的司法审查制度；（6）就方法专利侵权问题，确立了举证责任倒置制度，加强了专利权人在司法审判中的地位；（7）确立了以刑事手段保护专利的原则；（8）对政府强制许可规定了苛刻的条件；（9）在国际协调方面，确立了两个重要新原则——"最惠国待遇"和有关贸易的知识产权争端解决机制，《与贸易有关的知识产权协定》事实上把专利权争端纳入了世界贸易组织贸易争端的解决体系中。

2.（1）修正案简介。

《与贸易有关的知识产权协定》（以下简称 TRIPs 协定）是世界贸易组织（WTO）的重要法律文件之一。它旨在减少国际贸易扭曲与障碍，给予知识产权有效和适当的保护，同时确保实施知识产权的措施和程序不会成为贸易障碍，并通过多边程序解决与贸易有关的知识产权争端。2005 年通过的《修改〈与贸易有关的知识产权协定〉议定书》，是 WTO 成立以来首次对其核心协议进行的修订。修正案的核心内容是：允许 WTO 成员为解决缺乏制药能力或能力不足的其他成员面临的公共健康问题而颁发强制许可，制造有关药品并将其出口到这些成员。具体而言，该修订是针对 TRIPs 协定的第31条进行的：增加了第31条的附加条款和关于该附加条款的附件，以及关于药品生产能力评估的附录。

（2）修正案产生的原因。

促使这一最新发展的根本原因，在于具有私权属性的药品专利权与作为人权保护范畴的公共健康利益之间的冲突。具体原因主要是，TRIPs 协定第31条 f 款规定，任何强制许可授权都应主要为供应授权此种使用成员的国内市场。这就产生了问题，因为即使有强制许可，也并不是所有发展中成员都有能力根据专利说明书就制造出产品，尤其那些最不发达成员。如果他们能够从有能力的发展中成员进口这些产品的话，价格一定比直接从发达成员进口便宜得多。但第31条 f 款限制了这种可能性。

（3）修正案的主要内容。

修正案的具体内容由两部分组成：第一部分是 TRIPs 协定第31条的附加条款；第二部分是关于该附加条款的附件，其中还含有一份附录——制药领域生产能力的评估。

第一部分，TRIPs 协定第31条的附加条款。

其一，对 TRIPs 协定第31条 f 款的修改。允许成员方实施强制许可生产的药品出口到合格进口方，即豁免了该条 f 款所规定的主要供应实施国内市场的义务。其二，对 TRIPs 协定第31条 h 款的修改。出口成员方根据该修正案实施强制许可时，应按照该条 h 款的规定，给予专利权人充分的报酬，合格进口方对同一产品实施强制许可时，则免除其向专利权人支付报酬的义务。此外，还就 TRIPs 协定第31条 f 款中"国内市场"的定义作出了有利于发展中国家和最不发达国家的扩大解释。

第二部分，关于 TRIPs 协定第 31 条附加条款的附件。

对有关资格的界定，包括药品资格、进口方和出口方资格。

其一，适用的药品。"药品"是指医药部门为解决《多哈宣言》第 1 段所承认的公共健康问题而生产的任何专利药品或使用专利方法制造的药品，包括制药所需的活性成分和使用药品所需的诊断试剂。其二，合格进口方。包括两大类：一是任何最不发达成员方；二是任何其他已通知 TRIPs 理事会希望使用该制度成为进口方的成员。其三，出口成员方。这是指使用该制度生产药品并出口至合格进口方的成员方。

（4）修正案的意义。

其一，修正案的通过说明 TRIPs 协定在对知识产权高标准保护的同时，加大了对人权的重视。TRIPs 协定是一份公认的高标准、严要求的协定，它通过保护范围、标准、实施措施、保护期限等规定为知识产权构筑了过高的保护屏障，在很大程度上反映了发达国家对知识产权保护的利益和要求，而在某种程度上影响了发展中国家的人民获得健康、食品和受教育的基本权利的实现。修正案的达成，放松了对传染病药品的专利保护，允许在一定条件下出口经强制许可生产的仿制药，从而大大降低相关药品的市场价格，这将有利于更迅速和有效地控制、缓解公共健康危机，保证生命健康的基本人权得到尊重和保护。

其二，修正案的达成是发展中成员方的一次重大胜利。继 2001 年《多哈宣言》、2003 年总理事会决议之后，2005 年年底达成修改 TRIPs 协定第 31 条的最终法律文件，这些都是源于发展中国家一直以来不断的倡导和推动，其目的在于平衡 TRIPs 协定对药品专利的高标准保护，缓解和解决发展中国家面临的日益严重的公共健康问题。最终达成的修正案的内容与 2003 年决议的内容基本一致。对比谈判中各方的法律争论，可以发现发展中成员方的一些主要法律观点得到了肯定，这些经验都是值得发展中国家仔细总结并在世界贸易组织今后的谈判中灵活运用的。

（5）修正案对我国的影响。

其一，议定书有利于中国解决可能出现的突发公共健康问题。批准了议定书之后，我国可在必要时授予国内企业生产特定专利药品的强制许可，或在向 TRIPs 理事会通报并成为"有资格进口的成员"之后，进口其他出口成员授予强制许可并出口的特定专利药品，这些都有利于保障我国在紧急情况下解决突发的公共健康问题时的药品供应，及时应对公共健康问题。

其二，作为世界贸易组织成员，我国有义务保持国内法律与世界贸易组织规则要求相一致，确保我国知识产权的保护水平不低于世界贸易组织规则的基本要求。

第七章　国际服务贸易管理法

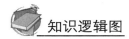知识逻辑图

$$
《服务贸易总协定》\begin{cases} 服务贸易方式\begin{cases} 跨境提供 \\ 境外消费 \\ 商业存在 \\ 自然人存在 \end{cases} \\ 一般义务\begin{cases} 最惠国待遇 \\ 透明度 \\ 标准承认 \end{cases} \\ 具体承诺\begin{cases} 市场准入 \\ 国民待遇 \end{cases} \Leftarrow 承诺减让表\begin{cases} 横向承诺 \\ 部门承诺 \end{cases} \end{cases}
$$

名词解释与概念比较

1. 具体承诺减让表
2. 商业存在

选择题

（一）单项选择题

1. 在服务贸易协议中，成员方的国民待遇义务和市场准入义务是通过下列哪种方式列明的？（　　）（考研）

A. 正列清单　　　　　B. 反列清单

C. 水平承诺　　　　　D. 例外方法

2. 在乙国设立的甲国保险公司向乙国的消费者出售保险，这种服务贸易是通过下述哪种方式提供的？（　　）（考研）

A. 境外消费　　　　　B. 自然人移动

C. 跨境提供　　　　　D. 商业存在

3. 下列活动中属于境外消费的是（　　）。

A. 美国专家来中国讲学

B. 美国官员来中国访问

C. 境外修理船舶

D. 通过网络购买国际电话卡

4. 香港迪士尼公园吸引了不少内地的旅游者。下列说法中正确的是（　　）。

A. 旅游者是通过自然人存在的方式接受服务的

B. 香港迪士尼公园是服务的出口商

C. 香港迪士尼公园是通过商业存在向内地旅游者提供服务的

D. 由于内地旅游者到香港参观，通过关境，是通过跨境提供这种方式接受服务的

5. 《服务贸易总协定》中的最惠国待遇义务不适用于（　　）。

A. 调整政府服务采购的法律、法规

B. 调整市场准入的法律、法规

C. 调整国民待遇的法律、法规

D. 调整电信服务的法律、法规

6. 中国、蒙古国和美国都是世界贸易组织的成员。如果中国政府允许中国公民去蒙古国旅游，却不允许中国公民去美国旅游，那么，下列说法正确的是（　　）。

A. 中国政府的这一措施违反了《服务贸易总定》下的最惠国待遇义务

B. 中国政府的这一措施是《服务贸易总协定》所允许的

C. 中国公民去蒙古国旅游，是中国服务对蒙古国的出口

D. 中国政府的这一措施属于国家安全例外的范围

7.《服务贸易总协定》和《关税与贸易总协定》项下的最惠国待遇的不同是（　　）。

A. 都要求立即的无条件的最惠国待遇

B. 前者允许例外，而后者不允许例外

C. 前者包括了国民待遇方面的待遇，而后者没有包括

D. 前者适用于同类服务和服务提供者，后者适用于同类产品

8. 香港汇丰银行与中国建设银行在中国内地根据中国外商投资立法合资举办了一家银行，其中香港汇丰银行所占股本为51%。下列说法中正确的是（　　）。

A. 按照中国相关法律，该合资银行属于外国法人

B. 该合资银行是中国银行业的组成部分，提供境内服务

C. 该合资银行尽管是中国法人，提供的却是外国服务，是外国服务提供商

D. 该合资分行提供的服务是通过跨境提供方式提供的

视频讲题

9. 对于《服务贸易总协定》意义上的法人（juridical person），下列说法正确的是（　　）。

A. 须以营利为目的

B. 不为政府所有

C. 包括合伙

D. 不包括信托（基金）

10.《服务贸易总协定》适用于成员影响服务贸易的措施。下列说法中正确的是（　　）。

A. 不包括以非政府机构的形式采取的措施

B. 不包括不在商业基础上提供、不与任何服务提供者竞争的服务

C. 不包括地方政府机构的措施

D. 不包括向公众普遍提供的服务

11. 关于世界贸易组织（WTO）的最惠国待遇制度，下列哪种说法是正确的？（　　）（司考）

A. 由于在WTO不同的协议中，最惠国待遇的含义不完全相同，所以，最惠国待遇的获得是有条件的

B. 在WTO中，最惠国待遇是各成员相互给予的，每个成员既是施惠者，也是受惠者

C. 对最惠国待遇原则的修改需经全体成员4/5同意才有效

D. 区域经济安排是最惠国待遇义务的例外，但边境贸易优惠则不是

12.《服务贸易总协定》规定了服务贸易的方式，下列哪一选项不属于该协定规定的服务贸易？（　　）（司考）

A. 中国某运动员应聘到美国担任体育教练

B. 中国某旅行公司组团到泰国旅游

C. 加拿大某银行在中国设立分支机构

D. 中国政府援助非洲某国一笔资金

13. 根据世界贸易组织《服务贸易总协定》，下列哪一选项是正确的？（　　）（司考）

A. 协定适用于成员方的政府服务采购

B. 中国公民接受国外某银行在中国分支机构的服务属于协定中的境外消费

C. 协定中的最惠国待遇只适用于服务产品而不适用于服务提供者

D. 协定中的国民待遇义务，仅限于列入承诺表的部门

视频讲题

（二）多项选择题

1. 根据《服务贸易总协定》的规定，一成员方可以通过以下哪几种方式对另一成员方的教育程度、证书、资格条件和证书予以承认？（　　）（司考）

A. 自动确认　　　　B. 协议确认

C. 公告确认　　　　D. 核准确认

2. 有关《服务贸易总协定》适用范围的下述说法，正确的是（　　）。

A. 适用于政府提供政府资讯

B. 适用于政府就基础设施建设进行的管理

C. 适用于中国政府就证券市场的管理

D. 适用于中国对外国人的签证管理

3. 下列有关《服务贸易总协定》项下的国民待遇的说法，正确的是（　　）。

A. 它要求形式上相同的待遇

B. 国民待遇义务以竞争条件为判断标准

C. 国民待遇义务以允许市场准入为前提

D. 没有作出承诺的部门，不适用国民待遇义务

4. 下列活动中，属于国际服务贸易范围的是（　　）。

A. 中国人去美国接受英语培训

B. 中国大陆居民订阅美国华尔街日报网络版

C. 中国银行纽约分行提供的金融业务

D. 中国太极拳教练去外国传授太极拳

5. 《服务贸易总协定》适用于成员影响服务贸易的措施。这些措施包括（　　）。

A. 接受政府授权的非政府机构采取的措施

B. 服务的购买和使用

C. 成员地方政府采取的措施

D. 成员政府行使政府职能提供的服务

6. 根据《服务贸易总协定》对"另一成员的服务"的界定，下述选项中属于美国服务的是（　　）。

A. 美国迪士尼乐园接待世界游客

B. 位于美国纽约的律师事务所向中国企业提供有关美国证券交易所上市的法律意见

C. 在美国注册的船舶提供的货物运输服务

D. 美国花旗银行上海分行提供的金融服务

视频讲题

7. 在成员的具体承诺减让表中，应列明的内容有（　　）。

A. 透明度　　　　　B. 最惠国待遇

C. 国民待遇　　　　D. 市场准入

8. 《服务贸易总协定》对发展中国家提供了较为宽松、优惠的待遇。就具体承诺来说，发展中国家可以作出下述限制性要求（　　）。

A. 商业存在必须在合资企业基础上设立

B. 不允许外国服务提供者在合资企业中占多数股份

C. 董事会成员中应有一定数量的本国人

D. 限制服务提供者的数量

9. 下列活动中，属于服务范围的是（　　）。

A. 体育　　　　　　B. 博彩（赌博）

C. 医疗保健　　　　D. 出版

10. 下列有关货物批发贸易的说法正确的是（　　）。

A. 它受到《关税与贸易总协定》的调整

B. 它受到《服务贸易总协定》的调整

C. 批发贸易属于分销服务

D. 批发贸易属于货物销售

11. 甲乙两国均为世界贸易组织成员，甲国纳税居民马克是甲国保险公司的大股东，马克从该保险公司在乙国的分支机构获利35万美元。依《服务贸易总协定》及相关税法规则，下列哪些选项是正确的？（　　）（司考）

A. 甲国保险公司在乙国设立分支机构，属于商业存在的服务方式

B. 马克对甲国承担无限纳税义务

C. 两国均对马克的35万美元获利征税属于重叠征税

D. 35万美元获利属于甲国人马克的所得，乙国无权对其征税

（三）不定项选择题

1. 对于中国中医为外国人进行中医疗法这一商业活动，其服务方式是（　　）。

A. 外国人的境外消费

B. 中国中医的跨境提供

C. 中国中医的自然人存在

D. 中国医院的商业存在

2. 中国银行与美国银行在中国境内合资设立了一家合资银行。下列说法中正确的是（　　）。

A. 如果美国银行在合资银行中所占股权为50%以上，该合资银行属于美国的法人

B. 美国银行在合资银行中占有20%的股权，但有权指导合资银行的活动，该合资银行属于美国的法人

C. 该合资银行属于中国公司法意义上的中国法人

D. 美国银行通过商业存在的方式在中国提供服务

3. 中国政府目前不允许外国投资者投资新闻出版、电视广播等业务。对于这一行为，下列说法正确的是（   ）。

A. 中国政府违反了《服务贸易总协定》中的国民待遇义务

B. 中国政府违反了《服务贸易总协定》中的市场准入义务

C. 中国政府违反了《与贸易有关的投资措施协定》中的义务

D. 新闻出版等属于服务贸易的范畴

4. 在《服务贸易总协定》下，下列有关垄断服务提供者的说法正确的是（   ）。

A. 成员在垄断服务提供者方面不承担义务

B. 成员在垄断服务提供者方面的义务属于具体承诺的范畴

C. 《服务贸易总协定》不调整垄断服务提供者方面的问题

D. 成员应保证其境内的垄断服务提供者不滥用其垄断地位

5. 《服务贸易总协定》确立的一般性义务包括（   ）。

A. 最惠国待遇   B. 国民待遇

C. 市场准入   D. 透明度

 简答题

1. 《服务贸易总协定》中作出了哪些具体化的自由化承诺？（考研）

2. 简述国家服务贸易提供的方式和国民待遇制度的适用。（考研）

3. 简述《服务贸易总协定》规定的一般义务规则。（考研）

4. 简述服务贸易中的国民待遇原则。（考研）

5. 简述数字贸易/电子商务发展对WTO传统服务贸易规则的挑战。

视频讲题

 论述题与深度思考题

1. 试述对国际服务贸易实施政府管理的基本原则。（考研）

2. 论《服务贸易总协定》有关投资的规定及其对国际投资法的影响。（考研）

3. 试述WTO为适应数字贸易/电子商务的发展作出过哪些努力。

参考答案

 名词解释与概念比较

1. 具体承诺减让表，指《服务贸易总协定》附件中各成员就其服务贸易的市场准入和国民承诺作出的承诺表。每一成员在其减让表列出了自己作出的具体承诺。各成员是否给予市场准入、是否给予国民待遇，成员在哪些具体部门和事项方面承担具体义务，均依该具体减让表确定。由于《服务贸易总协定》仅是框架性协定，其规定的一般性义务也依赖于具体承诺的内容，因而具体承诺减让表在服务贸易方面的义务承担起着非常重要的作用。

2. 外国实体在内国境内设立的旨在向内国消费者提供服务的附属公司或分支机构。商业存在是《服务贸易总协定》规定的服务贸易方式之一，而且是非常重要的方式。例如，在中国的外资金融机构就是外国金融机构在中国的商业存在，其向中国消费者提供金融服务。

 选择题

（一）单项选择题

1. A. 考点：服务贸易具体承诺的方式

解析：《服务贸易总协定》中的市场准入和国民待遇方面的义务，不是普遍性义务，而是通过具体承诺体现的，只有承诺的才承担义务。因此，这种承诺方式是通过正面列举的方式表现的。本题选项中只有A选项正确，B选项和D选项都属于列举例外方式，C选项水平承诺只是具体承诺的一部分，而不能说是整个承诺方式，因此B、C、D这三个选项都非正确选择。

2．D。考点：服务贸易的提供方式

解析：根据《服务贸易总协定》，服务贸易通过四种方式提供，分别是本题中的四个选项方式。本题中，甲国保险公司通过设在乙国的机构向乙国消费者出售保险，属于通过在乙国建立商业存在提供保险这种方式服务的。正确选项是D。

3．C。考点：国际服务贸易方式

解析：国际服务贸易具有四种方式：跨境提供、境外消费、商业存在和自然人存在。本题选项中，B项是政府活动，不属于商业活动的范围。A项是自然人存在，美国专家在中国提供讲学服务，中国学者是消费者。D项如果购买者和供应者位于不同境内，则属于跨境提供，否则很可能是国内提供，不属于国际服务贸易，尽管电话卡是用于国际长途。本题选项中只有C项是境外消费，将船舶开至外国，接受外国的修理服务。

4．B。考点：国际服务贸易方式

解析：中国内地旅游者去香港旅游，内地人到香港去花钱，明显属于境外消费这种服务提供模式。A、C、D三个选项都不符合。就境外消费这种模式来说，从内地和香港看，内地进口了服务，香港出口了服务。正确选项是B。

5．A。考点：《服务贸易总协定》下的最惠国待遇

解析：在《服务贸易总协定》中，最惠国待遇义务是普遍性义务，但该义务允许某种程度的豁免。此外，它不适用于调整政府服务采购的法律法规。本案中的正确选项是A。其他选项中，最惠国待遇义务都适用。

6．B。考点：《服务贸易总协定》下毗邻国家的优惠待遇

解析：《服务贸易总协定》允许毗邻国家相互给予优惠待遇，而不给予其他成员。因此，本题正确选项是B。A项显然不正确；C项和实际情况正相反，是蒙古国出口服务；D项错误，这一措施不属于国家安全例外的范围，如果说是某种例外的话，应该是毗邻国家优惠待遇例外。

7．D。考点：《服务贸易总协定》和《关税与贸易总协定》项下的最惠国待遇

解析：《服务贸易总协定》和《关税与贸易总协定》项下的最惠国待遇的总的要求应该说是一样的，但具体适用范围和对象却不同。本题选项中A、B两选项是故意混淆项，A项说的是共同点，不符合题意；两项义务都有例外，B项显然不对。对于C选项，两项最惠国待遇都含有与国民待遇有关的内容，故该选项也不正确。只有D选项正确，两项义务尽管都以同类性为前提条件，但服务贸易方面既包括同类服务，也包括同类服务提供者，而关税与贸易总协定只适用于同类产品。

8．C。考点：《服务贸易总协定》下外国服务提供商的确定

解析：《服务贸易总协定》下外国服务提供商的确定，采取的是控制标准。本题中，合资银行为香港汇丰银行所控制，属于外国服务提供商，不属于中国银行业的一部分。该服务是通过商业存在方式提供的。因此，C选项正确。这是服务业与制造业不同的地方。所以在服务业领域，很难实施类似货物贸易中的保障措施。从中国公司法和外商投资法的角度看，该合资银行属于中国法人。

9．C。考点：《服务贸易总协定》意义上的法人概念

解析：《服务贸易总协定》意义上的法人（juridical person）概念，不同于我们平时所理解的民法或公司法上的法人概念，它指依法设立或组建的任何法律实体，包括公司、合伙、依托（基金）等，不以是否营利、是否私有为区分标准。因此，本题中C为正确选项。

10．B。考点：《服务贸易总协定》的适用范围

解析：《服务贸易总协定》的适用范围非常广泛，但它不适用于为行使政府职能而提供的服务，即本题选项中B所指的服务，因而正确选项应为B。A、C、D三个选项中涉及的情况，都可能包括在该协定的适用范围中。

11．B。考点：世界贸易组织的最惠国待遇制度

解析：世界贸易组织制度中的最惠国待遇都是无条件的，只是在不同贸易领域的适用范围有所不同。由于这一原则是世界贸易组织制度的基石，其修改需要经过世界贸易组织全体成员的同意（《世界贸易组织协定》第9条第2款）。最惠国待遇义务存在一些例外，包括区域经济安排例外、边境贸易例外等。本题的A、C、D选项均为错误选项。在世界贸易组织中，各成员相互之间承担权利义务关系，而且最惠国待遇义务是多边性的，因而每个成员既是施惠者，也是受惠者。选项C正确。

12. D。考点：服务贸易的类型

解析：《服务贸易总协定》规定国际服务贸易具体包括四种方式：（1）跨境提供，指从一成员境内向任何其他成员境内提供服务；（2）境外消费，指在一成员境内向任何其他成员的服务消费者提供服务；（3）商业存在，指一成员的服务提供者在任何其他成员境内以商业存在提供服务；（4）自然人流动，是指成员的服务提供者在任何其他成员境内以自然的存在提供服务。据此，A项属于自然人流动，B项为境外消费，C项为商业存在，D项不属于此规定的方式。所以本题答案为D项。

13. D。考点：《服务贸易总协定》的相关规定

解析：根据《服务贸易总协定》第13条的规定，《服务贸易总协定》第2条、第16条和第17条的实体义务不适用于政府采购服务。故A项错误。境外消费是指服务者在本国境内向来自其他国家的服务消费者提供服务，消费者移动到服务提供者国家接受服务，如境外旅游等；其特点是服务者不流动，消费者流动。B选项中，中国公民在中国境内接受服务，不属于境外消费，应属于商业存在，即外国实体在内国境内设立附属公司或分支机构，向在内国的消费者提供服务。故B项错误。根据《服务贸易总协定》第2条第1款规定，在本协定项下的任何措施方面，各成员应立即和无条件地给予任何其他成员的服务和服务提供者以不低于其给予任何其他国家相同的服务和服务提供者的待遇，即最惠国待遇适用于服务产品和服务提供者。C项错误。根据《服务贸易总协定》第17条第1款的规定，在列入其承诺表的部门中，在遵照其中所列条件和资格的前提下，每个成员在所有影响服务提供的措施方面，给予任何其他成员的服务和服务提供者的待遇不得低于其给予该国相同服务和服务提供者的待遇。同时，协定第20条规定，每一成员应在减让表中列出其作出的具体承诺。对于作出此类承诺的部门，每一减让表应列明国民待遇的条件和资格。因此《服务贸易总协定》的国民待遇仅适用于一国作出具体承诺的部门或方面，仅限于列入承诺减让表的部门，并且要遵照其中所列的条件和资格。没有作出承诺的部门，不适用国民待遇。D项正确。

（二）多项选择题

1. AB。考点：《服务贸易总协定》所规定的承认方式

解析：《服务贸易总协定》第二部分第7条规定："为使服务提供者获得授权、许可或证明的标准或准则得以全部或部分实施，在遵守第3款要求的前提下，一成员可承认在特定国家已获得的教育或经历、已满足的要求或已给予的许可或证明。此类可通过协调或其他方式实现的承认，可依据与有关国家的协定或安排，也可自动给予。"

2. BC。考点：《服务贸易总协定》的适用范围

解析：《服务贸易总协定》适用于成员管理服务贸易的措施，但不适用于行使政府职能而提供的服务。换句话说，它适用于服务贸易管理措施，而不适用于政府依职能提供的服务本身。本题选项中，政府自己提供政府资讯，具有非商业性质，且行使其职权，没有与其他商业实体竞争，不属于该协定的适用范围。选项D同样是政府管理措施，虽涉及自然人为了商业目的的入境问题，但签证不属于该协定的适用范围。其他两个选项B、C是正确答案。

3. BCD。考点：《服务贸易总协定》项下的国民待遇义务

解析：《服务贸易总协定》项下的国民待遇义务，是一种具体承诺，无承诺而无义务。该义务不以形式相同为判断标准，而以竞争条件为判断标准。如果不允许外国服务进入内国市场，则亦无国民待遇问题。因此，本题的正确选项是B、C、D。

4. ABCD。考点：国际服务贸易方式

解析：国际服务贸易方式有四种，即跨境提供、境外消费、商业存在、自然人存在。本题选项中，A项属于境外消费，B项属于跨境提供，C项属于商业存在，D项属于自然人存在。

5. ABC。考点：《服务贸易总协定》的适用范围

解析：《服务贸易总协定》不适用于行政行使职权而提供的服务，除此之外，它适用于成员影响服务的所有措施，它包括各级政府措施，也包括政府授权的非政府机构的措施。就具体内容来说，包括服务的购买和使用。因此，本题正确选项是除D项外的其他三个选项，即A、B、C项。

6. ABCD。考点：服务国籍的确定

解析：《服务贸易总协定》对"另一成员的服务"作出了界定。它包括两种情况。第一种是从该成员境内提供服务，或者在该成员境内提供服务。对于海运服务来说，其是指在该成员境内注册的船舶提供的服

务。本题选项 A、B、C 属于美国服务。第二种情况是通过商业存在或自然人存在提供服务的情况，指该成员的服务提供者提供的服务。而服务提供者又是根据国籍或住所来确定的，对于法律实体的法人来说，是根据控制标准来确定。D 选项属于美国服务。

7. CD。考点：具体承诺减让表的内容

解析：具体承诺减让表记载了成员作出的具体承诺，包括市场准入方面的承诺和国民待遇方面的承诺，是有关特定义务的规定。而最惠国待遇义务和透明度义务则是任何成员都承担的普遍性义务，不以作出承诺为条件。因此，本题正确选项是 C、D。

8. ABC。考点：《服务贸易总协定》项下的发展中国家成员的优惠待遇

解析：为了扩大发展中国家成员对服务贸易的参与，制定服务贸易的规范，《服务贸易总协定》一方面规定了服务贸易方面的纪律，另一方面又对发展中国家的义务作出了特别规定，包括了不要求发展中国家作出某些具体承诺，这包括本题选项中的 A、B、C 三项。D 项不是针对发展中国家的要求或许可。

9. ABCD。考点：服务贸易的分类及范围

解析：服务贸易几乎包罗万象。尽管目前还没有统一的详细的分类标准，但大的部门和分类是比较清楚的。一般来说，除了传统制造业和农业，大都可以归于服务业的范畴。本题中，所有选项都是正确答案。

10. ABCD。考点：货物贸易与服务贸易的联系

解析：货物批发，从销售过程看无疑属于货物销售，但从贸易方式上看又属于分销服务，因此它同时受到《服务贸易总协定》和《关税与贸易总协定》的调整。同一经济活动受到不同贸易规则的调整，在世界贸易组织体制中是很正常的情况。本题正确答案为选项 A、B、C、D。

11. AB。考点：服务贸易类型；征税权

解析：选项 C 错误。甲国和乙国对马克的 35 万美元获利征税，属于国际重复征税。选项 D 错误。乙国可作为来源地行使来源地税收管辖权。

（三）不定项选择题

1. ABCD。考点：国际服务贸易方式

解析：本题的题干非常模糊，它并没有说中国中医在什么地方给外国人治病。因而，四个选项的可能性都存在。如果外国人来中国，无疑是境外消费；如果通过网络等进行远距离诊断，则是跨境提供的方式；

如果中国中医到美国行医，则是自然人存在；如果中国医院到美国开设医院，则是商业存在，但在中国境内不是商业存在。因此，A、B、C、D 项都是正确选项。

2. ABCD。考点：《服务贸易总协定》项下的外国服务提供者的认定

解析：《服务贸易总协定》中的所谓"法人"，是指合法成立的任何法律实体，与中国公司法意义上的法人不是同一概念。同时，该"法人"是否属于某一成员，其确立标准有两种：设立标准和控制或拥有标准。占有股权 50% 以上，或能够合法指导合资企业的活动，均视为控制。因此，本题选项中，A、B 项均符合控制标准，合资银行属于美国的法人（或企业）。C 选项是从中国公司法角度讲的，而非从《服务贸易总协定》角度讲的，也正确。D 选项无疑为正确选项，设立合资企业是商业存在的一种方式。

3. D。考点：《服务贸易总协定》项下的具体承诺义务

解析：新闻出版、电视广播属于服务贸易的范畴，D 项无疑正确。但本题选项中的国民待遇义务和市场准入义务，都属于成员具体承诺的范畴，无承诺则无义务，中国没有作出这方面的承诺，自然不必承担也不存在违反该义务的问题。C 选项涉及与货物贸易相关的投资措施，不适用于服务贸易。

4. D。考点：《服务贸易总协定》下成员有关垄断服务提供者的义务

解析：成员在有关垄断服务提供者方面承担了一般性义务，应保证该提供者不滥用其垄断地位。因而，很显然，本题选项中 A、B、C 项都是错误选项。实际上，在墨西哥电讯案中，墨西哥政府即被裁决违反了保证其垄断服务提供者不滥用其垄断地位的义务。

5. AD。考点：《服务贸易总协定》下的一般义务和具体承诺

解析：本题正确答案非常明显，最惠国待遇和透明度属于一般性义务，而市场准入和国民待遇则属于具体承诺的范围。

 简答题

1. GATS（General Agreement on Trade Service）即《服务贸易总协定》，是第一个调整国际服务贸易的

多边性、具有法律强制力的规则。它规定了服务贸易的一般性原则和义务，以及各成员的具体承诺。《服务贸易总协定》明显地表现出了框架性协议的特点，它目前还缺乏有关的具体义务和规则，这些具体义务和规则在以后签订的相关协议中将有所规定。《服务贸易总协定》适用于各成员影响服务贸易的措施，该措施包括成员的中央、地区或地方政府的措施，以及它们授权行使权力的非政府机构采取的措施。但《服务贸易总协定》不适用于为履行政府职能而提供服务，即不是在商业基础上提供的，又不与任何一个或多个服务提供者相竞争的服务。

市场准入和国民待遇属于一国的具体承诺范围。是否给予市场准入，是否给予国民待遇，以一国具体列出的承诺表来确定。

（1）市场准入。

每个成员应具体列出市场准入的规定、限制和条件。每个成员给予其他任何成员的服务和服务提供者的待遇，不得低于其承诺表中所同意和明确的规定、限制和条件。除非在承诺表中明确规定，原则上GATS禁止对6种情形的限制：第一，限制服务提供者的数量，不论是以数量配额、垄断和专营服务提供者的方式，还是以经济需求标准要求的方式。第二，以数量配额或经济需求标准要求的方式，限制服务资产或交易的价值。第三，以指定的数量单位限制服务经营总数量或服务产出总量。第四，限制某一特定服务部门可以雇佣的或服务提供者可以雇佣的、为一具体服务的提供所必需或与之直接有关的自然人数量。第五，限制或要求服务提供者通过特定类型的法律实体或合营企业提供服务的措施。第六，通过限制外国持股的最大比例或外国单个或总体投资总额来限制外国资本的参与。

（2）国民待遇。

国民待遇仅限于列入承诺减让表的部门，并且以遵照其中所列条件和资格为前提。一成员在所有影响服务提供的措施方面，给予任何其他成员的服务和服务提供者的待遇不得低于其给予本国相同服务和服务提供者的待遇。但该规定并不要求给予任何其他成员的服务和服务提供者的待遇，在形式上与给予本国相同服务和服务提供者的待遇相同。无论形式是否相同都可满足国民待遇要求。但如果形式的相同或不同改变了竞争条件，从而使该成员的服务或服务提供者与

任何其他成员的相同服务或服务提供者相比处于有利地位，则提供给其他成员的这种待遇应被视为是较低的待遇。

只有在承诺生效后3年，在发出修改或撤销某一具体承诺意向后，才可以修改或撤销具体承诺。在出现严重的收支失衡和对外财政困难或这类威胁时，各成员可以对其已作出具体承诺的服务贸易，包括与该承诺有关的支付和转移，采取或维持限制。但该限制不应在各成员之间造成歧视，应避免对其他成员的商业、经济和财政利益造成不必要的损害，并且应在需要的限度内逐步取消。

成员可以自愿就市场准入和国民待遇作出额外的附加承诺。

2. 服务在国际之间提供可以通过下面四种方式进行：（1）跨境提供（不需要提供者和消费者的实际流动）。从一国境内向其他国境内提供服务，是服务产品的流动，如通过电话提供法律意见。（2）境外消费。涉及消费者移动到提供者国家的服务提供，在一国境内对其他国的消费者提供服务，如旅游。（3）商业存在。外国实体在一国境内以设立商业存在的方式提供服务，如银行保险。（4）自然人存在。需要自然人的短期移动来提供服务，一国的服务提供者在他国境内以自然人的存在提供服务，如工程承包。

国民待遇制度在服务贸易中的适用：在《服务贸易总协定》中，国民待遇属于一国的具体承诺范围，以一国具体列出的承诺表来确定。国民待遇在《服务贸易总协定》中的具体含义是：一成员在所有影响服务提供的措施方面，给予任何其他成员的服务和服务提供者的待遇不低于其给予本国相同服务和服务提供者的待遇。但该规定并不要求给予任何其他成员的服务和服务提供者的待遇，在形式上与给予本国相同服务和服务提供者的待遇相同。即无论形式上是否相同都可以满足国民待遇的要求。但如果形式的相同或不同改变了竞争条件，从而使该成员的服务或服务提供者与任何其他成员的相同服务和服务提供者相比处于有利地位，则提供给其他成员的这种待遇应被看作较低的待遇。但由于服务的多样性和无形性，对于"相同"的确定比在货物贸易中更加困难。

3. 《服务贸易总协定》是一项框架性协定，它规定了成员承担的一般义务和成员根据具体承诺承担的市场准入和国民待遇义务。一般义务规则主要包括以

下几项：

第一，最惠国待遇。根据该原则，对于协议项下的任何措施，各成员方应立即和无条件地给予任何其他成员方的服务和服务提供者以不低于其给予任何其他方同类服务和服务提供者的待遇。无论协定的某一成员方给予哪一国以任何有关服务贸易方面的优惠措施，其他成员方立即享有该优惠。但是给予最惠国待遇的义务可以在一定的条件下豁免，而且最惠国待遇义务的规定不妨碍毗邻国之间的优惠。

第二，透明度。为公平竞争、贸易自由的目的，国内惯例规章应向各成员公开，包括影响服务贸易的所有法律、法规和行政管理措施的具体信息及其修改。对于任何其他成员方对该信息的疑问应迅速答复。但如资料的公开会影响该国的公共利益，则该义务可豁免。

第三，相互承认标准。一成员方可承认某一特定国家的教育或经历、已满足的要求以及所颁发的许可和证明。《服务贸易总协定》成员方之间应通过双边协议或自动许可方式予以认可，并逐步制定和推行认可的统一国际标准和服务的统一标准。

第四，垄断和专营服务提供者及其他限制竞争的商业惯例。各成员方应确保在其境内的任何垄断服务提供者，在相关市场上提供垄断服务方面不得违反最惠国待遇及作出的具体承诺。即在其垄断或专营范围之外提供服务时，不得滥用其垄断专营优势地位。

第五，一般义务例外和国家安全例外。尽管有最惠国待遇义务的存在，《服务贸易总协定》允许成员采取贸易管制措施。该例外需满足两项要求：一是该措施在国家之间不构成武断的或不公正的歧视或构成对服务贸易的变相限制。二是该措施需用于维护公共道德和公共秩序，保护人类、植物、动物的生命或健康。除此以外，还包括安全例外。

4. 在《服务贸易总协定》中，国民待遇属于一国的具体承诺范围，仅限于列入承诺表的部门，并以遵照其中所列条件和资格为前提，在出现严重收支失衡和对外财政困难或这类威胁时，可对其采取或维持限制。但该限制不应在各成员之间造成歧视，应避免对其他成员的商业、经济和财政利益造成不必要的损害，并在需要的限度内逐步取消。

一成员在所有影响服务提供的措施方面，给予任何其他成员的服务和服务提供者的待遇不得低于其给予本国相同服务和服务提供者的待遇。不要求形式上相同，但如果改变了竞争条件，从而使该成员的服务或服务提供者与任何其他成员的相同服务或服务提供者相比处于有利地位，则被视为提供给其他成员的是较低待遇。

5. 形成于前互联网时代的 WTO 服务贸易规则未能适应数字贸易的发展，数字贸易对 WTO 规则的挑战主要体现在两个方面：数字贸易的归类和数字贸易中的跨境数据流动规制。数字贸易的归类直接影响数字贸易的规则适用，但 WTO 的现有归类系统未能适应数字贸易的特点。数字贸易的归类难题突出地体现在服务贸易模式的认定、电子传输的数字产品的归类以及数字服务贸易的归类中。跨境数据流动是进行数字贸易的前提，但 WTO 没有规制跨境数据流动的专门规则，各国对于跨境数据流动的规制分歧难以弥合。

 论述题与深度思考题

1. 在世界贸易组织《服务贸易总协定》（GATS）确立了服务贸易的规则后，各成员政府管理贸易时应遵循这些规则。根据 GATS，政府对国际服务贸易实施管理的基本原则是：

第一，最惠国待遇。根据该原则，对于协议项下的任何措施，各成员方应立即和无条件地给予任何其他成员方的服务和服务提供者以不低于其给予任何其他国同类服务和服务提供者的待遇。无论协定的某一成员方给予哪一国以任何有关服务贸易方面的优惠措施，其他成员方立即享有该优惠。但是给予最惠国待遇的义务可以在一定的条件下豁免，而且最惠国义务的规定不妨碍毗邻国之间的优惠。

第二，透明度。为公平竞争、贸易自由的目的，国内惯例规章应向各成员公开，包括影响服务贸易的所有法律、法规和行政管理措施的具体信息及其修改。对于任何其他成员方对该信息的疑问应迅速答复。但如资料的公开会产生影响该国的公共利益的情形，则该义务可豁免。

第三，相互承认标准。一成员方可承认某一特定国家的教育或经历、已满足的要求以及所颁发的许可和证明。GATS 成员方之间应通过双边协议或自动许可方式予以认可，并且逐步制定和推行认可的统一国际标准和服务的统一标准。

第四，垄断和专营服务提供者及其他限制竞争的商业惯例。各成员方应确保在其境内的任何垄断服务提供者，在相关市场上提供垄断服务方面不得违反最惠国待遇及作出的具体承诺，即在其垄断或专营范围之外提供服务时，不得滥用其垄断专营优势地位。

第五，国民待遇原则。虽然国民待遇属于各成员具体承诺的范围，但一旦承担，即需根据承诺内容赋予其他成员的服务和服务提供者国民待遇。一成员在所有影响服务提供的措施方面，给予任何其他成员的服务和服务提供者的待遇不得低于其给予本国相同服务和服务提供者的待遇。该国民待遇义务不要求形式上相同，但如果改变了竞争条件，从而使该成员的服务或服务提供者与任何其他成员的相同服务或服务提供者相比处于有利地位，则被视为提供给其他成员的是较低待遇。

2. 国际投资从根本上是服务于贸易、促进贸易发展的，即它从属于整个国际贸易体系，而世界贸易组织《服务贸易总协定》（GATS）作为该贸易体系的一员，其相关原则也就对国际投资构成影响。

（1）GATS中有关投资的规定。

其一，市场准入。GATS为服务业的市场准入提供了一个谈判机制。GATS成员方并不承担开放服务业市场的一般义务，而是通过具体承诺表来承担义务，成员方的市场准入承诺除其在承诺表中另有列明外，一般不能维持或采取6种限制措施，其中关于数量限制的措施对服务业国际投资的影响是间接的，而股权比例限制和特定形式限制则直接关涉服务业国际投资的市场准入和经营运作，因而GATS关于市场准入的一系列规则都与国际投资密切相关。

其二，国民待遇。对国际服务业投资者而言，比最惠国原则更重要的是国民待遇，即如何最大限度地打开服务输入国的国内市场，与当地服务和服务提供者展开平等竞争。对服务贸易来说，各国政府对它的干预和管制的程度大大高于货物贸易，也缺乏成熟的国际法规则调整，而且也易受到各种国内立法和措施的隐蔽性的限制和歧视，因此争取国民待遇无疑成为服务业国际投资者的首选目标。

其三，透明度。GATS对成员方的法律、规章、政令和措施的透明度作了要求。就国际投资而言，各成员方不仅要公布并及时报告、提供关于服务外资的专门规定、一般规定，还要保持其所缔结的双边或多边投资条约的透明度。

其四，例外条款。第一，对保障国际收支平衡的例外，使各成员方对服务业领域的国际资本流动保持了一定的控制权，这一项例外对发展中国家尤其重要；第二，对政府采购与补贴的例外，使成员方在进行政府服务采购时可照顾国内企业，并可在不同的外资服务企业之间实行差别待遇；东道国政府可以对国内服务企业进行适当补贴，以增强其与外资服务企业的竞争力；第三，一般例外，使成员方可基于维护公共秩序等理由限制某些服务部门的外国直接投资，可基于防止服务业外资企业转移定价等目的对其实施更加严格的管制措施。

其五，国内规章。GATS一方面赋予成员方行使制定各种新法规以符合其国内政策目标的权利，另一方面要求其成员方承担相应的义务，以避免将对成员方服务业外资审批程序产生重要影响，构成对外资进入的一种限制障碍。

（2）GATS对国际投资法的影响。

GATS投资规范中透明度原则、鼓励措施、例外条款等对于资本输入国、输出国更好地维护本国利益有一定的立法启示；GATS所体现的协商、谈判的重要思想，正是资本输出国可以遵循和倡导的；从GATS项下的义务条款来看，发达资本输出国应努力与东道国达成广泛的市场准入、国民待遇条款的具体承诺表，应尽力促成东道国国内法律法规的透明化，以使本国的投资鼓励措施得到东道国的良好配合，发挥鼓励投资措施；而GATS对发展中国家海外投资者的利益与照顾，需要发展中国家在国内立法上予以更具体的制度化，从而更好地促进本国的海外投资。

GATS投资规范对于国际投资法制的重大意义还在于它建立了一种多边多回合的谈判机制，不断扩大外国直接投资的准入范围。这种机制对国际投资法而言是一种全新的机制，对于服务行业中跨国直接投资的自由流动其作用不言而喻，对其他行业的跨国投资也有借鉴作用。

3. 1998年的WTO第二届部长级会议通过了《全球电子商务宣言》，电子商务成为正式议题。《全球电子商务宣言》旨在敦促总理事会制定一个全面的工作计划以审查所有与贸易有关的电子商务问题。《全球电子商务宣言》还包括一项政治声明，呼吁WTO成员"维持不对电子传输征收关税的现行做法"。总理事会将在下一届部长级会议时以协商一致的方式决定宣言的延期问题。宣言的上述内容也被称为"WTO 电子传输零关税延期宣言"。总理事会在 1998 年 9 月通过了"电子商务工作计划"，随着该计划的确立，WTO 在电子商务规则制定上的努力由此正式启动。在 2001 年的多哈部长级会议上，电子商务正式成为多哈发展议程的一部分。不过，在"一揽子承诺"决策机制下，WTO 成员能否在多哈回合项下对电子商务进行规则谈判，将取决于整个谈判回合的进展。随后的部长级会议均就电子商务作出了相关规定，但均未脱离"议题审议"和讨论的阶段。相较于多哈回合的其他议题，电子商务规则尚处于未启动谈判的阶段，这深受多哈回合僵局的影响。

2019 年 1 月 25 日，在瑞士达沃斯举行的 WTO 电子商务非正式部长级会议上，包括中国、欧盟、美国在内的 76 个成员签署了《电子商务联合声明》。声明提到，将在尽可能多的 WTO 成员的参与下，以现有的 WTO 协定和框架为基础，启动与贸易有关的电子商务谈判，以寻求达成高标准的成果。声明还强调，将充分认识并考虑 WTO 成员在电子商务领域面临的独特机遇和挑战，继续鼓励所有成员参加谈判。该声明所启动的电子商务谈判具有明显的诸边性质。自此，WTO 电子商务谈判实现多边与诸边路径并行的模式。

第八章　国际货物贸易管理法

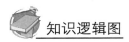知识逻辑图

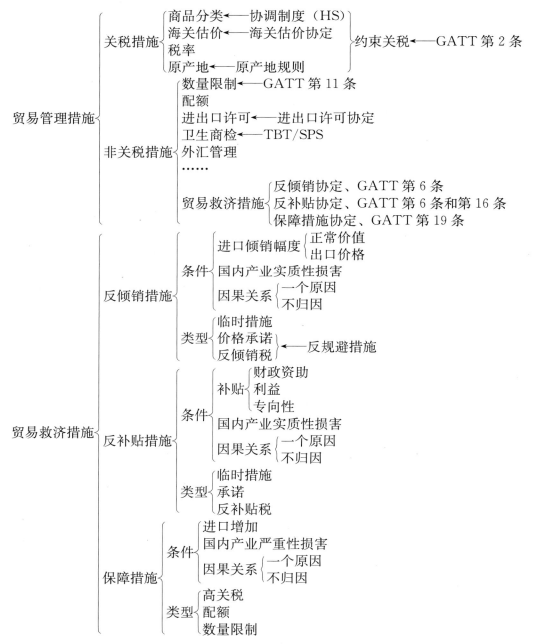

名词解释与概念比较

1. MFN（考研）
2. GSP（考研）
3. TBT（考研）
4. 倾销（考研）
5. 国民待遇（考研）
6. 保障措施（考研）
7. 联系协定（考研）

 选择题

（一）单项选择题

1. 我国对外贸易法中所称的对外贸易是指（　　）。
   A. 货物进出口、服务贸易、国际投资
   B. 货物进出口、技术进出口
   C. 国际服务贸易、技术进出口、货物进出口
   D. 国际服务贸易、技术进出口

2. 在采用从价税的国家，确定进口商品的完税价格首先应以下述哪一价格为依据？（　　）
   A. 到岸价格　　　　　　B. 离岸价格
   C. 输入国批发价格　　　D. 结构价格

3. 根据世界贸易组织《补贴与反补贴协定》，无须证明存在不利影响即可以对其提起申诉的补贴是（　　）。
   A. 出口补贴　　　　　　B. 可诉补贴
   C. 专向性补贴　　　　　D. 非专向性补贴

4. 下列哪一项措施不是我国有关反倾销法律规定的反倾销措施？（　　）（司考）
   A. 临时反倾销措施　　　B. 价格承诺
   C. 反倾销税　　　　　　D. 进口配额

5. 如果某一进口产品数量增加，对国内同类或与之直接竞争的产品生产尚未造成严重损害，进口国最有可能采取的措施是（　　）。（考研）
   A. 反倾销措施　　　　　B. 反补贴措施
   C. 保障措施　　　　　　D. 临时反倾销措施

6. 自愿出口限制协议（VER）或有秩序的行销安排（OMA）等措施常被称为（　　）。（考研）
   A. 灰色区域措施　　　　B. 保障措施
   C. 反倾销措施　　　　　D. 反补贴措施

7. 下列哪个条件是实施保障措施的必备条件？（　　）（考研）
   A. 采取了不公平的贸易手段
   B. 进口产品价格低于正常价格
   C. 国内相关产业面临实质损害
   D. 进口数量增加

8. 下列措施中，哪一项不是规避反倾销税的措施？（　　）
   A. 产品的细微改变
   B. 提高产品价格
   C. 产品后期改进
   D. 在进口国境内组装

9. 世界贸易组织多边贸易制度中，免费搭车（free riding）的问题是由于实施下述哪一原则造成的结果？（　　）（考研）
   A. 国民待遇　　　　　　B. 最惠国待遇
   C. 市场准入　　　　　　D. 普遍优惠待遇

10. 《中华人民共和国对外贸易法》不适用于下列哪种情况？（　　）（司考）
   A. 货物进出口
   B. 技术进出口
   C. 国际服务贸易
   D. 我国香港地区的货物进出口

11. 某外商向我国大量低价销售陶瓷制品，给我国陶瓷行业造成实质性损害。我国陶瓷行业协会可以根据《中华人民共和国对外贸易法》中哪一相应规定对外商提起贸易措施救济申请？（　　）（司考）
   A. 环境保护条款
   B. 反倾销反补贴条款
   C. 保障条款
   D. 保护幼稚工业条款

12. 在采用从价税的国家，确定进口商品的完税价格时应遵循什么样的次序？（　　）
   A. 成交价格、相同货物的成交价格、类似货物的成交价格、推定价格
   B. 到岸价格、离岸价格、批发价格、推定价格
   C. 推定价格、成交价格、批发价格、到岸价格
   D. 结构价格、成交价格、到岸价格、推定价格

13. 依《中华人民共和国对外贸易法》的规定，基于保障国家国际金融地位和国际收支平衡的原因，国家可以对货物贸易采取下列哪一项措施？（　　）（司考）

A. 禁止进口   B. 禁止出口

C. 限制进口   D. 限制出口

14. 世界贸易组织法律规则中的《与贸易有关的投资措施协议》适用的范围限于下列哪一项？（   ）（司考）

A. 与货物贸易有关的投资措施

B. 与服务贸易有关的投资措施

C. 与专利技术转让有关的投资措施

D. 与商标权转让有关的投资措施

15. 根据我国《反补贴条例》，采取反补贴措施的补贴应是下列选项中的哪一种？（   ）（司考）

A. 出口补贴   B. 国内补贴

C. 出口国专向补贴   D. 出口国普遍补贴

16. 根据中国法律，如果中国商务部终局裁定确定某种进口产品倾销成立并由此对国内产业造成损害的，可以征收反倾销税。下列关于反倾销税的哪种说法是正确的？（   ）（司考）

A. 反倾销税只对终局裁定公告之日后进口的产品适用

B. 反倾销税税额不得超过终局裁定的倾销幅度

C. 反倾销税和价格承诺可以同时采取

D. 反倾销税的纳税人应该是倾销产品的出口商

17. 根据我国《反倾销条例》规定，倾销进口产品的出口经营者在反倾销调查期间，可向商务部作出改变价格或停止以倾销价格出口的价格承诺。有关价格承诺的规定，下列哪一选项是正确的？（   ）（司考）

A. 商务部可以向出口经营者提出价格承诺的建议

B. 商务部在对倾销及其损害作出肯定的初步裁定之前可以寻求或接受价格承诺

C. 对出口经营者作出的价格承诺，商务部应予接受

D. 出口经营者违反其价格承诺的，商务部可以采取保障措施

18. 部分中国企业向商务部提出反倾销调查申请，要求对原产于某国的某化工原材料进口产品进行相关调查。经查，商务部终局裁定确定倾销成立，决定征收反倾销税。根据我国相关法律规定，下列哪一说法是正确的？（   ）（司考）

A. 构成倾销的前提是进口产品对我国化工原材料产业造成了实质损害，或者产生实质损害威胁

B. 对不同出口经营者应该征收同一标准的反倾销税税额

C. 征收反倾销税，由国务院关税税则委员会作出决定，商务部予以执行

D. 与反倾销调查有关的对外磋商、通知和争端事宜由外交部负责

19. 进口到中国的某种化工材料数量激增，其中来自甲国的该种化工材料数量最多，导致中国同类材料的生产企业遭受实质损害。根据我国相关法律规定，下列哪一选项是正确的？（   ）（司考）

A. 中国有关部门启动保障措施调查，应以国内有关生产者申请为条件

B. 中国有关部门可仅对已经进口的甲国材料采取保障措施

C. 如甲国企业同意进行价格承诺，则可避免被中国采取保障措施

D. 如采取保障措施，措施针对的材料范围应当与调查范围相一致

20. 中国企业甲、乙、丙代表国内某食品原料产业向商务部提出反倾销调查申请，要求对原产于 A 国、B 国、C 国的该原料进口进行相关调查。经查，商务部终局裁定确定倾销成立，对国内产业造成损害，决定征收反倾销税。根据我国相关法律规定，下列哪一说法是正确的？（   ）（司考）

A. 反倾销税的纳税人是该原料的出口经营者

B. 在反倾销调查期间，商务部可以建议进口经营者作出价格承诺

C. 终裁决定确定的反倾销税税额高于已付或应付临时反倾销税或担保金额的，差额部分不予征收

D. 终裁决定确定的反倾销税税额低于已付或应付临时反倾销税或担保金额的，差额部分不予退还

21. 国内某产品生产商向我国商务部申请对从甲国进口的该产品进行反倾销调查。该产品的国内生产商共有一百多家。根据我国相关法律规定，下列哪一选项是正确的？（   ）（司考）

A. 任何一家该产品的国内生产商均可启动反倾销调查

B. 商务部可强迫甲国出口商作出价格承诺

C. 如终裁决定确定的反倾销税高于临时反倾销税，甲国出口商应当补足

D. 反倾销税税额不应超过终裁决定确定的倾销幅度

22. 中国某化工产品的国内生产商向中国商务部提起对从甲国进口的该类化工产品的反补贴调查申请。依我国相关法律规定，下列哪一选项是正确的？（　　）（司考）

　　A. 商务部认为必要时可以强制出口经营者作出价格承诺

　　B. 商务部认为有必要出境调查时，必须通过司法协助途径

　　C. 反补贴税税额不得超过终裁决定确定的补贴金额

　　D. 甲国该类化工产品的出口商是反补贴税的纳税人

23. 关于中国在世界贸易组织中的权利义务，下列哪一表述是正确的？（　　）（司考）

　　A. 承诺"入世"后所有中国企业都有权进行货物进出口，包括国家专营商品

　　B. 对中国产品的出口，进口成员在进行反倾销调查时选择替代国价格的做法，在《中国加入世界贸易组织议定书》生效15年后终止

　　C. 非专向补贴不受世界贸易组织多边贸易体制的约束，包括中国对所有国有企业的补贴

　　D. 针对中国产品的过渡性保障措施，在实施条件上与保障措施的要求基本相同，在实施程序上相对简便

24. 根据《中华人民共和国保障措施条例》，下列哪一说法是不正确的？（　　）（司考）

　　A. 保障措施中"国内产业受到损害"，是指某种进口产品数量增加，并对生产同类产品或直接竞争产品的国内产业造成严重损害或严重损害威胁

　　B. 进口产品数量增加指进口数量的绝对增加或与国内生产相比的相对增加

　　C. 终裁决定确定不采取保障措施的，已征收的临时关税应当予以退还

　　D. 保障措施只应针对终裁决定作出后进口的产品实施

25. 应国内化工产业的申请，中国商务部对来自甲国的某化工产品进行了反倾销调查。依《反倾销条例》，下列哪一选项是正确的？（　　）（司考）

　　A. 商务部的调查只能限于中国境内

　　B. 反倾销税税额不应超过终裁确定的倾销幅度

　　C. 甲国某化工产品的出口经营者必须接受商务部有关价格承诺的建议

　　D. 针对甲国某化工产品的反倾销税征收期限为5年，不得延长

26. 进口中国的某类化工产品2015年占中国的市场份额比2014年有较大增加，经查，两年进口总量虽持平，但仍给生产同类产品的中国产业造成了严重损害。依我国相关法律，下列哪一选项是正确的？（　　）（司考）

　　A. 受损害的中国国内产业可向商务部申请反倾销调查

　　B. 受损害的中国国内产业可向商务部提出采取保障措施的书面申请

　　C. 因为该类化工产品的进口数量并没有绝对增加，故不能采取保障措施

　　D. 该类化工产品的出口商可通过价格承诺避免保障措施的实施

视频讲题

27. 为了促进本国汽车产业，甲国出台规定，如生产的汽车使用了30％国产零部件，即可享受税收减免的优惠。依世界贸易组织的相关规则，关于该规定，下列哪一选项是正确的？（　　）（司考）

　　A. 违反了国民待遇原则，属于禁止使用的与贸易有关的投资措施

　　B. 因含有国内销售的要求，是扭曲贸易的措施

　　C. 有贸易平衡的要求，属于禁止的数量限制措施

　　D. 有外汇平衡的要求，属于禁止的投资措施

28. 甲、乙、丙三国企业均向中国出口某化工产品，2010年中国生产同类化工产品的企业认为进口的这一化工产品价格过低，向商务部提出了反倾销调查申请。根据相关规则，下列哪一选项是正确的？（　　）（司考）

　　A. 反倾销税税额不应超过终裁决定确定的倾销幅度

　　B. 反倾销税的纳税人为倾销进口产品的甲、乙、丙三国企业

C. 商务部可要求甲、乙、丙三国企业作出价格承诺，否则不能进口

D. 倾销进口产品来自两个以上国家，即可就倾销进口产品对国内产业造成的影响进行累积评估

（二）多项选择题

1. 日本在《关税与贸易总协定》1964 年肯尼迪回合谈判中对黑白胶卷的进口关税承诺不超过 40％，在 1979 年东京回合谈判中对黑白胶卷的关税承诺不超过 30％，1994 年乌拉圭回合谈判中对黑白胶卷的关税承诺不超过 20％。下列选项哪些是正确的？（　　）（司考）

A. 肯尼迪回合的关税减让依然有效

B. 日本现在对进口黑白胶卷可以收取 25％的反倾销税

C. 根据海关提供服务所产生的费用，日本可以收取与之相当的服务费

D. 日本现在对从美国进口的黑白胶卷适用 15％的关税，违反了关税减让承诺

2. 在采用从价税的国家，确定进口商品的完税价格时可以采取的价格包括（　　）。

A. 成交价格、相同货物的成交价格

B. 相同货物的成交价格

C. 类似货物的成交价格

D. 推定价格

3. 依据《中华人民共和国对外贸易法》的规定，关于货物的进出口管理，下列选项哪些是不正确的？（　　）（司考）

A. 对自由进出口的货物无须办理任何手续

B. 全部自由进出口的货物均应实行进出口自动许可

C. 实行自动许可的进出口货物，国务院对外贸易主管部门有权决定是否许可

D. 自动许可的进出口货物未办理自动许可手续的，海关不予放行

4. 依据《与贸易有关的投资措施协议》，下列哪几项措施是成员方不得实施的与国民待遇和普遍取消数量限制原则不相符合的与贸易有关的投资措施？（　　）（司考）

A. 限制企业购买或使用进口产品的数量

B. 将企业进口产品的数量与该企业出口当地产品的数量或价值相联系

C. 将企业获得外汇与其外汇流入联系起来进行

限制

D. 规定企业出口销售产品时当地生产的数量或价值的比重

5. 商品的出口价格低于其正常价格构成倾销，其正常价值的确定方法包括（　　）。

A. 出口商品的本国销售价格

B. 替代价格

C. 出口产品对第三国的出口价格

D. 推定价格

6. 我国《对外贸易法》规定的贸易救济措施有（　　）。

A. 保障措施　　　　　B. 反倾销措施

C. 反补贴措施　　　　D. 反不正当竞争

7. 非关税措施是指除关税措施以外的一切直接或间接限制外国商品进口的法律和行政措施，下列制度中属于非关税措施的有（　　）。

A. 原产地规则

B. 许可证制度和配额

C. 海关估价

D. 技术性法规和规章

8. 世界贸易组织的常设机构有（　　）。

A. 部长会议　　　　　B. 总理事会

C. 上诉机构　　　　　D. 专家组

9. 普遍优惠制是发达国家给予发展中国家产品的何种待遇？（　　）（司考）

A. 最惠国待遇　　　　B. 国民待遇

C. 非互惠待遇　　　　D. 优惠待遇

10. 根据我国《对外贸易法》的规定，关于对外贸易经营者，下列哪些选项是错误的？（　　）（司考）

A. 个人须委托具有资格的法人企业才能办理对外贸易业务

B. 对外贸易经营者未依规定办理备案登记的，海关不予办理报关验放手续

C. 有足够的资金即可自动取得对外贸易经营的资格

D. 对外贸易经营者向国务院主管部门办妥审批手续后方能取得对外贸易经营的资格

11. 在进口倾销对国内产业造成实质损害的情况下，反倾销税可以追溯征收。该反倾销税可适用于下列哪些产品？（　　）（司考）

A. 采取临时反倾销措施期间进口的产品

B. 发起反倾销调查前 90 天内进口的产品

C. 提起反倾销调查前 90 天进口的产品

D. 实施临时反倾销措施之日前 90 天内进口的产品

12. 根据我国相关法律规定，满足下列哪些条件，商务部才可决定采取保障措施？（　　）（司考）

A. 进口产品数量增加

B. 进口产品数量增加是出口方倾销或补贴的结果

C. 进口产品数量增加并对生产同类产品的国内产业造成严重损害

D. 进口产品数量增加并对国内直接竞争产品的产业造成严重损害威胁

视频讲题

13. 根据我国的《反补贴条例》进行调查、采取反补贴措施的补贴，必须具有专向性。下列补贴中哪些属于具有专向性的补贴？（　　）

A. 由出口国政府明确指定某些企业、产业获得的补贴

B. 由出口国法律、法规明确规定的某些企业、产业获得的补贴

C. 以使用本国产品替代进口为条件的补贴

D. 以出口实绩为条件的补贴

视频讲题

14. 政府对外贸易管理制度是一国政府对进出口进行管理而采取的鼓励与限制措施。下列选项中属于政府外贸管制措施的是（　　）。

A. 关税制度

B. 进出口许可制度

C. 外汇管制

D. 进出口商品检验制度

15. 甲、乙、丙三国均为世界贸易组织成员，甲国对进口的某类药品征收 8% 的国内税，而同类国产药品的国内税为 6%。针对甲国的规定，乙、丙两国向世界贸易组织提出申诉，经裁决，甲国败诉，但其拒不执行。依世界贸易组织的相关规则，下列哪些选项是正确的？（　　）（司考）

A. 甲国的行为违反了国民待遇原则

B. 乙、丙两国可向上诉机构申请强制执行

C. 乙、丙两国经授权可以对甲国采取中止减让的报复措施

D. 乙、丙两国的报复措施只限于在同种产品上使用

16. 根据《中华人民共和国反补贴条例》，下列哪些选项属于补贴？（　　）（司考）

A. 出口国政府出资兴建通向口岸的高速公路

B. 出口国政府给予企业的免税优惠

C. 出口国政府提供的贷款

D. 出口国政府通过向筹资机构付款，转而向企业提供资金

（三）不定项选择题

1. 实施反倾销税的条件之一是倾销进口与国内产业损害之间存在因果关系。关于这一条件的下列表述何者为正确？（　　）（司考）

A. 倾销进口是国内产业损害的唯一原因

B. 倾销进口必须是造成国内产业损害的一个原因

C. 其他因素造成的国内产业损害不得归因于倾销进口

D. 没有倾销进口，就没有国内产业损害

2. 根据我国《反补贴条例》规定，下列有关补贴认定的说法何者为正确？（　　）（司考）

A. 补贴不必具有专向性

B. 补贴必须由政府直接提供

C. 接受者必须获得利益

D. 必须采取支付货币的形式

3. 根据我国保障措施制度，下列选项中何种损害是保障措施意义上的严重损害？（　　）（司考）

A. 对销售同类产品的经销商的损害

B. 对销售同类产品或直接竞争产品的经销商的损害

C. 对生产同类产品或直接竞争产品的生产商的损害

D. 对生产同类产品或直接竞争产品的工人的损害

4. 甲、乙、丙三国为世界贸易组织成员，丁国不是该组织成员。关于甲国对进口立式空调和中央空调

的进口关税问题，根据《关税与贸易总协定》，下列违反最惠国待遇的做法是（　　）。（司考）

A. 甲国给予来自乙国的立式空调和丙国的中央空调以不同的关税
B. 甲国给予来自乙国和丁国的立式空调以不同的进口关税
C. 因实施反倾销措施，导致从乙国进口的立式空调的关税高于从丙国进口的
D. 甲国给予来自乙、丙两国的立式空调以不同的关税

视频讲题

5. 某种化工材料进口数量的增加，使国内生产同类产品及与其直接竞争的产品的化工厂受到严重损害。依我国相关法律规定，与国内产业有关的自然人、法人或其他组织有权采取的措施有（　　）。（司考）

A. 直接向海关申请禁止该化工产品的进口
B. 向商务部提出反倾销调查申请
C. 向有管辖权的法院提起损害赔偿的诉讼
D. 向商务部提出保障措施调查的申请

简答题

1. 以美国的"301条款"为例，分析世界贸易组织成员方单边措施和世界贸易组织争端解决机制的关系。（考研）
2. 简述原产地规则的含义和世界贸易组织《原产地规则协议》的主要内容。（考研）
3. 简述反倾销措施与保障措施的区别。（考研）
4. 简述世界贸易组织反倾销规则中规定的征收反倾销税的条件。（考研）

论述题与深度思考题

1. 当前作为世界贸易组织成员的欧美国家采取的单边贸易保护主义措施主要有哪几种？如何防范？（考研）

2. 论世界贸易组织规则及其适用。（考研）
3. 试述关贸总协定的最惠国待遇。（考研）
4. 2002年3月5日，美国总统布什根据美国国际贸易委员会的建议，签署了一项命令，对于美国进口的10类钢铁产品征收"保障措施"税，税率从8%到30%不等，于3月20日生效。美国此举引起欧盟以及日本、韩国、中国、挪威、瑞士、新西兰和巴西等国家的抗议，它们遂于2002年6月向世界贸易组织争端解决机构提出对美国的控告。2003年7月，世界贸易组织争端解决机构发表报告，裁定美国的做法不符合世界贸易组织《保障措施协定》和《关税与贸易总协定》（1994年）中的有关规定，要求美国改正其做法。美国则于2003年8月向世界贸易组织上诉机构提出上诉。2003年11月10日，世界贸易组织争端解决机构上诉机构发表报告，维持世界贸易组织争端解决机构原来的裁定。请你结合此案分析：

（1）国际法和国内法的关系；
（2）世界贸易组织《保障措施协定》和《关税与贸易总协定》（1994年）中有关保障措施的规定。（考研）

参考答案

名词解释与概念比较

1. MFN，即最惠国待遇。最惠国待遇是世界贸易组织多边贸易制度中最重要的基本原则和义务，是多边贸易制度的基石。其基本含义是成员不得在其他成员之间进行歧视。根据协定的不同，最惠国待遇可以分为货物贸易方面的最惠国待遇、服务贸易方面的最惠国待遇和知识产权保护方面的最惠国待遇。《关税与贸易总协定》第1条第1款阐明了最惠国待遇在货物贸易方面的基本含义，即在对进出口或有关进出口而征收的，或者为进出口产品的国际支付转移而征收的任何税费方面，在征收此类税费的方法方面，在与进出口有关的所有规则与手续方面，在相关国民待遇方面，任何成员给予原产于或运往任何其他国家（或地区）的同类产品的任何好处、优惠、特权或豁免，应当立即地和无条件地给予原产于或运往所有成员方境内的相同产品。服务贸易方面的最惠国待遇和知识产权保护方面的最惠国待遇基本含义类似，但适用对象不同，服务贸易方面的最惠国待遇适用于同类服务和

服务提供者，知识产权保护方面的最惠国待遇适用于国民。

2. GSP，即普遍优惠待遇，是指发达国家从发展中国家进口工业制成品或半成品时，给予减税或免税的优惠，而不要求发展中国家实行对等的措施，同时这种待遇不必给予其他发达国家。其特点是普遍的、非互惠的，只限于关税的临时措施。GSP产生的背景是由于世界经济发展的不平衡，以及最惠国待遇在实践中出现实质不平等的现象，发展中国家在20世纪60年代向发达国家提出非互惠的对发展中国家的普遍优惠制。GSP从性质上讲是非强制性的，因而，是否给予发展中国家GSP，取决于发达国家。在世界贸易组织中，其法律依据是1979年的授权条款。

3. TBT，即《贸易技术壁垒协定》，世界贸易组织规则的组成部分之一，对所有成员都有约束力。该协定共含6部分——15条和3个附件，其目的为：遏制以带有歧视性的技术要求为主要表现形式的贸易保护主义，最大限度地减少和消除国际贸易中的技术壁垒。基本原则：避免不必要的贸易壁垒原则；非歧视原则；协调原则；等效和相互承认原则；透明度原则并对发展中国家给予宽限期。

4. 倾销是国际贸易中的一种不正当竞争手段，是一种企业行为，指一国产品以低于正常价值的价格进入另一国市场。根据世界贸易组织的有关规定，一国产品以低于正常价值的价格进入另一国市场，如因此对进口国领土内已经建立的某项工业造成实质性损害或产生实质性损害的威胁，或对某一国内工业的新建产生实质性阻碍，则进口国可以采取反倾销措施。我国及欧美等国对倾销的定义与世界贸易组织的规定无实质性差异。

5. 国民待遇（National Treatment）泛指一国根据条约或法律，给予在本国境内的外国人、产品或服务不低于本国人、产品或服务的待遇。在世界贸易组织中，对于货物贸易和知识产权来说，国民待遇是一条普遍适用的原则，但在服务贸易中，仅仅适用于所有已作出承诺的服务部门。同时，国民待遇的适用在货物方面仅限于同类产品、直接竞争或替代产品，在服务贸易方面仅限于同类服务或服务供应商，在知识产权保护方面限于国民。世界贸易组织国民待遇主要表现在《1994年关贸总协定》《服务贸易总协定》《知识产权协定》《与贸易有关的投资措施协议》及其他协议

的相关条款中。

6. 保障措施，即世界贸易组织允许的针对进口采取的保护国内产业的紧急救济措施。因进口产品数量增加，使国内同类产品或者与其直接竞争的产品的生产者受到严重损害或者严重损害的威胁时，进口国可以采取必要的保障措施，消除或者减轻这种损害或者损害的威胁。

7. 根据《罗马条约》的规定，欧共体有权同非成员国签订有关规定双方权利义务、共同行动和特别程序的联系协定，以发展和加强同非成员国特别是发展中国家的联系，并建立相应的组织结构。这是欧共体对外活动和组织结构的重要特色。这些联系协定大致可分为：与成员国资格有关的联系协定，加强同发展中国家合作的联系协定。联系协定是以国际法作为"联系基础"的条约，多是有关于组织机构的规定。这类组织机构包括部长理事会（合作理事会或联系理事会）、联系议会会议和仲裁庭。

 选择题

（一）单项选择题

1. C。考点：对外贸易的概念

解析：《中华人民共和国对外贸易法》第2条对对外贸易进行了界定。"对外贸易"是在广义上使用的，是大国际贸易概念，其不仅包括货物贸易，也包括技术、服务贸易。

2. A。考点：海关估价方法

解析：海关估价直接影响到进口产品的税负。世界贸易组织《海关估价协定》对海关估价方法及其适用顺序进行了规定。根据该协定第1条，进口货物的完税价格应为成交价格，即该货物出口销售至进口国时实付或应付的价格，并进行适当的调整。

3. A。考点：补贴的概念、种类及措施

解析：世界贸易组织的规则调整的仅是专向性补贴，它又可以分为出口补贴和可诉补贴。出口补贴是禁止性补贴，可诉补贴只有在其造成不利影响时才可以采取相关措施。因此，在题中，D选项明显不正确，C选项也不符合题意，B选项需要证明不利影响，因此，只有A选项正确。

4. D。考点：反倾销措施的种类

解析：依《中华人民共和国反倾销条例》的规定，

反倾销措施包括临时反倾销措施、价格承诺和反倾销税，并没有进口配额。因此，D选项不是我国反倾销法律规定的反倾销措施。

5. C。考点：各种贸易救济措施的适用条件

解析：本题中，既无倾销条件，也无补贴条件，因而很明显不能采取反倾销措施或反补贴措施，临时反倾销措施仍然是反倾销措施。正确选项是C项。值得注意的是，保障措施可以适用于没有造成严重损害的严重损害威胁。

6. A。考点：贸易救济措施

解析：自愿出口限制等措施是出口方单方面采取的措施，其实施条件均不符合保障措施、反倾销措施和反补贴措施。实际上它是逃避保障措施义务的一种措施，对国际贸易产生了不利影响。《保障措施协定》禁止这类措施的实施。

7. D。考点：贸易救济措施的实施条件

解析：在反倾销、反补贴和保障措施这三项救济措施中，只有保障措施不是针对不公平的贸易的，而是一种针对进口增加对国内产业采取的紧急救济措施。本题选项A和B都是不公平的贸易做法，C选项是实质损害，用于反倾销措施和反补贴措施，保障措施适用的是严重损害，因此只有选项D是正确选项。

8. B。考点：反倾销税的规避措施

解析：反倾销税是对特定特征的特定进口产品所征收的特别关税，如果产品发生变化，进口时形态不同于被征收反倾销税的产品，则可能规避反倾销税。本题选项中，A、C、D项都是为实现规避反倾销税这一目的所采取的方法，故应被排除。提高产品价格正是征收反倾销税的目的，不是规避措施。正确选项为B项。

9. B。考点：各种贸易待遇制度的理解

解析：世界贸易组织实施无条件的、立即的多边最惠国待遇原则，根据这一原则，一成员给予其他任何国家的产品、服务或知识产权保护等方面的优惠待遇，相同情形下，都应无条件地立即给予其他成员。这就使得双边谈判产生的利益需要给予其他没有参加谈判、没有提供好处的成员，即其他成员可以"搭便车"。这就是通常所谓的双边谈判、多边受益。国民待遇适用于国内与进口之间的内外比较，涉及特定外国，不存在其他外国搭便车的问题。普遍优惠待遇是一种单方面的待遇，由给惠国针对特定受惠国提供，也不

存在其他国家"搭便车"问题。市场准入是进口国对市场开放条件的规定和承诺，不涉及其他成员相互之间的关系比较问题。本题正确答案是B选项。

10. D。考点：我国《对外贸易法》的适用范围

解析：我国《对外贸易法》第9条和第10条规定了其适用于货物进出口、技术进出口和国际服务贸易，即A、B、C三项。此外，该法第69条规定："中华人民共和国的单独关税区不适用本法。"香港地区为我国的单独关税区，因此香港地区不适用该法。

11. B。考点：反倾销条款基本概念

解析：我国《对外贸易法》第41条规定："其他国家或者地区的产品以低于正常价值的倾销方式进入我国市场，对已建立的国内产业造成实质损害或者产生实质损害威胁，或者对建立国内产业造成实质阻碍的，国家可以采取反倾销措施，消除或者减轻这种损害或者损害的威胁或者阻碍。"本题中外商以低于正常价值的方式销售的行为是倾销行为，针对该行为的条款是反倾销条款。

12. A。考点：海关估价方法

解析：海关估价直接影响到进口产品的税负。世界贸易组织《海关估价协定》对海关估价方法及适用顺序进行了规定。根据该协定第1条，进口货物的完税价格应为成交价格，即为该货物出口销售至进口国时实付或应付的价格，并进行适当的调整。该协定第2条和第3条分别对相同货物的成交价格、类似货物的成交价格作了规定，在不能依次依据上述价格估价时，可以使用推定价格。

13. C。考点：我国《对外贸易法》关于限制与禁止进口的规定

解析：依我国《对外贸易法》第16条第9项规定，国家为保障国家国际金融地位和国际收支平衡，需要限制进口的，可以限制货物的进口。因此，选项C正确。此题也可以通过推断的方法解题：为了保障国际收支平衡，一般不会限制或禁止出口，因此，B选项和D选项均不正确；为了保障国际收支平衡而采取禁止进口的措施过于严厉，也是不允许的，因此，只有"限制进口"是适当的措施，也是本题的正确答案。

14. A。考点：《与贸易有关的投资措施协议》的适用范围

解析：在世界贸易组织法律体系中，《关税与贸易总协定》主要涉及货物贸易，《服务贸易总协定》涉及

的是服务贸易，《与贸易有关的知识产权协定》涉及的是贸易中的知识产权问题。《与贸易有关的投资措施协议》规定，在不损害1994年《关税与贸易总协定》的权利和义务的情况下，各成员不得实施任何与1994年《关税与贸易总协定》第3条或第11条的规定不一致的与贸易有关的投资措施，因为涉及的只是《关税与贸易总协定》，所以，《与贸易有关的投资措施协议》适用的范围限于与货物贸易有关的投资措施，不涉及与服务贸易或技术贸易有关的投资措施。

15. C。考点：反补贴中补贴的定义及补贴的专向性

解析：2002年1月1日起施行的我国《反补贴条例》（2004年修订）第3条第1款规定："补贴，是指出口国（地区）政府或者其任何公共机构提供的并为接受者带来利益的财政资助以及任何形式的收入或者价格支持。"同时该条例第4条规定，依照本条例进行调查、采取反补贴措施的补贴，必须具有专向性。具有下列情形之一的补贴，具有专向性：（1）由出口国（地区）政府明确确定的某些企业、产业获得的补贴；（2）由出口国（地区）法律、法规明确规定的某些企业、产业获得的补贴；（3）指定特定区域内的企业、产业获得的补贴；（4）以出口实绩为条件获得的补贴，包括本条例所附出口补贴清单列举的各项补贴；（5）以使用本国（地区）产品替代进口产品为条件获得的补贴。在确定补贴专向性时，还应当考虑受补贴企业的数量和企业受补贴的数额、比例、时间以及给予补贴的方式等因素。根据此规定，我国要反的外国补贴不是所有企业和产业都可以获得的普遍性补贴，而是我国法律明确规定的出口国政府给本国企业的专向性补贴，故C项正确。

16. B。考点：反倾销措施的相关内容

解析：反倾销税是由进口产品的进口商承担的一种特别关税，与临时反倾销税、价格承诺共同构成反倾销措施，但在出口商作出价格承诺时不应再征收反倾销税。在满足一定条件下，反倾销税可以对终局裁定公告前进口的产品追溯适用反倾销税。因此，本题选项中A、C、D都是错误选项。反倾销税是一种抵消倾销幅度从而保护国内受损产业的特别税，因而其征税幅度当然不应超过倾销幅度。故选项B正确。

17. A。考点：反倾销调查中的价格承诺制度

解析：我国《反倾销条例》规定，在反倾销调查期间，出口商可以自行作出价格承诺，商务部可以建议但不能强迫出口商作出价格承诺，对于出口商提出的价格承诺，商务部需要根据社会公共利益等因素进行审查，而非必须接受该承诺。因此，A选项正确，C选项错误。但价格承诺只能在肯定的初步裁定之后作出，而非在此之前。因此B选项错误。D选项将反倾销措施与保障措施相混淆，是错误选项。

18. 无正确选项。考点：反倾销相关规定

解析：征收反倾销税应同时满足三个条件——进口产品倾销、国内产业受损、二者之间存在因果关系，各个条件相互独立。反倾销税税额基于出口商的具体倾销幅度。根据我国相关规定，商务部负责调查，国务院关税税则委员会负责决定是否征收反倾销税，由海关具体实施。反倾销税的相关程序和措施与外交部无关。因此，本题提供的4个选项中，无正确选项，尽管原标准答案为A项。本题出错。

19. D。考点：保障措施条例

解析：本题涉及对保障措施条例相关内容的考查。根据我国《保障措施条例》，保障措施的调查通常由国内产业提起调查申请，若商务部没有收到采取保障措施的书面申请，但有充分证据认为国内产业因进口产品数量增加而受到损害的，可以决定立案调查，故选项A错误。保障措施的实施对象是未来进口的产品，本题B选项却说是已经进口的产品，故错误。保障措施中不存在价格承诺问题，故选项C错误。只有选项D正确：决定采取保障措施的，其范围应当限制在经调查确定的进口产品的范围内。

20. C。考点：反倾销税

解析：我国《反倾销条例》第40条规定，反倾销税的纳税人为倾销进口产品的进口经营者。故选项A错误。《反倾销条例》第31条第2款和第3款规定，商务部可以向出口经营者提出价格承诺的建议。商务部不得强迫出口经营者作出价格承诺。这里是可以向出口经营者建议作出价格承诺，而非进口经营者。故选项B错误。在已经征收临时反倾销税的情况下，如果最终反倾销税的税额与临时反倾销税的税额不同，遵循多退少不补原则。《反倾销条例》第43条第3款规定，终裁决定确定的反倾销税，高于已付或者应付的临时反倾销税或者为担保目的而估计的金额的，差额部分不予收取；低于已付或者应付的临时反倾销税或者为担保目的而估计的金额的，差额部分应当根据具

体情况予以退还或者重新计算税额。故选项 C 正确，选项 D 错误。

21. D。考点：反倾销措施

解析：反倾销税的目的是对因倾销进口受到损害的国内产业提供保护，但不是保护某一特定生产商。我国《反倾销条例》第 17 条规定，在表示支持申请或者反对申请的国内产业中，支持者的产量占支持者和反对者的总产量的 50％以上的，应当认定申请是由国内产业或者代表国内产业提出，可以启动反倾销调查；但是，表示支持申请的国内生产者的产量不足国内同类产品总产量的 25％的，不得启动反倾销调查。故选项 A 错误。《反倾销条例》第 31 条第 3 款规定，商务部不得强迫出口经营者作出价格承诺。故选项 B 错误。《反倾销条例》第 43 条第 3 款规定，终裁决定确定的反倾销税，高于已付或者应付的临时反倾销税或者为担保目的而估计的金额的，差额部分不予收取；低于已付或者应付的临时反倾销税或者为担保目的而估计的金额的，差额部分应当根据具体情况予以退还或者重新计算税额。另外，纳税人是进口商而非出口商。故选项 C 明显错误。《反倾销条例》第 42 条规定，反倾销税税额不超过终裁决定确定的倾销幅度。故选项 D 正确。

22. C。考点：反补贴措施

解析：根据《反补贴条例》第 32 条的规定，商务部可以向出口经营者或者出口国（地区）政府提出有关承诺的建议。商务部不得强迫出口经营者作出承诺。故选项 A 错误。根据《反补贴条例》第 20 条的规定，商务部认为必要时，可以派出工作人员赴有关国家（地区）进行调查；但是，有关国家（地区）提出异议的除外。故选项 B 错误。反补贴税的目的在于抵消产品所获得的补贴。《反补贴条例》第 43 条规定，反补贴税税额不得超过终裁决定确定的补贴金额。故选项 C 正确。《反补贴条例》第 41 条规定，反补贴税的纳税人为补贴进口产品的进口经营者。故选项 D 错误。

23. B。考点：中国在世界贸易组织中的权利、义务

解析：《中国加入世界贸易组织议定书》（以下简称《中国加入议定书》）对中国承担的义务作出了专门规定，包括贸易权、反倾销调查中的替代国价格、国有企业补贴、特保措施等。中国承诺在中国正式加入世界贸易组织的 3 年内，除国家专营商品外，所有中国企业都有权进行货物进出口。故选项 A 错误。在《中国加入议定书》生效时，如果进口成员的国内法含有市场经济标准，一旦中国根据进口成员的国内法，确立中国在某一产业或部门方面是市场经济，上述倾销确定中的选择方法的规定应当终止。无论中国是否证明市场经济这一点，上述选择方法的规定在《中国加入议定书》生效 15 年后终止。故选项 B 正确。根据世界贸易组织反补贴规则，非专向补贴不受世界贸易组织多边贸易体制的约束，但《中国加入议定书》规定，对国有企业的补贴视为专项补贴。故选项 C 错误。《中国加入议定书》中特别规定了针对中国产品的过渡性保障措施机制。这一机制，专门针对中国产品实施，实施条件低于保障措施的要求。故选项 D 错误。

24. D。考点：《保障措施条例》关于采取保障措施的相关规定

解析：《保障措施条例》第 2 条规定了采取保障措施的条件：进口产品数量增加，并对生产同类产品或者直接竞争产品的国内产业造成严重损害或者严重损害威胁的，依照本条例的规定进行调查，采取保障措施。该条例第 7 条规定，进口产品数量增加，是指进口产品数量的绝对增加或者与国内生产相比的相对增加。所以，A、B 两个选项都符合该条例的要求，不属于不正确选项。根据《保障措施条例》，保障措施可以分为临时保障措施和最终保障措施。《保障措施条例》第 19 条规定，终裁决定确定进口产品数量增加，并由此对国内产业造成损害的，可以采取保障措施。《保障措施条例》第 16 条同时规定，有明确证据表明进口产品数量增加，在不采取临时保障措施将对国内产业造成难以补救的损害的紧急情况下，可以作出初裁决定，并采取临时保障措施。临时保障措施采取征收关税的形式。该条例第 25 条进一步规定，终裁决定确定不采取保障措施的，已征收的临时关税应当予以退还。因此，C 选项内容符合保障措施条例，而 D 选项错误，故本题答案为 D 选项。

25. B。考点：反倾销税与倾销幅度

解析：选项 A 错误：我国政府的实地调查可以在境内进行，也可以经外国政府同意在境外进行。选项 B 正确：《反倾销条例》第 42 条规定，反倾销税税额不超过终裁决定确定的倾销幅度。选项 C 错误：《反倾销条例》第 31 条规定，倾销进口产品的出口经营者在反倾销调查期间，可以向商务部作出改变价格或者停止

以倾销价格出口的价格承诺。商务部可以向出口经营者提出价格承诺的建议。商务部不得强迫出口经营者作出价格承诺。选项 D 错误：《反倾销条例》第 48 条规定，反倾销税的征收期限和价格承诺的履行期限不超过 5 年；但是，经复审确定终止征收反倾销税有可能导致倾销和损害的继续或者再度发生的，反倾销税的征收期限可以适当延长。

26. B。考点：保障措施适用条件

解析：选项 A 错误：《反倾销条例》第 2 条规定，进口产品以倾销方式进入中华人民共和国市场，并对已经建立的国内产业造成实质损害或者产生实质损害威胁，或者对建立国内产业造成实质阻碍的，依照本条例的规定进行调查，采取反倾销措施。《保障措施条例》第 2 条规定，进口产品数量增加，并对生产同类产品或者直接竞争产品的国内产业造成严重损害或者严重损害威胁的，依照本条例的规定进行调查，采取保障措施。本案中，未涉及倾销，而是进口产品数量增加。选项 B 正确：《保障措施条例》第 3 条第 1 款规定，与国内产业有关的自然人、法人或者其他组织，可以依照本条例的规定，向商务部提出采取保障措施的书面申请。选项 C 错误：《保障措施条例》第 7 条规定，进口产品数量增加，是指进口产品数量的绝对增加或者与国内生产相比的相对增加。选项 D 错误：《保障措施条例》并未作此规定，《反倾销条例》第 33 条第 1 款规定：商务部认为出口经营者作出的价格承诺能够接受并符合公共利益的，可以决定中止或者终止反倾销调查，不采取临时反倾销措施或者征收反倾销税。中止或者终止反倾销调查的决定由商务部予以公告。

27. A。考点：与贸易有关的投资措施

解析：选项 A 正确："当地成分要求"或"国产化要求"属于违反国民待遇原则规定的投资措施。

28. A。考点：反倾销税

解析：选项 A 正确：《反倾销条例》第 42 条规定，反倾销税税额不超过终裁决定确定的倾销幅度。选项 B 错误：《反倾销条例》第 40 条规定，反倾销税的纳税人为倾销进口产品的进口经营者。选项 C 错误：《反倾销条例》第 31 条规定：倾销进口产品的出口经营者在反倾销调查期间，可以向商务部作出改变价格或者停止以倾销价格出口的价格承诺。商务部可以向出口经营者提出价格承诺的建议。商务部不得强迫出口经营

者作出价格承诺。选项 D 错误：《反倾销条例》第 9 条规定：倾销进口产品来自两个以上国家（地区），并且同时满足下列条件的，可以就倾销进口产品对国内产业造成的影响进行累积评估：（1）来自每一国家（地区）的倾销进口产品的倾销幅度不小于 2%，并且其进口量不属于可忽略不计的；（2）根据倾销进口产品之间以及倾销进口产品与国内同类产品之间的竞争条件，进行累积评估是适当的。可忽略不计，是指来自一个国家（地区）的倾销进口产品的数量占同类产品总进口量的比例低于 3%；但是，低于 3% 的若干国家（地区）的总进口量超过同类产品总进口量 7% 的除外。据此可知，并非一律累积评估。

（二）多项选择题

1. ABC。考点：《关税与贸易总协定》与世界贸易组织的约束性关税

解析：约束性关税是指对一种产品，一个缔约方所承诺给予其他缔约方的待遇，它常以在减让表中列明产品清单的方式表示，约束税率是承诺可征收税率的最高限额，缔约方有义务不超过该项产品的关税标准（除非经其他有关规定允许，如反倾销）。每一回合的关税减让谈判都会有新的关税减让承诺表，但从法律上看，旧表仍然有效（在特定的情况下，仍要适用），因此 A 项正确。对反倾销征收反倾销税的税率可以不受约束性关税税率的限制，因此 B 项正确。《关税与贸易总协定》有关关税的义务，不得阻止任何成员对任何产品进口随时征收下述关税和费用：对于同类产品或对于用于制造或生产进口产品的全部或部分的产品所征收的、与国内税费的国民待遇义务规定相一致且等于国内税的费用；符合反倾销或反补贴规则的反倾销税或反补贴税；与提供服务成本相当的规费或其他费用，据此 C 项正确。D 选项不正确，日本现在对从美国进口的黑白胶卷适用 15% 的关税，没有超过 20%，不能说是违反了关税减让承诺。

2. ABCD。考点：海关估价方法

解析：海关估价直接影响到进口产品的税负。世界贸易组织《海关估价协定》对海关估价方法及适用顺序进行了规定。根据该协定第 1 条，进口货物的完税价格应为成交价格，即为该货物出口销售至进口国时实付或应付的价格，并进行适当的调整。第 2 条和第 3 条分别对相同货物的成交价格、类似货物的成交价格作了规定，在不能依次依据上述价格估价时，可

以使用推定价格。

3. ABC。考点：《中华人民共和国对外贸易法》有关货物进出口的管理规定

解析：A选项不正确：对于自由进出口的货物，基于监测的需要，可以对部分自由进出口的货物实行进出口自动许可。B选项也不正确：并非全部自由进出口的货物均应实行进出口自动许可，基于监测进出口情况的需要，只是对部分自由进出口的货物实行进出口自动许可。C选项也不正确：对于实行自动许可的进出口货物，国务院对外贸易主管部门应当予以许可，而不是"有权决定是否许可"，自动许可主要是为了监测和统计，不应采用审批的方式决定是否许可。D选项是正确的：依《中华人民共和国对外贸易法》第15条第2款的规定，自动许可的进出口货物未办理自动许可手续的，海关不予放行。

4. ABCD。考点：《与贸易有关的投资措施协定》

解析：根据《与贸易有关的投资措施协定》，任何一成员方不得实施与国民待遇和普遍取消数量限制原则不相符合的与贸易有关的投资措施。其中与国民待遇不相符合的措施有：（1）企业购买或使用本国产品或源于国内渠道的产品；（2）限制企业购买或使用进口产品的数量，并把这一数量同该企业出口当地产品的数量或价值相联系。与普遍取消数量限制原则不符的措施有：（1）企业进口用于当地生产或与当地生产相关的产品，一般以其出口当地产品的一定数量或价值为限制；（2）企业进口用于当地生产或与当地生产相关的产品，把企业获得的外汇同其外汇收入联系起来进行限制；（3）企业出口或出口销售产品，这种限制是规定特定产品、产品数量或价值，或是规定其在当地生产的数量或价值比重。因此题目中的选项都应选。

5. ABCD。考点：倾销的确定

解析：倾销确定中的正常价值是一个虚拟价值，不同情况下需要根据不同方法确定。通常是依其本国销售价格确定，该价格不可得时，可以利用对第三国的出口价格，或根据生产成本加合理管理费用、利润等确定，此为推定价格（又称结构价格）。对非市场经济国家出口的产品，可以使用替代国产品的替代价格。因此，本题四个选项都正确。

6. ABC。考点：贸易救济措施的种类

解析：贸易救济措施是进口国用以救济国内产业因其他国家产品的进口所遭受的产业损害的特定救济措施。虽然倾销和补贴都是不正当的，但采取反倾销和反补贴措施的条件却完全不同于一般意义的反不正当竞争措施。本题中的正确选项是A、B、C三项。

7. ABCD。考点：非关税措施的理解

解析：非关税措施是相对于关税措施而言的，其范围非常广泛，且可能是不断产生的。一般来说，凡是可能对贸易造成限制性影响的关税以外的措施，都可以被称为非关税措施。本题中的四个选项都是可能限制贸易的，都是非关税措施。

8. BC。考点：世界贸易组织的机构设置及职责

解析：根据《世界贸易组织协定》和《争端解决规则与程序的谅解》，部长会议每2年一次，休会时其职责由总理事会行使，总理事会是常设决策机构；上诉机构是争端解决机构中的常设机构，审理专家组报告中的法律解释和法律结论；专家组是非常设机构，根据案件申诉方和被申诉方的申请而设立。

9. CD。考点：普遍优惠制的概念

解析：普遍优惠制是指发达国家在进口发展中国家产品时，在关税贸易上给予后者单方面的、非互惠的优惠待遇。该待遇对发展中国家普遍适用，而非仅限于对某一国家适用，同时不要求受惠国提供互惠。1971年《关税与贸易总协定》通过决议，使普遍优惠制作为最惠国待遇原则的例外合法存在于总协定体制中，并为1979年的授权条款所确认。最惠国待遇是一般待遇，国民待遇是国内待遇。本题答案应为选项C、D。

10. ACD。考点：《对外贸易法》有关外贸经营权的规定

解析：本题应选的是错误选项，这是首先应注意的问题。2016年修正的，我国《对外贸易法》第9条规定，外贸经营权采备案制，个人或企业经备案后都可以经营外贸。选项A、D表述错误，选项C排除了备案要求，表述错误。选项B表述正确。正确答案是选项A、C、D。

11. AD。考点：反倾销措施的适用

解析：反倾销税只能从作出肯定的最终裁决起适用，但在特殊情况下可以追溯适用，可以追溯到临时反倾销措施期间，甚至可以追溯到临时反倾销之日前90天内进口的产品（例如倾销方有倾销历史等），但无疑该追溯不能超过发起反倾销调查之前，或提起反倾销调查之前。因此，本题的正确选项是A、D。

12. 答案无法选出。考点：保障措施

解析：根据我国《保障措施条例》的规定，如果根据该条例进行的保障措施调查，确定进口产品数量增加，并对生产同类产品或者直接竞争产品的国内产业造成严重损害或者严重损害威胁的，可以采取保障措施。进口产品数量增加、国内产业受到损害、二者之间存在因果关系，是采取保障措施的三个基本条件。进口数量增加指进口数量的绝对增加或者与国内生产相比的相对增加。适用保障措施要求的产业损害程度重于反倾销或反补贴要求的损害程度，即严重损害而不是实质损害。

本题给出的标准答案是选项 C、D。但本题是一项多选题，且根据题意，各选项之间是一个并列关系。C、D 的区别在于产业的范围不同，以及针对的损害程度不同。二者并不是一个并列关系，选项不周延。进口数量增加和国内产业损害严重损害（或威胁），是采取保障措施的条件。所以，基于本题题干，无法选出正确答案。

13. ABCD。考点：补贴的专向性

解析：我国《反补贴条例》第 4 条规定："依照本条例进行调查、采取反补贴措施的补贴，必须具有专向性。具有下列情形之一的补贴，具有专向性：（一）由出口国（地区）政府明确确定的某些企业、产业获得的补贴；（二）由出口国（地区）法律、法规明确规定的某些企业、产业获得的补贴；（三）指定特定区域内的企业、产业获得的补贴；（四）以出口实绩为条件获得的补贴，包括本条例所附出口补贴清单列举的各项补贴；（五）以使用本国（地区）产品替代进口产品为条件获得的补贴。"本题提供的选项全部属于专向性补贴选项。

14. ABCD。考点：政府外贸管制

解析：我国《对外贸易法》所调整的对外贸易关系包括货物进出口关系、技术进出口关系以及国际服务贸易关系，其中政府对外贸易管理制度包括关税制度、进出口许可制度、外汇管制和进出口商品检验制度等内容。故 A、B、C、D 项均为正确答案。

15. AC。考点：国民待遇，裁决执行

解析：选项 A 正确：外国进口产品所享受的待遇不低于本国同类产品、直接竞争或替代产品所享受的待遇。甲国的行为违反了国民待遇原则。选项 B 错误、选项 C 正确：WTO 争端解决机制中没有强制执行。选

项 D 错误：没有这种限制。

16. BCD。考点：补贴

解析：《反补贴条例》第 3 条规定，补贴，是指出口国（地区）政府或者其任何公共机构提供的并为接受者带来利益的财政资助以及任何形式的收入或者价格支持。出口国（地区）政府或者其任何公共机构，以下统称出口国（地区）政府。本条例第 1 款所称财政资助，包括：（1）出口国（地区）政府以拨款、贷款、资本注入等形式直接提供资金，或者以贷款担保等形式潜在地直接转让资金或者债务（选项 C）；（2）出口国（地区）政府放弃或者不收缴应收收入（选项 B）；（3）出口国（地区）政府提供除一般基础设施以外的货物、服务，或者由出口国（地区）政府购买货物；（4）出口国（地区）政府通过向筹资机构付款，或者委托、指令私营机构履行上述职能（选项 D）。根据上述规定可知，选项 B、C、D 的情形均属于专向补贴。

（三）不定项选择题

1. BC。考点：反倾销措施的实施

解析：本题涉及实施反倾销措施的条件。进口产品存在倾销、对国内产业造成损害、二者之间有因果关系，是采取反倾销措施的必要条件。国内产业的损害可能由多个原因造成，其他因素造成的国内产业损害不能归因于倾销进口，但只要造成损害的原因之一是倾销进口，就可以实施反倾销措施，因此 B 选项和 C 选项正确。A 选项称"倾销是国内产业损害的唯一原因"，以及 D 项称"没有倾销进口，就没有国内产业损害"均排除了其他原因也可能造成国内产业损害的情况，因此，这两个选项的表述均不正确。

2. C。考点：补贴的特点与认定

解析：A 选项不正确：《反补贴条例》所反对的补贴必须具有专向性。B 选项也不正确：补贴不但可以由政府直接提供，也可以由政府间接提供，如放弃或不收缴应收收入等，委托其他实体提供补贴等。C 选项正确：接受者获得利益是构成补贴的条件之一。D 选项不正确：补贴可以有多种形式，不一定是支付货币的形式。

3. C。考点：保障措施

解析：我国《保障措施条例》第 2 条规定："进口产品数量增加，并对生产同类产品或者直接竞争产品的国内产业造成严重损害或者严重损害威胁（以下除特别指明外，统称损害）的，依照本条例的规定进行

调查，采取保障措施。"第 10 条规定："国内产业，是指中华人民共和国国内同类产品或者直接竞争产品的全部生产者，或者其总产量占国内同类产品或者直接竞争产品全部总产量的主要部分的生产者。"根据这条规定，本题正确答案是 C 项。

4. D。考点：最惠国待遇

解析：最惠国待遇原则表现出普遍性、相互性、自动性和同一性的特点。世界贸易组织的任何成员都可以享有其他成员给予任何国家的待遇。每一成员既是施惠者，也是受惠者。由于最惠国待遇义务的立即性和无条件性，每一成员自动享有其他成员给予其任何国家的最惠国待遇。选项 A 的做法不违反最惠国待遇原则：根据最惠国待遇原则中的"同一性"原则，优惠所给予的对象应是相同的，立式空调和中央空调属于不同的产品，其进口关税自当允许有别。选项 B 的做法不违反最惠国待遇原则：丁国不是世界贸易组织的成员，因此理论上甲国给予丁国和乙国的立式空调不同的进口关税，也是允许的。选项 C 的做法不违反最惠国待遇原则：反倾销措施属于世界贸易组织允许的最惠国待遇原则的例外。选项 D 的做法违反了最惠国待遇原则：甲、乙、丙三国均为世界贸易组织成员方，因此，甲国应给予乙国和丙国同一产品即立式空调同样的关税待遇。

5. D。考点：贸易救济措施，保障措施

解析：进口产品增加导致生产同类或直接竞争产品的国内产业受到损害，进口国可以采取的救济性措施是保障措施。只有在满足有关条件的前提下，才可以采取保障措施。因而，海关或法院都不能直接禁止或限制进口，或责令进行损害赔偿。本题的选项 A、C 错误，选项 D 正确。同时，由于本题提供的情形是进口量增加导致生产同类或直接竞争产品的国内产业受到损害，而不是进口产品的出口价格低于其国内销售价格，即不是倾销，因而也不能采取反倾销调查。选项 B 错误。

 简答题

1. 美国贸易法"301 条款"，是美国在国际贸易中为扩大出口而对其他国家单方面采取贸易制裁措施的条款，因最初规定于 1974 年贸易法第 301 条而得名，后经不断修订。现在主要包括"一般 301 条款"、"特殊 301 条款"和"超级 301 条款"，其适用范围和力度有所不同。但其总的基本内容是为了美国产品的出口。美国总统对外国不公平贸易行为可以进行贸易制裁。该条款在美国维护美国贸易利益方面发挥了重要作用。

"301 条款"下贸易措施的单边性与世界贸易组织强调的多边框架下解决国际贸易争端相悖。它与世界贸易组织规则的冲突主要体现在以下几方面：第一，单边主义对抗多边主义。世界贸易组织倡导多边贸易和自由贸易，各国之间的贸易应该在多边框架下磋商解决，限制单方任意采取报复行动。但是"301 条款"规定美国总统和贸易代表有权单方面决定实施贸易制裁。第二，争端解决时间和程序上的冲突。世界贸易组织为争端的解决设定了严格的期限和程序，这既有利于争端的解决，又有利于双方的利益。第三，双方的标准不一致。"301 条款"是基于外国政府不公正、不合理和具有歧视性的措施的，这样的标准是模糊的，和世界贸易组织的普遍的、透明的和实质性的评定标准不符。在世界贸易组织争端解决机构就"301 条款"作出裁定后，美国表示，对世界贸易组织成员，在诉诸世界贸易组织规则之前，不实施"301 条款"。

2. 原产地规则是根据国家立法或国家协议确立的原则发展出来的，并由一国用于确定货物原产地的规定。由于原产地规则的滥用已成为一种新的贸易壁垒，为取消非关税壁垒，乌拉圭回合谈判达成世界贸易组织《原产地规则协定》，其主要内容为：（1）规定了协调各国原产地规则应遵循的基本原则及目的，如平等原则、客观性、可预见原则及公正原则等。这也是原产地规则的核心内容。（2）定义和适用范围。该协定适用于非优惠原产地规则，即任何成员为确定商品的原产国而采用的法律、条例和普遍适用的行政命令。（3）实施原产地规则的纪律，包括过渡期的纪律和过渡期后的纪律。（4）争议解决，是指就执行该协定发生的争议，经过通知、审查、磋商和争端解决的程序安排。由于其复杂性，原定的过渡期实际已经超过，但世界贸易组织仍然没有就原产地实体规则达成协议。

3. 反倾销措施和保障措施都是世界贸易组织规则允许的贸易救济措施，但其性质和实施条件却不相同。

反倾销措施，是针对造成进口国国内产业损害的倾销进口产品采取的，旨在消除倾销或损害后果的措施；是针对不公平进口的措施。保障措施，是进口国针对造成国内产业严重损害的公平进口产品采取的临

时性的紧急救济措施。

但二者各有特点。采取反倾销措施的条件是：进口产品倾销；该倾销进口对生产同类产品的国内产业造成实质损害或有实质损害威胁；倾销进口与损害之间有因果关系。该措施的对象是倾销进口。国内产业范围是倾销进口产品的同类产品。其实施具有歧视性。采取反倾销措施无须补偿。反倾销措施的实施期限比较长，且有可能无限期实施。

采取保障措施的条件为：一成员只有在根据下列规定确定正在进口至其境内的产品数量绝对增加，或与国内生产相比相对增加，且对生产同类产品或直接竞争产品的国内产业造成严重损害或有严重损害威胁的，方可对该产品实施保障措施。该措施的对象为进口增加。国内产业范围是进口产品的同类产品或直接竞争产品，比倾销情形下的国内产业范围广。保障措施的实施应不具有歧视性。采取保障措施原则上对进口国提供补偿。保障措施的实施期限比较短，且必须在到期时完全终止。

4. 倾销（dumping）是指在一国的产品以低于其正常价值的价格进入另一国市场。世界贸易组织规则、《关税与贸易总协定》第6条和《反倾销协定》是调整反倾销的相关规则。征收反倾销税应具备三个条件：（1）倾销条件，即必须证明进口产品的出口价格是低于其正常价值的，确有倾销的存在。倾销的确定一般分三个步骤：确定正常价值，确定出口价格，以及将正常价值与出口价格相比较。（2）损害条件，即必须证明产品的倾销对进口国同类产业造成了实质损害或有实质损害威胁。（3）倾销与损害之间的因果关系，即必须证明进口产品的倾销是国内产业损害的原因之一，如同时有其他原因造成损害，该损害不得归因于倾销。

论述题与深度思考题

1. 单边贸易保护主义措施主要包括关税措施和非关税措施，前者主要是指各种进出口关税制度，后者主要包括进出口配额制度、许可证制度、外汇管制、商品检验、技术性贸易壁垒以及不正当使用反倾销措施、反补贴措施、保障措施等各项制度。

关税一直被用作贸易保护的措施。由于高关税实质上阻止了外国商品的进口，所以关税措施被形象地

称为关税壁垒。《关税与贸易总协定》的追求目的和宗旨是自由贸易，但其也认识到缔约国存在对国内产业进行保护的愿望，因而允许一定条件下采取措施保护国内产业免予外国竞争。针对关税，一般通过关税减让实现控制，即各国在降低关税谈判中作出的关税减少承诺。在世界贸易组织中，各成员对其进口产品作出的关税减让，构成了该成员的关税减让表，各成员在关税减让表中公布的税率是受到约束的，是可以使用的税率的最高限。一国在作出关税减让后不得再进一步提高，《关税与贸易总协定》不禁止作出减让的国家实际适用比约束关税低的关税。在采取约束关税与削减关税原则时，采取的是互惠互利原则，但发达国家与发展中国家之间可以不要求完全互惠，而要求发展中国家承担与其出口相一致的义务。

世界贸易组织除允许对进出口产品采取税费措施进行限制外，原则上禁止一切形式的数量限制，包括直接数量限制、配额和进口许可。如果实施数量限制，应在非歧视的基础上实施。为了国际收支平衡而实施的数量限制可以除外。与进出口产品有关的其他技术性措施，如进口许可程序、技术性规章，都要符合有关协议的规定。

针对欧美国家不正当采取反倾销措施进行单边贸易保护主义，被采取措施的倾销进口产品的出口商或生产商、进口商，能够通过法律程序救济，主要包括通过进口国国内程序向反倾销调查机关提出复议，向进口国国内法院提出诉讼，通过世界贸易组织的多边程序提出审查。其中多边解决程序包括成员国反倾销措施的多边行政监督和诉诸争端解决机构。前者主要是缘于《反倾销协定》建立反倾销措施委员会，该协议要求各成员对反倾销调查中采取的临时性和终局性措施应不迟延地通知该委员会，并每半年向该委员会通知在该期限内采取的所有措施。对于后者，《反倾销协定》规定，如果某一成员认为其他成员正在使其丧失从该协议中直接或间接地获得的利益或使其利益受到损害，可以提出与其磋商。

2. 世界贸易组织规则是以《建立世界贸易组织协定》为核心、以其附件及法律规则为组成部分的调整其成员贸易关系的规则，主要包括货物贸易规则、服务贸易规则、与贸易有关的知识产权规则和争端解决规则。这些规则构成了一个统一适用的整体，构成世界贸易组织的统一法律制度。就实体规则来说，它们

相互之间是共同适用关系，而非替代或排斥关系。世界贸易组织规则构成了各成员应承担的国际义务的来源。《建立世界贸易组织协定》第 16 条第 4 款明确规定："每一成员应保证其各项法律、规章和行政程序，与所附各协定中规定的义务相一致。"因此，各成员承担义务的主要方式是通过国内法来实施世界贸易组织规则的要求。但世界贸易组织规则是否在国内适用，世界贸易组织规则本身却没有确定的规定或要求。

世界贸易组织规则是国际条约。根据一般国际法在国内适用的理论，这一问题牵涉国际法与国内法之关系这一个理论与实践的重大问题。在理论上，关于国际法和国内法之关系主要有所谓的一元论和二元论。一元论将国际法和国内法置于同一种法律规范体系中；二元论强调国际法和国内法之间的本质区别，无论是哪种法律秩序都没有权力创设或修改另一种法律。但两者各自都不能令人信服。在国际法学界新兴的一种协调说认为，国际法和国内法各自作为法律体系并不发生冲突，因为它们在不同的领域发挥作用，每一种法律体系在各自的领域内是最高的。这种学说得到越来越多的学者的支持。我国对这一问题的看法有一个发展的过程，现在的主流观点认可周鲠生先生的观点：国际法和国内法是两个不同法律体系，但是制定者都是国家，两个法律体系之间又相互联系、相互渗透、相互补充。

对于一般国际法在国内法院适用的实践，迄今国际上还没有统一的规定，但是形成了至少两项基本原则：一是条约必须遵守原则。根据《维也纳条约法公约》的规定，各国不得援引国内法规定为理由而不履行条约。二是不干涉内政原则。根据这个原则，各国作为主权实体可以制定任何本国社会所必需的国内法。如果有关事项属于国际法的调整范围，则国家一方面有权实施国内法而不顾国际法，另一方面应当承担相应的国家责任。在各国实践中，对国际习惯和条约的适用方式有几种：第一种是转化方式，即条约只有通过国内立法机关的立法，将条约或其内容制定为国内法才能适用；第二种是并入或采纳方式，即国内宪法或部门法作出原则性规定，总体上承认国际法为国内法的组成部分并可以在国内直接适用；第三种是混合方式，即同时采用转化和纳入两种方式来适用条约。世界贸易组织各成员在国内适用世界贸易组织规则的方式，一般采取转化方式，即使是国内宪法规定国际条约在国内直接适用的国家，也应制定相应的国内法，以保证世界贸易组织规则的实施。

世界贸易组织规则在中国的适用。由于我国宪法没有就国际条约在中国适用问题作出统一的规定，其适用势必带来以下方面的问题：（1）世界贸易组织规则在我国适用方式的问题。直接并入的方式虽然简便易行，但弊端也明显：中国社会主义市场经济法律体系尚未完善，一次性地直接适用世界贸易组织规则不符合中国实际，我国的立法在维护国家经济安全方面尚没有完全发挥作用。转化适用的优点是可以结合国内有关部门或领域的实际来适用，但问题是这不能完全保证国内法与世界贸易组织规则的统一。另外一种消极的适用方法是维持现状，等争议发生后根据争端解决机构的裁决来适用，这是最不受世界贸易组织成员方欢迎的方式，也违反了《建立世界贸易组织协定》第 16 条及善意履约的义务。（2）涉及国内法院和当事人的问题，即法院和当事人能否在具体案件中直接适用《建立世界贸易组织协定》。根据现在世界贸易组织的实践和成员方国内实践，世界贸易组织规则不具有在国内法院直接适用的效力。（3）《建立世界贸易组织协定》与我国国内法可能发生冲突时何者优先的问题。由于世界贸易组织规则不具有在国内法院直接适用的效力，原则上不存在其规则与国内法冲突的问题。如果存在冲突，应以国内法为准，必要时参考世界贸易组织规则作出协调性的解释。（4）世界贸易组织争端解决机构通过的专家小组决定和上诉机构意见在我国的效力问题。上诉决定和意见只对有关案件的当事人具有拘束力，但如何实施争端解决机构的裁定和建议，则由被诉成员自己决定。

3.《关税与贸易总协定》中的最惠国待遇原则或义务，是一项根本性原则或义务，是关税与贸易总协定多边贸易制度的基石。其基本内容是：在进出口、有关进出口的国际支付转移所征税的关税和费用方面，在征收此类关税和费用的方法方面，在有关进出口的全部规章手续方面，在国民待遇方面，任何成员给予产自或运往其他任何国家产品的利益，应立即无条件地给予来自或运往所有其他成员的同类产品。该最惠国待遇具有多边性、无条件与制度化的特点。多边性是指最惠国待遇适用于世界贸易组织所有成员方之间的贸易关系，突破了双边贸易协定中的双边最惠国待遇的范围，使得双边谈判达成的好处在多边基础上为其他成员享有。无条件是指多边最惠国待遇的适用不取决于任何与产品产地相关的前提条件，不论此等条件是贸易性质的还是非贸易性质的。它具有自动给予的特点。制度化是指它构成了多边贸易制度的最基本内容，其适用和修改受到严格的限制。

但是最惠国待遇义务存在例外。主要例外包括：一般例外，国家安全例外，对发展中国家差别待遇例外，义务豁免例外，关税同盟和自由贸易区例外等。

4.（1）国际法与国内法的关系。

在国际法与国内法的关系上，国际法学界存在两派理论，三种学说。所谓两派理论即"一元论"和"二元论"；所谓三种学说，即"国内法优先说"、"国际法优先说"和"平行说"。"一元论"认为国际法与国内法同属一个法律体系。在这个法律体系中，认为国内法优于国际法的，被称为"国内法优先说"；认为国际法优于国内法的，被称为"国际法优先说"。"二元论"认为，国际法与国内法是两个不同的法律体系，这两个体系互不隶属、地位平等。故"二元论"又被称为"平行说"。

"国内法优先说"认为国际法作为法律，与国内法同属一个体系，在这个体系中，国际法是依靠国内法才得到其效力的。换句话说，国际法的效力来自国内法，国际法是国内法的一部分，是国家的"对外公法"。中国学者认为，这种学说无限扩大了国家主权，鼓吹国际法受制于国内法，实际上否定了国际法的效力，使国际法本身失去了独立存在的意义，为强权政治和霸权主义打开了绿灯。日本学者虽不同意这种学说所主张的国际法的效力是国内法所赋予的，但他们却认为，并非任何情况下都不能承认国内法的优先。在国内关系上，通常由各国宪法来决定适用于该国的国际法和国内法两者的效力关系，有时还承认违背国际法的国内法是有效的。当然，日本学者只是将这作为一种特殊情况，他们也认识到在解释上要尽可能使国际法与国内法协调起来，在实践中防止各国宪法承认违背国际法的国内法的效力。

"国际法优先说"认为，在国际法和国内法统一的法律体系中，国际法应处于主导的地位。国内法的妥当与否，应由国际法来确认，换句话说，国内法的合理性源于国际法。这种学说虽适应了第一次世界大战后国际社会普遍要求加强国际法效力的潮流，但它过分强调国际法的重要性，因而否定了主权国家应有的

制定和实施国内法的权利，使国际法蜕变成"超国家法"和"世界法"。

关于国际法规则在国内的适用，主要是国际法的两个最为主要的渊源即国际习惯、国际条约如何在国内适用。就国际习惯法规则而言，大部分国家认为国际习惯法规则若不与现行国内法相抵触，可以作为本国法的一部分来直接适用，如英、法、德、美、日等国。就国际条约而言，情况更为复杂。国际条约能不能在国内法院适用，能不能直接产生国内效力，取决于国内法的规定如何。各国的做法有：一种为"转化"，即要求所有的条约都必须逐个经过相应的国内立法程序转化成为国内法之后，才能在国内适用。另一种为"采纳"，即原则上所有条约都可以在国内直接适用，不需要国内的立法转化。在国际实践中，单一地采用上述一种方式的国家不多，多数国家都是两种方式并用。总之，国家加入了一个条约，即受条约义务的约束，如果国内法院拒绝适用，国家应对此行为承担违反条约义务的责任。

（2）世界贸易组织《保障措施协定》和《关税与贸易总协定》中有关保障措施的规定。

保障措施，是一种针对进口采取的保护国内产业的贸易救济措施，是一种例外性的紧急救济措施。《关税与贸易总协定》第19条和《保障措施协定》共同构成了世界贸易组织规则中有关保障措施的相关规则。《保障措施协定》进一步细化和阐明了保障措施适用的条件和程序。

保障措施的适用应满足下述条件：第一，进口增加。根据《保障措施协定》第2条第1款的规定，包括绝对增加和相对增加，只有在一产品进口正在绝对增加，或者相对于国内生产和消费量而言相对增加，并且对国内生产相似或直接竞争产品造成或者威胁造成严重损害的情况下，才可对该产品采取保障措施。该款列出了采取保障措施所必须具备的主要条件，但首要的是进口必须正在增加。第二，严重损害。《保障措施协定》第4条第1款a项对"严重损害"有精确的解释，"国内产业"指在进口方领土内经营直接竞争产品的所有生产者，或占有重大比例的生产者；"严重损害"应理解为对某一国内产业重大的、全面的损害；"严重损害的威胁"应解释为严重损害的威胁是显而易见的。第三，进口增加与严重损害之间的因果关系。进口数量增加就是国内产业受到的严重损害或严重损

害威胁的原因。同时，如增加的进口之外的因素正在同时对国内产业造成损害，则由此造成的损害不得归因于增加的进口。此为不归因原则。第四，不可预见的发展。拟采取保障措施的成员还必须在事实上证明其国内产业受到的损害是不可预见的发展的结果。

对保障措施适用的严格规定。保障措施是一种例外性紧急救济措施，因而其适用和程序是非常严格的。采取保障措施必须经过公开调查阶段。调查应当包括向所有利益相关方作出合理的公告、公开举行听证会等陈述证据的方式。主管当局应当公布调查结果，并作出合理的结论。保障措施应对所有来源的产品进口实施，遵循非歧视原则，保持调查对象与实施对象的一致性，除非提供充分的理由。保障措施应限于救济国内产业损害的必要限度内，在"防止或补救严重损害必要的限度内实施"，"在供应国之间分配配额时应公平合理"。保障措施应遵循严格的适用期限，包括临时措施在内，最长不超过8年，且在实施期内应逐渐放松。

在实施保障措施时应保持相当的减让和义务水平。就保障措施对其他成员方造成的不利后果，可以磋商而给予一定的贸易补偿。磋商在30天没有达成一致的，受影响方可以在90天内，终止其对保障措施方承担的对等义务（报复措施）。同时，对发展中国家的利益予以适当考虑。

第九章 国际投资法概述

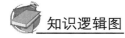
知识逻辑图

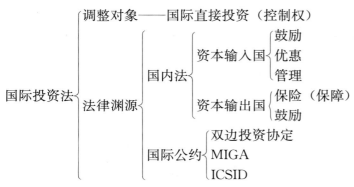

名词解释与概念比较

1. 国际直接投资
2. 国际投资法

选择题

单项选择题

1. 国际直接投资的突出特征是(　　　)。

A. 投资方式

B. 投资利润高

C. 投资风险大

D. 投资者拥有有效控制权

视频讲题

2. (　　　)是国际直接投资大发展的客观前提。

A. 科技革命的发生

B. 社会化大生产的发展

C. 国际分工的新发展

D. 国际经济一体化的趋势

3. 甲国 T 公司与乙国政府签约在乙国建设自来水厂,并向多边投资担保机构投保。依相关规则,下列哪一选项是正确的?(　　　)(司考)

A. 乙国货币大幅贬值造成 T 公司损失,属货币汇兑险的范畴

B. 工人罢工影响了自来水厂的正常营运,属战争内乱险的范畴

C. 乙国新所得税法致 T 公司所得税增加,属征收和类似措施险的范畴

D. 乙国政府不履行与 T 公司签订的合同,乙国法院又拒绝受理相关诉讼,属政府违约险的范畴

视频讲题

论述题与深度思考题

1. 论述国际投资法的体系。(考研)

139

2. 试从国内法与国际法两个方面论述跨国公司的法律地位。

参考答案

 名词解释与概念比较

1. 国际直接投资是指一国私人在国外投资经营企业，直接或间接控制其投资企业的经营活动，是生产资本的输出，其重要特点是投资者直接参与企业的生产经营，其标准是是否有效控制作为投资企业的外国企业。这与国际间接投资形成了明显区别。但对于有效控制标准，国际上并无统一的理解。

2. 国际投资法是调整国际私人直接投资关系的国内法与国际法规范的总称。这主要包括以下几个方面：国际投资法仅调整国际私人投资关系，政府投资不包括在内；只调整国际直接投资关系，不调整国际间接投资关系；直接投资关系既包括投资者之间的关系，也包括投资者与东道国以及其母国的关系，还包括东道国与投资国的关系。

选择题

单项选择题

1. D。考点：国际直接投资概念

解析：国际直接投资是指一国私人在国外投资经营企业，直接或间接控制其投资企业的经营活动，是生产资本的输出。其重要特点是投资者直接参与企业的生产经营，其标准是是否有效控制作为投资企业的外国企业。这与国际间接投资形成了明显区别。

2. C。考点：国际直接投资发展的原因

解析：投资的根本目的在于实现利益的最大化，正是因为国际分工出现了新的发展，投资者为降低成本，实现自身利益的最大化，才将资本投向其他国家和地区。

3. D。考点：政府违约险

解析：选项 A 错误：货币贬值属于商业风险，不属于货币汇兑险的范畴。选项 B 错误：战争内乱不包括工人罢工。选项 C 错误：乙国征税的行为属于普遍适用的非歧视性措施，不属于征收和类似措施险范畴。选项 D 正确：多边投资担保机构所承保的政府违约险，

指东道国对担保权人的违约，且担保权人无法求助于司法或仲裁机构对毁约或违约的索赔作出决定；或者司法机关或仲裁机构未能在合理期限内作出裁决，或者是有这样的裁决而不能实施。

 论述题与深度思考题

1. 国际投资法是指调整国际私人直接投资关系的法律规范的总和，是国际经济法的一个重要分支。它是由调整国际投资关系的国内法规范和国际法规范综合形成的一个法律体系。具体来说，其包括国内立法、国际条约和其他法律渊源这几种法律规范。

（1）国内立法：国际投资法的国内法部分分为两种。

其一，资本输入国的外国投资法。外国投资法是资本输入国调整外国私人直接投资关系的法律规范的总称。其内容主要是规定资本输入国政府、外国投资者、外国投资企业关于投资的权利义务关系。世界各国的外国投资法律形式和体系不同，有的制定统一的投资法典，有的颁布专门的单行法规，有的适用一般的国内法。

其二，资本输出国的海外投资法。这是为了维护本国的经济利益，保护私人海外投资而制定的。最重要的是海外投资保险法。有的资本输出国还有关于管制或鼓励海外私人投资的法律规定。

（2）国际条约：调整国家之间有关国际投资的权利义务关系的条约有两种，即双边条约和多边条约。

第一，双边条约。两国之间为促进和保护相互投资而缔结的双边投资条约，它在国际上应用最为广泛。主要有三种形式——"友好通商航海条约"、"投资保证协定"以及"相互促进和保护投资协定"，第三种的应用最为广泛。

第二，多边条约。其又分为区域性多边条约和世界性多边条约。区域性多边条约是指区域性国际组织旨在协调成员国外国投资法律而签订的条约，最为典型的是《安第斯共同市场外国投资规则》。世界性多边公约与协定主要有：《解决国家与他国国民之间投资争端公约》、《多边投资担保机构公约》，世界贸易组织下的《与贸易有关的投资措施协议》与《服务贸易总协定》。这些多边投资公约与协定对缔约国有普遍约束力。

（3）其他法律渊源。

这主要包括联合国大会的规范性决议、国际惯例及国际法的其他辅助渊源。其中联合国大会的决议居于重要地位。联合国大会在 20 世纪 60 年代至 70 年代通过了一系列与国际投资有关的行动纲领和《各国经济权利义务宪章》。这些文件特别规定了国家对本国自然资源的永久主权，国家有权管制本国境内的外国投资、实行国有化，等等。

综上所述，构成国际投资法律的体系是多层次的，它们共同构成了有关国际投资方面的准则。

2. 随着社会生产力的不断发展，生产日益专业化、社会化、国际化，跨国公司的发展是国际经济关系中最重大的变化之一。跨国公司产生于 19 世纪末自由资本主义向垄断资本主义过渡的时期。垄断资本为了输出过剩资本，开拓国外市场，掠夺海外资源，获取高额利润，开始在国外投资设厂，建立分支机构等，这就形成了早期的跨国公司。

跨国公司指一个企业，组成这个企业的实体设在两个或两个以上的国家，而不论这些实体的法律形式和活动范围如何。这种企业的业务是通过一个或多个决策中心，根据一定的决策体制经营的，因而具有一贯的政策和共同的战略。企业的各个实体由于所有权或其他因素而相互联系，其中一个或一个以上的实体能对其他实体的活动施加重要影响，尤其是可以同其他实体分享知识、资源以及分担责任。跨国公司具有跨国性、战略的全球性、管理的集中性、公司内部的联系性等特征。

基于跨国公司的定义和特征，对于跨国公司的国际法律地位存在争论，即跨国公司是否是国际法主体。一些学者基于以下理由认为跨国公司是国际法主体。第一，一国政府与外国私人投资者（包括跨国公司）签订特许协议，约定在一定时期，在其境内指定地区内允许其享有专属于国家的某种权利，投资从事于公用事业建设或自然资源开发等特殊经济活动。此种特许协议与国内一般合同相比具有特殊性，特许协议的一方是主权国家的政府，另一方则是外国私人投资者，协议内容涉及国家特许给外国私人投资者专属于国家的某种权利，有的协议里约定了选择适用国际法或一般法律原则的条款。一些学者据此认为此种特许协议的性质与国际协定的一致，主权国家在与外国投资者签订特许协议时已默认后者为国际法主体。

第二，1965 年由世界银行倡导制定了《关于解决国家与他国国民之间投资争端公约》（《华盛顿公约》）。《华盛顿公约》建立了一个处理投资者与主权国家之间投资争端的国际中心，这个机构不属于任何特定国家，而是设立在世界银行这一国际组织之下的。基于《华盛顿公约》，外国私人投资者具有所谓的国际出诉权，可独立起诉主权国家，一些学者据此认为跨国公司应被看作国际法主体。

第三，自 20 世纪 70 年代以来，出现了一些针对跨国公司的国际性、地区性的法律文件，其中具有最重要意义的是联合国经社理事会草拟的《联合国跨国公司行动守则》。《联合国跨国公司行动守则》直接提到跨国公司，并对跨国公司的权利、义务作出规定，一些学者据此认为跨国公司拥有并承受国际法上的权利、义务，享有国际法主体资格。

实际上，以上认为跨国公司是国际法主体的理由都无法成立。

首先，法律关系的主体资格是由法律确定的，而不是由缔约一方赋予的。特许协议只不过是一个政府同一个外国公司之间的协议，其唯一目的是规定一国政府同外国公司之间有关特许协议的合同关系，而不是调整两国政府间的关系，不产生国际法上的权利和义务关系。特许协议不应被视作与国际协定具有同等地位。因此，跨国公司作为契约一方，只是国内法契约的当事人，而非国际法主体。从协议的适用法律来看，即使选择适用国际法，也只是说明该国国内法允许作这种选择，是对国内法适用的补充，特许协议的国内契约性质并不因此而改变。

其次，虽然基于《华盛顿公约》的规定，私人投资者在国际投资仲裁中拥有国际出诉权，可以直接起诉主权国家，但这并不意味着二者具有国际法上同等的主体地位。国家这时并非以主权者的身份，而是以特殊的民事法律关系主体的身份参与仲裁。而依据《华盛顿公约》的规定，公约权利义务的直接承担者不是个人或公司，而是主权国家。因为：（1）只有国家批准或加入该公约后，私人投资者才能享有国际法上的诉权，而国家批准或加入公约从某种意义上说是一种主权的让渡；（2）仲裁庭作出的裁决需要由相关缔约国承认与执行；（3）国际法与国内法的关系不是简单的一元论或二元论，国际法只有通过国内法的相关规定，才能在一国国内或直接或间接地适用，当国际条约还没有成为国内法时，条约项下的权利义务在国内是无法产生和执行的。《华盛顿公约》第69条也规定，"每一缔约方应采取使本公约的规定在其领土内有效所必须的立法或其他措施"。

最后，跨国公司行动守则首先并不是国际协定，也没有形成国际习惯法，跨国公司自然不能因为守则内容涉及其权利义务就据此获得国际法上的主体地位。此外，守则是保证有关国家对跨国公司行使管理和控制权的一种国际措施，其目的在于便利国家对跨国公司进行有效的管理和控制。守则规定跨国公司不应有超越国内法以外的权利，它们必须尊重所在国的国家主权，遵守其国内法律、法规和政策，它们的活动要与所在国的发展目标、政策等保持一致。它们不得干涉别国事务，也不得干涉政府间的关系。守则并没有为跨国公司创设国际法上的权利。因此，主权国家是守则的缔约者和执行者，而跨国公司只是被调整的对象。

国际法的主体具有特殊性，其独立享有国际法上的权利，承担国际法上的义务。综上所述，跨国公司依据本国或东道国的国内法设立，受一国内法的管辖和约束，它们只能在国家的政策和法律允许范围内参加国际和国内活动，也只有当国际法成为国内法时，跨国公司才能享有国际法上规定的某种权利，承担某种义务。因此，跨国公司并不具有国际法上的主体资格，而只是国内实体。

第十章 资本输入国的外国投资法制

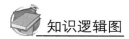

知识逻辑图

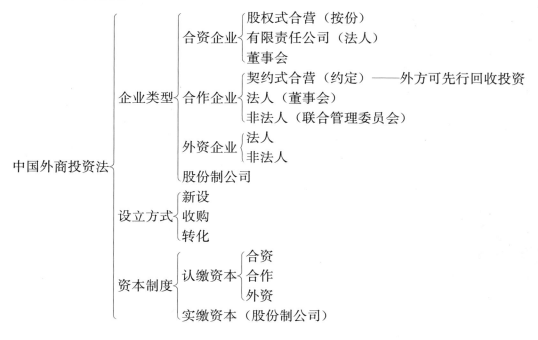

名词解释与概念比较

1. Joint Venture（考研）
2. BOT（考研）
3. 投资特许协议（考研）

选择题

（一）单项选择题

1. 自 2020 年 1 月 1 日《中华人民共和国外商投资法》开始施行，以下哪部法律没有被废止（ ）。

A.《中华人民共和国中外合资经营企业法》

B.《中华人民共和国外资企业法》

C.《中华人民共和国中外合作经营企业法》

D.《中华人民共和国公司法》

2.《中华人民共和国外商投资法》施行前，依照《中华人民共和国中外合资经营企业法》《中华人民共和国外资企业法》《中华人民共和国中外合作经营企业法》设立的外商投资企业，在本法施行后（ ）年内可以继续保留原企业组织形式。

A. 1　　　　B. 5　　　　C. 3　　　　D. 10

3. A、B、C、D 在中国境内设立了一家合伙企业，其中 A、B 为外国企业，C、D 为中国企业，已知 A、C、D 为合伙企业的普通合伙人，B 为有限合伙人，以下选项错误的是（ ）。

A. A 企业可能是一家上市公司

B. B 企业可能是一家国有企业

C. C 企业不可能是一家国有企业

D. D 企业不可能是一家上市公司

4. 中国甲公司与美国乙公司拟在中国境内共同投资设立一家外资公司，在其拟订的外商投资企业合同中，有关其出资方式部分的提法，符合中国相关法律规定的有（　　）。

A. 甲公司以已设定抵押的厂房作为出资

B. 甲公司以一项技术难度较大的劳务作为出资

C. 乙公司以合营企业名义租赁的机器设备作为出资

D. 乙公司以其境外的母公司为担保人向美国某银行取得的贷款作为出资

5. 根据我国外商投资立法，国家对外商投资企业（　　）。

A. 在任何情况下都不实行征收

B. 在特殊情况下可以实行征收，但不予补偿

C. 在特殊情况下可以实行征收，但应给予充分、及时、有效的补偿

D. 在特殊情况下可以实行征收，并给予相应的补偿

视频讲题

6. 外国投资者的下列出资方式中，符合中国相关法律制度规定的是（　　）。

A. 以人民币缴付出资

B. 以美元缴付出资

C. 以劳务作价出资

D. 以已设立担保物权的机器设备作价出资

7. 联合国大会通过的《各国经济权利和义务宪章》对于国有化补偿采取的标准是（　　）。

A. 充分补偿　　　　B. 不予补偿

C. 合理补偿　　　　D. 有效补偿

8. 发达国家提出的对国有化进行补偿的标准是（　　）。

A. 适当、有效、及时

B. 合理、有效、及时

C. 充分、及时、有效

D. 全面、充分、有效

9. 下列有关外商投资企业合同及章程的说法正确

的是（　　）。

A. 章程是规定中外投资各方权利义务的法律文件

B. 合同是经营管理者与企业就其权利义务作出规定的法律文件

C. 企业的内部组织结构及相关职责应根据章程确定

D. 无论是合同还是章程，当事人意思表示一致、签署后生效

10. 外商投资有限责任公司的注册资本是指（　　）。

A. 在工商登记机关登记的实际缴付的资本

B. 在工商登记机关登记的投资各方认缴的资本总额

C. 指合同规定的生产规模所需投入的全部资本

D. 指工商登记机关登记的固定资本

11. 根据我国《关于外国投资者并购境内企业的规定》，下列选项中正确的是（　　）。

A. 并购后外资在企业注册资本中的比例一般不低于25％

B. 外资并购的境内企业不得是国有企业

C. 外资并购可以是资产并购，也可以是股权并购

D. 外资并购后形成的外商投资企业不享有外商投资企业待遇

12. 根据中国现行法律，国家对外商投资实行（　　）管理制度。

A. 准入前国民待遇加负面清单

B. 准入前国民待遇加正面清单

C. 准入后国民待遇加正面清单

D. 准入后国民待遇加负面清单

（二）多项选择题

1. 国际上，对外国投资进行审批的做法主要有（　　）。

A. 一般审批制度　　　B. 个别审批制度

C. 公告审批制度　　　D. 程序审批制度

2. 外国投资者可在中国境内进行投资的方式包括（　　）。

A. 单独在中国境内新设投资企业

B. 与中国境内企业新设合资企业

C. 认购境内公司增资

D. 与其他投资者共同在中国境内投资新建项目

3. 外国甲公司收购境内乙公司部分资产，并以该

资产作为出资与境内丙公司于 2020 年 3 月 1 日成立了一家中外合资经营企业。甲公司收购乙公司部分资产的价款为 120 万美元，甲公司向乙公司支付价款的下列方式中，不符合规定的有（　　）。

    A. 甲公司于 2020 年 5 月 30 日向乙公司一次支付 120 万美元

    B. 甲公司于 2020 年 5 月 30 日向乙公司支付 60 万美元，2021 年 2 月 28 日支付 60 万美元

    C. 甲公司于 2021 年 2 月 28 日向乙公司一次支付 120 万美元

    D. 甲公司于 2020 年 8 月 30 日向乙公司支付 80 万美元，2021 年 8 月 30 日支付 40 万美元

4. 下列有关外资企业的说法正确的是（　　）。

    A. 外资企业就是外商投资企业的简称

    B. 外资企业中没有中国投资者，只有一个外国投资者

    C. 外资企业可以采取有限责任公司的形式

    D. 外资企业采取认缴资本制

5. 外商投资股份有限公司与国内其他股份有限公司相比，其不同点在于（　　）。

    A. 其股东中有外国股东

    B. 外国股东必须持有 25％ 以上的股份

    C. 其最高权力机构是董事会

    D. 不是中国法人

6. 非外商投资的国内股份有限公司转变为外商投资股份有限公司，可以通过下述哪些方式进行？（　　）

    A. 向外国投资者发行新股

    B. 向外国投资者转让现有股份

    C. 境外发行股份

    D. 境外发行债券

7. 根据我国现有法律的规定，外商投资企业的设立方式包括（　　）。

    A. 外国投资者与中国投资者合资经营企业

    B. 外国投资者独资设立企业

    C. 外国投资者收购内资企业的股权

    D. 外国投资者与中国投资者合作经营企业

8. BOT 投资方式与一般外商投资方式的区别在于（　　）。

    A. 其所需资金主要是通过贷款而不是股本提供的

    B. 投资项目在经营期满后无偿转给东道国政府或其指定机构

    C. 政府须提供一定程度的赢利保证

    D. 其投资项目通常是基础设施或自然资源项目的建设

视频讲题

9. 下列有关外国投资者并购境内企业设立外商投资企业的说法，正确的是（　　）。

    A. 外国投资者出资比例不得低于企业注册资本的 25％

    B. 外国投资者出资比例可以低于企业注册资本的 25％

    C. 外国投资者资产并购的，投资者应在拟设立的外商投资企业合同、章程中规定出资期限

    D. 外国投资者认购境内有限责任公司增资，有限责任公司股东应当在公司申请外商投资企业营业执照时缴付不低于 20％ 的新增注册资本

10. 根据我国《关于外国投资者并购境内企业的规定》及相关法律规定，下列选项中正确的是（　　）。

    A. 对外资并购应进行产业政策审查

    B. 对外资并购应进行国家安全审查

    C. 对外资并购应进行反垄断审查

    D. 对外资并购应进行资信审查

11. 根据中国现行法律法规，下列哪些情况，外国投资者或境内相关当事人应在实施投资前主动向外商投资安全审查工作机制办公室申报（　　）。

    A. 投资军工领域

    B. 在军事设施和军工设施周边地域投资

    C. 投资关系国家安全的重要农产品领域，且外国投资者持有企业 51％ 的股权

    D. 投资重要能源和资源领域，但外国投资者未取得所投资企业的实际控制权

 简答题

简述准入前国民待遇加负面清单模式的定义与特征。（考研）

论述题与深度思考题

1. 结合我国《指导外商投资方向规定》的内容，分析各国外资法在投资范围问题上的一般规定和发展趋势。（考研）

2. 评析中国有关外资准入和外资待遇法制的主要内容及加入世界贸易组织后的发展趋向。（考研）

参考答案

名词解释与概念比较

1. Joint Venture，即合资经营企业，简称合营企业。国际投资法所称合营企业，是指国际合营企业，即由不同国籍的投资者（法人或自然人）同东道国的政府、法人或自然人按法定或约定的比例共同出资，共同经营特定事业，共同分享利润，共同承担亏损。国际合营企业是现代国际投资最常见的企业形式，与中国外商投资法中的合作经营企业不同。

2. BOT 是英文"build-operate-transfer"的缩写，意思是建设、运营、转让，是利用外资的一种方式。BOT 是指东道国政府授权某一外国投资者（项目主办人）对东道国的某个项目进行筹资、建设并按约定的年限进行经营，在协议期满后将项目无偿转让给东道国政府或其指定机构的一种投资方式。

其法律特征是：（1）项目主办人通过许可取得通常由政府部门承担的建设和经营特定项目的专营权。（2）在特许权期限内，项目主办人负责筹资、建设并按约定的年限进行经营。（3）特许权期限届满时，项目主办人需将项目无偿移交给东道国政府或其指定机构。

BOT 通常涉及以下当事人：（1）政府，其身份具有双重性，不仅是管理者，也是当事人。（2）项目公司，是在国际公开招标中中标的项目发起人为建设、经营某特定的基础设施项目而设立的公司，在特许权期限内全权负责项目的投资、设计、建设、采购、运营和维护。（3）建设公司，主要负责项目的建设，可以是项目公司的股东之一，也可以不是。（4）营运商，主要负责项目的经营和维护，可以由项目公司自己充当，也可以由项目公司委托其他公司作为营运商。（5）

贷款人。BOT 项目贷款通常采取联合贷款方式，由一家主要银行牵头，多家银行参加。

涉及的主要合同关系是：（1）特许权协议；（2）项目建设合同；（3）产品回购协议或服务购买协议；（4）贷款合同。

3. 投资特许协议又称经济开发协议，是指一个国家同外国私人投资者，约定在一定期间，在指定地区内，允许其在一定条件下享有专属于国家的某种权利，投资从事公共事业建设或自然资源开发等特殊经济活动，基于一定程序，予以特别许可的法律协议。

理论界对特许协议究竟是国际合同还是国内合同存在争议。从我国目前的实际做法来看，特许权协议是我国政府与在我国成立的项目公司签订的协议，应属于国内特许协议。同时，关于特许协议是公法性合同还是私法性合同存在争议。

特许协议的内容因项目不同而不同，一般包括特许的目的、特许的范围、特许的期限、特许的给予、项目的所有权、特许的转让、特许的调整；关于项目建设、营运、移交各阶段的权利、义务和责任等；项目的财务条款以及其他条款。

选择题

（一）单项选择题

1. D。考点：《中华人民共和国外商投资法》实施效力

解析：《中华人民共和国外商投资法》第 42 条第 1款规定："本法自 2020 年 1 月 1 日起施行。《中华人民共和国中外合资经营企业法》、《中华人民共和国外资企业法》、《中华人民共和国中外合作经营企业法》同时废止。"

2. B。考点：《中华人民共和国外商投资法》实施效力

解析：《中华人民共和国外商投资法》第 42 条第 2款规定："本法施行前依照《中华人民共和国中外合资经营企业法》、《中华人民共和国外资企业法》、《中华人民共和国中外合作经营企业法》设立的外商投资企业，在本法施行后五年内可以继续保留原企业组织形式等。具体实施办法由国务院规定。"

3. A。考点：普通合伙与有限合伙的区别

解析：《中华人民共和国合伙企业法》第 3 条规

定："国有独资公司、国有企业、上市公司以及公益性的事业单位、社会团体不得成为普通合伙人。"A企业作为外商投资合伙企业普通合伙人不可能是上市公司，因此A选项错误。

4. D。考点：外商投资企业的出资方式

解析：外商投资公司任何一方不得用以公司名义取得的贷款、租赁的设备或者其他财产以及公司股东以外的他人财产作为自己的出资，也不得以公司的财产和权益或其他股东的财产和权益为其出资担保。另外，劳务是合伙企业独有的出资方式。本题D项是以母公司作为保证人以境外的借款进行出资，是符合规定的。

5. D。考点：外国投资的国有化及补偿

解析：对于外国投资者在中国境内的投资，中国法律保留了实行国有化的权利，并规定给予适当的补偿。参见《中华人民共和国外商投资法》第20条的规定。

6. B。考点：外商投资企业的出资方式

解析：外国投资者以现金出资时，只能以外币缴付出资，不能以人民币缴付出资，经审批机关批准，外国投资者也可以用其从中国境内举办的其他外商投资企业获得的人民币利润出资。未经批准，境外投资者以人民币在境内进行投资的，属于套汇行为，为法律所禁止。因此，选项A是错误的。劳务出资是合伙企业特有的出资方式，因此选项C是错误的。外商投资企业投资各方的出资，必须是未设立任何担保物权的建筑物、厂房、机器设备或者其他物料、工业产权、专有技术等。因此选项D是错误的。

7. C。考点：国有化的补偿标准

解析：《各国经济权利和义务宪章》在对国有化的补偿问题上采取的是合理或适当标准。"充分、及时、有效"是发达国家提倡的标准。

8. C。考点：国有化的补偿标准

解析：《各国经济权利和义务宪章》在对国有化的补偿问题上采取的是合理或适当标准。"充分、及时、有效"是发达国家提倡的标准。

9. C。考点：外商投资企业合同与章程

解析：外商投资企业合同规定中外投资各方在合资经营方面的权利和义务，而章程是企业内部的组织规章，主要规定企业内部组织机构及相应职责。根据我国现有规定，并非所有外商投资企业合同与章程都

是经签署生效。本题的正确选项是C。A、B两个选项将合同与章程弄混。

10. B。考点：有限责任公司注册资本制度的特点

解析：有限责任公司采取认缴资本制，而非实缴资本制。其注册资本是在工商登记机关登记的各方认缴的资本总额。故正确选项为B。C选项将注册资本与投资总额混同。D选项为混淆项。

11. C。考点：《关于外国投资者并购境内企业的规定》

解析：根据2006年发布、2009年修改的《关于外国投资者并购境内企业的规定》，外资可以并购境内的各类企业，包括国有企业和非国有企业；并购方式可以收购资产，也可以是收购股权。外资并购形成的企业注册资本中，外资占比可以少于25%，但少于25%的不享有外商投资企业待遇。根据上述规定，本题提供的选项中，只有C选项正确，A、B、D选项都不正确。

12. A。考点：中国现行外商投资管理制度

解析：《中华人民共和国外商投资法》第4条第1款规定："国家对外商投资实行准入前国民待遇加负面清单管理制度。"

（二）多项选择题

1. ABC。考点：外国投资的审批制度

解析：国际上对外国投资的审批制度主要有本题前三个选项中所包括的形式。第四个选项是相对于实质审批而言的，不构成一种独立的审批制度。故本题正确选项为A、B、C。

2. ABCD。考点：外商投资方式

解析：《中华人民共和国外商投资法》第2条规定了外国投资者在中国境内可进行的投资活动包括：单独或与其他投资者共同在中国境内设立外商投资企业，外国投资者取得中国境内企业的股份、股权、财产份额或者其他类似权益，外国投资者单独或者与其他投资者共同在中国境内投资新建项目，以及法律、行政法规或者国务院规定的其他方式的投资。因此，A、B、C、D均为正确选项。

3. BCD。考点：外国投资者并购境内企业出资规定

解析：通过收购国内企业资产设立合营企业的外国投资者，应当自合营企业营业执照颁发之日起3个月内一次支付全部购买金，因此选项A符合法律规定；

分期缴付出资时总期限不得超过 1 年，选项 B 中 1 年末支付的价款只有 50%；选项 C 中，尽管 1 年末支付了全部价款，但在分期缴付时前 6 个月支付的价款低于 60%；选项 D 中，尽管前 6 个月支付的价款超过了 60%，但总期限超过了 1 年。

4．CD。考点：外资企业的特点

解析：外资企业指没有中方资本投资的纯外国投资者投资的企业，它可以是一个外国投资者投资的一人企业，也可以是多个外国投资者投资的合资企业。其组成形式通常是有限责任公司，但也可以采取其他组织形式。投资者的出资可以分期缴付，但最后一期出资应在营业执照签发之日起 3 年内缴清。对照这些规定，我们就可以知道，本题选项中只有 C、D 项是正确的。

5．AB。考点：外商投资股份有限公司的特点

解析：外商投资股份有限公司与其他国内股份有限公司的根本区别在于股本来源或者股东成分不同，它含有外国因素，必须有外资股东的存在，且外资股东必须持有 25% 以上的股份。在组织形式上则与其他国内的股份有限公司是相同的。因此，本题正确选项是 A、B。

6．ABC。考点：内资股份有限公司向外商投资股份有限公司的转变方式

解析：除了 25% 的持股比例要求，外商投资股份有限公司与内资股份有限公司的最大区别是存在外资股东。因而，增加外资股东的方式就是其转变方式。本题选项中 A、B、C 项即是这种转变方式。选项 D 所述境外发行债券，虽然其结果引起了涉外因素，但其改变的是负债结构，而不是股本结构，因而不是正确选项。

7．ABCD。考点：外商投资企业的设立方式

解析：从企业的设立方式来讲，共有两大类：一类是新设企业，另一类是收购现有企业。我国的外商投资立法规范的主要是新设外商投资企业的情况，而我国有关部门发布的关于外资并购的规定则是有关收购现有企业的规定。本题选项中，A、B、D 项属于新设企业的情形，而选项 C 属于收购企业的情形。四个选项均为正确选项。

8．ABCD。考点 BOT 投资的特点

解析：BOT 不仅是一种投资方式，更是一种融资方式。BOT 主要以经营项目的收入作为贷款保证，通

常被东道国政府利用来吸引投资额大的基础设施项目等。政府通过特许权协议，规定其与投资者之间的关系，并为投资者经营提供一定的保证，例如非竞争、产品回购等。这与一般的外商投资自担风险形成了对比。在特许经营期限届满后，政府无偿地接收该投资形成的资产。本题选项中，四个选项都是正确选项。

9．BCD。考点：外资并购出资条件

解析：《关于外国投资者并购境内企业的规定》规定了外国投资者并购境内企业出资的相应条件，外国投资者并购境内企业设立外商投资企业，并没有出资比例大于 25% 的强制性要求，因此 A 选项错误，B 选项正确。该规定第 16 条规定了外国投资者资产并购的，应在拟设立的外商投资企业合同、章程中规定出资期限，因此，C 选项正确。外国投资者以认购境内公司增资的方式进行投资的，有限责任公司的股东应当在公司申请外商投资企业营业执照时缴付不低于 20% 的新增注册资本，故 D 选项正确。

10．ABC。考点：外资并购的相关法律审查

解析：2006 年发布、2009 年修改的《关于外国投资者并购境内企业的规定》要求对外资并购进行产业政策审查和反垄断审查。《反垄断法》实施后，对外资并购审查根据《反垄断法》中的经营者集中的相关规定进行审查。2011 年，国务院发布了《关于建立外国投资者并购境内企业安全审查制度的通知》，要求对外资并购进行国家安全审查。因此，本题给出的 A、B、C 选项均为正确选项。D 选项是一种企业自己进行的审查，不是上述相关法律要求的政府审查，故不是正确选项。

11．ABC。考点：外商投资安全审查

解析：2020 年通过、2021 年施行的国家发展和改革委员会、商务部令第 37 号《外商投资安全审查办法》第 4 条规定："下列范围内的外商投资，外国投资者或者境内相关当事人（以下统称当事人）应当在实施投资前主动向工作机制办公室申报：（一）投资军工、军工配套等关系国防安全的领域，以及在军事设施和军工设施周边地域投资；（二）投资关系国家安全的重要农产品、重要能源和资源、重大装备制造、重要基础设施、重要运输服务、重要文化产品与服务、重要信息技术和互联网产品与服务、重要金融服务、关键技术以及其他重要领域，并取得所投资企业的实际控制权。前款第二项所称取得所投资企业的实际控

制权，包括下列情形：（一）外国投资者持有企业 50%以上股权；（二）外国投资者持有企业股权不足 50%，但其所享有的表决权能够对董事会、股东会或者股东大会的决议产生重大影响；（三）其他导致外国投资者能够对企业的经营决策、人事、财务、技术等产生重大影响的情形。对本条第一款规定范围（以下称申报范围）内的外商投资，工作机制办公室有权要求当事人申报。"

 简答题

外资准入制度是指东道国针对外国资本进入本国市场的事前审查制度。国民待遇是指东道国对在本国境内从事社会经济活动的外国的自然人、法人提供不低于本国自然人、法人所享有的民事权利。准入前国民待遇指外国投资者可在准入前阶段享受东道国的国民待遇。

准入前国民待遇又可被分为有限的准入前国民待遇及全面的准入前国民待遇两类，其中，有限的准入前国民待遇以《服务贸易总协定》第 16 条为代表，即采用"正面清单"方法，只有当外国投资属于具体服务贸易承诺表内措施时才能够在准入前享受其国民待遇。全面的准入前国民待遇是指，除通过负面清单对某些产业进行特殊保护外，所有外国投资者均可在准入前阶段享受东道国的国民待遇，负面清单内所列的是外资准入特别管理措施或不符措施。

 论述题与深度思考题

1. 投资范围是指东道国允许外国投资的行业部门。各国外资法一般都明确规定外国投资范围，外国投资者只能在限定的投资范围内按投资比例的要求进行投资，这在外资法中一般表现为禁止、限制、鼓励、允许这样几种情况。我国关于这方面的要求具体规定在《指导外商投资方向规定》中。

（1）禁止外资进入的行业。一般来说，关系到国家安全、影响国计民生或涉及社会公共利益的关键部门与行业，在各国外资立法中均会被列入禁止外资进入的领域。如我国自 2002 年起开始施行的《指导外商投资方向规定》规定，下列情形为禁止类外商投资项目：第一，危害国家安全或者损害社会公共利益的；第二，对环境造成污染损害，破坏自然资源或者损害人体健康的；第三，占用大量耕地，不利于保护、开发土地资源的；第四，危害军事设施安全和使用效能的；第五，运用我国特有工艺或者技术生产产品的；第六，法律、行政法规规定的其他情形。

（2）限制外国投资的部门。一些重要的服务部门在发展中国家已有一定发展基础，对于需要重点保护的行业则往往在外资法中设定限制的条件。限制的措施主要有股权比例或管理人员的国籍要求以及审批程序控制等方面。如我国《指导外商投资方向规定》规定，下列情形为限制类外商投资项目：第一，技术水平落后的；第二，不利于节约资源和改善生态环境的；第三，从事国家规定实行保护性开采的特定矿种勘探、开采的；第四，属于国家逐步开放的产业的；第五，法律、行政法规规定的其他情形。

（3）鼓励外国投资的部门。这通常是东道国重点的投资领域，如我国的下列情形：第一，属于农业新技术、农业综合开发和能源、交通、重要原材料工业的；第二，属于高新技术、先进适用技术，能够改进产品性能、提高企业技术经济效益或者生产国内生产能力不足的新设备、新材料的；第三，适应市场需求，能够提高产品档次、开拓新兴市场或者增加产品国际竞争能力的；第四，属于新技术、新设备，能够节约能源和原材料、综合利用资源和再生资源以及防治环境污染的；第五，能够发挥中西部地区的人力和资源优势，并符合国家产业政策的；第六，法律、行政法规规定的其他情形。

（4）允许外国投资的部门。许多国家外资法明确规定了允许外商投资的部门，如我国《指导外商投资方向规定》规定不属于鼓励类、限制类和禁止类的外商投资项目，为允许类外商投资项目，不列入《外商投资产业指导目录》。

必须指出，对外商投资方向的部门予以限制，这对外资是一种差别待遇，但根据国家主权原则，这种差别待遇是合理合法的。不过，从发展趋势看，各国对外资准入的限制会越来越放开，特别是《服务贸易总协定》的达成，其通过要求服务业市场准入逐步自由化，加速了放宽外国投资范围及外资准入限制的进程。

2. 有关外资准入和外资待遇方面的规定构成了我

国外商投资立法的重要内容，这两个方面既相互联系，又各有侧重。

外资准入主要调整是否允许外资进入，在哪些行业领域、地区允许进入的问题。在《外商投资法》施行前，除《中外合资经营企业法》、《中外合作经营企业法》和《外商投资企业法》的一般性规定外，我国对外商投资的市场准入的规定主要体现在《指导外商投资方向规定》和《外商投资产业指导目录》中。二者都将外商投资方向和产业指导目录划分为待遇不一的允许、鼓励、限制和禁止四类。国家外商投资主管部门和行业主管部门发布的一系列规章更具体地规定了外资准入的情况。

从某种意义上说，是否允许外资准入本身也是外资待遇的某种体现，但通常所说的外资待遇主要是指外资进入后所享有的待遇问题，包括投资保障、经营保障、财产及汇出保障、国有化、征收或征用、税收待遇等。在《外商投资法》施行前，我国《中外合资经营企业法》《外资企业法》《中外合作经营企业法》主要规定了投资保障的一般制度，如一般不实行国有化、征用给予适当补偿等。其他鼓励外商投资的措施，也属于外资待遇的范畴。

中国于2001年加入世界贸易组织。世界贸易组织规则中关于国际投资的协议主要有四个：《与贸易有关的投资措施协定》、《服务贸易总协定》、《与贸易有关的知识产权协定》及《补贴与反补贴措施协定》。《与贸易有关的投资措施协定》适用于与货物有关的特定投资措施，专门处理对贸易具有不利影响的限制性措施；《服务贸易总协定》中与国际投资联系较为密切的是市场准入和国民待遇的规定；《与贸易有关的知识产权协定》对知识产权的规定与国际投资具有密切联系；东道国的投资激励措施因可能构成《补贴与反补贴措施协定》所定义的补贴行为而受到该协定的管制。世界贸易组织的所有多边协议都对市场准入提出了更高的要求，外资准入条件的逐步放宽将成为世界贸易组织体制下我国外资法完善的重点和最大的难点。政府通过财政措施鼓励的一些投资领域或做法，可能构成对世界贸易组织反补贴规则的违反。对外商投资企业的税收优惠，既可能违反了反补贴规则，又造成了内外资企业竞争条件的不平等。这些都会随着中国经济的发展得到解决。

回顾中国有关外资准入与外资待遇的立法实践，

在改革开放初期，一方面，出于对中国近现代内忧外患的历史考量以及对外资的私有性质和国家经济主权的考虑，我国作为投资东道国在对待外国投资时采取审慎的态度，制定了一系列与外资有关的法律、法规，对外资进入中国市场，以及外资在中国市场的运作进行严格的管理和规制。另一方面，当时中国社会百废待兴，恢复和发展经济成为国家振兴的必然要求，吸引外资则是增强市场活力、促进经济发展的有效路径。与此同时，随着二战后世界各国间的跨国性投资和贸易不断发展，大量的双多边贸易、投资协定签订以促进贸易、投资自由化，各国间的经济联系越来越紧密，降低外资准入门槛、扩大开放似乎成了这一时期各国竞相追逐的潮流。在这样的时代背景下，中国在这一特定阶段一方面采取逐案审批的外资准入审查制度，另一方面则在逐案审批制度大的框架下不断弱化具体的外资准入制度要求，包括减少《外商投资产业指导目录》中限制类与禁止类条目、同时允许新设投资与并购投资等，以达到扩大开放、吸引外资的目的。

2013年，中国首个自由贸易试验区（以下简称"上海自贸区"）在上海设立，2014年《中国（上海）自由贸易试验区条例》（以下简称《条例》）由上海市第十四届人民代表大会常务委员会第十四次会议通过并予以公布。上海自贸区的设立及《条例》的实施标志着我国外资准入制度开始分化，即分化为负面清单内措施与负面清单外措施，负面清单内措施不适用准入前国民待遇，两者分别适用审批制与备案制，换言之，我国外资准入制度开始由逐案审批制向准入前国民待遇加负面清单管理模式转变，由重事前审查向重事后监督转变。

随着对外开放的进一步扩大，外商投资准入前国民待遇加负面清单模式的适用范围逐步由上海自贸区推广至我国所有的自由贸易区。2016年9月，第十二届全国人民代表大会常务委员会第二十二次会议通过《关于修改〈中华人民共和国外资企业法〉等四部法律的决定》，对不涉及国家规定实施准入特别管理措施的外商投资设立、变更企业的，适用备案制，且商务部于2016年10月公布《外商投资企业设立及变更备案管理暂行办法》，落实备案管理制度。至2017年，商务部及国家发改委第一次以负面清单的模式整合限制类及禁止类产业目录，发布了《外商投资产业指导目录》。至此，准入前国民待遇加负面清单的外资准入模式开始在全国范围内实行，完成了由试点到全国范围内适用的转变，全国及自贸试验区两个负面清单同时实施。

2020 年 1 月 1 日，《中华人民共和国外商投资法》及《中华人民共和国外商投资法实施条例》（以下简称《实施条例》）正式生效，对我国外商投资制度作了统一、具体的规定。《外商投资法》第 2 条规定：在中华人民共和国境内的外商投资，适用本法。同时，其对外商投资活动作出明确界定，涵盖了所有符合该法规定的外商投资行为。该法第一次将准入前国民待遇加负面清单管理模式在法律层面予以确认，并就外国投资者待遇问题对其与国际条约、协定的适用关系作出

明确安排，采用"并入式"方法，使特定的国际法规则在我国得以优先适用。《实施条例》则对准入前国民待遇及负面清单制度的具体实施、负面清单内容的适时更新调整等问题作出详细规定。

与此同时，《外商投资法》第三章"投资保护"进一步优化完善了外资待遇相关规定，明确了包括征收与补偿、外汇自由出入、外商投资者及外商投资企业的知识产权保护、商业秘密保护等一系列投资保护待遇。综上，中国立足于自身根本需求与发展现状，不断修改完善国内法律，逐步与国际社会接轨，正确对待国内法与国际法的辩证统一关系，展现出中国对外国投资者与外商投资企业持更加开放、包容的态度。

第十一章　资本输出国的海外投资法律制度

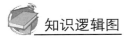知识逻辑图

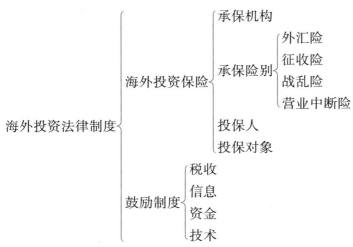

海外投资法律制度
- 海外投资保险
  - 承保机构
  - 承保险别
    - 外汇险
    - 征收险
    - 战乱险
    - 营业中断险
  - 投保人
  - 投保对象
- 鼓励制度
  - 税收
  - 信息
  - 资金
  - 技术

名词解释与概念比较

1. 投资保证协议（考研）
2. 海外投资保险制度

选择题

（一）单项选择题

1. 海外投资保证制度是资本输出国对本国的私人海外投资依据国内法所实施的一种对该投资所可能产生的政治风险进行保险的制度。下列关于海外投资保证制度的哪一项表述不正确？（　　）（司考）

　A. 海外投资保证只承保政治风险

　B. 任何保险公司均可参与海外投资保险业务

　C. 海外投资保证机构具有国家特设机构的性质

　D. 海外投资保证机构在向投资者支付赔偿后将取得代位求偿权

视频讲题

2. 率先实行海外投资保险制度的国家是（　　）。

　A. 德国　　　　　　　　B. 日本

　C. 美国　　　　　　　　D. 英国

3. 下列有关海外投资保险的说法正确的是（　　）。

　A. 私人公司经营的商业险

　B. 私人公司经营的政治险

　C. 政府机构承保的政治险

　D. 政治机构承保的商业险

4. 根据美国海外投资保险制度，下列说法正确的是（　　）。

　A. 其投资对象必须是东道国政府事先同意投保的投资

　B. 限于在发达国家进行的投资

C. 必须限于制造业和农业的投资

D. 海外投资风险的投保人必须具有美国国籍

（二）多项选择题

1. 资本输出国的海外投资法律制度的内容包括（　　）。

　　A. 控制外汇使用　　　　　B. 保护海外投资

　　C. 鼓励海外投资　　　　　D. 限制投资额度

2. 资本输出国采取的鼓励海外投资的措施主要有（　　）。

　　A. 对海外投资收入放弃征税

　　B. 对海外投资收入在东道国已经缴纳的税款，从本国应税额中扣除

　　C. 与东道国签订避免双重征税协定

　　D. 提供技术援助

3. 海外投资保险制度是资本输出国政府为了鼓励本国资本向海外投资，并预防和补偿因资本输入国发生政治风险而使本国投资者遭受损失而开办的一种政府保险。下列选项哪些是这种投资保险制度的特点？（　　）（司考）

　　A. 该制度的实施只限于海外私人直接投资

　　B. 该制度的实施只限于间接投资

　　C. 该制度的保证对象只限于政治风险

　　D. 该制度提供的是一种"国家保证"

4. 海外投资保险制度和一般商业保险制度相比，不具备以下哪些特点？（　　）（司考）

　　A. 营业性

　　B. 政府保证

　　C. 为私人直接和间接投资提供保证

　　D. 只承保政治风险，不承保商业风险

（三）不定项选择题

甲国公司在乙国投资建成地热公司，并向多边投资担保机构投了保。某年，乙国因外汇大量外流采取了一系列的措施，使地热公司虽取得了收入汇出批准书，但仍无法进行货币汇兑并汇出，甲公司认为已发生了禁兑风险，并向投资担保机构要求赔偿。根据相关规则，下列选项正确的是（　　）。

　　A. 乙国中央银行已批准了货币汇兑，不能认为发生了禁兑风险

　　B. 消极限制货币汇兑也属于货币汇兑险的范畴

　　C. 乙国应为发展中国家

　　D. 担保机构一经向甲公司赔付，即代位取得向东

道国的索赔权

视频讲题

参考答案

 名词解释与概念比较

1. 投资保证协议是双边投资保护条约的一种，最初是美国为了保护其国民到海外投资而采用并推行的一种双边条约，后为某些建立海外投资保险制度的国家所仿效，因此又被称为美国式的投资保证协议。第二次世界大战后，美国实行了海外投资保险制度，对本国私人的海外投资进行保护，这种制度的实行必须以与资本输入国签订双边投资保证协议为前提条件。这种投资保证协议的特点是，以政治风险的保证为重点，并重在规定关于代位求偿权及处理投资争议的程序。它与同为双边投资保护条约的友好通商航海条约相比，侧重点有所不同。两者相互补充和配合，共同发挥作用。

2. 海外投资保险制度，又称海外投资保证制度，是国际投资保护的重要法律制度，是资本输出国政府为了鼓励本国资本向海外投资、增强本国的国际竞争地位而对本国海外私人投资的政治风险提供法律保证，其重点在于保护海外投资者的财产利益不受损失，而不在于事后补偿。海外投资保险的范围仅限于政治风险，如外汇险、征收险和战乱险等。

 选择题

（一）单项选择题

1. B。考点：海外投资保证制度的特点

解析：海外投资保证只承保政治风险，并非任何保险公司均可参与海外投资保险业务，承保机构通常为国家控股的专业保险公司或政府专门机构。A、C、D 项均为正确表述。本题为否定命题，应选择 B。

2. C。考点：海外投资保险制度的发展

解析：美国于 1948 年率先实行海外投资保险制度，并带动了其他国家实施类似制度。本题正确选项为 C。

3. C。考点：海外投资保险制度的特点

解析：海外投资保险是对政治风险的保险，是由政府机构直接或政府设立的公营公司承保的风险。因此，本题选项中商业险选项显然错误，而私人公司承保的该风险也不正确。本题正确选项为 C。

4. A。考点：美国的海外投资保险制度

解析：美国海外投资保险制度建立于美国与东道国签订保证投资协定基础上，获得东道国政府的同意是投保的一个先决条件。同时，该保证制度主要是为了防范政治风险，其限于不发达的国家，而非西方发达国家。投保人可以是美国人，也可以是美国人控制其 95％ 以上资产的具有外国国籍的公司。投资领域并无本题选项 C 的严格限定。因此，本题正确选项是 A 选项。

（二）多项选择题

1. BC。考点：资本输出国海外投资法律制度的内容

解析：在全球经济一体化的今天，鼓励和保护海外投资更是成为海外投资法律制度的内容，尽管之前也是如此。本题正确选项为 B、C。

2. ABCD。考点：海外投资鼓励措施

解析：海外投资鼓励措施包括提供资金援助、提供技术援助、提供信息援助，另外包括对海外投资所得减免税收。本题中的四个选项都是正确选项。

3. ACD。考点：海外投资保险制度的特点

解析：海外投资保险制度的定义如题干所述。该制度的特点是：该制度的保证对象只限于政治风险；制度着眼于防止风险的发生，重在保护，而不在事后弥补；制度实施仅限于海外私人直接投资，不包括间接投资；制度提供的是一种"国家保证"。

4. AC。考点：国际投资法中海外投资保险制度的特点

解析：海外投资保险制度的保证对象只限于政治风险，是非营业性的政府保证，该制度的实施只限于海外私人直接投资。与一般商业保险相比，不具有营业性。

（三）不定项选择题

BCD。考点：投资担保机构保险范围

解析：选项 A 错误，选项 B 正确：货币汇兑险，是指承保由于东道国的责任而采取的任何措施，使投资人无法自由将其投资所得、相关投资企业破产的清算收入及其他收益兑换成可自由使用的货币，或依东道国的法律，无法将相关收益汇出东道国的风险。导致货币汇兑风险的行为可以是东道国采取的积极行为，如明确以法律手段禁止货币的兑换和转移，也可以是消极的限制货币兑换或汇出，如负责业务的政府机构长期拖延协助投资人兑换或汇出货币。选项 C 正确：多边投资担保机构的目的是通过自身业务活动来推动成员国之间的投资，特别是向发展中国家投资，促进发展中成员国的投资流动。选项 D 正确：担保合同要求担保权人在向机构要求支付前，寻求在当时条件下合适的、按东道国法律可随时利用的行政补救方法。多边投资担保机构一经向投保人支付或同意支付赔偿，即代位取得投保人对东道国或其他债务人所拥有的有关承保投资的各种权利或索赔权，各成员国都应承认多边投资担保机构的此项权利。

第十二章　保护国际投资的国际法制

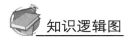
知识逻辑图

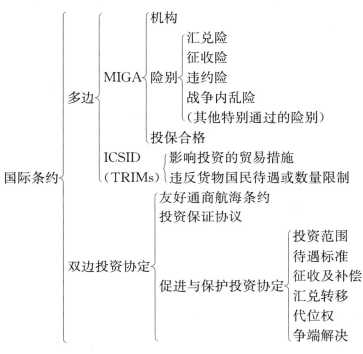

名词解释与概念比较

MIGA（考研）

选择题

（一）单项选择题

1.《多边投资担保机构公约》承保的"违约险"中的"约"是指下列选项中的哪一种？（　　）（司考）

A. 东道国公司与外国投资者签订的契约

B. 东道国公司与外国投资者所属国政府签订的契约

C. 东道国政府与外国投资者签订的契约

D. 东道国政府与多边投资担保机构签订的契约

2. 下列有关中美《关于投资保险与投资保证的鼓励投资的协议及有关问题的换文》中的代位权的规定，正确的选项是（　　）。

A. 美国承保者取得的中国货币，不得汇出中国境外

B. 美国承保者在继承投资者权益的同时，也必须承担投资者承担的义务

C. 美国承保者向投资者支付赔偿后，获得了投资者享有的现有权益，但不包括可能的权益

D. 美国承保者向投资者支付的赔偿，应事先获得中国政府的特别批准

3. 下列有关多边投资担保机构董事会的说法中正确的是（　　）。

A. 每一成员派出一位董事，组成董事会

B. 董事会对拟决定的事项表决时应全体通过作出决议

C. 董事会是多边投资担保机构的执行机构

D. 世界银行行长是董事会的当然主席，与其他董事一样享有投票权

4. 下列有关多边投资担保机构承保的战争与内乱险的说法正确的是（　　）。

A. 对于战争造成的损失，机构在赔偿后享有对东道国的代位求偿权

B. 对于战争与内乱造成的商业机会减少所造成的损失，机构应予赔偿

C. 旨在推翻政府的暴力行动，属于战争与内乱险承保的范围

D. 战争指正式宣战的战争

5.《与贸易有关的投资措施协定》中"与贸易有关的投资措施"的确定依据是（　　）。

A. 与贸易有关的投资领域

B. 与贸易有关的投资决策

C. 与贸易有关的投资数额

D. 对投资有影响的贸易措施

6. 对外商投资企业产品的外国含量要求，相当于下列哪一项措施？（　　）

A. 贸易平衡要求　　　B. 外汇平衡要求

C. 当地股权要求　　　D. 当地含量要求

7. 关于《与贸易有关的投资措施协定》中的"与贸易有关的投资措施"，下述说法中正确的是（　　）。

A. 必须是违反国民待遇义务的措施

B. 该措施必须是立法机构制定的措施

C. 可以是为获得利益所必须遵循的措施

D. 必须针对外国投资的措施

8. 和《关税与贸易总协定》第3条第4款"国民待遇"义务不符的"与贸易有关的投资措施"包括（　　）。

A. 进口替代　　　B. 外汇平衡要求

C. 出口限制　　　D. 进口限制

9. 多边投资担保机构是依据1988年生效的《多边投资担保机构公约》设立的国际金融机构。关于该机构，下列哪一选项是正确的？（　　）（司考）

A. 该机构只承保货币汇兑险、征收险、战争内乱险和政府违约险

B. 任何投资均可列入该机构的投保范围，但间接

投资除外

C. 该机构具有完全法律人格，有权缔结契约，取得并处理不动产和动产

D. 在任何情况下，该机构都不得接受东道国自然人、法人的投保

10. 根据《多边投资担保机构公约》，下列关于多边投资担保机构（MIGA）的说法哪一个是正确的？（　　）（司考）

A. MIGA承保的险别包括征收和类似措施险、战争和内乱险、货币汇兑险和投资方违约险

B. 作为MIGA合格投资者（投保人）的法人，是且只能是具有东道国以外任何一个缔约国国籍的法人

C. 不管是发展中国家的投资者，还是发达国家的投资者，都可向MIGA申请投保

D. MIGA承保的前提条件是投资者母国和东道国之间有双边投资保护协定

（二）多项选择题

1. 多边投资担保机构具有完全的法律人格，有能力（　　）。

A. 签订合同

B. 取得并处分动产和不动产

C. 提起诉讼

D. 接受任何国家的当事人的投保

2. 保护国际投资的双边条约的类型有（　　）。

A. 友好通商航海条约

B. 投资保证协议

C. 与贸易有关的投资措施协议

D. 促进和保护投资协定

3. 下列选项中，属于区域性国际投资条约的是（　　）。

A. 北美自由贸易协定

B. 汉城公约（MIGA公约）

C.《与贸易有关的投资措施协定》

D. 东盟投资协定

4. 甲、乙两国均为《多边投资担保机构公约》和《解决国家与他国国民之间投资争端公约》的缔约国。A公司是甲国投资者在乙国依乙国法设立的一家外商独资企业。乙国政府对A公司采取了征收措施。根据前述两公约，下列说法哪些是正确的？（　　）（司考）

A. 遵循一定的程序，A公司有资格事先向多边投

资担保机构申请投保征收或类似措施险

B. 如甲国投资者、A 公司和乙国政府同意，A 公司可以请求"解决投资争端的国际中心"解决该争端

C. 甲国投资者本身不可以请求"解决投资争端的国际中心"解决该争端

D. 多边投资担保机构在向投保人赔付后，可以向甲国政府代位求偿

视频讲题

5. 我国与外国所签订的双边投资保护协定中都规定给予外国投资者以最惠国待遇，同时也具体规定了最惠国待遇在适用上的例外。这种最惠国待遇在适用上的例外，主要指哪些情况？（　　）（司考）

A. 为方便边境贸易而给予的优惠

B. 依据双重征税协定享有的优惠

C. 基于关税同盟、经济联盟或类似组织给予的优惠

D. 经济特区鼓励投资的优惠政策

6. 中国与外国政府之间签订的双边投资保护条约规定投资者的待遇标准包括（　　）。

A. 公平公正待遇　　　　B. 不歧视待遇

C. 最惠国待遇　　　　　D. 国民待遇

7. 中国与新加坡双边投资保护协定中的"投资"包括（　　）。

A. 债券　　　　　　　　B. 商誉

C. 经营特许权　　　　　D. 质权

8. 我国对外国投资实行征收或国有化的条件是（　　）。

A. 限于特殊情况

B. 为了社会公共利益的需要

C. 非歧视

D. 依照法律程序

9. 多边投资担保机构承保的征收和类似措施险，包括下列哪些政府行为？（　　）

A. 政府的一次性征收行为

B. 其效果等于征收的系列行政行为

C. 限制投资者对其财产行使所有权造成损失的行为

D. 剥夺投资者财产所有权的行为

10. 针对甲国一系列影响汽车工业的措施，乙、丙、丁等国向甲国提出了磋商请求。四国均为世界贸易组织成员。关于甲国采取的下列措施，哪些是《与贸易有关的投资措施协定》禁止使用的？（　　）（司考）

A. 要求汽车生产企业在生产过程中必须购买一定比例的当地产品

B. 依国产化率对汽车中使用的进口汽车部件减税

C. 规定汽车生产企业的外资股权比例不应超过 60%

D. 要求企业购买进口产品的数量不能大于其出口产品的数量

视频讲题

11. 关于国际投资法相关条约，下列哪些表述是正确的？（　　）（司考）

A. 依《关于解决国家与他国国民之间投资争端公约》，投资争端应由双方书面同意提交给解决国际投资争议中心，当双方表示同意后，任何一方不得单方面撤销

B. 依《多边投资担保机构公约》，多边投资担保机构只对向发展中国家领土内的投资予以担保

C. 依《与贸易有关的投资措施协议》，要求企业购买或使用最低比例的当地产品属于协议禁止使用的措施

D. 依《与贸易有关的投资措施协议》，限制外国投资者投资国内公司的投资比例属于协议禁止使用的措施

（三）不定项选择题

1. 根据我国与其他国家签订的双边投资保护协定，下列投资者属于该类协定定义的投资者的是（　　）。

A. 在缔约国境内具有合法居留权的自然人

B. 在缔约国境内注册成立但在非缔约国境内实际经营的法人

C. 具有缔约国国籍的自然人

D. 虽在非缔约国境内注册成立但其投资方为缔约国国民的法人

2. 对于外国投资的征收或国有化，我国坚持的原则是（ ）。

A. 实行征收或国有化是国家的主权

B. 一般情况下不实行征收或国有化

C. 特殊情况下，根据社会公共利益的需要，在非歧视的情况下，依照法律程序征收

D. 征收时给予充分的、及时的、有效的补偿

3. 构成《与贸易有关的投资措施协定》中的"与贸易有关的投资措施"，正确的说法是（ ）。

A. 是强制性的措施

B. 必须是可执行的措施

C. 为获得利益所必须遵循的措施

D. 必须是立法措施

4. 多边投资担保机构承保的违约险，主要是指（ ）。

A. 投资者无法求助于司法或仲裁部门

B. 司法或仲裁机关无法在合理期限内作出裁决

C. 行政部门拒绝接受投资者的投诉

D. 虽有司法或仲裁机关的裁决，却无法执行

简答题

1. 简述多边投资担保机构（MIGA）的性质及承担的风险范围。（考研）

2. 简述多边投资担保机构（MIGA）体制是如何促进国际直接投资的发展的。（考研）

3. 简要评述多边投资担保机构（MIGA）的表决制度。（考研）

论述题与深度思考题

1. 比较分析 ICSID 体制和 MIGA 体制在解决国际投资争议方面的功能及特点。（考研）

2. 论多边投资法制与多边贸易法制两者的异同、关系和发展趋势。（考研）

参考答案

名词解释与概念比较

MIGA，即多边投资担保机构，是世界银行根据

《多边投资担保机构公约》于 1988 年设立的，以投资担保业务为主的，旨在鼓励会员国之间，特别是向发展中国家会员国进行生产性投资，以补充其他国际开发金融机构的活动的政府间国际组织。我国是该机构的创始成员国。

选择题

（一）单项选择题

1. C。考点：《多边投资担保机构公约》承保的风险

解析：多边投资担保机构承担四种政治风险：货币汇兑险、征收和类似措施险、战争内乱险以及违约险。其中违约险是指东道国政府不履行或违反与投保人签订的合同，而且投保人无法求助于司法或仲裁机关就毁约或违约的索赔作出裁决，或该司法或仲裁机关未能在合理期限内作出裁决，或有这样的裁决但未能执行。

2. B。考点：中美投资保护协定中的代位权

解析：1980 年中美两国政府签署了《关于投资保险与投资保证的鼓励投资的协议及有关问题的换文》，其中包括了对代位权的规定。这是我国首次接受代位权的概念。根据这一协定，美国承保者向投资者支付的赔偿，中国政府应予以承认，并不需额外的特别批准。美国承保者在享有投资者权益的同时，也承担投资者还没有履行的义务，该权益包括现有权益和可能的权益。因此，本题的正确选项是 B。A 选项违反了一般保护外国投资自由汇出的原则，明显是一个错误选项。

3. C。考点：多边投资担保机构的组织机构及职责

解析：多边投资担保机构是世界银行下属机构，由每一成员指派的理事及副理事组成的理事会是其最高决策机构，董事会是其执行机构，世界银行行长是董事会的当然成员，但只有在双方票数相等时才有投票权，董事会决策遵循多数通过原则。因此，本题的正确选项是 C。

4. C。考点：MIGA 战争与内乱险的具体内容

解析：多边投资担保机构承保的战争与内乱险，有其特定的范围与限制。战争与内乱都是在政治意义上使用的。战争包括经宣战和未经宣战的战争，内乱包括旨在推翻政府的暴力行动。虽然机构在一般情况

下享有对东道国的代位求偿权，但在战争的情况下，由于战争的不可控性，不能向东道国要求代位求偿。机构赔偿的是实际的有形损失，例如资产被毁坏、损害或被转移，商业机会减少造成的损失不在赔偿之列。本题的正确选项是 C 项。

5. D。考点：与贸易有关的投资措施的界定

解析：《与贸易有关的投资措施协定》并非一个直接针对投资的协定，而是从对投资的影响方面规范货物贸易行为。在世界贸易组织规则体系中，它属于货物贸易规则的范畴。其规范的核心是贸易措施，但该措施对投资产生直接影响。例如对外国投资的贸易平衡要求，表面上是进出口平衡要求，但它影响到投资企业的投资产出、效果、发展等。本题的正确选项是 D 项。

6. D。考点：与贸易有关的投资措施

解析：本题选项中提供的四项都是与贸易有关的投资措施，其中当地含量要求与外国含量要求是一个问题的两个方面，因而正确选项是 D 项。

7. C。考点：《与贸易有关的投资措施协定》中的"与贸易有关的投资措施"的要件

解析：《与贸易有关的投资措施协定》中的"与贸易有关的投资措施"有两个组成部分：一个是形式意义上的，另一个是实质意义上的。就形式意义来讲，又可包括强制性和非强制性两种，并不限于立法性措施。对于非强制性措施，如果遵循它能够获得政府提供的好处，如免税，则该措施也包括在这一范围内。同时，该措施可以是针对外国投资的措施，也可以是针对国内投资的措施。该类措施是否违反国民待遇，则是另外一个问题。这是构成违法措施的要件，此处还不涉及这一问题。本题的正确答案是 C 项。

8. A。考点：和《关税与贸易总协定》第 3 条第 4 款规定的国民待遇义务不符的与贸易有关的投资措施

解析：与《关税与贸易总协定》第 3 条第 4 款规定的国民待遇义务不符的和贸易有关的投资措施，除形式要件外，就其实质性内容来说，包括了国内含量要求（国外含量要求）、进出口贸易平衡等。就本题提供的选项来说，正确选项是 A 项。进口替代造成使用国内产品而非进口产品，很显然对进口产品产生了歧视，且影响其在进口国的销售与使用。其他选项则是违反数量限制义务的情况，影响产品的进出口的数量。

9. C。考点：多边投资担保机构的相关情况及投保范围

解析：《多边投资担保机构公约》承保的四种基本险别是货币汇兑险、征收险、战争内乱险和政府违约险，但在特殊情况下经申请和董事会特别批准，也可包括其他非商业风险。因此，A 选项错误。可以投保的投资必须合格，符合一定的条件，而非除间接投资外的任何投资，故 B 选项错误。投保者一般应是东道国以外的国民，但公约有特别规定，特殊情况下可以扩大到作为东道国国民的自然人或法人。因此，D 选项错误。本题正确的选项只有 C。

10. C。考点：多边投资担保机构

解析：多边投资担保机构（MIGA）承保成员国私人投资者在向发展中国家成员投资时可能遭遇的政治风险，不包括商业风险。MIGA 主要承保四项非商业风险：征收和类似措施险、战争内乱险、货币汇兑险和政府违约险。其不包括投资方违约险，故选项 A 错误。如投资者与东道国联合申请，且用于投资的资本来自东道国境外，经机构董事会特别多数票通过，可将合格投资者扩大到东道国的自然人、在东道国注册的法人以及其多数资本为东道国国民所有的法人，即具有东道国国籍的自然人和法人，在特定情形下也可以作为投保人，故选项 B 错误。无论是发展中国家的投资者，还是发达国家的投资者，都可向 MIGA 申请投保，公约没有限制，故选项 C 正确。MIGA 承保的前提条件是要求东道国和投资者本国均为 MIGA 的成员国，但不要求投资者国籍国和东道国之间有双边投资保护协定，故选项 D 错误。

（二）多项选择题

1. ABC。考点：多边投资担保机构的能力

解析：多边投资担保机构具有独立的法律人格，可以签约、处分与获得财产、进行法律诉讼。该机构对其规定的非商业风险进行投保，但对于可以投保的投保人资格却有限制。机构担保的投资项目必须符合投资合格、投资者合格和东道国合格的要求。因此，并非任何国家的当事人都可以向多边投资担保机构投保，该机构也不能接受任何国家的当事人的投保。正确选项为 A、B、C。

2. ABD。考点：国际投资协定的类型及演变

解析：对投资保护的双边协定经历了由一般性商贸协定到专门性投资保护协定的发展历程。但从类型上说，其包括友好通商航海条约这一贸易协定的最初

形式、投资保证协定这一专门领域的协定和促进与保护投资协定这一针对投资的综合性协定。本题正确选项为 A、B、D。一方面，选项 C 是多边协定，不符合本题的要求；另一方面，从本质上说，它是一项对投资有影响的货物贸易协定。

3．AD。考点：国际投资保护协定的类型

解析：汉城公约和《与贸易有关的投资措施协定》都是多边性的，北美自由贸易协定由美国、加拿大和墨西哥三国签订，含有对投资的规定。东盟投资协定仅限于东盟地区。正确选项为 A、D。

4．AB。考点：《多边投资担保机构公约》和《解决国家与他国国民之间投资争端公约》的规定

解析：A 选项正确：依《多边投资担保机构公约》的规定，合格的投资者应是具备东道国以外的会员国国籍的自然人，或在东道国以外一会员国注册并设有主要营业点的法人。但在一定条件下，只要东道国同意，且用于投资的资本来自东道国境外，则依投资者和东道国的联合申请，可将合格的投资者扩大到在东道国注册的法人。B 选项正确：依《解决国家与他国国民之间投资争端公约》的规定，中心受理的争端限于一缔约国政府与另一缔约国国民的争端，但是，在争端双方均同意的情况下，也受理东道国和受外国投资控制的东道国法人之间的争端。C 选项不正确：甲国投资者当然有权要求国际中心解决争端。D 选项不正确：多边投资担保机构在向投保人赔付后，可向乙国政府而不是甲国政府代位求偿。

5．ABC。考点：中外双边投资保护协定规定的最惠国待遇的例外

解析：虽然本题考查的是我国与外国签订的双边投资保护协定中规定的最惠国待遇的例外，但其实这在原理上同世界贸易组织的最惠国待遇的例外是一样的。来自《关税与贸易总协定》的例外有：（1）历史遗留的特惠关税安排；（2）关税同盟和自由贸易区；边境小额贸易优惠；（3）对发展中国家的差别的、更有利的特惠待遇。来自缔约方全体的例外是根据"解除义务"程序而背离最惠国待遇。

6．ABCD。考点：中外双边投资保护协定中投资者的待遇标准

解析：本题考查的是中外现有双边投资协定中出现过的待遇标准，因而它可能并非某一特定标准，这在不同时期、与不同国家的协定中可能会有所不同。

根据现有协定，有关投资者待遇标准，从本题提供的四个选项依次逐渐转移。因而，本题的四个选项都是正确选项。

7．ABCD。考点：双边投资保护协定中"投资"的定义及范围

解析：双边投资保护协定中"投资"的概念和范围很广，超出了从控制权角度定义的"国际直接投资"的范畴，其类似于我们通俗理解的投资定义，即财产及其权利。中国与新加坡双边投资保护协定中的投资范围也是如此，不仅包括通常意义上的股份，也包括本题选项中给出的所有选项的内容。因此，本题的正确选项是 A、B、C、D。

8．ABCD。考点：我国对外国投资征收或国有化的条件

解析：对于外国投资的征收或国有化问题，中国坚持主权在我、一般不征收、特殊情况下严格按程序征收、给予合理适当补偿的原则。本题提供的四个选项正是我国对征收或国有化遵循的条件和要求，都是正确选项。

9．ABCD。考点：多边投资担保机构的征收和类似措施险

解析：当东道国政府的某些行为导致可能减少或终止投资者对被投保投资的所有权，或减弱投资者对被投保投资的所有权的控制，或损害其对被投保财产的权利时，投资者因上述行为所受损失，多边投资担保机构予以承保。除国有化、征收外，相当于征收效果的一系列行政行为的"潜在"征收，也在承保范围之列。本题提供的四个选项都是正确选项。

10．ABD。考点：《与贸易有关的投资措施协定》规定的禁止使用的措施

解析：《与贸易有关的投资措施协定》禁止违反国民待遇义务或数量限制义务的与贸易有关的措施，包括国内含量要求、进口替代要求、进出口平衡要求等。选项 A 属于当地成分要求，选项 B 属于当地含量要求，选项 D 属于进出口平衡要求。这些都是为该协定所禁止的，故均为正确选项。选项 C 不在该协定禁止的范围之列，属于《服务贸易总协定》的内容。

11．ABC。考点：国际投资法相关国际条约的相关规定

解析：根据《关于解决国家与他国国民之间投资争端公约》第 25 条第 1 款"中心的管辖适用于缔约国

（或缔约国向中心指定的该国的任何组成部分或机构）和另一缔约国国民之间直接因投资而产生并经双方书面同意提交给中心的任何法律争端。当双方表示同意后，任何一方不得单方面撤销其同意"的规定，A选项正确。根据《多边投资担保机构公约》第14条关于"合格的东道国"的规定，即"根据本章，只对在发展中国家会员国境内所作的投资予以担保"，B项正确。《与贸易有关的投资措施协议》第2条第1款规定了国民待遇条款："任一成员方不得实施任何与1994关贸总协定第3条或第11条各项规定不相符的投资措施"。也即不能要求：（1）企业购买或使用国内原产品或源于国内任何渠道的产品，无论对特定产品、产品的数量或价值，或其数量或价值在当地生产中所占的比重是否有具体说明；或（2）将企业购买或使用进口产品限制在与该企业出口当地产品的数量或价值相关的数量上。C选项要求企业购买或使用最低比例的当地产品确属于协议禁止使用的措施，故C项正确。D选项涉及"当地股权要求"，《与贸易有关的投资措施协议》中没有相应的禁止性规定，故D项错误。

（三）不定项选择题

1. C。考点：我国签订的双边投资保护协定的范围

解析：对投资者范围的界定直接关系到双边投资协定保护的范围和承担义务的范围。尽管不少国家的国内法在确定国民或法人的国籍时采取多重标准，但中外签订的双边投资保护协定则采取明确的单一标准：对于自然人，必须具有缔约国的国籍；对于法人等经济实体，必须在缔约国依法注册成立，且在该国实际经营，建立有效管理机构。对照这些规定，本题选项中只有C项正确。

2. ABC。考点：中国对外国投资征收或国有化的政策

解析：对于外国投资的征收或国有化问题，中国坚持主权在我、一般不征收、特殊情况下严格按程序征收、给予合理适当补偿的原则。本题选项中正确选项是A、B、C项。

3. ABC。考点：《与贸易有关的投资措施协定》中的"与贸易有关的投资措施"的表现形式

解析：《与贸易有关的投资措施协定》中的"与贸易有关的投资措施"有两个组成部分：一个是形式意义上的，另一个是实质意义上的。就形式意义上的来讲，又可包括强制性和非强制性两种，并不限于立法

性措施。对于非强制性措施，如果遵循它能够获得政府提供的好处，如免税，则该措施也包括在这一范围内。因此，本题的正确答案是A、B、C项。

4. ABD。考点：多边投资担保机构承保的违约险的内容

解析：多边投资担保机构承保的违约险，并非仅仅指违反合同本身，重要的是指违反合同后投资者投诉无门、求助无门，这里指的是可以提供司法救济的司法或仲裁部门，而不包括行政部门。因此，本题的正确选项是除C项之外的A、B、D项。

 简答题

1.（1）性质。

MIGA是根据1985年世界银行年会通过并于同年10月在汉城（现称首尔）开放签字，于1988年生效的《多边投资担保机构公约》（《汉城公约》）建立的"多边投资担保机构"（Multilateral Investment Guarantee Agency）。中国是其创始成员国。

职能：MIGA根据公约规定履行两个基本职能，即投资担保和投资促进，其中前者是核心业务。具体说来：其一，在一会员国从其他会员国取得投资时，对投资的非商业风险予以担保，包括共保和分保（投资担保）；其二，通过技术援助、政策咨询、投资政策与经验的磋商、交流信息、推动签订投资协议等辅助性活动，促进会员国改善投资环境，以吸引更多外资（投资促进）。MIGA主要对内国法的担保机制起补充作用，以促进国际投资特别是对发展中国家的投资。

法律地位：MIGA是一个具有完全法人资格的国际组织，在法律上、财务上具有独立性，有权签订合同，取得并处理动产和不动产，进行法律诉讼。公约还赋予机构相应的特权和豁免权。

（2）承担的风险范围。

MIGA对国际投资所遇到的政治风险予以担保。该机构主要承保下列四种非商业性风险：货币汇兑险、征收和类似措施险、违约险、战争与内乱险。此外，机构经投资者与东道国的联合申请，董事会以特别多数票通过，可将担保范围扩大到上述四种风险以外的、除货币贬值或降低定值之外的任何其他非商业风险。

2. MIGA，即多边投资担保机构，是世界银行根据《多边投资担保机构公约》于1988年设立的，以投

资担保业务为主的，旨在鼓励会员国之间特别是向发展中国家会员国进行生产性投资，以补充其他国际开发金融机构活动的政府间国际组织。而国际直接投资，是指伴有企业经营管理权和控制权的国际投资，它在国际投资中占有主导地位。

MIGA 为实现其宗旨，进行的业务包括投资担保业务和投资促进业务，以投资担保业务为主：（1）对会员国来自其他会员国合格投资的货币汇兑险等非商业性风险，通过担保合同与代位权、共保和分保予以担保；（2）通过研究、传播信息、技术咨询和援助、政策磋商和谈判等方式开展合适的辅助性活动，以促进投资流向发展中国家会员国以及发展中国家会员国相互间的投资流动；（3）为推进其目标，行使其他必要的或适宜的附带权力。

MIGA 体制：（1）为没有国内投资担保机构的资本输出国提供了一个担保机构，消除了这些国家投资者的担忧，促进了资本流动。（2）便于承保不同国籍的投资者投资于同一项目的投资，这一优点对某些行业的国际直接投资非常重要。（3）担保的投资更具发展性质。MIGA 对合格投资的规定以及投资对东道国发展的贡献的强调有助于东道国更好地吸收国际直接投资。（4）MIGA 作为政府间的国际组织，为资本输入国和资本输出国提供了交换意见的场所，更好地促进了会员国国际直接投资的合作。（5）对于吸收外资的每一个发展中国家会员国，MIGA 同时赋予其外资所在东道国和 MIGA 股东的"双重身份"，从而部分地承担了外资风险承保人的责任。（6）基于 MIGA 所处的地位，其关于投资的情报与资料，可为各会员国制定直接投资和法律提供依据；其关于东道国投资环境和投资机会的意见，能对直接投资者的决策产生举足轻重的影响。因此，MIGA 对直接投资的促进作用不可低估。

3. MIGA 采取了"集团投票制"。依据会员国的经济实力，MIGA 将会员国分为发达国家和发展中国家两个集团。首先，每个国家都同等地享有 177 票的成员票，而由于发展中国家成员数量多，所以在此方面发展中国家的总票数（第二集团）占优；其次，在同等成员票的基础上，会员国还要按照各自的股份计算票数，而由于发达国家在 MIGA 总资本中占有大部分股份，因而在此方面发达国家的总票数（第一集团）占优。

"集团投票制"使发达国家和发展中国家的总票数大致取得了平衡。若采取"加权表决制"，由于发达国家占有 MIGA 总资本的 60% 的股份，因而对发展中国家不公；若采取"一国一票制"，由于发展中国家数量占多数，因而又对发达国家不公。MIGA 的"集团投票制"是妥协的产物。

 论述题与深度思考题

1. 国际投资争端解决机制自《解决国家与他国国民之间投资争端公约》至《多边投资担保机构公约》，其呈现为递进式发展的特点。这些新的法律制度不仅弥补与完善了国际投资法的不足，而且也对改善全球的投资环境产生了极大的实践效应。

MIGA（多边投资担保机构）和 ICSID（解决投资争议中心）都是世界银行下属机构，共同促进国际投资的发展。它们的作用集中于投资争议的解决和投资担保，而非直接规范国际投资，因而对国际投资实体规范起补充作用。但就二者来说，它们所起的作用及具有的特点是不同的。

（1）MIGA。

MIGA 是根据 1985 年世界银行年会通过并于同年 10 月在汉城（现称首尔）开放签字，于 1988 年生效的《多边投资担保机构公约》（《汉城公约》）建立的多边投资担保机构。中国是其创始成员国。法律地位：该机构是一个具有完全法人资格的国际组织，在法律上、财务上具有独立性，有权签订合同、取得并处理动产和不动产、进行法律诉讼。公约还赋予机构相应的特权和豁免权。

MIGA 根据公约规定履行两个基本职能，即投资担保和投资促进，其中前者是核心业务。具体说来：其一，在一会员国从其他会员国取得投资时，对投资的非商业风险予以担保，包括共保和分保（投资担保）；其二，通过技术援助、政策咨询、投资政策与经验的磋商、交流信息、推动签订投资协议等辅助性活动，促进会员国改善投资环境，以吸引更多外资（投资促进）。

MIGA 主要承保以下四种非商业风险：货币汇兑险、征收或类似措施险、违约险、战争与内乱险，以及经申请而由董事会通过的其他非商业风险（具体内容见其他相关题目）。

投资担保机构对投资、投资者以及东道国有合格性的要求。其一，合格的投资。合格的投资必须符合以下四个条件：第一，必须是在经济上合理的投资；第二，必须是具有发展性质的投资，能对东道国经济的发展作出贡献；第三，必须是符合东道国和投资者本国法律的合法的投资；第四，必须与东道国宣布的经济发展目标和重点相一致。MIGA 承保的合格投资既包括股权投资，也包括非股权直接投资。此外，董事会经特别多数票通过，可将合格的投资扩大到其他任何中长期形式的投资。合格的投资除货币投资外，还有实物投资，可以是向投资项目提供的任何具有货币价值的有形或无形资产，如机器、专利、工艺流程、技术、技术服务、管理诀窍、商标以及销售渠道等。机构只担保新投资，即担保申请注册之后才开始执行的投资。如果投资在此之前已转移到东道国，则不再为新投资。其二，合格的投资者。只有自然人和法人才可作为合格的投资者，而不具有法人资格的其他经济实体，如合伙、非法人社团和分支机构则不具备这种资格。自然人成为合格的投资者必须是东道国以外成员国的国民。法人成为合格的投资者，必须符合以下条件：在东道国以外的成员国登记并在该国设有主要营业所；或者其多数资本为东道国以外的一个或几个成员国国民所有；其必须是在商业基础上进行经营的。其三，合格的东道国。必须符合以下条件：是一个发展中国家；是一个同意多边机构特定风险的国家；是一个经机构查明，投资可以得到公平平等待遇和法律保护的国家。

（2）ICSID 争议解决机制。

解决国际投资争议中心（ICSID）是根据 1965 年《华盛顿公约》设立的国际法人，是世界银行下属的、根据《华盛顿公约》专门处理国家与他国国民之间的投资争议的国际机构，总部设在美国首都华盛顿，具有完全的国际法律人格。ICSID 在世界银行的赞助下运转，它的秘书长即为世界银行的总裁，秘书处的工作人员也是世界银行的雇员。除非当事人另有约定，ICSID 的仲裁程序在华盛顿进行。

ICSID 的宗旨是为解决《华盛顿公约》各缔约国和其他缔约国的国民之间的投资争议提供调解与仲裁的便利。尽管 ICSID 自成立以来受理的案件数量有限，但其作出的裁决有着重要的影响。因为 ICSID 所受理的案件范围有限，且仅限于法律方面的争议，其中许多问题还涉及国家主权和国际法的适用问题，所以它的裁决不同于世界上任何一个仲裁机构的裁决。其裁决相当于各国法院的终局判决，国家法院无权对其裁决进行任何形式的审查，包括形式上的审查。

ICSID 行使管辖权的必要条件，包括当事人的资格、当事人的主观意愿以及争端的性质。其一，当事人的资格。凡提交中心仲裁的投资争议的当事人，其中一方必须是公约缔约国或该缔约国的公共机构或实体，另一方则应是缔约国的国民（包括自然人、法人及其他经济实体）。如果某法律实体与缔约国具有相同的国籍，但由于该法律实体直接受到另一缔约国利益的控制，如果双方同意，为实现公约的目的，该法律实体也可被视为另一国国民。其二，当事双方同意。一个国家为《华盛顿公约》缔约国的事实并不意味着该国担保将与该国有关的投资争议都提交中心解决。凡提交中心解决的特定争议，当事双方必须订有将该特定争议提交中心解决的书面仲裁协议，而此项协议的存在，是中心对该特定争议行使管辖权的必要的实质条件。其三，投资争议的法律性质。中心的管辖权应扩及于缔约国及其公共机构或实体与另一缔约国国民之间直接因投资而产生的任何法律上的争议，但仅限于由于投资而产生的法律争议。

ICSID 处理案件遵循仲裁程序，具体包括仲裁申请、专家组的组成、审理、裁决、仲裁裁决执行或撤销。

（3）评论。

MIGA 对国际投资的促进作用及特色主要表现在以下几点：一是在承保的险种上，机构将违约险作为一个独立的险别来加以承保。这在国际上是一个创新。二是关于合格投资者的国籍的规定，公约也显得颇有特色。如对于自然人来说，合格的投资者必须是东道国以外的会员国国民。对于法人来说，则须在东道国以外的成员国境内组成并且其主要营业地位于该国境内，即兼采了成立地和主要营业地的复合标准。若不符合这一标准则采取资本控制标准，即多数资本为东道国以外的会员国国民所拥有，该法人才能成为合格投资者。机构关于合格投资者的另一大特点是有资格取得担保的法人不必限于归私人所有，而只要其在商业基础上经营就可以了。这种处理方式就将各国海外投资保险制度大多不作为承保主体的非私人性质企业包括在内，这无疑在扩大了机构的承保主体的同时，也增加了机构在处理投资争议时的受案范围。三是机构在争端解决方式上的特色。公约针对不同的情形为四种类型的争议设立了解决程序，这主要表现在：其一，机构与其成员之间或机构成员国之间因对公约的解释与适用等所产生的争议。对于该种争议应提交机构董事会裁决，如成员国对裁决结果不服，则可将争议提交机构理事会作出终局性的裁决。其二，机构与担保合同当事人一方因合同履行而产生的争议。对于此种争议应将其提交仲裁，并依据合同中的规定及提及的规则进行终局性的裁决。其三，机构作为投资者之代位求偿人同其成员国东道国因为代位求偿权的实现所发生之争端。对于此种争端应按照公约附件二中所规定的程序或机构与相关成员国所达成的协议条款予以解决。其四，对于不属于上述三种情形的争端或机构和前成员国之间的所有争议，应按公约附件二规定的程序来解决。

如何解决投资者与东道国之间的投资争议问题，一直是国际投资法领域中的一个难以解决的问题。然而，作为对国际投资争端解决法律制度的一次创新，MIGA 及其所创建的争端解决机制的意义是深远的。从表面来看，公约似乎并没有就东道国与投资者之间的争端解决问题作出直接的规定，但是从实质上来分析，该种机制以机构的代位求偿权为枢纽而在东道国与投资者母国之间就争端友好解决事项造就了一种缓冲机制，这种机制的突出之处就在于，原则上将投资者同东道国之间的求偿关系及解决程序分解为二种相对独立的求偿关系及解决程序，即以机构为中心，一方面是其同投资者之间的关系及解决程序，另一方面是其同东道国之间的求偿关系及解决程序。这种分解式的争端处理方式固然是对东道国国家主权的一种制约，因为它将其与投资者之间的争议上升到了国际法的高度。但是我们更应看到的是，这种高度的上升是以东道国的意向为基础的。这种做法本身就是东道国主权的表现，这无疑是对传统国际投资争端解决在理念上的一种突破。

而 ICSID 争议解决机制所确立的投资争端解决机制的特色主要体现在三个方面：其一是中心对管辖权的规定；其二是中心的排他管辖性；其三是中心在适用法律上所体现出的特点。

客观而言，对于 ICSID 所创立的投资争端解决机制，应从积极与消极两个层面进行客观的分析。就积极方面来说，由于公约毕竟是发达国家与发展中国家关于国际投资争端解决机制问题，在相互协调与妥协基础上第一次所作的比较成功的尝试，其在一定程度上体现了不同国家的主张与利益。同时从中心的管辖权等来分析，它所规定的解决方法具有自愿性、有效性与灵活性等特点。此外，就法庭在适用法律上所作的安排来说，它还是比较有特色的。再者，这对东道国法律与国际法在适用选择上所作的规则也不能说不是个创新，固然它不是很完美，但是它至少在一定层面上解决了东道国法律与国际法在适用上的冲突问题。因此，ICSID 公约所缔造的中心自其诞生时起，它所确立的投资争端解决法律制度已使传统的国际投资法在争端解决方面发生了从量到质的转变。它在一定程度上标志着国际投资争端法治化的到来。

从消极的方面来说，中心所确立的解决机制也并非完善的，它也存在一些漏洞，这无疑使其实际效应大打折扣。其一，公约的规定中弹性条款太多。其二，公约第 52 条关于撤销措施的规定更是令人对中心争端解决机制的实然性结果产生疑问。

2. 当今多边贸易法制是以乌拉圭回合多边贸易谈判达成的多边贸易协议为主体内容，以世界贸易组织作为协议贯彻实施的保证，以准司法性的争端解决机制作为后盾的一个全球性、综合性的国际贸易管理体制。

多边投资体制就是在多边的角度下解决投资问题，目前还没有一个完整的多边投资体制，只有两个国际多边投资公约即 1965 年《解决国家与他国国民之间投资争端公约》和 1988 年的《多边投资担保机构公约》：前者以仲裁或调解部分解决了发展中国家因对外资企业实行征收和国有化而与发达国家之间产生的矛盾；后者通过多边投资担保机构增强了发达国家投资者的投资安全，促进国际投资的自由化。但是严格说来，这两个公约都并非全面调整投资的综合性公约，回避了东道国对外资主权权力的界定、投资者待遇的核心问题，仅局限于投资争端的解决和投资的政治风险的担保，具有很大的局限性。

异同：多边投资法制和多边贸易法制都是随着经济全球化的发展，为促进国家之间的贸易和投资而逐渐发展的由广大的发展中国家和发达国家共同参与的贸易和投资体制，在其体制内能更好地促进各国资源的流通，促进经济效益的增长，促进全球经济的繁荣。

二者的不同在于，多边贸易体制已经建立并且已经在全球化的今天发挥着越来越重要的作用，而多边投资体制尚没有建立，发达国家呼吁它的早日诞生和成熟来促进投资的增加。

关系：随着经济全球化程度的日益加深，国际贸易和国际投资的联系越来越密切，国际贸易的规模、流向日益受到国际投资的制约，同时国际投资的规模和构成又受到国际贸易的影响。世界贸易组织协定中的所有内容都对国际投资产生直接或间接的影响。世界贸易组织虽然以国际贸易作为其调整对象，但也包含了大量的调整国际投资的内容。其中，最重要的是《与贸易有关的投资措施协定》《服务贸易总协定》等。

发展趋势：虽然投资问题被排除在多哈回合谈判外，但是考虑到国际投资在经济全球化中的重要作用以及存在的诸多问题，多边投资立法在未来必将会继续提出，而世界贸易组织将成为解决投资问题的最为适合的舞台。各国对于在世界贸易组织下启动新的多边投资协议问题存在严重分歧，各国在多边投资法制许多实质性问题上持有不同意见，发达国家和发展中国家的矛盾和分歧很明显。例如，自1995年起，经合组织单方面提出了一份内容全面的具有投资法典性质的《多边投资协定（草案）》（MAI）。该草案是在发达国家的主持下制定的，因此它对投资的保护极为充分，这引起了国际社会的广泛关注，而且遭到了很多国家的批评和异议，该草案最终未能获得通过。但可以肯定的是，贸易和投资会越来越自由化。

第十三章　国际货币金融法原理

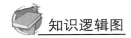知识逻辑图

国际货币金融法
- 国际货币法——国际货币基金协定
  - 第8条义务（货币自由兑换）
  - 第14条义务（过渡期义务）
  - 贷款
    - 一般提款权（普通贷款）
    - SDRs
- 国际金融法
  - 贷款
  - 债券
  - 股票

名词解释与概念比较

1. SDR（考研）
2. 世界银行集团（考研）
3. 布雷顿森林体系（考研）

选择题

（一）单项选择题

1. 国际货币基金组织分配给成员国的特别提款权可以（　　）。

A. 偿还成员国对基金组织的债务

B. 作为现实货币用于私人贸易支付

C. 兑换成黄金

D. 用以支取现金

2. 确认第二次世界大战后国际货币法律体系的国际条约是（　　）。

A.《国际货币基金协定》

B.《贷款协定和担保协定通则》

C.《见索即付保函统一规则》

D.《马斯特里赫特条约》

3.《国际货币基金协定》第8条规定的义务和第14条规定的义务的主要区别是（　　）。

A. 第8条是过渡性安排

B. 第14条是一般性义务

C. 第14条允许成员国保留其加入时已经存在的外汇限制

D. 满足了第14条义务的成员国，其货币为可自由兑换货币

4. 下列有关国际货币基金组织对成员国贷款的说法正确的是（　　）。

A. 国际货币基金组织按规定的利息向成员国发放贷款，成员国到期以所贷货币偿还本金与利息

B. 成员国以本国的货币购买所贷外汇，到期时以所贷外汇购回本国货币

C. 国际货币基金组织与其他成员国一起，对借贷国联合放贷

D. 成员国可以利用所贷款项进行基础设施建设

视频讲题

5. 有关国际货币基金组织成员国之间的争议解决，如不涉及对《国际货币基金协定》的解释，下列说法正确的是（　　）。

A. 首先提交理事会解决，对裁决结果不服，可以提交执行董事会解决

B. 首先提交执行董事会解决，对裁决结果不服，可以提交理事会解决

C. 既可以提交理事会解决，也可以提交执行董事会解决

D. 对国际货币基金组织的处理结果不服，可以提交国际法院解决

6. 特别提款权按某些成员国的货币定价。下列货币中哪一种不是用于特别提款权定价的货币？（   ）

A. 美元　　　　　　　B. 英镑

C. 马克　　　　　　　D. 日元

7. 甲国贸易逆差问题严重，外汇储备严重不足，向国际货币基金组织申请财政援助，用甲国货币兑换等值的乙国货币，下列说法正确的是（   ）。

A. 甲国用本国货币兑换等值的乙国货币，属于一种买卖行为，不需要偿还

B. 甲国在 10 年内，需要用乙国货币或特别提款权向国际货币基金组织购回本国货币

C. 国际货币基金组织在提供此财政援助时会对甲国提出一些要求

D. 甲国在购回本国货币时不需要额外支付任何费用

8. 有关《国际货币基金协定》确立的外汇管理制度，下列说法正确的是（   ）。

A. 国际收支分为经常项目与资本项目，二者的外汇管制制度不同

B. 会员国任何情况下都不得对经常项目的国际交易支付与资金转移实施限制

C. 会员国不得对本国的国际支付加以限制

D. 会员国可以在储备部分额度内购买货币做资本转移之用，也可以使用基金普通资金作为大量或长期的资本输出之用

视频讲题

9. A 国是《国际货币基金协定》的缔约方，以下哪一项行为符合协定的规则？（   ）

A. A 国规定一国 A 单位货币含金量为 1.505 克

B. A 国拒绝提供国际货币基金组织所要求的有关外汇的资料

C. A 国在其贸易伙伴 B 国货币贬值 5% 后，立刻贬值 8%

D. A 国为促进自身稳定，对汇率进行了微调

视频讲题

（二）多项选择题

1. 根据《国际货币基金协定》第 8 条规定的成员国的一般义务，除非获得国际货币基金组织同意，成员国不得采取下列哪些措施？（   ）

A. 限制经常项目下的兑换

B. 限制资本项目的兑换

C. 歧视性的差别汇率措施

D. 复汇率制度

2. 关于特别提款权，下列哪些选项是正确的？（   ）（司考）

A. 甲国可以用特别提款权偿还国际货币基金组织为其度过金融危机提供的贷款

B. 甲乙两国的贸易公司可将特别提款权用于两公司之间国际货物买卖的支付

C. 甲乙两国可将特别提款权用于两国政府间结算

D. 甲国可以将特别提款权用于国际储备

3. 甲国是国际货币基金组织会员国，甲国的以下哪些措施可能违反了《国际货币基金协定》？（   ）

A. 甲国对经常项目的国际交易支付实施限制

B. 甲国限制非居民将其近期内取得的贸易盈余转移到他人手中

C. 甲国给予某类进口产品以较优惠的货币兑换率

D. 甲国依据本国的国际收支状况和国际经济情势对本国加入国际货币基金组织时已存在的经常项目限制加以修正

4. 以下哪些选项属于国家可以自由制定的货币制度和政策？（   ）

A. 国家可以为弥补国际财政赤字大量增发货币

B. 各国可以自由对货币发行机构的准备金资产类型作出规定

C. 除在货币联盟区实施的统一货币政策外，国家

可以运用各种工具通过货币存量进行宏观经济调节

D. 各国可以自由规定货币的材料和单位，也可自由规定不同种类货币的支付能力

论述题与深度思考题

1. 结合《服务贸易总协定》和《金融服务协定》的规定，试分析东道国对跨国银行的法律管制。（考研）

2. 试析《中华人民共和国外汇管理条例》关于经常项目和资本项目外汇管理的内容。（考研）

参考答案

名词解释与概念比较

1. SDR，即特别提款权，是国际货币基金组织为弥补全球性储备资产的不足，而于 1969 年创立的以一揽子货币为计值依据的国际储备资产。它有时体现为基金组织成员国的一种使用资金的权利，但它更是一种虚拟资产、账面资产和基金组织的支付手段。其币值按照美元、欧元、日元、人民币、英镑的一定比例计算。

2. 世界银行集团由国际复兴开发银行、国际金融公司和国际开发协会三个国际金融组织构成，是世界上最大的多边开发援助机构，对其成员国而言，也是最大的国外借贷机构。它的宗旨是：通过提供资金、经济和技术援助以及鼓励国际投资等方式，帮助成员国，特别是发展中国家提高生产力，促进经济发展和社会进步，改善和提高人民的生活水平。理事会是其最高权力机构，执行董事会为日常事务机构。法定资本由各成员国认缴，每认缴一股取得一票投票权。中国是世界银行的创始成员国之一。

3. 1944 年 7 月，44 个国家在美国新罕布什尔州举行"布雷顿森林会议"，签订了《国际货币基金协定》。次年 12 月，协定生效。根据该协定，国际货币基金组织（IMF）创立，宣告第二次世界大战后的国际货币法律制度产生，即布雷顿森林体系。布雷顿森林体系建立了一个以美元为中心的国际货币法律制度，其内容主要包括如下几个方面：（1）采取黄金——美元本位制，实行"双挂钩"制，即美元与黄金挂钩，其他成员国的货币和美元挂钩。（2）确定可调整的固定汇率制。（3）设立资金支持制度。（4）力图取消经常项目的外汇管制。

1973 年由于美元危机，布雷顿森林体系彻底崩溃。

选择题

（一）单项选择题

1. A。考点：特别提款权的性质

解析：特别提款权是作为国际储备资产使用而产生的，它可以用于成员国之间、成员国与基金组织之间的支付、偿还债务。但它不是一种可流通的货币，而是一种记账单位和货币定值单位，因此，不能用于日常的国际贸易、兑换成现金或黄金使用。本题的正确答案为 A 项。

2. A。考点：现代国际货币体系产生的依据

解析：第二次世界大战后国际货币体系产生的法律依据是《国际货币基金协定》。本题的 B、C 选项仅是融资业务的规则，D 选项是欧盟协定，均非正确选项。

3. C。考点：国际货币基金组织成员的一般义务及过渡性义务

解析：《国际货币基金协定》第 8 条规定的是成员的一般义务，要求取消外汇限制，满足此义务的成员国的货币为自由兑换货币；第 14 条则是未达到这一要求的过渡性安排，允许成员国保留加入时即已存在的外汇管制。本题选项中只有 C 项是正确的，其他选项混淆了第 8 条和第 14 条的规定。

4. B。考点：国际货币基金组织贷款的性质

解析：国际货币基金组织负责维持货币市场的稳定。其对成员国的贷款是为了解决成员国的国际收支平衡出现的困难，与通常理解的贷款不是一回事，不同于世界银行的贷款。其贷款方式也有自己的特点，即本题选项 B 所述方式。A 选项貌似正确，但没有说明国际货币基金组织对成员国贷款的特点。

5. C。考点：国际货币基金组织成员之间争议的解决方式

解析：国际货币基金组织内部的争端分为几类：一类是成员国与国际货币基金组织之间的争端，另一

类是成员国之间的争端，这又依是否涉及《国际货币基金协定》条款的解释而分为两类。不涉及协定解释的成员国之间的争端，可以提交理事会，也可以提交执行董事会来解决，并无二次程序。本题的正确选项是 C。D 项纯为混淆项。

6. C。考点：特别提款权的定值货币

解析：特别提款权原根据美元、英镑、法郎、马克和日元定值，现在根据美元、英镑、欧元、日元和人民币定值。

7. C。考点：特别提款权的使用

解析：选项 A 错误。甲国用本国货币"购买"他国货币或特别提款权，其经济效果与借贷一致。因此在会员国的国际收支和储备状况有所改善时，需要"购回"本国货币。选项 B 错误。会员国需要在 5 年内"购回"本国货币。选项 D 错误。会员国用货币或特别提款权"购回"本国货币时，需要支付一定手续费，其经济效果与偿还借款相同。

8. A。考点：国际货币基金组织成员义务

解析：选项 B 错误。会员国原则上不得对经常项目的国际交易支付与资金转移施加限制，但在基金组织同意或会员国货币被宣告为稀少货币时，可以实施限制措施。选项 C 错误。会员国可以依照本国经济状况（包括国际收支状况）以及国际经济情势，自行决定是否对本国的国际支付加以限制。选项 D 错误。会员国可以在储备部分额度内购买货币做资本转移之用，但不得使用基金普通资金作为大量或长期的资本输出之用，除非会员国为扩大出口或进行正常贸易将基金普通资金用作必需的合理数额资本交易，或使用其自有资金做符合协定宗旨的资本移动。

9. D。考点：国际货币基金组织成员义务

解析：选项 A 错误。国际货币基金组织的会员国不得将其所发行的货币之价值与黄金联系，任何国家均不得以含金量来表示其货币的价值。选项 B 错误。国际货币基金组织会员国的外汇安排有接受基金组织监督的义务，并向基金组织提供为进行这种监督所必要的资料。选项 C 错误。国际货币基金组织会员国有义务建立相互间有秩序的外汇关系，避免竞争性的外汇贬值。竞争性的货币贬值是违反国际货币法律的不正当行为。选项 D 正确。只要一个成员国的行为是为了促进自身稳定，就不能以更好地支持国际货币体系的有效运作为理由而要求其政策作出改变。

（二）多项选择题

1. ACD。考点：《国际货币基金协定》第 8 条规定的成员国的一般义务

解析：《国际货币基金协定》第 8 条的规定主要涉及经常项目下的外汇兑换、支付和清算，未经国际货币基金组织批准，不得实施限制，不得实施歧视性的差别汇率措施和复汇率制度。因此，本题的正确选项是 A、C、D，排除有关资本项目的选项 B。

2. ACD。考点：特别提款权

解析：特别提款权是国际货币基金组织为补充国际储备不足而创设改造的一种国际储备资产，可与外汇一起作为国际储备。成员国在基金开设特别提款权账户，作为一种账面资产或记账货币，可用于办理政府间结算，可偿付政府间结算逆差，还可用以偿还基金组织的贷款，或作为偿还债务的担保等。特别提款权在创设时是一种以黄金定值的记账单位，但不能用于商业结汇。选项 A、C、D 正确。B 选项错误。

3. ABC。考点：国际货币基金组织成员义务

解析：原则上，会员国不得对经常项目的国际交易支付实施限制，若没有国际货币基金组织的同意且会员国货币没有被宣布为稀少货币，则 A 项措施可能违反《国际货币基金协定》。会员国不得限制非居民将其近期内取得的贸易盈余转移到他人手中，若这种贸易盈余是经常性交易，则 B 项措施可能违反《国际货币基金协定》。会员国不得实行歧视性货币措施，若不是在一定时期内采用的过渡性汇率，则 C 项措施可能违反《国际货币基金协定》。

4. BCD。考点：国际货币基金组织成员权利

解析：选项 A 错误。货币的发行要遵守两个基本原则：（1）坚持垄断发行原则；（2）坚持经济发行、反对财政发行原则。第二个原则要求国家的货币发行应当是满足经济发展需要的发行，而不是为弥补国家财政赤字的超经济的发行。

 论述题与深度思考题

1. 根据《服务贸易总协定》，跨国银行是作为一种商业存在的国际服务贸易形式，属于对外直接投资在东道国设立办事处、分行、子行等，并在当地提供金融服务。因此《服务贸易总协定》将其纳入了服务贸易领域，《金融服务协定》作为《服务贸易总协定》的

附件发挥效力。《服务贸易总协定》旨在在促进透明化和逐步自由化的前提下，由各成员作出具体承诺，承担相应的义务。鉴于银行业的重要性，对一国经济影响之大，各国都纷纷将其纳入管制范围，只是因为各国经济发展水平的差异，发达国家由于金融体制较为成熟和稳固，因而对跨国银行的管制较松，而发展中国家往往实行较严格的法律管制。各国不同的监管体制会形成对自由贸易的限制。

第一，市场准入。它关注的是跨国银行能否进入东道国市场，金融服务领域不同于货物贸易领域，金融服务领域不存在关税壁垒，因此金融服务方面的市场准入指的是管制壁垒的减少。这属于《服务贸易总协定》中的具体承诺的部分，各东道国应当根据各国作出的承诺制定其国内的相关管制的规章制度，使之符合《服务贸易总协定》的要求。

第二，国民待遇。国民待遇是指每个成员方在所有影响服务提供的措施方面，给予任何其他成员方的服务和服务提供者的待遇不得低于其给予本国相同服务和服务提供者的待遇。与市场准入不同，市场准入更多的是关注最初进入或许可，即在多大程度上进入东道国市场；国民待遇更多的是关注进入东道国市场后，能否与本国服务和服务提供者享有同等的待遇，从而平等地竞争。

第三，最惠国待遇。该原则作为非歧视原则之一，为《服务贸易总协定》的基本原则。其要求东道国对所有的跨国银行待遇平等。除各成员在最惠国待遇豁免清单所列内容外，《服务贸易总协定》中唯一允许背离最惠国原则的就是区域贸易集团的安排。

如前所述，对服务贸易而言，最重要的贸易壁垒来自政府管制，《服务贸易总协定》许多条款允许成员国政府采取影响贸易的措施，《服务贸易总协定》第2条对于金融服务规定的国内法规定，"不管本协定任何其他条款作何规定，不应阻止一成员为谨慎原因而采取相应措施，包括为保护投资者、存款人、投保人或金融服务提供者对其负有托管责任的人而采取措施，或为确保金融体系的统一和稳定而采取的措施，如果这些措施不符合本协定的要求，则它们不应用来逃避该成员本协定下的承诺或义务"。这就是通常说的"审慎例外"。因此，一方面，任何市场准入和国民待遇义务都受到基于审慎原因而采取的措施的约束；另一方面，如果这些措施和《服务贸易总协定》的规定不一

致，则它们不能成为违反《服务贸易总协定》承诺或义务的方法和借口。

基于东道国对跨国银行的监管，各国很有必要根据《服务贸易总协定》规定的透明度原则及时公布其关于跨国银行的各项管制规章制度。

2. 我国于1996年发布、1997年和2008年修订的《中华人民共和国外汇管理条例》（以下简称《外汇管理条例》）取消了若干对经常项目中的非贸易非经营性交易的汇兑限制，取消了外汇收入必须调回国内的规定，对经常项目和资本项目外汇管理作出了下述规定：

（1）经常项目外汇管理。第一，经常项目外汇收支应当具有真实、合法的交易基础。第二，经常项目外汇收入，可以按照国家有关规定保留或者卖给经营结汇、售汇业务的金融机构。第三，经常项目外汇支出，应当按照国务院外汇管理部门关于付汇与购汇的管理规定，凭有效单证以自有外汇支付或者向经营结汇、售汇业务的金融机构购汇支付。第四，携带、申报外币现钞出入境的限额，由国务院外汇管理部门规定。

（2）资本项目外汇管理。第一，境外机构、境外个人在境内直接投资，经有关主管部门批准后，应当到外汇管理机关办理登记。境外机构、境外个人在境内从事有价证券或者衍生产品发行、交易，应当遵守国家关于市场准入的规定，并按照国务院外汇管理部门的规定办理登记。第二，境内机构、境内个人向境外直接投资或者从事境外有价证券、衍生产品发行、交易，应当按照国务院外汇管理部门的规定办理登记。国家规定需要事先经有关主管部门批准或者备案的，应当在外汇登记前办理批准或者备案手续。第三，国家对外债实行规模管理。第四，提供对外担保，应当向外汇管理机关提出申请，由外汇管理机关根据申请人的资产负债等情况作出批准或者不批准的决定；国家规定其经营范围需经有关主管部门批准的，应当在向外汇管理机关提出申请前办理批准手续。申请人签订对外担保合同后，应当到外汇管理机关办理对外担保登记。经国务院批准为使用外国政府或者国际金融组织贷款进行转贷提供对外担保的，不适用前述规定。第五，银行业金融机构在经批准的经营范围内可以直接向境外提供商业贷款。其他境内机构向境外提供商业贷款，应当向外汇管理机关提出申请，外汇管理机关根据申请人的资产负债等情况作出批准或者不批准

的决定；国家规定其经营范围需经有关主管部门批准的，应当在向外汇管理机关提出申请前办理批准手续。向境外提供商业贷款，应当按照国务院外汇管理部门的规定办理登记。第六，资本项目外汇收入保留或者卖给经营结汇、售汇业务的金融机构，应当经外汇管理机关批准，但国家规定无须批准的除外。第七，资本项目外汇支出，应当按照国务院外汇管理部门关于付汇与购汇的管理规定，凭有效单证以自有外汇支付或者向经营结汇、售汇业务的金融机构购汇支付。国家规定应当经外汇管理机关批准的，应当在外汇支付前办理批准手续。依法终止的外商投资企业，按照国家有关规定进行清算、纳税后，属于外方投资者所有的人民币，可以向经营结汇、售汇业务的金融机构购汇汇出。第八，资本项目外汇及结汇资金，应当按照有关主管部门及外汇管理机关批准的用途使用。

第十四章　国际金融法基本制度

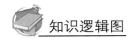知识逻辑图

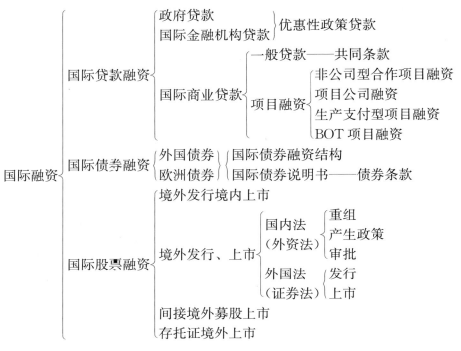

名词解释与概念比较

1. 存托证（考研）
2. 国际项目融资（考研）
3. 国际债券（考研）
4. Cumulative Freferred Shares（考研）
5. 存托证境外上市结构
6. 消极担保条款（考研）
7. 提货或付款协议（考研）

选择题

（一）单项选择题

1. 下列关于国际融资共同条款中"陈述与保证"条款的说法正确的是（　　）。
　　A. 如果陈述与保证中的事项失实，将构成欺诈，造成合同无效
　　B. 陈述与保证构成了借款人的独立义务来源
　　C. 是对借款人偿付贷款的保证
　　D. 是对第三人为借款人承担连带责任的保证

2. 下列有关国际融资共同条款中的保持资产条款的说法正确的是（　　）。
　　A. 借款人不得出售、转让其资产的全部或大部
　　B. 贷款人对借款人的资产进行托管
　　C. 该条款的目的是防止借款人不适当地减损其偿债能力
　　D. 贷款人对借款人的资产进行投保

3. 国际融资共同条款中的平等位次条款的作用是（　　）。

A. 改变国内法规定的债权人受偿次序

B. 使无担保权益的债权人享有与担保权益债权人同样的权利

C. 贷款人可以以此为依据，以借款人违约为由，要求借款人提前偿还贷款

D. 使母公司与子公司处于相同的地位

4. 平等位次条款与消极担保条款的区别在于（　　）。

A. 平等位次条款要求借款人不得设立新的优先于贷款人债权受偿的担保权益

B. 平等位次条款旨在使贷款人的债权不处于比其他新的无担保权益的债权差的地位

C. 消极担保条款要求借款人不主动设立担保

D. 消极担保条款要求贷款人不能要求借款提供担保

5. 下面有关国际融资共同条款中的先决条件条款的说法正确的是（　　）。

A. 先决条件条款是整个贷款协议生效的前提条件

B. 先决条件条款是贷款人履行贷款义务的前提条件

C. 先决条件条款是借款人签署贷款协议的前提条件

D. 先决条件条款是当事人寻求法律救济前必须满足的条件

6. 所谓无条件的国际贷款担保是指（　　）。

A. 担保人不得与借款人议定提供担保的条件

B. 担保人不得援用借款人的先诉抗辩权

C. 贷款人收回贷款是无条件的

D. 担保人保证借款人无条件地向贷款人偿还贷款

7. 根据国际商业银行贷款协议中的利息预提税条款，下列说法正确的是（　　）。

A. 由贷款人所在国对贷款人的利息所得先予征收

B. 该利息预提税由借款人承担

C. 该利息预提税由借款人所在国向贷款人征收

D. 该利息预提税由贷款人所在国向借款人征收

8. 国际贷款协议对债权人权利救济的规定，意味着（　　）。

A. 是债权人享有的全部救济

B. 在协议中双方约定的权利救济，不排斥法律上可能存在的其他救济

C. 贷款人不行使权利，即意味着其放弃了相应的权利救济

D. 债权人不得享有法律没有明文规定的权利救济

9. 国际贷款协议中出现的反担保，包括下列哪种情形？（　　）

A. 担保人为借款人担保，借款人为贷款人反担保

B. 担保人为借款人担保，第三人向担保人提供反担保

C. 借款人向贷款人提供担保，贷款人向借款人提供反担保

D. 借款人向担保人提供担保，担保人向贷款人提供反担保

10. 下面有关欧洲债券的说法正确的是（　　）。

A. 在欧洲国家发行的国际债券

B. 采取欧洲国家货币发行的国际债券

C. 在债券面值货币所在国以外的国际市场发行的国际债券

D. 在欧洲国家证券交易所上市交易的国际债券

11. 以下有关零息债券的说法正确的是（　　）。

A. 购买该类债券的投资者没有利息收益

B. 债券发行人不承担支付利息的义务

C. 贴现发行、面值还款

D. 发行时没有利息，发行后按一定期限调整

12. 下面有关债券条款的说法正确的是（　　）。

A. 债券条款是明确债券发行人与债券承销人之间权利义务的条款或文件

B. 债券条款是明确债券发行人与债券持有人之间债权债务关系的条款或文件

C. 债券条款是明确债券承销人与债券购买人之间权利义务的条款或文件

D. 债券条款是债券发行人与证券交易所之间债权债务关系的条款或文件

13. 债券发行章程与债券条款的区别是（　　）。

A. 债券发行章程是就发行情况予以说明的基本文件，不涉及债券条款

B. 债券条款是债券发行章程的组成部分

C. 债券发行章程是债券条款的一部分

D. 债券发行章程与债券条款是同一法律文件的两种称谓

14. 下列股份中属于境内上市外资股的是（　　）。

A. H股　　　　　　　　B. N股

C. S股　　　　　　　　D. B股

（二）多项选择题

1. 国际贷款协议中的约定事项条款一般包括（　　）。
A. 陈述与保证　　　　B. 消极担保条款
C. 平等位次条款　　　D. 财务约定条款

2. 依据贷款人的性质来分，国际贷款可以分为下列几种类型（　　）。
A. 联合贷款
B. 国际金融机构贷款
C. 政府贷款
D. 国际商业银行贷款

3. 政府贷款与国际商业银行贷款的区别在于（　　）。
A. 政府贷款利率低
B. 政府贷款多根据政府协定贷款
C. 政府贷款多附加贸易条款
D. 政府贷款主要用于稳定国际收支平衡

4. 国际金融机构贷款与国际商业银行贷款的主要区别在于（　　）。
A. 国际金融机构的贷款属于优惠性贷款
B. 国际金融机构贷款的借贷人受到严格限制
C. 国际金融机构贷款以营利为目的
D. 国际金融机构贷款的资金来源来自该机构吸收的储户存款

5. 国际债券和国际贷款都是国际债权，但二者存在以下重要不同点（　　）。
A. 国际债券受到了国家证券法规的强制性支配，而国际贷款的适用法律由当事人选择
B. 国际债券可以自由流通，但国际贷款不能自由流通
C. 国际债券通过发行建立债权债务关系，而国际贷款是通过签订贷款协议确立债权债务关系
D. 国际债券没有利息、只能分红，而国际贷款享有利息

6. 国际项目融资是国际贷款的一种形式，下述说法正确的是（　　）。
A. 贷款人的债权实现依赖于该项目可能产生的现金流量，而非借款人的现有资产
B. 国际项目融资的贷款人提供贷款主要依据借款人本身的信用
C. 国际项目融资以特定的建设项目为融资对象
D. 国际项目融资不需要担保

7. 国际项目融资中项目产品长期销售协议通常包括（　　）。
A. 提货即付款协议
B. 或提货或付款协议
C. 或供货或付款协议
D. 产品支付协议

8. 国际贷款协议中的借款人的违约包括（　　）。
A. 借款人到期没有偿付借款
B. 借款人对其他债权人的违约，视为对贷款人的违约
C. 在偿还贷款期限到来之前，借款人丧失清偿能力
D. 借款人的陈述与保证失实

9. 实践中，国际融资担保存在多种不同的形式，如银行保函、备用信用证、浮动担保等，中国法律对其中一些担保形式没有相应的规定。根据国际惯例，关于各类融资担保，下列哪些选项是正确的？（　　）（司考）
A. 备用信用证项下的付款义务只有在开证行对借款人的违约事实进行实质审查后才产生
B. 大公司出具的担保意愿书具有很强的法律效力
C. 见索即付保函独立于基础合同
D. 浮动担保中用于担保的财产的价值是变化的

视频讲题

10. 甲国公司承担乙国某工程，与其签订工程建设合同。丙银行为该工程完工出具见索即付的保函。后乙国发生内战，工程无法如期完工。对此，下列哪些选项是正确的？（　　）（司考）
A. 丙银行对该合同因战乱而违约的事实进行实质审查后，方履行保函义务
B. 因该合同违约原因是乙国内战，丙银行可以此为由不履行保函义务
C. 丙银行出具的见索即付保函独立于该合同，只要违约事实出现即须履行保函义务
D. 保函被担保人无须对甲国公司采取各种救济方法，便可直接要求丙银行履行保函义务

简答题

1. 简述国际融资活动中的见索即付担保的含义和法律特征。（考研）

2. 简述国际借贷合同中的消极担保条款的含义及作用。（考研）

3. 简要说明国际项目融资的基本特征。（考研）

4. 简述浮动抵押的特点。

5. 国际贷款人可以通过哪些合同条款确保其贷款债权的清偿顺序不落后于借款人的其他债权人？（考研）

6. 以合同法原理说明项目贷款中的"提货或付款协议"的效力。（考研）

 案例分析题

A公司是从事矿产勘探的小公司，财务状况欠佳。某月，A公司意外发现一个大矿藏，商业前景十分看好。A公司拟设立一专门公司B开发该矿藏，但需巨额资金。于是，拟由B公司向一声誉卓著的国际商业银行C寻求贷款。试问：（考研）

（1）B公司申请何种类型的贷款最有望获得成功？B公司提供的贷款担保属于何种类型的担保？

（2）C银行宜采取何种贷款方式向B安排贷款？

视频讲题

 论述题与深度思考题

1. 见索即付保函的特点及缺陷。（考研）

视频讲题

2. 试析国际借贷合同违约救济条款的内容及作用。（考研）

 参考答案

名词解释与概念比较

1. 存托证是由一国存托银行向该国投资者发行的一种代表对其他国家公司证券所有权的可流转证券，是为方便证券跨国界交易和结算而创制的原基础证券之派生工具。存托证所代替的基础证券通常为其他国家公司的普通股股票，但目前已扩展于优先股和债券。实践中最常见的存托证主要为美国存托证和英国存托证。

2. 国际项目融资（project financing）是指国际贷款人向特定的工程项目提供贷款协议融资，对于该项目所产生的现金流量享有偿债请求权，并以该项目资产作为附属担保的国际融资类型。国际项目融资的信用结构有三个要点：首先，国际贷款人的债权实现依赖于拟建工程项目未来可用来偿债的现金流量，即其偿债资金来源并不限于正常的项目税后利润；其次，国际项目融资要求以建设项目的资产权利作为项目运营和偿债的安全保证，它不同于以资产价值为抵押的普通担保；最后，国际项目融资通常需创造足以防范或分散各种项目风险的多重信用保障结构，包括借款人或主办人提供的有限担保、完工担保人提供的项目完工担保、项目关系人提供的现金流量缺额担保、项目产品用户提供的长期销售协议及政府机构提供的政府担保或承诺等。

3. 国际债券是指一国政府、金融机构、工商企业或国际金融组织在国外金融市场上发行的证券化的可自由流转的债权证券。按其发行地与面值货币的关系，国际债券又可分为外国债券和欧洲债券两大类。

4. Cumulative Preferred Shares，即累积优先股，指必须在普通股股东获得分红之前支付全部股息的优先股。如果不是每年支付，则未支付的股息逐年累积直至全部支付，且优先于普通股受偿。

5. 存托证境外上市结构指一国的发行公司通过国际承销人向境外发行的股票（基础证券），由外国的存托银行代表外国投资者统一持有，而该存托银行则根据该基础证券向该国投资人或国际投资人发行代表该基础证券的存托证，并最终将所发行的存托证在国际证券交易所上市的国际股票融资方式。

6. 消极担保条款（negative pledge）是在国际贷款协议中经常使用的条款之一，指在偿还贷款或债券之前，借款人将不得在其资产和收入上再行设定任何抵押、质权、留置或其他担保权，同时将按约处置其他已到期的原有担保。

消极担保条款的作用在于防止借款人以其资产或收入为其他债权人的利益设定担保债权，影响本债权人的受偿顺序，限制借款人以担保之债的方式发生新债，恶化其偿债能力。

消极担保条款通常以原则列举方式限制借款人在其营业资产和收入上设定担保。依据当事人的约定，该条款之适用可以有某些例外，其中较为重要的包括贷款协议签署前已经存在的原有担保、依照国家相关法律具有留置权或优先权效力的法定担保、借款人以融资租赁或类似方式购买货物的物权性限制等。此外，借款人以短期信用方式取得的贸易性融资通常也不属于担保性负债。

7. 提货或付款协议是目前国际项目融资中被最广泛采用的产品销售协议形式，是由项目公司与项目产品购买人签署的以买方无条件付款为基本内容的项目产品长期销售协议。其主要内容为：无论项目公司能否提供足够或合乎质量的产品，购买人都必须支付约定价款，且该价款应足以偿还贷款人的贷款及维持项目经营所需。其实质是一种准担保合同，但对于购买人来说是一种风险投资合同。

 选择题

（一）单项选择题

1. B。考点：国际融资共同条款中的陈述与保证的特点

解析：国际融资共同条款中的陈述与保证，是借款人对其自己的某些事实真实的保证，如果所述事实失实，则债权人可以以借款人违约为由，寻求法律救济。因此，本题选项中的正确选项是 B。选项 C、D 和陈述与保证的内容不符，选项 A 对保证事实失实的效果叙述不正确。

2. C。考点：国际融资共同条款中的保持资产条款的含义

解析：国际融资共同条款中的保持资产条款，是借款人承担义务的条款，所以本题选项 B、D 明显错误。经过债权人同意，借款人是可以处置其资产的。本题的正确选项是 C，为了防止借款人减损或丧失偿债能力。

3. C。考点：国际融资共同条款中的平等位次条款的实质与作用

解析：国际融资共同条款中的平等位次条款，属于当事人的约定条款，不能改变国内法中的强制性的规定，不能改变国内法中强制性的债权偿还次序，但可以作为约定条款，在违反这一条款的情况下，债权人获得了约定救济的权利，提前收贷或停止进一步借贷。本题中，选项 A、B 表达的是同一意思，均为不正确选项。选项 D 纯为混淆项。正确选项是 C。

4. B。考点：国际融资共同条款中的消极担保条款与平等位次条款的异同

解析：国际融资共同条款中的消极担保条款与平等位次条款的作用是一致的，都是为了保证贷款人的债权不因为新出现的优先受偿的债权而受到损害，是借款人承担义务的条款。故 D 选项首先被排除。但二者方法不同：消极担保要求不设立新的优于贷款人债权的其他担保权益，是一种不行为的要求，而平等位次条款是赋予贷款人寻求法律救济的一种约定，针对的是无担保债权的平等性。故正确选项为 B。

5. B。考点：国际融资共同条款中的先决条件条款的含义

解析：国际融资采取的是分期提款、分期还款的方式。在借款人每一次提款或者贷款人每一次贷款前，借款人必须满足规定的条件。这可能包括了第一次提款应满足的条件或以后提款应满足的条件。因而，本题选项中 C、D 明显错误。选项 A 针对的是整个贷款协议而非提款条件或贷款义务，是非正确选项。本题答案为 B 项。

6. B。考点：国际贷款无条件担保的含义

解析：国际贷款表现出极强的国际性，当事人就可能出现的事件尽可能全面地事先约定，尽可能少地减少合同条款含义争议的机会。在使用担保问题上，担保人承担无条件的偿还义务，主要是指担保人独立地承担担保义务，在借款人不能如约偿还贷款时，在债权人提出要求时，担保人应履行其偿还义务，而不考虑借款人违约是否存在正当理由，不能援用借款人可能享有的抗辩。这使担保人的义务独立于贷款人与借款人的基础贷款关系。如果担保人可以援用借款人

的抗辩，则债权人不能立即、有效地收回债权，从而削弱了无条件担保的效力与作用。正确选项为B。

7. B。考点：国际商业贷款协议中的利息预提税

解析：利息预提税是借款人所在国向产生于国际商业贷款的利息所得征收的税收，贷款协议规定该税收由借款人承担。因此，本题提供的选项中只有B项是正确的。A、D两个选项将征税政府弄错，C选项将纳税人弄错。国际商业贷款协议中对利息预提税由借款人承担的规定，被称为"不扣税条款"。

8. B。考点：国际贷款协议的权利放弃与累加救济

解析：国际贷款协议由于其国际性特征，具有明显的意思自治特点，当事人尽可能详尽地就其权利义务作出约定，但这并不意味着排除了适用法律上可能提供的其他救济。同时，国际贷款协议还规定，贷款人不行使权利或者沉默并不等于放弃权利。本题选项中，A、C项与以上所述明显不符。而选项D又明显排除了当事人的约定。故正确选项是B。

9. B。考点：国际融资协议中的反担保安排

解析：在贷款人和借款人签订贷款协议时，通常要求作为第三方的担保人提供担保，保证借款人承担还款义务，该保证通常是无条件的独立的保证。在担保人向贷款人偿付贷款后，担保人向借款人追偿。但在借款人不能向贷款人偿还债务时，其对担保人的偿付也可能存在问题，这就可能导致担保人的债权得不到保证，从而使第三方不愿替借款人作为贷款协议的担保人。这时，借款人通常是通过另一第三方向担保人提供反担保，保证借款人将来向担保人偿付担保人对贷款人的还款，在借款人不能偿付时，由该反担保人予以偿付。原则上说，借款人本身也可以提供反担保，但这种自己出具的反担保，其担保能力是有限的。在涉及第三人反担保的情况下，通常称为间接担保。

10. C。考点：欧洲债券的含义

解析：欧洲债券与欧洲没有必然的联系，尽管其最初出现在欧洲。它是指在债券面值货币所在国之外的国际市场上发行的国际债券，例如在欧洲发行美元债券，在美国发行欧元债券。本题选项中，C选项为正确答案。

11. C。考点：零息债券的特点

解析：所谓零息债券，并非没有利息的债券，只不过其利息表现方式有别于通常的利息支付。零息债券在发行时低于面值发行，在债券到期日发行人以面值收回，之间的差额就是投资者的利息。零息债券利息固定，投资收益有保证。本题选项中，C选项正确。

12. B。考点：债券条款的内容与作用

解析：债券条款又称为债券票面条款，是明确债券发行人与持有人之间债权债务关系的证券性文件，具有当事人协议的效力，同时表明了持有人可以自由转让债券的特性。债券条款可记载于债券，也可以通过另外的专门文件规定。对比这一定义，本题选项中只有选项B是正确答案。

13. B。考点：债券发行章程与债券条款的联系与区别

解析：债券发行章程（债券发行说明书）是详细披露债券发行条件、债券发行人具体情况、债券条款及细则、作为债券发行基础的其他一切事实情况的基本文件。债券条款是其中的组成部分之一。因此，本题的正确选项是B。

14. D。考点：我国境外股票融资外资股的类型

解析：H股、S股、H股和B股分别代表在中国香港上市的股票、在新加坡上市的股票、在美国纽约上市的股票和在国内证券交易所上市的股票。其中只有B股在国内证券交易所上市，答案也只能是D选项。B股被称为境内上市外资股。

（二）多项选择题

1. BCD。考点：约定事项条款的内容

解析：约定事项的内容和形式较多，常见的有消极担保条款、平等位次条款、财务约定条款、主体同一性条款以及保持资产条款。陈述与保证构成了国际融资共同条款中的独立条款，不属于约定事项的范围。本题正确选项是B、C、D。

2. BCD。考点：国际贷款的类型

解析：国际金融机构贷款、政府贷款和国际商业银行贷款是根据贷款人的性质区分的三种国际贷款类型，联合贷款是国际商业银行贷款的一种方式。因此，本题的正确选项是B、C、D。

3. ABC。考点：国际贷款的类型及特点

解析：政府贷款一般是基于政府协定的优惠性、援助性项目贷款，同时多附加有促进贸易的限制性条件。本题选项A、B、C为正确选项。选项D将政府贷款与国际货币基金组织贷款混同。

4. AB。考点：国际贷款的类型及特点

解析：国际商业银行贷款是一种商业性贷款，以营利为目的，利率高，资金主要源于其吸收的存款及贷款收入。这些特点使其区别于政府贷款和国际金融机构贷款。在本题的选项中，正确选项为A、B。国际金融机构贷款的借款人限于特定政府或政府机构或政府提供担保的公私企业，有特定的政策目的，其资金源于成员交纳的股金、捐款及从国际资本市场中的其他筹资。

5. ABC。考点：国际债券与国际贷款的区别

解析：国际债券是国际性的可流转的证券化的债权凭证，存在着发行、交易的过程，受到相关国内法的强制性调整。本题选项中，A、B、C是正确选项。D选项为混淆项。

6. AC。考点：国际项目融资的特点

解析：国际项目融资是一种针对特定建设项目进行贷款的国际贷款方式。除传统意义上的商业贷款所注意的问题以外，贷款人同意发放贷款主要看中的是该项目本身的偿债能力、其产生的不中断的现金流，例如高速公路、电厂等。本题A、C选项是正确选项。

7. ABD。考点：国际项目融资中项目产品长期销售协议的通常表现形式

解析：国际项目融资中，贷款人债权保障来自建设项目本身产生的收益，而该项目的收入须有一定的产品销售保证，通过项目产品的长期销售协议，有效地保证了项目的收入。这也是国际项目融资不同于传统国际贷款的一个方面。本题提供的四个选项中，选项C属于原材料与能源长期供应协议，其他三项都是正确选项。

8. ABCD。考点：国际贷款协议中借款人的违约

解析：就一般违约来说，违约包括了实际违约和预期违约。因此，本题选项A、C无疑属于正确选项。国际贷款协议的独特之处还在于它扩大或延伸了违约的含义，将陈述与保证失实、借款人对其他债权人违约都规定为借款人对其贷款人的违约，从而使贷款人享有相应的救济权利。

9. CD。考点：国际融资担保的不同类型及要求

解析：在有关国际担保的规则中，在担保人承担担保义务的条件方面的规定不同于国内法的规定，例如借款人是否真的违约、担保合同与基础合同是否独立等。根据国际商会的《国际备用证惯例》和《见索即付保函统一规则》，保证人的义务均独立于债务人，

不以证明债务人实际违约为前提，而只看是否满足了保函或备用证规定的条件。故C选项是正确选项，A选项是错误选项。本题D选项的内容正是浮动担保的特点，故是正确选项。B项是混淆项。

10. CD。考点：见索即付保函的法律特征

解析：见索即付保函又称为见索即付担保或独立保函，是指一旦主债务人违约，贷款人无须先向主债务人追索，即可无条件要求保证人承担第一偿付责任的保证。其特点是独立于原债务人，或独立于基础交易关系，担保人不能主张债务人的抗辩。见索即付保函具有无条件性，保证人仅凭受益人提出的要求即应付款，而不问付款是否有合理依据。见索即付保函具有独立性，即担保人所承担的义务独立于基础合同，担保人不能以基础合同的履行、修改或无效等对抗受益人。只要违约事实出现，担保人就须履行保函义务。故选项A错误，选项B错误，选项C正确，选项D正确。

 简答题

1. 见索即付担保，又称"凭要求即付担保"，是担保人（通常是银行）应申请人（借款人）的要求或指示，对受益人（贷款人）允诺在其要求付款时，向其支付约定的金额的一种信用担保形式。只要受益人提出付款要求，担保人就得立即履行支付义务，而不得以申请人根据基础合同所享有的任何抗辩对抗受益人。

见索即付担保是银行担保的一种特殊形式，其法律特征是：（1）独立性。见索即付担保是非从属性的独立担保，担保人承担的义务独立于基础借贷合同，担保人不能以基础合同所产生的抗辩事由对抗受益人。（2）担保人责任的主位性。在见索即付担保中，担保人对受益人承担无条件的第一性的赔付责任，不享有先诉抗辩权。（3）无条件性。在确定赔付责任时，担保人仅凭受益人提交的单证，就应按担保金额付款，而不问付款要求是否合理、所担保的主债务是否实际履行。担保人向受益人付款后，即可以借记申请人即债务人的账户。

2. 消极担保条款指借款人在借贷合同中或贷款协定中向贷款人承诺，在未给予贷款人与其他债权人同等受偿地位的担保时，不得在自己的财产和收益上设定任何有利于其他债权人的物权担保。

消极担保条款是国际贷款协议中重要的信用保证条款，它的作用主要在于：（1）可以使贷款人请求偿还贷款的权利不至于在享有担保权益的债权人的权利行使之后才得以行使。（2）可以间接限制借款人过度举债。当借款人为一国政府时，这一条款可用以阻止借款国政府将其可供还外债的外汇储备或其他资产为其他债权人的利益设定担保权益。（3）可以使属于同一类的各个债权之间，根据"相同债权凭证，享受相同待遇"的原则，彼此处于同等地位。（4）可以防止借款人在同一资产上设定多重物权担保，以保护先受物权担保的债权人的优先受偿权。

3. 国际项目融资（project financing），指国际贷款人向特定的工程项目提供贷款协议融资，对于该项目所产生的现金流量享有偿债请求权，并以该项目资产作为附属担保的国际融资类型；主要适用于耗资巨大、开发周期较长、有可靠现金收入来源的工程项目；本质上是项目融资结构和传统融资手段的结合。

其主要特征是：（1）国际项目融资以特定的建设项目为融资对象。国际贷款人提供项目融资并非依赖于借款人的信用，而更主要依赖于项目投资后将形成的偿贷能力和项目资产权利的完整性。（2）国际项目融资的债权实现主要依赖于拟建项目未来的现金流量以及该现金流量中可以合法用来偿债的净现值。（3）国际项目融资通常以项目资产作为附属担保，但根据不同国家法律许可，又可以通过借款人或项目主办人提供有限信用担保。项目资产担保和有限信用担保并不是主要的信用保障手段，它们的作用与保障项目未来的收益力相联系。（4）国际项目融资具有信用保障多样化、复杂化的特点。针对不同融资项目的具体风险状况，国际贷款人往往提出不同的信用保障要求，其目的在于分散项目风险，确保项目未来的现金流量可靠地用于偿还贷款。（5）与上述特征相联系，国际项目融资具有融资额大、风险高、周期长、融资成本相对高的特点。

4. 第一，抵押物是借款人现在和未来的全部财产。第二，抵押物的数量或形态随债务人在其正常生产或经营过程中的需要而变化。第三，在浮动抵押执行以前，借款人在日常业务中对抵押物仍有处分权。第四，抵押不设定在某项特定的财产上，除非已确定用某种资产来清偿债务。

5. 国际贷款人主要通过国际贷款协议中的共同条款中的约定事项条款，确保其贷款债权的清偿顺序不落后于借款人的其他债权人。约定事项又称"约定"或"限制性约定"，它是一系列关于限制借款人在贷款清偿期间的行为和不行为的共同条款的总称。其作用在于限定借款人偿债条件，限制借款人的偿债能力恶化，锁定贷款人的贷款风险。当借款人违反约定事项时，贷款人有权按约终止贷款协议，并要求借款人提前偿本付息。

具体包括下述几种类型条款：（1）消极担保条款（negative pledge）。在偿还贷款或债权之前，借款人将不得在其资产和收入上再行设定任何抵押、质权、留置或其他担保权，同时将按约处置其他已到期的原有担保。（2）平等位次条款（pari passu）。借款人承诺在贷款协议有效期间，保证使无担保权益的贷款人在清偿债务时将处于不劣于其他无担保权益债权人的平等受偿地位。（3）财务约定事项（financial covenant）。借款人一方面有义务向贷款人定期或应要求随时提供其财务报表和财务信息，另一方面则承诺遵守约定的某些财务状况标准。（4）主体同一性条款（merger covenant）。借款人通常需承诺两方面的义务：非经贷款人书面同意，借款人不得改变其主要营业能力和范围，以保障贷款人预期的借款人还款能力不发生变化；非经贷款人书面同意，借款人不得进行对其主要营业或其主要下属企业的转让、资产重组、被他人收购、与他人企业合并等行为，以避免借款人的资产负债发生不利于贷款人的重大变化。（5）保持资产条款（preservation of assets），又称"限制资产处置条款"。借款人须承诺以下义务：非经贷款人同意，借款人不得出售、转让、出租或以其他方式处置其资产的全部或大部，但借款人为日常经营而从事的商业处分或类似财产处分不在此限；借款人有义务对其企业资产向保险公司投保，以保障其资产不因意外危险而损失。

6. 项目贷款中的"提货或付款协议"构成项目担保的主要形式之一，在项目贷款中广泛适用。它属于长期购买合同，购买人无论是否提货，均按约负有无条件付款义务。

协议的性质："提货或付款"协议为项目公司与项目的有形产品或无形产品的购买者之间所签订的长期的无条件的供销协议。其与传统的贸易合同或服务性合同的本质区别是项目产品的购买者购买产品义务的绝对性和无条件性。"提货或付款协议"是在取得产品的条件下才履行协议确定的付款义务。

根据合同法的原理，当事人之间的约定只要是不违反强行性法规都是有效的，这个"提货或付款协议"就是如此，属于当事人间不违法的约定，所以它是有效的。

案例分析题

（1）B公司可申请国际项目贷款，即国际贷款人向特定的工程项目提供贷款协议融资，对于该项目产生的现金流量享有偿债请求权，并以该项目资产为附属担保。它主要适用于耗资极大、开发周期长、有可靠现金收入来源的工程项目，特别是资源开发等。贷款人首要考虑的是拟投资项目是否有可靠的收入和稳定的现金流量。

B公司提供的贷款担保属于项目资产担保。该类担保协议要求项目公司以全部项目资产作为担保；通常在贷款人的债权得不到按约清偿时，可使之得到对项目资产的物权性权利（包括将其委托第三人经营的权利）；禁止项目公司将项目资产再行提供给任何第三人设为担保。

（2）C银行宜安排国际辛迪加贷款，即5家以上的银行联合组成集团，共同向借款人提供大额中、长期贷款的国际信贷方式。通过这一贷款方式，借款人可以从多家银行获得贷款，容易筹集到巨额资金；对各贷款银行来说，与银团其他成员共同提供巨额贷款，可避免承担过高的贷款风险。

论述题与深度思考题

1. 保函是指银行、保险公司、担保公司或个人（保证人）应申请人的请求，向第三方（受益人）开立的一种书面信用担保凭证。按索偿条件，通常可分为两种：有条件保函和见索即付保函。

根据国际商会《见索即付保函统一规则》，见索即付保函是指由银行、保险公司或其他任何组织或个人出具的书面保证，在提交符合保函条款的索赔书时，承担付款责任的承诺文件。见索即付保函的担保人承担的是第一性的、直接的付款责任，所以这种保函又称无条件保函。

与其他类型的保函相比，见索即付保函具有以下

特点：第一，见索即付保函与基础合同相互独立，具有信用证的某些特性。见索即付保函与其可能依据的合约或投标条件分属不同的交易。由此可见，见索即付保函是一种与基础合同相脱离的独立性担保文件，受益人的权利与担保人的义务完全以保函所载内容为准，不受基础合同的约束；受益人只要提交了符合保函要求的单据，担保人就必须付款。所有保函均为不可撤销的文件。第二，见索即付保函具有无条件性。受益人只要提交了与保函中的约定相符合的索赔文件，担保人即应付款。担保人并不审查基础合同的履行情况，担保人的付款义务的成立也不以委托人在基础合同履行中违约为前提。而通常使用的保证合同的保证人，其承担保证责任是以基础合同中主债务人违约为前提的，保证人可以行使主债务人的抗辩权，即使主债务人本人放弃抗辩权，保证人亦可以行使抗辩权而不受影响。

见索即付保函的缺陷在于：见索即付保函与基础合同相互独立的原则易导致欺诈行为。有些国家的法律不允许开具保函，限制了其适用的范围。

2. 国际借贷合同中的违约救济条款是指借贷双方详细列举各种可能发生的违约事件，并规定可以采用的救济方法的条款。借贷双方约定的违约事件大体可以分为两类：一类是实际违约事件，如借款人不按约偿还本息和其他费用，对事实的陈述与保证失实，实际财务和商务状况与"约定事项不符"不符等。另一类是预期违约事件，典型的如交叉违约，即借款人由于其他借贷违约而被其他贷款人宣告贷款加速到期、立即偿还时所构成的违约事件。此类事件发生时，本合同的贷款方亦有权随即宣布给予借款人的贷款加速到期、立即偿还。此外，借款人丧失清偿能力、被征用、诉讼或者商务状况发生了重大不利变化等，都可以构成预期违约事件。

发生违约事件后，贷款人通常有两种救济渠道：合同补救（又称内部救济）和法律补救（又称外部救济）。合同补救是当事人在贷款协议中约定的补救方法，一般有三种：（1）对已提取的贷款加速到期，要求借款人提前返还；（2）对未提取的贷款暂时中止或取消；（3）要求借款人对违约款项支付违约利息。这三种方法可以择一或一并采用。当事人未在贷款协议中明确约定救济方法时，贷款人可以寻求的法律补救主要包括：当借款人的违约为实质性违约时，贷款人

可以解除贷款协议；构成非实质性违约时，贷款人可以请求支付已到期的贷款本息并要求损害赔偿；当借款人破产时，贷款人可以申报债权金额，依破产程序参与借款人的破产财产分配。在实践中，贷款人为了充分保护自己，往往要求在借贷协议中订入"累加补救条款"，即把合同补救与法律补救累加起来，使合同补救与法律补救相互补充，防止借款人将合同补救作为唯一的救济方法。

第十五章　国际经济活动的反垄断调整

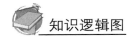

知识逻辑图

国际反垄断法
- 反垄断法对国际经济活动的调整
  - 反垄断法的调整对象
    - 禁止垄断协议
    - 禁止滥用市场支配地位
    - 对经营者集中的管制
  - 反垄断法的适用特点
    - 以市场为基础
    - 遵循效果原则
    - 国内市场为核心
    - 拓展到域外适用
- 反垄断法域外适用的冲突与协调
  - 冲突体现——管辖权冲突
  - 协调方式
    - 国际礼让
    - 国家行为与国际豁免
    - 反垄断执法合作

名词解释与概念比较

1. 垄断协议
2. 效果原则

选择题

（一）单项选择题

1. 下列哪一垄断行为不属于各国反垄断法的三大支柱？（　　）
   - A. 禁止行政垄断
   - B. 禁止垄断协议
   - C. 管制经营者集中
   - D. 禁止滥用市场支配地位

2. 下列哪一选项不属于2022年新修订的《中华人民共和国反垄断法》的立法目的？（　　）
   - A. 保护市场公平竞争
   - B. 维护消费者合法权益
   - C. 防范市场的行政干预
   - D. 提高经济运行效率

3. 下列哪一行为不属于横向垄断协议调整的内容？（　　）
   - A. 限制购买新技术、设备
   - B. 固定向第三人转售商品的价格
   - C. 限制商品的生产数量
   - D. 联合抵制交易行为

4. 界定滥用市场支配地位的核心因素是？（　　）
   - A. 竞争效果的衡量
   - B. 相关经营者的技术条件
   - C. 相关市场的界定
   - D. 买卖双方间的依赖程度

5. 关于经营者集中制度的内容，下列哪一说法是正确的？（　　）
   - A. 经营者集中反对的是经营者带来的市场结构变化带来的限制竞争效果
   - B. 经营者集中导致市场经营者减少，因此并不能提高规模经济
   - C. 政府对经营者集中的管理和规制手段通常采用事后审批制度
   - D. 经营者集中的救济制度是补偿经营者因无法合

并遭受的损失

视频讲题

6. 下列关于反垄断法市场界定的说法正确的是？
（　　）

A. 界定对垄断协议限制竞争的影响不需要考虑市场因素

B. 计划经济国家在实施反垄断法之时不用考虑市场因素

C. 能够影响全球市场的垄断行为的行为主体是跨国公司

D. 技术的发展使得相关市场的变化摆脱了时间和空间的限制

视频讲题

7. 反垄断法具有域外适用的可能性，主要是因为（　　）。

A. 反垄断规制主要以国际市场为核心

B. 垄断行为的判定以效果原则为基础

C. 反垄断法主要调整领域为对外贸易

D. 反垄断执法在国际统一调整下进行

8. 有关国际经济反垄断的管辖权，下列说法正确的是？（　　）

A. 反垄断管辖权是一国实施长臂管辖的具体体现

B. 反垄断管辖的管辖权基础是基于属地管辖

C. 反垄断管辖的连接点是垄断行为对本国的影响

D. 反垄断管辖冲突是通过国际司法规则解决的

视频讲题

9. 关于反垄断的国际合作途径，说法正确的是？（　　）

A. 反垄断国际合作的多边途径比双边途径能更好地进行调整

B. 反垄断的国际合作引起的成本负担需要由实施垄断行为的主体承担

C. 透明度原则要求反垄断的国际执法合作必须公开透明

D. 在自由贸易协定中纳入竞争规则是规制反垄断行为的一条可行路径

10. 下列有关反垄断执法合作与国家主权的关系，说法正确的一项是？（　　）

A. 反垄断规制的礼让意味着一国对自身主权进行自我限制

B. 反垄断境外利益大于境内利益时需要由本国行使管辖权

C. 各国反垄断程序的差异会影响反垄断执法的结果公平

D. 国家实施的商业性垄断行为在国际法上不会限制其豁免

（二）多项选择题

1. 各国反垄断执法合作的内容包括（　　）。

A. 执法行为的告知

B. 透明度原则

C. 反垄断救济

D. 事前磋商机制

2. 有关垄断行为和垄断效果，说法正确的是（　　）。

A. 根据效果原则，反垄断行为和效果之间要具备直接因果关系

B. 根据效果原则，反垄断行为和效果要出现在同一时间和空间

C. 经营者集中行为的事前控制，是对潜在的效果进行评估

D. 其他限制市场竞争的考虑，是附条件审查垄断行为的效果

3. 某品牌白酒市场份额较大且知名度较高，因销量急剧下滑，生产商召集经销商开会，令其不得低于限价进行销售，对违反者将扣除保证金、减少销售配额直至取消销售资格。关于该行为的性质，下列判断不正确的是？（　　）（司考）

A. 维护品牌形象的正当行为

B. 滥用市场支配地位的行为

C. 价格同盟行为

D. 纵向垄断协议行为

4. 关于市场支配地位，下列哪些说法是正确的？（　　）（司考改编）

A. 有市场支配地位而无滥用该地位的行为者，不为《反垄断法》所禁止

B. 市场支配地位的认定，只考虑经营者在相关市场的市场份额

C. 其他经营者进入相关市场的难易程度，不影响市场支配地位的认定

D. 一个经营者在相关市场的市场份额达到 1/2 的，推定为有市场支配地位

5. 关于市场支配地位推定制度，下列哪些选项是符合我国《反垄断法》规定的？（　　）（司考改编）

A. 经营者在相关市场的市场份额达到 1/2 的，推定为具有市场支配地位

B. 两个经营者在相关市场的市场份额合计达到 2/3，其中有的经营者市场份额不足 1/10 的，不应当推定该经营者具有市场支配地位

C. 三个经营者在相关市场的市场份额合计达到 3/4，其中有两个经营者市场份额合计不足 1/5 的，不应当推定该两个经营者具有市场支配地位

D. 被推定具有市场支配地位的经营者，有证据证明不具有市场支配地位的，不应当认定其具有市场支配地位

简答题

1. 反垄断措施与贸易救济措施有何不同？

2. 如何理解反垄断法域外适用的法理基础？

3. 如何理解国家间的反垄断执法合作与尊重国家主权的关系？

参考答案

名词解释与概念比较

1. 垄断协议，一些国家立法中称其为"卡特尔"，

指排除、限制竞争的协议、决定或者其他协同行为。垄断协议包括横向垄断协议和纵向垄断协议两种类型。横向垄断协议，指具有竞争关系的经营者达成的垄断协议。例如，彩电生产商之间达成的固定商品价格的协议。纵向垄断协议指经营者与交易相对人达成的垄断协议。例如，彩电生产商与彩电经销商达成的固定转售价格的协议。经营者与交易相对人之间存在买卖关系、上下游关系。

从垄断协议产生的反竞争效果看，通常认为横向垄断协议的反竞争效果大于纵向垄断协议的反竞争效果。正因为如此，横向垄断协议一直是各国反垄断执法机关严格执法的对象。西方一些国家还存在"核心卡特尔"这一概念，用以表示特别严厉打击的那类横向垄断协议。在美国、加拿大、英国、德国等国，达成核心卡特尔的企业可能承担刑事责任。

我国《反垄断法》第 17 条和第 18 条分别例举了一些横向垄断协议和纵向垄断协议。横向垄断协议主要包括：固定或者变更商品价格；限制商品的生产数量或者销售数量；分割销售市场或者原材料采购市场；限制购买新技术、新设备或者限制开发新技术、新产品；联合抵制交易。纵向垄断协议主要包括：固定向第三人转售商品的价格；限定向第三人转售商品的最低价格。

2. 效果原则的基本含义是指任何企业或个人发生在域外的法律行为，只要其效果影响了国内的市场竞争，不管其主体的国籍如何，反垄断主管机构都可以依据本国反垄断法对其行使管辖权和处罚权。这一原则是由 1945 年美国第二巡回上诉法院在"美国诉美国铝公司"一案的判决中确立的，此后，美国根据这一影响原则，广泛地在其领土以外适用其反托拉斯法，追究外国企业的法律责任。效果原则是对属人原则和属地原则的重大突破和发展，现已为许多国家的反垄断法所吸收，并成为目前一些发达国家作为反垄断法域外适用的主要理由。

选择题

（一）单项选择题

1. A。考点：反垄断法的内涵

由于各国采取的立法模式和立法背景不同，从形式上看，各国反垄断法的内容及调整对象并不统一。

有的名为反垄断法，实际却包括反不正当竞争法的内容，日本为此代表。有的竞争立法包括政府援助这一其他国家反垄断立法中少见的内容，欧盟为此代表。我国《反垄断法》则包括对滥用行政权利的规范。相关国家或地区反垄断法存在的这种差异，并不影响对反垄断法主要调整对象的共识：禁止垄断协议、禁止滥用市场支配地位、对经营者集中进行管制，是反垄断法的三大支柱。因此 A 项当选，B、C、D 不当选。

2. C。考点：反垄断法的立法目的

我国《反垄断法》第 1 条规定了立法目的。具体表述为：为了预防和制止垄断行为，保护市场公平竞争，鼓励创新，提高经济运行效率，维护消费者利益和社会公共利益，促进社会主义市场经济健康发展，制定本法。因此 C 项当选，A、B、D 项不当选。

3. B。考点：横向垄断协议的内容

横向垄断协议主要包括：固定或者变更商品价格；限制商品的生产数量或者销售数量；分割销售市场或者原材料采购市场；限制购买新技术、新设备或者限制开发新技术、新产品；联合抵制交易。因此 B 项当选，A、C、D 项不当选。

4. C。考点：滥用市场支配地位的理解

滥用市场支配地位，是指在相关市场中具有市场支配地位的企业实施反竞争的行为限制或削弱市场竞争。相关市场的界定、市场支配地位的认定、反竞争行为的确定、反竞争效果与促进竞争效果的衡量，是认定企业滥用市场支配地位需要考察的因素。因此符合题意的只有 C 项。

5. A。考点：经营者集中制度内涵

经营者集中，在一些立法或学者著述中又称之为"并购"。"并购"一词具有公司法和反垄断法上的双重含义。经营者集中则更突出强调了反垄断法意义上市场结构变化可能带来的反竞争效果。因此 A 项正确。经营者集中的确会导致市场上的经营者数量减少，却带来了规模效益。因此 B 项错误。政府对经营者集中的管理主要采取的是事前审批的模式。因此 C 项错误。经营者集中的救济制度并不是补偿经营者因无法合并遭受的损失，而是让经营者弥补因限制市场竞争而带来的损失。因此 D 项错误。

6. D。考点：反垄断法的市场界定

垄断协议表面上没有对相关市场的严格要求，但仍以一定的市场为基础。固定价格、限制数量、限制

购买或联合抵制交易，均发生于一定市场之内；而分割市场则直接对市场本身进行分割、划分势力范围。因此 A 项错误。计划经济体制下也同样存在市场，只不过市场范围和市场的开放程度有差异。因此 B 项错误。能够影响全球市场的垄断行为的行为主体不一定是跨国公司。一国国内企业也可能通过自身的经济往来达到影响国际市场的目的。因此 C 项错误。技术的发展会使得相关市场的变化摆脱了时间和空间的限制，成为"零时空"市场。因此 D 项正确。

7. B。考点：反垄断法的域外适用

效果原则的基本含义是指任何企业或个人发生在域外的法律行为，只要其效果影响了国内的市场竞争，不管其主体的国籍如何，反垄断主管机构都可以依据本国反垄断法对其行使管辖权和处罚权。因此是效果原则影响了反垄断法域外适用的实施。因此 B 项正确。国际市场上的垄断行为、调整对象的涉外性、反垄断的国际统一协调，都不是反垄断法域外适用的内因和决定性因素。因此 A、C、D 项错误。

8. C。考点：国际反垄断的管辖权

反垄断管辖可能针对的是国内主体，也可能针对域外主体。在国内层面的管辖不涉及长臂管辖。因此 A 项错误。反垄断管辖的管辖权基础可能基于不同的理由。属人管辖、属地管辖、保护性关系和普遍管辖都有可能涉及，不单单限于属地管辖层面。因此 B 项错误。反垄断冲突的国际协调除了司法途径，还可以通过统一实体法的立法方式为之。因此 D 项错误。基于效果原则，反垄断管辖的连接点是垄断行为对本国的影响。因此 C 项正确。

9. D。考点：反垄断的国际合作方式

反垄断的国际合作可以通过多边途径、区域途径和双边方式进行。这几种方式之间的优势和劣势是无法片面进行比较的。因此 A 项错误。反垄断的国际合作引起的成本负担主要是执行机构承担。对实施垄断行为的主体的处罚，主要是以间接方式让其对实施的垄断行为负责。因此 B 项错误。国际反垄断执法通常对信息要求保密进行。因此 C 项错误。制定自由贸易协定是当前国际经贸规则更新的主要方式。在日益增多的自由贸易协定中纳入竞争规则谈判，不失为是规制反垄断行为的一条可行路径。因此 D 项正确。

10. A。考点：反垄断合作与国家主权

与国际礼让类似，反垄断执法中的礼让也是国家

对主权进行限制的一种方式。因此 A 项正确。反垄断境外利益大于境内利益时需要由外国行使管辖权。背后的原理与不方便法院原则类似。因此 B 项错误。程序正义和实体正义是一对矛盾。在反垄断执法中，前者更容易实现、更容易得到保障。同时实体正义会因为基于不同的实体法而导致不同的结果。因此 C 项错误。根据国际法委员会有关国家豁免规则的规定，主权国家实施的非主权行为（商业行为）通常不能得到豁免。因此 D 项错误。

（二）多项选择题

1. AD。考点：反垄断国际合作的内容

反垄断执法合作的内容可以概括为下述几个主要方面：（1）政策、法律和执法行为通知。（2）反垄断执法措施前的磋商。（3）反垄断执法合作。（4）证据方面的合作。（5）信息保密要求。（6）避免反垄断执法中的利益冲突。因此 A、D 两项当选。

2. ACD。考点：反垄断的行为和结果

因果关系是行为和结果之间的桥梁。反垄断行为和反垄断效果之间必然需要因果关系作为连接的媒介。因此 A 项正确。反垄断行为和效果不一定要出现在同一时间和空间。有的反垄断行为可能在数年后才产生损害后果；有的反垄断行为可能在第三国境内产生影响。反垄断行为和结果在同一时空出现可能并不常见。因此 B 项错误。经营者集中行为的事前控制，是在影响尚未充分展开之前对潜在的效果进行评估。因此 C 项正确。其他限制市场竞争的考虑作为兜底条款，是附条件审查垄断行为效果的考虑因素。因此 D 项正确。

3. ABC。考点：反垄断协议

本题考核垄断协议。《反垄断法》第 18 条规定，禁止经营者与交易相对人达成下列垄断协议：（1）固定向第三人转售商品的价格；（2）限定向第三人转售商品的最低价格；（3）国务院反垄断执法机构认定的其他垄断协议。生产商对经销商限定对第三人的最低价格属于纵向垄断协议。因此 A、B、C 项的判断均不正确。

4. AD。考点：滥用市场支配地位行为

本题考核滥用市场支配地位。我国《反垄断法》所称的市场支配地位是指经营者在相关市场内具有能够控制商品价格、数量或者其他交易条件，或者能够阻碍、影响其他经营者进入相关市场能力的市场地位。因此选项 A 正确。《反垄断法》第 7 条规定，具有市场

支配地位的经营者，不得滥用市场支配地位，排除、限制竞争。据此可知，《反垄断法》并不禁止经营者具有市场支配地位，但是禁止具有市场支配地位的经营者滥用其市场支配地位。若有市场支配地位的经营者并无滥用其支配地位的行为的，是不为《反垄断法》所禁止的。故选项 B 错误。市场支配地位的认定，除了考虑经营者在相关市场的市场份额，相关因素也很多，包括其他经营者进入相关市场的难易程度。故 C 项错误《反垄断法》第 23 条规定，认定经营者具有市场支配地位，应当依据下列因素：（1）该经营者在相关市场的市场份额，以及相关市场的竞争状况；（2）该经营者控制销售市场或者原材料采购市场的能力；（3）该经营者的财力和技术条件；（4）其他经营者对该经营者在交易上的依赖程度；（5）其他经营者进入相关市场的难易程度；（6）与认定该经营者市场支配地位有关的其他因素。选项 D 正确。《反垄断法》第 24 条第（1）款第（1）项规定，一个经营者在相关市场的市场份额达到 1/2 的，可以推定经营者具有市场支配地位。

5. ABD。考点：滥用市场支配地位的认定

根据《反垄断法》第 24 条规定，有下列情形之一的，可以推定经营者具有市场支配地位：（1）一个经营者在相关市场的市场份额达到 1/2 的；（2）两个经营者在相关市场的市场份额合计达到 2/3 的；（3）三个经营者在相关市场的市场份额合计达到 3/4 的。有前款第（2）项、第（3）项规定的情形，其中有的经营者市场份额不足 1/10 的，不应当推定该经营者具有市场支配地位。被推定具有市场支配地位的经营者，有证据证明不具有市场支配地位的，不应当认定其具有市场支配地位。故 A、B、D 项符合该条的规定，C 项不符合。

 简答题

1. 反垄断措施是指国家为了保护自由竞争，而采取限制企业集中的保护措施。随着社会经济形势的发展和经济理论研究的深入，原有的反垄断措施越来越暴露出其局限性。谢尔顿法和 20 世纪 30 年代的美国反垄断实践主要通过价格听证和肢解垄断企业两个措施来提高市场的竞争性和公平性。早期的工业化国家中，反垄断法和其他的反垄断措施很少能够控制大企业的增长，除非政府准备采取非常坚决的措施，但这样一

来往往引起国民经济衰退。市场的力量如此之强，以至于像《谢尔曼法》这样强有力的反垄断法也无法阻止大企业的发展。这些措施有时戏剧性地产生促进大公司相互合并的效果。反垄断式的强制手法（更重要的是来自它的威胁）有时反而促进了企业规模的扩大。

贸易救济措施是指当本国产业受到外国进口的同类产品冲击引起损害时，在正常关税之外采取加征更高额度关税的一种补救措施，主要包括反倾销、反补贴和保障措施等几种方式。贸易救济措施针对的是一国在国际贸易的过程中，因进口产品的进入而造成或可能造成对国内产业的损害而采取的消除损害或损害威胁。它是伴随着对外贸易的发展而出现的一种保护国家经济利益的贸易保护形式。它是秉承自由和公平的理念而被WTO确立的一项重要的贸易法律制度，并已在全球贸易中被WTO各成员国广泛适用。

两者之间存在如下不同之处：

（1）性质不同。反倾销和反补贴是对不公平竞争的贸易行为的一种反制措施，保障措施针对的是公平贸易竞争下的进口行为的反制，对国内产业的保护。反垄断措施是市场中的法，主要是确保市场主体能够进行普遍和广泛的竞争而避免陷入市场扭曲的局面。

（2）实施范围不同。反倾销针对的是实施倾销的进口企业，反补贴针对的是补贴行为的政府或者因补贴而受益的企业，保障措施是无差别的对待某种产品，不论其来源。反垄断法的制裁对象是对相关市场的竞争造成排除、限制效果的垄断行为。反垄断措施中，反对垄断协议，指反对那些旨在排除、限制竞争的协议、决定或者其他协同行为；反对滥用市场支配地位，是指反对在相关市场中具有市场支配地位的企业实施反竞争的行为限制或削弱市场竞争。反对经营者集中，则更突出强调了反垄断法意义上市场结构变化可能带来的反竞争效果。

（3）实施条件不同。相比于反倾销和反补贴需要满足的条件，保障措施多了一条"未预见之发展"。关于损害，保障措施没有实质性阻碍这一条。另外，其对于损害程度要求更高，反倾销和反补贴要求的是"实质性损害或者实质性损害威胁"，保障措施要求的则是"严重损害或者严重损害威胁"，"严重"较之"实质性"对程度的要求更高。反垄断法的实施条件则是以市场界定为基础的，遵循效果原则进行判断。是否合法的判断标准是相关行为对市场竞争的影响或效

果，即对市场竞争产生排除、限制影响。

（4）实施方式不同。反倾销和反补贴采取的是一种抵消性附加税的方式，保障措施采用的是终止关税减让或者数量限制。反垄断调查包括了对垄断行为进行事前或事后的监管，即对可能产生限制竞争的效果进行评估。

（5）实施程序不同。因程序事项过于烦琐、偏重技术性，存在较为明显的差异，此处不表。

2. 反垄断法的域外适用是指作为国内法的反垄断法产生的域外效力。国内竞争法的域外适用，源于美国的司法实践。法律的域外适用制度始于反托拉斯法，随后在其他法律领域也引入域外适用制度。反垄断法的域外适用应以境外的限制竞争对境内能够产生直接、重大和可以合理预见的效果为条件。反垄断法的域外适用是内国法效力的一种延伸，它突破单纯的属人、属地原则或者保护原则，将国外发生的但对本国市场竞争秩序和商业环境产生影响的垄断行为都归入自己的管辖范围之内，按照法定的规则和程序对其进行反垄断审查并采取进一步的行动。

反垄断法的域外适用其实是国际公法上保护主义原则在经济领域的演变，它将保护的对象由具有本国国籍的人发展成本国国内的竞争市场和商业环境。同时它也是一种国家主权行为，是国家经济主权的对外效力在反垄断法领域的具体体现。在经济全球化的过程中，美国等西方国家居于世界经济大国的地位，在海外有着广泛的经济利益，其主张本国经济立法的域外效力，一是为了维护本国商人的经济利益，二是为了制定经济立法的域外效力，力图建立对自己有利的多边或双边国际经济秩序，以进行经济扩张，维护本国的经济利益。

我国《反垄断法》第2条规定："中华人民共和国境内经济活动中的垄断行为，适用本法；中华人民共和国境外的垄断行为，对境内市场竞争产生排除、限制影响的，适用本法。"这个条款的第二句性质上是冲突规范，即我国反垄断法不仅适用于我国境内产生的限制竞争，而且还适用于产生在境外但对我国市场竞争具有排除、限制竞争影响的垄断行为。随着这个条款的实施，我国反垄断法就产生了两个重要后果：一是该法的适用范围扩大到那些在外国有其住所或者营业场所的企业（如果它们在外国策划或者实施的限制竞争对我国市场有着不利的影响）；二是该法使在国际

市场上从事经营活动的中国企业的适用受到了限制（如果它们的限制竞争对中国市场没有影响）。

3. 反垄断国际合作与国家主权之间是一种相互促进、相互限制的关系，一方面应从全球化的视野来看反垄断法的国际化；另一方面还要运用"有限主权"的理论来指导并推动反垄断法的国际化进程。国家之间的合作虽然未必是最经济的而且也未必是一种能达到最好效果的方法，但它作为一种折中的方式较容易成功。这种合作的方式增强了国家的主权，而统一法典或统一执法则在某种程度上是对国家主权的削弱。但是随着反垄断执法影响在全球的提升，加之反垄断法领域的双边、多边合作的纵深发展，通过反垄断执法的国际协调而非各自为政来解决相关摩擦，是大势所趋。

国家在国际法上享有独立权、平等权和管辖权，这些权利不得被剥夺、不得被侵犯。然而，反垄断执法行使域外管辖权及国际执法合作必然涉及国家主权的这些方面。在反垄断执法行使域外管辖权及国际执法合作问题上，其与国家主权的关系主要体现为三个方面：其一是国家的司法主权，其二是国家的经济主权，其三是国家的平等权。

（1）司法主权是指对发生在本国境内的一切案件，不论是民事的、经济的、刑事的还是行政的，国家享有排他的立案、审理、裁决与执行的权力。

（2）从国家经济主权角度出发，任何国家内的自然人、法人所从事的商业行为，包括国际贸易行为，其行为体现的经济利益都属于一国经济主权范围的事，无论该国是否颁布反垄断法或者竞争法，无论该国在何种程度上将此种经济行为定性为违法，都必将涉及国家的司法主权和经济主权的行使。

（3）各国反垄断执法部门在行使这些国家权力的过程中，必须注意到国家的平等权。因此，在反垄断的国际合作中产生了积极礼让原则，以体现国家之间的平等、友好、互利与合作。

实践中，国际反垄断执法合作不可避免地涉及域外管辖权与国家主权的关系。根据国际法的地域管辖（属地）与国籍管辖（属人）原则，一国可以对发生于其境内的任何反竞争行为、限制竞争行为实施管辖权，但对发生于境外的行为行使管辖权则要受到很多限制，尤其是属人原则还要受到属地原则的限制。对于发生于境外又对本国经济产生严重影响的反竞争行为，虽然域外管辖权产生于司法实践，其法理基础是效果原则，但是它与保护管辖权并没有实质区别，目的都在于对发生在境外的行为、事物行使管辖权，以保护国家的经济利益。实际上，在竞争执法的国际领域，域外管辖权已成为各国对竞争执法案件行使管辖权最主要和基本的依据。

总之，反垄断法的国际化是伴随经济全球化而来的必然现象。努力促进各国反垄断法的国际范围内规则的协调和合作，应与国际社会建立国际性反垄断体制的统一化努力（如 WTO 的反垄断政策法律框架的提议）同时发生。国际化与统一化的努力都是为了寻求在全球化环境下，使国内反垄断法的适用机制更具有效率，更有利于保护（维护）本国的利益。反垄断法的国际化受国家主权的制约，我们在努力实现反垄断法的国际化进程中，应当充分考虑各个国家的主权。

第十六章　国际税法概述

知识逻辑图

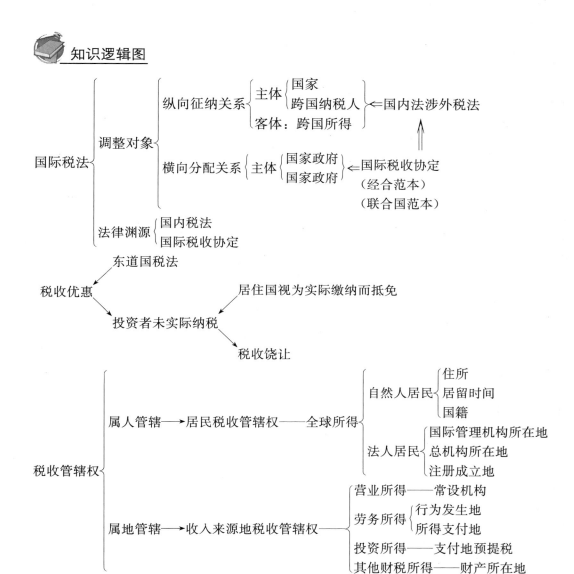

 名词解释与概念比较

1. 国际税收管辖权的属地原则（考研）
2. 所得来源地税收管辖权（考研）

 选择题

（一）单项选择题

1. 国际税法所调整的国际税收关系是指（　　）。

A. 国家之间的税收利益分配关系和税收征纳关系

B. 国家之间的税收利益分配关系及其各自与纳税人之间的税收征纳关系

C. 国家与纳税人之间的税收利益分配关系和税收征纳关系

D. 国家与纳税人之间的税收利益分配关系

2. 我国企业所得税法对我国境内居民企业的确定，采用（　　）。

　　A. 分支机构登记注册地标准

　　B. 实际管理机构所在地标准

　　C. 法人总机构所在地标准

　　D. 法人营业中心所在地标准

3. 根据中国企业所得税法，下列有关非居民企业的说法正确的是（　　）。

　　A. 非居民企业对其源于中国境内外的所得向中国政府缴纳税收

　　B. 非居民企业是指总机构在中国境内的外国企业

　　C. 非居民企业仅对源于中国境内的所得向中国税收机关缴纳税收

　　D. 非居民企业是指在中国境内有常设机构的外国企业

4. 我国企业所得税法阻止企业利用关联企业逃避税收所遵循的原则是（　　）。

　　A. 企业之间不得存在拥有或控制关系

　　B. 按照独立企业进行业务往来

　　C. 相关企业不得同为第三者所拥有或控制

　　D. 不得采取折扣的方式开展业务

5. 我国税法对自然人居民身份的确定，采用（　　）。

　　A. 国籍标准　　　　　　B. 住所标准

　　C. 居所标准　　　　　　D. 住所与居住时间标准

6. 在居民税收管辖权意义上，确定自然人居民的标准中，不包括下述哪一项标准？（　　）

　　A. 住所标准　　　　　　B. 居留时间标准

　　C. 投票权标准　　　　　D. 国籍标准

7. 下列标准中属于确定居民税收管辖权意义上的法人居民的标准是（　　）。

　　A. 资本控制标准　　　　B. 自然人国籍标准

　　C. 总机构所在地标准　　D. 住所标准

8. 经营所得的来源地确定标准是（　　）。

　　A. 财产所在地　　　　　B. 常设机构

　　C. 实际管理机构　　　　D. 劳务费用支付地

9. 利用引力原则法确定常设机构的经营所得，主要是因为（　　）。

　　A. 该纳税人没有常设机构，但却有经营活动

　　B. 该纳税人有常设机构，但却不通过常设机构纳税

　　C. 该纳税人有常设机构，但其经营活动没有完全通过该常设机构进行

　　D. 该纳税人有常设机构，但常设机构不能正常运作

10. 下列有关预提税与一般所得税的关系的说法正确的是（　　）。

　　A. 预提税是收入者按其实际所得收入向税务机关纳税

　　B. 预提税由所得支付人扣缴有关税收

　　C. 征收预提税是为了防止纳税人偷税逃税

　　D. 预提税是居民住所所在国对其跨国收入预先收取的税收

11. 对于股息来源地的确认，下列说法正确的是（　　）。

　　A. 根据纳税人企业的常设机构

　　B. 根据纳税人企业的管理机构所在地

　　C. 根据分配股息企业的居民身份所属国

　　D. 根据支付股息的债务所在地国

12. 如果某一法人同属两个国家的居民，就解决税收管辖权的冲突来说，则该法人应属于（　　）。

　　A. 注册设立地国的居民

　　B. 实际管理机构所在地国的居民

　　C. 总机构所在地国的居民

　　D. 常设机构所在国的居民

13. 在国际税法上，有限纳税义务人是指（　　）。

　　A. 只对其实际收入按规定税率纳税的人

　　B. 根据收入来源地管辖权原则，对收入来源国政府纳税的人

　　C. 根据纳税人的居民身份，对居民国政府承担税额包干义务的人

　　D. 纳税人的义务是有限的，仅限于其利润部分

14. 甲国人李某长期居住在乙国，并在乙国经营一家公司，在甲国则只有房屋出租。在确定纳税居民的身份上，甲国以国籍为标准，乙国以住所和居留时间为标准。根据相关规则，下列哪一选项是正确的？（　　）（司考）

　　A. 甲国只能对李某在甲国的房租收入行使征税

权，而不能对其在乙国的收入行使征税权

B. 甲乙两国可通过双边税收协定协调居民税收管辖权的冲突

C. 如甲国和乙国对李某在乙国的收入同时征税，属于国际重叠征税

D. 甲国对李某在乙国经营公司的收入行使的是所得来源地税收管辖权

（二）多项选择题

1. 对于在中国没有常设机构的外国企业，就其源于中国境内的所得，下列说法中正确的是（　　）。

A. 该所得税款由支付所得款项的人扣缴，但纳税人仍然是该外国企业

B. 该所得的纳税人是支付所得款项的人

C. 该所得税款采取预提税的方式征收

D. 因其与中国没有居民联系，其所得可以减半征税

视频讲题

2. 签订国际税收协定是为了（　　）。

A. 消除国际重复征税

B. 避免国际税收歧视

C. 防止国际偷漏税

D. 调整国家间的税收分配

3. 国际税收协定中的税收无差别待遇具体包括（　　）。

A. 国籍无差别

B. 常设机构与其所在国企业无差别

C. 费用扣除无差别

D. 企业资本无差别

4. 国际税收协定"联合国范本"与"经合组织范本"的相同点在于（　　）。

A. 都规定了引力原则

B. 都承认收入来源国拥有优先的但非独占的税收管辖权

C. 都规定了饶让抵免

D. 都规定了预提税

5. 一国对非居民征税，仅限于来源于征税国境内的所得，而对非居民的境外所得无权征税。非居民在收入来源国的所得，一般包括以下哪几项？（　　）（司考）

A. 营业所得

B. 投资所得

C. 个人劳务所得

D. 财产所得

6. 下列选项中，导致国际双重征税的原因是（　　）。

A. 两国分别行使居民居住地管辖权与所得来源地管辖权的冲突

B. 两国均行使居民居住管辖权的冲突

C. 两国均行使所得来源地管辖权的冲突

D. 两国适用税率不同的冲突

7. 税收管辖权是国家主权原则在税收领域的体现，国家有权（　　）。

A. 确定征税对象和范围

B. 确定纳税主体的范围

C. 确定税率的大小

D. 对逃避税采取管制措施

8. 下列有关国家税收管辖权的说法正确的是（　　）。

A. 对于美国人向中国转让技术的收入，中国可以按居民管辖对其征税

B. 对于美国人在中国执教的收入，由于该美国人在中国没有住所，中国不可以对其征税

C. 对于美国人在中国执教的收入，美国可以对其征税

D. 对于美国人在中国执教的收入，中国可以按所得来源地对其征税

9. 非居民在收入来源地国的所得包括（　　）。

A. 营业利润

B. 特许权使用费

C. 讲课报酬

D. 财产出售收入

10. 在国际税法中，对于法人居民身份的认定，各国有不同标准。下列哪些属于判断法人纳税居民身份的标准？（　　）

A. 依法人的注册成立地判断

B. 依法人的股东在征税境内停留的时间判断

C. 依法人的总机构所在地判断

D. 依法人的实际控制与管理中心所在地判断

视频讲题

11. 为了完成会计师事务所交办的涉及中国某项目的财务会计报告，永居甲国的甲国人里德来到中国工作半年多，圆满完成报告并获得了相应的报酬。依相关法律规则，下列哪些选项是正确的？（　　）（司考）

A. 里德是甲国人，中国不能对其征税

B. 因里德在中国停留超过了183天，中国对其可从源征税

C. 如中国已对里德征税，则甲国在任何情况下均不得对里德征税

D. 如里德被甲国认定为纳税居民，则应对甲国承担无限纳税义务

12. 甲乙两国均为WTO成员，甲国纳税居民马克是甲国保险公司的大股东，马克从该保险公司在乙国的分支机构获利35万美元。依《服务贸易总协定》及相关税法规则，下列哪些选项是正确的？（　　）（司考）

A. 甲国保险公司在乙国设立分支机构，属于商业存在的服务方式

B. 马克对甲国承担无限纳税义务

C. 两国均对马克的35万美元获利征税属于重叠征税

D. 35万美元获利属于甲国人马克的所得，乙国无权对其征税

简答题

1. 我国对外签署的双边税收协定的基本原则如何？（考研）

2. 国际税法中的法人居民身份的确定（考研）

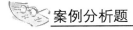

案例分析题

A国与B国订立的《避免双重征税协定》规定："缔约一方不应对另一方的产品征收任何形式的超过其国内类似产品直接或间接承受的国内税赋，不论其为直接或间接。"在税收协定生效后6个月，A国政府决定对汽车征收特别消费税，但是计算方法依汽车是本国生产还是进口有所不同，国产汽车以出厂价作为计税依据，而进口汽车按出厂价加一定的比例税率征收附加税。A国是B国汽车的主要进口国，由于该特别消费税的征收，B国汽车出口数量下降。B国向A国发函，认为A国违反了双方之间的税收协定，要求A

国立即取消对进口汽车的歧视待遇。请问：A国的做法是否构成对进口汽车的歧视待遇？为什么？

视频讲题

 论述题与深度思考题

1. 试述避免双重征税协定与缔约国国内税法的关系。（考研）

2. 国家对非居民的收入征税的依据和范围有何不同？一般来说，双边税收协定中就非居民的营业收入、非居民的独立个人劳务费收入或非独立个人劳务收入以及特许权使用费方面划分征税权的基本原则和例外规则分别有哪些？对于从事国际航空运输公司的收入是否适用常设机构原则？为什么？（考研）

参考答案

 名词解释与概念比较

1. 国际税收管辖权的属地原则也称领土原则，它是指主权国家对其所属领土内所发生的人、财、物和行为，都有权按本国法律实行管辖。领土原则是管辖权中最基本的原则。

国际税收管辖权的属地原则是指，一国对跨国收入征税时所采取的原则。一个主权国家按照属地原则所确立起来的税收管辖权，称为地域管辖权。在实行地域管辖权的国家，以收益、所得来源地或财产存在地为征税标准。也就是说，它要求纳税人就源于本国领土范围内的全部收益、所得和财产缴税。

根据属地原则，一国可以行使的管辖权实际上可以分解为两种情况：一是对本国居民而言，只需就其本国范围内的收益、财产和所得纳税，即使在国外有收益、所得和财产，也没有纳税义务；二是对于本国非居民（外国居民）而言，其对在该国领土范围内的收益、所得和财产必须承担纳税义务。

2. 所得来源地税收管辖权，即国家根据地域课税

原则，对非居民（其他国家的居民）源于境内的各种所得和存在于境内的财产价值主张课税的税收管辖权。它与居民税收管辖权相对，二者之间的冲突是国际重复征税的最普遍的原因。

 选择题

（一）单项选择题

1. B。考点：国际税法的定义与范围

解析：对跨国所得税收的征纳关系，和来源国与居住国之间的税收分配关系，是国际税法调整的两个方面，这两个方面是相互联系在一起的。正确选项为 B。

2. B。考点：我国税法对我国境内居民企业的确定标准

解析：我国税法对于设在我国境内的居民企业，按照成立地或实际管理机构所在地的标准来确立税收管辖权。

3. A。考点：非居民企业的概念与税负

解析：非居民企业，是在外国设立且实际管理机构不在中国的外国企业，但其在中国有常设机构从事经营活动，或者虽没有常设机构但有源于中国境内的收入，这些都是中国税法意义上的非居民企业，都需向中国税收机关就其中国境内所得及境外与其有实际联系的所得缴纳税收。

4. B。考点：关联企业的征税原则

解析：关联企业是一种客观事实，税法不可能禁止这种关系的存在。因此，本题选项 A、C 中的拥有或控制关系本身就是关联企业的特征，非本题正确选项。选项 D 只是一种企业的促销方式，而非防止关联企业逃税所遵循的原因。按独立企业进行业务往来，要求关联企业在业务往来中避免不合理地分摊成本、转移利润等，这是我国企业税法所要求遵循的原则。正确选项为 B。

5. D。考点：我国税法对自然人居民身份的确定

解析：根据我国个人所得税法及其实施细则的规定，我国认定居民身份的标准有两个：一个是住所（户籍）标准，另一个是居所加时间标准。本题提供的选项中，只有选项 D 正确。

6. C。考点：居民税收管辖权的确定

解析：各国的税收管辖权是与跨国所得联系在一起的，与经济利益相联系，而与政治权利无关。本题选项中，除 C 选项外，都是确立居民税收管辖权的标准，因而 C 选项是正确答案。

7. C。考点：法人居民税收管辖权

解析：法人居民的税收管辖权确定标准通常有三种，即法人实际管理机构所在地标准、法人注册成立地标准和法人总机构所在地标准，有的国家同时兼用几种标准。本题提供的选项中，只有选项 C 是正确答案。其他几个选项是确定法人国籍的标准。

8. B。考点：经营所得来源地的确定

解析：经营所得来源地采用经营活动发生地原则，按常设机构确定。本题 B 选项是正确选项。C 选项是确定法人居民身份的标准，其他两个选项分别是财产所得来源地和劳务所得来源地的确定标准。

9. C。考点：确定常设经营机构经营所得的引力原则法

解析：引力原则法是指一家企业在某一国设有常设机构从事销售或其他经营活动，同时该外国企业以不经过该常设机构的方式在该国从事与该常设机构同样或类似的经营活动，即使没有经营该常设机构，但通过这些同样或类似的经营活动取得的利润或所得，也应归属于该常设机构。本题的正确选项是 C。

10. B。考点：预提税的特点

解析：预提税是指支付人在向非居民支付所得时，从支付所得中代税务机关扣缴非居民纳税人应缴纳的所得税款的征税方法。非居民获得的所得是扣除税收后的所得。预提税是所得来源国对非居民所得征税的一种方法。本题 A 选项陈述税收支付人错误，且其实际所得是扣税后的所得，D 选项对税收管辖权的陈述错误，C 选项对预提税的征收原因陈述错误，只有 B 选项正确。

11. C。考点：股息来源地的确定

解析：股息所得属于投资所得或消极所得，区别于营业所得。股息来源地以分配股息的企业的居民身份所属国来确定。如果该企业属于甲国企业，则来源地即是甲国。本题正确选项为 C。选项 A 混同营业所得，选项 B 混同法人国籍的具体确定标准，选项 D 混同股息与利息。

12. B。考点：双重居民身份的法人居民身份确定

解析：征税管辖权的冲突来自两国政府对同一纳税人的同一跨国所得都行使税收管辖权。为解决这一

冲突，便需要解决居民的身份问题。法人的居民身份的确立方法有几个，有的国家甚至同时采用不同的方法。根据经济发展与合作组织《对所得和财产避免双重征税协定范本》和《联合国关于发达国家与发展中国家之间避免双重征税协定范本》，在法人同时具有两国居民身份的情况下，按其实际管理机构所在国确定其居民身份。

13. B。考点：收入来源地管辖权及纳税人

解析：一国政府根据属地管辖原则行使收入来源地税收管辖权，非居民对源于该国的收入承担纳税义务，相对于居民对其所属国承担的就其国内和国外的所有收入纳税的义务来说，其纳税义务是有限的，仅限于来源地所得，故称为有限纳税义务人。

14. B。考点：征税权

解析：选项 A 错误：甲国以国籍为纳税标准，甲国既可以对李某在甲国的房租收入行使征税权，也可以对其在乙国的收入行使征税权。选项 C 错误：甲国和乙国对李某在乙国的收入同时征税，属于国际重复征税。国际重叠征税是指两个或两个以上国家对同一笔所得在具有某种经济联系的不同纳税人手中各征一次税的现象。选项 D 错误：所得来源地税收管辖权是指一国政府针对非居民纳税人就其源于该国境内的所得征税的权力。李某在乙国的收入并不是来自甲国。

（二）多项选择题

1. AC。考点：在中国没有常设机构的外国企业的税收缴纳

解析：外国企业如果在中国没有从事经营的固定场所，没有常设机构，但有源于中国境内的所得，如利息、特许权使用费等，仍应向中国政府就其源于中国境内的所得缴纳税收，中国政府按来源地税收管辖权原则对其行使税收管辖权。但对于这类税收，其征收方式不同于在中国境内有常设机构的外国企业的征收方式，采取预提税方式。这类所得，其税收由中国境内的所得款项支付人代为扣缴，但纳税人仍然是外国企业。本题的正确选项是 A、C。B 选项混淆了扣缴义务人和纳税义务人，D 选项为故意混淆项，故意与中国对外商投资企业的税收优惠混同在一起。

2. ABCD。考点：国际税收协议的作用

解析：本题提供的四个选项都是正确选项。这些问题非一国政府所能解决，需要通过国际税收协定的方式来调整。

3. ABCD。考点：国际税收协定中的税收无差别待遇

解析：国际税收协定中的税收无差别待遇，实际上是国民待遇在税收领域的体现，要求征税国对非居民征税与居民征税一视同仁。本题的四个选项都是正确选项。

4. BD。考点：国际税收协定"联合国范本"与"经合组织范本"的异同

解析：收入来源国拥有优先的但非独占的税收管辖权，这是分配税收关系的基础。与此相联系，对于在来源国没有常设机构的收入，预提税是适当的征税形式。这两项内容在两个范本中都有规定。但"经合组织范本"没有规定引力原则。就目前来看，国际上对饶让抵免分歧仍很大，这不是两个范本的规定内容。正确选项是 B、D。

5. ABCD。考点：国际税法中的非居民征税的征税对象

解析：非居民在收入来源国的所得一般包括营业所得、投资所得、个人劳务所得和财产所得。征税国只能就这四项所得征收税款。

6. ABC。考点：导致国际双重征税的管辖权冲突

解析：只有对于同一纳税人的同一所得，两国都行使税收管辖权，才导致国际双重征税。而管辖权的冲突可能是因为一方行使居民居住地管辖权、另一方行使所得来源地管辖权，也可能是因为虽然都行使居民居住管辖权但在居民的确定标准上存在冲突，也可能是因为虽都行使所得来源地管辖权但对来源地的确定存在冲突。正确选项是 A、B、C。

7. ABCD。考点：税收管辖权的内容

解析：国家税收管辖权是国家主权原则在税收领域的体现，是一国政府对一定的人或对象征税的权力，一国可以规定对哪些人征税、征收什么税以及征收多少，并对逃避税采取措施。本题所有选项都是正确选项。

8. CD。考点：居民税收管辖权和来源地税收管辖权

解析：各国根据居民税收管辖权和来源地税收管辖权对跨国所得进行征税。在本题提供的选项中，C 选项是居民税收管辖权，D 选项是来源地税收管辖权，均是正确选项。

9. ABCD。考点：非居民在收入来源地国的所得

解析：非居民在收入来源地国的所得，包括四部分，分别是营业所得、投资所得、劳务所得和财产所得，正是本题四个选项分别代表的四种类型，故所有选项都是正确选项。

10. ACD。考点：国际税法中法人居民身份的认定

解析：对于法人居民的认定，各国有不同的标准：（1）法人登记注册地标准，即依法人在何国注册成立来判断法人纳税居民的身份；（2）实际控制与管理中心所在地标准，即法人的实际控制与管理中心所在地设在哪个国家，该法人即为哪个国家的纳税居民，董事会或股东大会所在地往往是判断实际管辖中心所在地的标志；（3）总机构所在地标准，即法人的总机构设在哪个国家，该法人即为哪个国家的纳税居民，总机构通常指负责管理和控制企业日常营业活动的中心机构。一些国家在确定居民身份时采取两个以上的标准。依我国《企业所得税法》第2条的规定，我国实际采用了法人注册地和总机构所在地两个标准。

11. BD。考点：自然人居民身份

解析：选项A错误。我国同时采用住所和居留时间的标准来确定纳税居民的身份。选项B正确。确定独立劳务所得来源地的方式可以采用"183天规则"。选项C错误。可能存在国际重复征税和国际重叠征税的情况。选项D正确。纳税居民对本国承担无限纳税义务。

12. AB。考点：国际重叠征税和自然人居民身份

解析：选项A正确。商业存在，即外国服务提供者通过在其他国境内设立的机构提供商业服务——设立当地机构，如一国的企业到他国开设银行、保险公司。选项B正确。马克是甲国的纳税居民，居民国对本国居民的海内外收入均有权征税。选项C错误。国际重叠征税是指两个或两个以上国家对同一笔所得在具有某种经济联系的不同纳税人手中各征一次税的现象。因此，甲国和乙国对马克的35万美元获利征税，属于国际重复征税。选项D错误。乙国作为来源地国，对35万美元的获利有权行使来源地税收管辖权。

简答题

1. 我国对外签订税收协定的基本原则是：既要有利于维护国家主权和经济利益，又要有利于吸收外资、引进先进技术，有利于本国企业走向世界，为发展国民经济服务。在此基础上，我国目前对外签订的综合性双边税收协定中，一般都坚持了下列几项具体原则。

（1）平等互利的原则。平等、互利是紧密相关的：只有平等，才能互利；也只有互利，才是真正的平等。协定中的所有条款的规定都体现了对等的原则。协定对缔约国双方都具有同等的效力。

（2）坚持收入来源地的征税权。我国是一个发展中国家，在国际经济交往中，要向经济发达国家引进大量的资金和先进技术。所得多是来源于我国。坚持来源国税收管辖权，在经济上对我国有利。

（3）遵从国际税收惯例。如对于外交代表和领事官员的财政特权，以及消除双重征税的方法、无差别待遇、税收协调程序、情报交换等，都体现了国际税收的一般原则。

（4）坚持税收饶让的原则。我国作为一个发展中国家，在配合吸引外资和引进技术的工作中，采取了大量的税收优惠政策。为了保证外国来华投资者得到税收优惠的实惠，我国政府在谈判税收协定中，坚持实行抵免法，避免双重征税的，给予对方国家税收饶让。

（5）缔结的双边税收协定中，除上述具体原则以外，还充分考虑到其他国家税收制度的差异和实际情况，并相应地在协定中作出灵活的具体安排。

2. 国际税法中，法人居民身份的确定标准通常有三个：（1）法人实际管理机构所在地标准。公司董事会是法人实际管理机关，董事会设在哪国就确认为哪国的居民身份。（2）法人注册成立地标准。该标准相当于自然人的国籍标准，纳税人法律地位明确，并易于识别。但存在着较难反映法人真实活动的缺陷，纳税人可通过事先选择注册登记地来规避高税率国家的税收管辖。（3）法人总机构所在地标准。采取该标准的国家往往在公司法中规定，依本国法律成立的公司，其总机构必须在本国境内，以防止法人逃避本国居民纳税人的义务。

以上三种标准，许多国家都只采用其中一种。但为了防止私人公司逃避居民管辖或为了扩大居民管辖范围，有些国家兼用两种标准。

案例分析题

A国的做法构成了对进口汽车的歧视待遇。根据

A、B两国的税收协定，双方互相给予产品税收国民待遇（无差别待遇）。税收国民待遇（无差别待遇）原则是国际税法领域中最主要的原则，它是指缔约国一方国民在缔约国另一方负担税收或有关条件，不应与该缔约国国民在相同的情况下负担或可能负担的税收或有关条件不同。

 论述题与深度思考题

1. 避免双重征税协定与各国国内税法都是国际税法渊源的组成部分。

（1）避免双重征税协定和国内税法是国际税法规范体系中功能不同的两个组成部分。

在国际税收法律关系中，各国依据主权制定的国内税法的主要作用是，规定对谁征税、征多少税以及如何征税。而避免双重征税协定的作用主要在于，规范、协调各国居民税收管辖权和来源地税收管辖权之间的冲突：一方面，限定缔约国一方对有关跨国所得或财产价值行使来源地税收管辖权的范围或程度；另一方面，规定缔约国另一方在依据居民税收管辖权对其居民获得的已经于缔约国一方课税的所得征税时，应采取必要的清除双重征税措施，实现对跨国所得或财产价值的公平课税的目的。

（2）避免双重征税协定和国内税法既有各自相对独立的法律概念体系，又存在着彼此配合、互相补充的关系。

避免双重征税协定是缔约国双方通过协商谈判达成的国际法律文件，自然与一国单方面制定的国内税法不同，有其相对独立的法律概念体系。这表现在：首先，协定中使用的某些法律概念，是协定本身所独有的，而在缔约国的国内有关税法中并不存在或没有单独列出。其次，尽管协定在规定所得种类方面所使用的概念用语，在相当大程度上等同或类似于国内税法上的概念术语，但彼此在内涵或外延上，可能仍有一定程度或范围的差别。因此，从准确地适用税收协定角度出发，应该从两种不同的概念体系来理解协定中的概念和缔约国国内税法上的概念。

但是，避免双重征税协定又是一种以缔约国双方的国内税法为基础的法律文件。它与缔约国的国内有关税法同时存在着彼此配合相互补充的关系。

首先，协定调整限制缔约国征税权的功能作用，需要通过缔约国的国内税法程序才能贯彻施行。其次，避免双重征税协定与缔约国的国内税法虽然各有其相对独立的法律概念体系，但协定同时也明确规定了某些概念以缔约国国内法律的规定为准。另外，避免双重征税协定条款在缔约一方的适用，虽然原则上并不以跨国纳税人在缔约国另一方已就有关跨国所得承担了纳税义务为前提，但为了保证税收公平目的的实现，防止造成双重不征税的漏洞，有些国家之间缔结此类税收协定也规定协定中有关对缔约国一方征税权的限制规定的适用，以缔约国另一方对纳税人的有关所得或财产价值确实进行了课税为条件。如果缔约国另一方没有对纳税人的所得或财产课税，则协定对缔约国一方课税权的限制规定不适用。最后，在处理避免双重征税协定与国内税法的冲突问题上，协定条款原则上应有优先于国内税法适用的效力地位。

在一些主张国际法与国内法具有同等地位的国家，处理协定与国内税法的冲突问题则比较复杂。根据美国宪法规定，联邦宪法和根据联邦宪法制定的联邦法律，以及根据联邦授权签订的条约，具有同等的国家最高法律地位。因此，在税收条约与联邦税法冲突的情形下，美国采取的是孰后优先的原则，即签订时间在后的税收条约或协定，具有优先于颁布在先的国内税法的效力；修订颁布在后的国内税法，同样有优先于先前缔结的条约的效力。

我国宪法虽然没有规定国际法优越于国内法的一般原则，但在具体的立法和司法实践中，根据"条约必须信守"的国际法原则，一般都确认条约规定具有优先于国内法规定的地位。

但是，避免双重征税协定优先于国内税法的地位不能绝对化。目前，跨国纳税人不正当地利用税收协定进行国际避税的"税法滥用"问题，已经引起越来越多国家的重视和防范。我国目前在国内有关税法和国际协定的税收规定中都没有关于防范"税法滥用"的特别规定，这样，在确认税收协定相对于国内税法的优先适用地位的条件下，跨国纳税人不当利用我国与有关国家之间的协定进行国际避税，是比较容易得逞的。"税法滥用"行为并不能给我国利用外资技术带来实际的好处。

2. 国家对非居民的收入征税，一般包括四个方面，即营业所得、投资所得、劳务所得和财产所得。其税收管辖权的依据是收入来源地原则。但上述四种所得

在确定收入来源地时存在不同。（1）经营活动所得指一个人在某个固定场所从事经营活动取得的所得。经营所得来源地的确定采用经营活动发生地原则。现在各国通常采用"常设机构"这一概念，即一个企业在某一国境内进行全部或部分经营活动的场所，比如从该场所取得的所得，那么这个国家就可以认为该项所得来源于其境内，从而可以行使来源地管辖权，对这笔收入征税。（2）劳务所得又分为独立劳务所得和非独立劳务所得。独立劳务所得是指自由职业者从事专业性劳务取得的所得，非独立劳务所得是指雇员或职员取得的工资、薪金和其他报酬等。劳务所得来源地的确定有两种原则，即劳务行为发生地原则和劳务费用支付地原则。（3）投资所得包括股息、利息、特许权使用费等。对于这类投资所得，各国一般都按其主收入征收一笔较低的预提所得税。有的国家主张这类所得的来源地应采用这类权利的提供地原则，有的国家认为应采用这类权利的使用地原则。（4）财产所得即不动产所得，不动产所得来源地是不动产的所在地或坐落地，故由不动产的所在地或坐落地国征税，一般按征收或查定征收的方式确定利润或所得。

一般来说，在双边税收协定中，对于非居民的经营所得按经营活动发生地原则确定来源地，对劳务所得按劳务行为发生地原则或劳务费用支付地原则确定来源地，对于投资所得可按投资权利的提供地原则或投资权利的使用地原则来确定来源地，从而划分税权。

对于从事国际航空运输公司的收入，应适用常设机构原则。营业所得一般是指纳税人从事工业生产、交通运输、农林牧业、金融、商业和服务行业等企业性质活动所取得的利润。在对非居民营业所得的征税上，各个国家的税收协定都实行常设机构原则。常设机构是指一个企业进行其全部或部分生产、经营的固定场所，是外国法人在收入来源国境内设立的。常设机构有三个特征：第一，有一个营业场所，包括房屋场地与机器设备等，自有或租用均可；第二，这种场所必须是固定的；第三，非居民纳税人通过这种场所从事的必须是营利性质的活动。从事国际航空运输公司的收入符合常设机构原则的要求，应当适用该原则。

第十七章 双重征税的消除

知识逻辑图

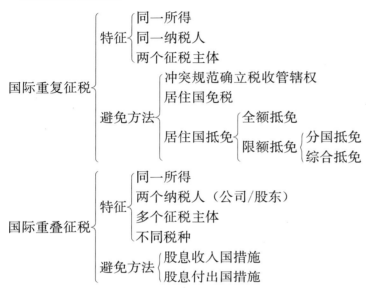

国际重复征税
- 特征
  - 同一所得
  - 同一纳税人
  - 两个征税主体
- 避免方法
  - 冲突规范确立税收管辖权
  - 居住国免税
  - 居住国抵免
    - 全额抵免
    - 限额抵免
      - 分国抵免
      - 综合抵免

国际重叠征税
- 特征
  - 同一所得
  - 两个纳税人（公司/股东）
  - 多个征税主体
  - 不同税种
- 避免方法
  - 股息收入国措施
  - 股息付出国措施

名词解释与概念比较

1. 避免国际重复征税的"抵免法"（考研）
2. Foreign Tax Credit（考研）
3. 国际重复征税（考研）
4. 税收饶让（考研）

选择题

（一）单项选择题

1. 国际税收协定可以通过冲突规范的方法解决国际重复征税的问题。下列陈述属于这种方法的是（　　）。

A. 规定某一国家对某一征税对象征税

B. 规定居住国对来自来源国的所得给予税收抵免

C. 规定居住国对来自来源国的所得免税

D. 规定居住国对来自境内外的所得实行统一税率

2. 下列就国际双重征税根本原因的说法正确的是（　　）。

A. 两国政府对同一跨国所得向不同的纳税人行使税收管辖权

B. 两国政府对同一纳税人的不同时期的所得行使税收管辖权

C. 两国政府对同一纳税人的同一跨国所得行使税收管辖权

D. 两国政府对同一纳税人的同一跨国所得适用不同税率

3. 甲国 A 公司在某纳税年度内来自本国的应税所得为 100 万元，来自乙国的应税所得为 50 万元。设甲乙两国适用相同的比例税率，如甲国实行全额抵免制，下列哪一种主张是正确的？（　　）（司考）

A. A 公司需要对其从乙国取得的应税所得向甲国实际缴纳全部税款

B. A公司需要对其从乙国取得的应税所得向甲国实际缴纳部分税款

C. A公司无须对其从乙国取得的应税所得向甲国实际缴纳任何税款

D. A公司无须对其从乙国取得的应税所得向甲国缴纳任何税款，因为甲国主动放弃了对该应税所得的管辖权

4. 下列有关国际重叠征税的说法正确的是（　　）。

A. 两国对同一纳税人的同一所得征税

B. 两国对同一所得向不同纳税人征税

C. 两国对同一纳税人的不同所得征税

D. 一国对同一所得向不同纳税人征税

5. 甲国的A公司将其专利技术转让给乙国的B公司，获技术转让费10万美元。乙国依其本国税法，征收A公司预提税1万美元，后甲国政府也就该技术转让收益征收A公司1万美元的所得税。下列说法中正确的是（　　）。

A. 本案涉及的国际税法关系是甲国与乙国就10万美元的税收利益分配关系

B. 本案国际税法关系的主体是甲国和乙国

C. 本案国际税法关系的客体是A公司获得的技术转让费10万美元

D. 甲国和乙国都就A公司的10万美元征税构成了国际重叠征税

6. 国际重复征税与国际重叠征税的根本性区别在于（　　）。

A. 纳税主体不同　　　B. 纳税国家不同

C. 纳税税率不同　　　D. 纳税地点不同

7. 税收抵免和饶让抵免的区别在于（　　）。

A. 饶让抵免是指居住国促进外来投资的税收优惠措施

B. 税收抵免是指居住国对来源国已经征收的税款从总的应税所得中扣除

C. 饶让抵免中居住国对来源国所得免征的税款纳税人并没有实际缴纳

D. 饶让抵免中涉及两个纳税人的两次纳税

8. 以下说法错误的是（　　）。

A. 一国居民税收管辖权与另一国的来源地税收管辖权之间的冲突是导致国际重复征税的最主要原因

B. 国际重复征税的负面影响包括阻碍国际间生产要素的正常流动

C. 法律性国际重复征税要求两个以上的纳税主体对同一个纳税人主张课税

D. 经济性和法律性国际重复征税有多个要件不同

9. 张三为甲国居民，某年度在甲国应税收入为8 000元，甲国税率为10%；同年度，张三同样有来源于乙国的应税收入2 000元，乙国税率为20%。在甲国分别采取免税法、全额抵免法和限额抵免法三种方法消除重复征税的情况下，张三此年度在甲国应缴纳的税款分别为（　　）

A. 1 000元　800元　800元

B. 800元　600元　600元

C. 800元　600元　800元

D. 800元　600元　600元

（二）多项选择题

1. 为避免或缓解国际重复征税，纳税人居住国可以采用的方法有哪些？（　　）（司考）

A. 免税制　　　　　B. 抵免制

C. 扣除制　　　　　D. 减税制

2. 国际重叠征税的解决方法包括（　　）。

A. 通过双边税收协定中的冲突规范确立某一国家的征税权

B. 收取股息人所在国采取股息免税措施

C. 股息付出国采取双税率制

D. 收取股息人所在国采取公司所得税税收抵免制

3. 下列有关免税制的说法正确的是（　　）。

A. 在采取累进免税制时，居住国对纳税人适用的税率据其境内外的所得总额确定

B. 免税制是居住国仅对其境内的所得征税

C. 免税制是居住国采取的避免重复征税的方法

D. 免税制是收入来源国所采取的避免重叠征税的方法

4. 设某一跨国纳税人仅从一个来源国获得所得，下列有关避免国际重复征税的抵免法的说法正确的是（　　）。

A. 如果居住国与来源国的税率相同，全额抵免与限制抵免对其没有影响

B. 在居住国税率低于来源国税率的情况下，根据限制抵免法，纳税人在来源国缴纳的税款不能全部被抵免

C. 在居住国税率高于来源国税率的情况下，全额抵免与限制抵免没有区别

D. 抵免法是根据居住国税率在境内外全部所得的税额中对在境外实际缴纳的税款进行相应的扣除

5. 下列有关国际税收协定的说法正确的是（　　）。

A. 国际税收协定属于国际条约的一种，其在国内法律制度中的适用应遵循国际条约在国内法律制度中的适用原则

B. 国际税收协定签署后无须经过缔约国立法机构的批准

C. 国际税收协定中的规定与国内法有不同规定的，适用国际税收协定的规定

D. 国际税收协定没有规定的，适用国内法的规定

6. 某一纳税年中，丙国G公司设在甲国的分公司获利10万美元；设在乙国的子公司获利50万美元，并从税后利润中向G公司支付股息20万美元。请回答下列问题：

（1）在该纳税年，G公司及其分公司和子公司是否应履行下列纳税义务？（　　）

A. G公司就甲国分公司获利的10万美元应向丙国纳税

B. 乙国子公司就其获利的50万美元应向丙国纳税

C. G公司就所获股息20万美元应向乙国纳税

D. 甲国分公司就其获利的10万美元应向甲国纳税

（2）就上述纳税，下列说法正确的是（　　）。

A. 丙国向G公司就分公司获利的10万美元征税，甲国向分公司就其获利的10万美元征税，因此构成国际重复征税

B. 丙国向G公司就所获股息20万美元征税，乙国向G公司就其所获股息20万美元征税，因此构成国际重叠征税

C. 乙国向子公司就其获利的50万美元征税，丙国向子公司就其获利的50万美元征税，因此构成国际重叠征税

D. 乙国向子公司就其获利的50万美元征税，丙国向G公司就其所获股息20万美元征税，因此构成国际重叠征税

视频讲题

7. 下列关于国际重复征税和国际重叠征税的表述哪些是错误的？（　　）

A. 国际重叠征税是指两个国家各自依据自己的税收管辖权，按同一税种对同一纳税人的同一征税对象在同一征税期限内同时征税

B. 国际重复征税的实质是国家税收管辖权的冲突

C. 目前避免国际重叠征税的方法主要有免税制、抵免制和税收饶让制

D. 以上说法均不正确

8. 国际重复征税的解决方法主要有（　　）

A. 扣除法

B. 免税法

C. 采取分割税率制或双重税率制

D. 以冲突规范形式将税收管辖权划归某一国或确定某一国优先行使

9. 国际重叠征税的解决方法主要有（　　）。

A. 采取分割税率制或双税率制

B. 采取抵算制或冲抵制

C. 对外国所征收的公司所得税实行间接减免

D. 以冲突规范形式将税收管辖权划归某一国或确定某一国优先行使

10. 确定常设机构经营所得的方法包括（　　）。

A. 引力原则法　　　　B. 实际所得法

C. 比例分配法　　　　D. 核定所得法

11. 按照来源地税收管辖中的常设机构原则，下列说法正确的是（　　）。

A. 该常设机构必须独立计算盈亏

B. 该常设机构不应是调研性机构

C. 该常设机构必须是独立法人

D. 该常设机构必须从事营利性活动

12. 对于非居民的营业所得和投资所得，下列说法正确的是（　　）。

A. 营业所得按常设机构原则征税

B. 常设机构本身的投资所得，应按营业所得纳税

C. 一个外国企业在内国无常设机构，但却有利息收入，应在该内国缴纳利息收入的税收

D. 特许权使用费，属于营业所得

13. 用于确定经营所得来源地的常设机构，是指企业的生产、经营场所，包括（　　）。

A. 管理场所

B. 分支机构

C. 自然资源开采地

D. 连续 6 个月以上的建筑工地

14. 目前各国对非居民营业所得的纳税普遍采用常设机构原则。关于该原则，下列哪些表述是正确的？（　　）（司考）

A. 仅对非居民纳税人通过在境内的常设机构获得的工商营业利润实行征税

B. 常设机构原则同样适用于有关居民的税收

C. 管理场所、分支机构、办事处、工厂、油井、采石场等属于常设机构

D. 常设机构必须满足公司实体的要求

（三）不定项选择题

下列有关避免国际重复征税的免税法与税收抵免法的说法正确的是（　　）。

A. 免税法是来源国的税收措施，抵免法是居住国的税收措施

B. 抵免法和免税法都是居住国的避免双重征税的措施

C. 免税法是居住国的税收措施，抵免法是来源国的税收措施

D. 免税法中居住国的应税所得额相抵，抵免法则是税款相抵

 简答题

1. 简述国际重复征税的表现形式。

2. 简述双重征税协定对不同种类的跨国所得常用的征税协调方法。

 案例分析题

某跨国纳税人的国内外所得共计 40 万美元，其中在居住国所得 30 万美元，收入来源国所得为 10 万美元。收入来源国实行 30% 的比例税率。居住国实行 20%～50% 的累进税率，30 万美元所得的适用税率为 35%，40 万美元的适用税率为 40%。问：

（1）如果居住国不采取任何避免国际重复征税的措施，该跨国纳税人国内外纳税的总税负是多少？

（2）如果居住国采用全额免税法避免国际重复征税，该跨国纳税人国内外纳税的总税负是多少？

（3）如果居住国采用累进免税法避免国际重复征

税，该跨国纳税人国内外纳税的总税负是多少？

视频讲题

 论述题与深度思考题

试分析双重征税的产生原因及解决方法。

参考答案

名词解释与概念比较

1. 抵免法是目前大多数国家采用的避免国际重复征税的方法。采用抵免法，就是居住国按照居民纳税人的境内外所得或以一般财产价值的全额为基数计算其应纳税额，但对于居民纳税人已在来源地国缴纳的所得税或财产税额，允许从向居住国应纳的税额中扣除。即以纳税人在来源地国已缴纳的税额来抵免其应汇总计算缴纳居住国相应税额的一部分，从而达到避免对居民纳税人的境外所得或财产价值双重征税的效果。

与免税法相比，抵免法具有一定的优越性，在坚持居民税收管辖权原则的同时，承认所得来源地国或财产所在地国的属地课税权的优先但非独占地位。这样既可以消除国际重复征税，也可以消除税负不公平现象。

2. Foreign tax credit 即外国税收抵免，是目前大多数国家采用的避免国际重复征税的方法。采用该方法，就是居住国按照居民纳税人的境内外所得或以一般财产价值的全额为基数计算其应纳税额，但对居民纳税人已在来源地国缴纳的所得税或财产税额，允许从向居住国应纳税额中扣除。

3. 国际重复征税，在国际税法理论上仍存在一定的分歧，有学者认为范围仅包括法律意义上的国际重复征税，有学者认为还应包括经济意义上的国际重复征税。法律意义上的国际重复征税是指两个或两个以上的国家，对同一纳税人就同一征税对象，在同一时

期内课征相同或类似的税收。经济意义的国际重复征税，是指两个以上的国家对不同的纳税人就同一课税对象或同一税源在同一期间内课征相同或类似的税收。

4. 税收饶让是避免国际重复征税的一种方法，即居住国对于其居民因来源地国实行减免税优惠而未实际缴纳的那部分税额，应视同已经缴纳同样给予抵免。由于在该方法下，居住国给予抵免的是居民纳税人并未实际缴纳的来源地国税收，所以又称为"虚拟抵免"或"影子税收抵免"或"饶让抵免"。

 选择题

（一）单项选择题

1. A。考点：避免国际重复征税的冲突法方法

解析：冲突规范调整法律关系的特点是对当事人权利义务的间接调整，通过这一法律规范进一步引导出适用的具体法律规范。本题选项中选项 A 属于这种冲突规范，它规定了征税权由哪一国行使，但没有规定征税的具体问题。B、C、D 选项直接规定了对来自来源国所得的税收待遇。

2. C。考点：国际双重征税的根本原因

解析：两国只有对同一纳税人的同一所得都行使管辖权，才可能产生双重征税的问题。具体来说，一个行使居民管辖权，一个行使来源管辖权，结果导致同一所得需要向两个政府根据两种管辖缴纳两次税收。A、B 选项不符合同人同所得的要求，而选项 D 为故意混淆项，无论税率是否相同，都是双重，因此 A、B、D 项皆属非正确选项。

3. C。考点：国际税收的全额抵免

解析：全额抵免是指居住国政府对本国居民纳税人已向来源国缴纳的所有所得税的税额予以全部抵免，即抵免额等于纳税人在境外所缴纳的外国税收总额。由于甲乙两国适用相同的比例税率，A 公司在乙国所纳税款与在本国应纳税款额相同，全部抵免后无须再对其从乙国取得的应税所得向甲国实际缴纳任何税款。甲国并非主动放弃了对该应税所得的管辖权；若甲国的税率高于乙国，则 A 公司在抵免后要补交其余部分税款。

4. B。考点：国际重叠征税的定义

解析：国际重复征税与国际重叠征税，都意味着两国政府的多次征税，但区别在于纳税人不同、适用税种不同。国际重叠征税主要是对同一所得既向公司征税，也向公司的投资者征税。前者的依据是公司所得税，后者的依据是个人所得税，征税多次，但不是对同一个人的重复。本题的正确选项是 B。

5. C。考点：国际税法关系及国际重叠征税

解析：国际税法关系包括了横向的国家政府之间的税收分配关系和纵向的国家与纳税人之间的税收征纳关系，故选项 A 不正确。国际税法关系的主体是国家及跨国纳税人，本案中包括甲国、乙国和 A 公司，故选项 B 不正确。本案中对同一所得向同一纳税人征了两次税，属于国际重复征税，而不是国际重叠征税，故选项 D 不正确。正确选项是 C。

6. A。考点：国际重复征税与国际重叠征税

解析：国际重复征税是两国对纳税人的同一跨国所得征税，国际重叠征税是两国对不同纳税人的同一所得征税，其根本区别在于纳税主体不同。本题正确选项为 A。

7. C。考点：税收抵免与饶让抵免

解析：饶让抵免被称为特殊的税收抵免或税收抵免的变形，其区别在于，饶让抵免的基础是来源国实施了税收优惠措施，减免所得税，因而造成纳税人在来源国实际并没有缴纳没有优惠时所应缴纳的税收。对于该未实际缴纳的税款，如果居住国予以承认，并从总的税款中扣除，即是饶让抵免。本题选项中，C 项是正确选项。A 选项将来源国的征收优惠措施误说成居住国的税收优惠措施，B 选项将总的税款额误说成总的所得额，D 选项纯粹为混淆选项。

8. D。考点：法律性国际重复征税

解析：法律性国际重复征税应同时具备以下五个要件：（1）存在两个以上的征税主体；（2）存在同一个纳税主体，即两个征税主体对同一个纳税人主张课税；（3）课税对象的同一性；（4）同一征税期间；（5）课征相同或类似性质的税收。经济性国际重复征税除了第二要件，即不具备同一纳税主体这一特征，其他四个要件均与法律性国际重复征税相同。

9. C。考点：免税法和抵免法的计算

解析：免税法应仅将张三在甲国的收入乘以甲国的税率进行计算，即 $8\,000 \times 10\% = 800$ 元。免税法首先计算若全部收入都来源于甲国时张三应缴纳的税款，即 $(8\,000 + 2\,000) \times 10\% = 1\,000$ 元。全额抵免法应减

去张三在乙国实际缴纳的税款，即 $2\,000\times20\%=400$ 元，最终张三在甲国缴纳 $1\,000-400=600$ 元。限额抵免法免税的限额是张三源于乙国的收入按甲国的税率应缴纳的税款，即 $2\,000\times10\%=200$ 元，张三在乙国实际缴纳的税款高于此限额，因此最终在甲国应缴纳的税款按限额计算，即 $1\,000-200=800$ 元。

（二）多项选择题

1. ABCD。考点：国际重复征税的避免

解析：居住国避免或缓解国际重复征税的方法主要有免税制、抵免制、扣除制和减税制。因此，选项 A、B、C、D 均为正确答案。

2. BCD。考点：国际重叠征税的解决方法

解析：国际重叠征税是因对不同纳税人征税所产生的问题，是国内税法的问题，主要通过国内税法单边性解决。目前的做法主要包括本题选项 B、C、D 提供的方法。选项 A 是用于解决国际重复征税的方法，不是用于解决国际重叠征税的方法。

3. ABC。考点：避免国际重复征税的免税制方法

解析：避免国际重复征税的免税制方法，是跨国纳税人的居住国所采取的方法，总的特点是仅对境内收入所得征税，适用相应的税率。如果是全额免税，则税率适用国内收入所得适用的税率；如果是累进免税，则税率适用境内外全部收入所得适用的税率。本题的正确选项是 A、B、C。

4. ABCD。考点：避免国际重复征税的抵免法

解析：避免国际重复征税的抵免法，其实质是对于纳税人在来源国缴纳的税额，给予相应的抵免。所谓全额抵免，就是指在来源国缴纳多少，则抵免多少，即实缴实免。而在限额抵免的情况下，抵免的部分不能超出在居住国就该境外所得应缴纳的税额。例如，境外所得的外国税额为 5，居住国的税额为 3，则显然只能抵免 3；反之，如果境外税额为 3，居住国税额为 5，则 3 完全被抵免。所以，在境外所得额不变的情况下，如果居住国税率高，则国外税额可以被完全抵免，税率相同的情况下也是如此。本题正确答案为选项 A、B、C、D。

5. AD。考点：国际税收协定的国内适用

解析：国际条约在国内法的适用，存在多种情形。一般来说，属于民商事性质的，可以直接赋予当事人相应的权利、义务，而属于管理性质的，据以承担义务的主体是缔约国政府，据以承担义务的对象是另一

缔约国而非经营活动者或纳税人。本题选项 A、D 无疑是正确选项。至于选项 B、C，在国际实践中均为非正常做法，应为非正确选项。但在我国实践中，由于我国宪法对国际条约的国内适用没有明确的规定，可能存在行政机关直接适用的情况。

6.（1）ACD；（2）AD。考点：居民税收管辖权、来源地税收管辖权、国际重复征税、国际重叠征税

解析：（1）G 公司就其境内外所得有向丙国纳税的义务，因此，A、C 是正确选项。乙国子公司 50 万元所得应向其来源国乙国纳税，而非由该子公司向丙国纳税，故 B 项非正确选项。D 选项中的甲国分公司构成了在甲国的常设机构，就其在甲国所得，应向甲国纳税。D 项为正确选项。

（2）重复征税是两国政府对同一纳税人的同一所得征税，而重叠征税是就同一所得向不同的纳税人征税，常见的是公司和投资者对利润及股息的纳税。选项 A 中，对同一所得 10 万美元，甲国按常设机构对其征税，丙国按其境外所得对 G 公司征税，税负都由 G 公司承担，属于重复征税。B 选项中纳税人为同一人，不为重叠征税。C 选项中，乙国与丙国就同一所得对同一人征税，属于重复征税，而非重叠征税。D 选项中，乙国对子公司所得征收所得税，丙国又对从该所得税后的利润按照股东所得再次征税，属于重叠征税。正确选项是 A、D。

7. ACD。考点：国际重复征税和国际重叠征税的区别

解析：此题中 A 项为国际重复征税的概念，C 项中免税制、抵免制为避免国际重复征税的方法，B 项为正确表述，故选 A、C、D。

8. ABD。考点：国际重复征税的解决办法

解析：所谓国际重复征税，是指两个或两个以上的国家各自依据其税收管辖权，按同一税种对同一纳税人的同一征税对象在同一征税期间内同时征税。国际重复征税的解决有以下几种方法：（1）以冲突规范的形式将税收管辖权划归某一国家或确定某一国优先行使。（2）扣除法。它是指居住国对居民纳税人征税时，允许从应税所得额中扣除已经向来源国缴纳的税款，其余额适用居住国所得税税率征税。（3）免税法。它是指居住国对其居民纳税人源于或存在于境外的并已经向来源国纳税了的那部分跨国所得，在一定条件

下，允许从其应税所得中扣除，免予征税的制度。故本题选 A、B、D。

9．ABC。考点：国际重叠征税的解决办法

解析：所谓国际重叠征税，是指由于两个或两个以上的国家各自依据其税收管辖权对同一所得按本国税法对公司和股东分别征税，从而形成对不同纳税人的同一所得征收两次以上的税收的行为。国际重叠征税的解决措施包括：（1）核征公司所得税时，将股息从公司应纳税利润中扣除，对公司股东的股息只征个人所得税。（2）采取分割税率制或双税率制。（3）采取抵算制或冲抵制。（4）使国内母公司和国外子公司合并报税，在扣除子公司在来源国缴纳的所得税额后计算母公司的所得税。（5）对外国所征收的公司所得税实行间接减免。所以，本题选 A、B、C 项，D 项是解决国际重复征税的方法。

10．ABCD。考点：确定常设机构经营所得的方法

解析：本题提供的四个选项均为正确选项。有实际所得，按实际所得，或按常设机构的分配所得。如果不能确定实际所得，可以一定的方法核定所得。如果外国企业虽设有常设机构，但却存在不通过常设机构经营的活动，可采用引力原则法。

11．AD。考点：来源地税收管辖中的常设机构原则

解析：常设机构原则是用于确定经营所得来源的一种方式。该常设机构是纳税人全部或部分生产经营的固定场所，其必须是从事营利性活动的营业场所。一个分支机构或一个建筑工地，都可以成为常设机构。因此，本题选项 B、C 不正确。该常设机构不一定是独立法人，但为征税目的，必须独立计算盈亏。本题正确选项是 A、D。

12．ABC。考点：营业所得与投资所得的区别

解析：非居民的营业所得与投资所得都按收入来源地纳税，但二者的收入来源地的确定标准不同。营业所得按常设机构原则确定，投资所得需根据具体所得类型确定。常设机构的投资所得，应计入其营业所得，一并纳税。投资所得通常包括股息、利息、特许权使用费等。本题的正确选项是 A、B、C。

13．ABCD。考点：经营所得来源地常设机构的确定

解析：常设机构是企业进行全部或部分生产、经营的固定场所，它可以包括多种场所，例如管理场所、工厂、分支机构、厂矿、办事处、连续 6 个月以上的建筑工地等。本题的四个选项都是正确选项。

14．AC。考点：对非居民营业所得的纳税普遍采用常设机构原则

解析：营业所得又称营业利润或经营所得，即纳税人在某个固定场所从事经营活动取得的纯收益。目前各国对非居民营业所得的纳税普遍采用常设机构原则。常设机构原则指仅对非居民纳税人通过在境内常设机构而获取的工商营业利润实行征税的原则。常设机构包括：管理场所、分支机构、办事处、工厂、车间、作业场所、矿场、油井、采石场等。选项 A 正确，选项 B 错误，选项 C 正确，选项 D 错误。

（三）不定项选择题

D。考点：避免国际重复征税的免税法与抵免法

解析：抵免法与免税法都是跨国纳税人居住国所采取的避免重复征税的措施。但其具体特点不同。免税法是对来源国的收入所得不计入应税所得额，尽管在确定适用税率时可能出现不同情况，而抵免法是将来源国已经缴纳的税额从根据居住国的税法应缴的总税额中扣除；免税法与抵免法的不同之处在于税基的计算方法不同，免税法不考虑来源国的具体纳税额，而抵免法考虑来源国的税额，并予以相应的扣除。正确选项是 D。

 简答题

1．广义的国际重复征税分为法律意义上的国际重复征税和经济意义上的国际重复征税。狭义的国际重复征税仅指法律意义上的国际重复征税，其表现形式有三种：（1）一国的居民税收管辖权与另一国的来源地税收管辖权之间的冲突；（2）两个国家各自主张的居民税收管辖权之间的冲突；（3）两个国家各自主张的所得来源地税收管辖权之间的冲突。

2．跨国所得最主要有以下四种：跨国营业利润、跨国个人劳务所得、跨国投资所得和跨国财产收益。

跨国营业利润的征税协调基本采用了常设机构原则进行协调，需先后确定常设机构的存在、可归属于常设机构的利润范围及常设机构的应税所得额。

跨国个人劳务所得的征税协调一般原则是固定基地原则，固定基地概念与常设机构概念类似，其征税协调的步骤也相类似。

跨国投资所得主要包括股息、利息和特许权使用费三种，其征税协调一般采取税收分享的协调原则，

可以在受益人的居住国征税，也可以在收入来源地国征税，具体比例通常由缔约方通过谈判确定。

跨国财产收益根据财产类型的不同（不动产收益、转让不动产收益、转让股权或股票收益）而有不同的征税协调方法，具体需要各国通过国内税法或与他国签订税收协定进行确定。

案例分析题

（1）19 万美元；（2）13.5 万美元；（3）15 万美元。考点：国际重叠税收的解决方法

解析：本题中该纳税人在收入来源国的税负已经确定，即 $10 \times 30\% = 3$（万美元）。关键点在于居住国的相关措施。

（1）居住国不采取避免双重征税措施，则该纳税人的总所得 40 万元与其适用的累进税率 40% 相乘的结果即是该纳税人的在居住国的总税负 16 万元，再加上在来源国的税负 3 万元，共计 19 万元，即：$40 \times 40\% = 16$（万美元）；$10 \times 30\% = 3$（万美元）；总税负 $= 16 + 3 = 19$（万美元）。

（2）如果采取全额免税，则居住国的应税额为纯居住国所得，即 30 万元，税率为适用于该数额的税率，其国内税负为 $30 \times 35\% = 10.5$（万美元）。国内外总税负 $= 10.5 + 3 = 13.5$（万美元）。

（3）如果采取累进免税法，居住国的应税额不变，仍然是 30 万元，但适用税率需要根据境内外的全部所得确定，即根据 40 万元的所得确定其适用税率，即 40%，国内所得税负是 $30 \times 40\% = 12$（万美元）；境内外总税负 $= 12 + 3 = 15$（万美元）。

通过上述计算可以看出纳税人在不同情况下的税负情况。

论述题与深度思考题

双重征税可以分为法律性双重征税和经济性双重征税。法律性双重征税产生的原因是：（1）纳税人收入的国际化以及各国所得税制度的普及化是国际双重征税产生的重要原因。（2）各国税收管辖权的冲突是导致国际双重征税的另一重要原因。在税收管辖权冲突问题上，又表现为居民税收管辖权之间的冲突、居民税收管辖权和收入来源地税收管辖权之间的冲突、收入来源地税收管辖权之间的冲突三种类型。经济性双重征税产生的原因为对公司利润和股息的重复征税以及对财产和股权财产的重复征税。

解决法律性国际双重征税的方法有：（1）运用冲突规范解决，主要方式有两种：其一是单边冲突规范解决，即以冲突规范将某一征税对象的征税权完全划归一方；其二是双边冲突规范解决，即将某一征税对象的征税权划归双方。（2）免税法，是指居住国政府对本国居民源于境外的所得或财产免于征税，可分为全额免税法和累进免税法。（3）扣除法，是指居住国政府对于居民纳税人因国外所得而向来源地国缴纳的所得税款，允许作为扣除项目从应税所得额中扣除，就其余额适用相应的税率计算应纳税额。（4）抵免法，是指居住国政府按本国居民纳税人在世界范围内的所得汇总计算其应纳税额，但允许其将因境外所得而已向来源国缴纳的税款在本国税法规定的限度内从本国的应纳税额中抵免。经济性国际双重征税的解决方法有：（1）在公司环节对分配利润的防止，主要指股息扣除制和分别税率制；（2）在个人环节对取得股息的防止，主要包括归集抵免制和其他处理方法。

第十八章 国际避税的规制

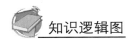 **知识逻辑图**

国际避税
- 特征
  - 手段合法
  - 减轻纳税义务
- 避税方法
  - 转移居所
  - 转移财产、收入
  - 转让定价
  - 利用避税地
  - 滥用税收协定
- 防范措施
  - 国内法
  - 国际法

国际逃税
- 特征
  - 手段非法
  - 逃避纳税义务
- 逃税方法
  - 匿报收入财产
  - 虚报成本费用投资
  - 伪造账册和收付凭证

 名词解释与概念比较

1. International Tax Avoidance（考研）
2. 国际逃税
3. 转让定价

 选择题

（一）单项选择题

1. 国际避税与国际逃税之间的区别在于（   ）。

A. 国际逃税减轻税收义务，国际避税逃避税收义务

B. 国际避税的手段是合法的，国际逃税的手段是非法的

C. 税率的差别可能导致国际逃税而不是国际避税

D. 匿报收入财产是国际避税的一种方法

2. 下列选项中，哪一项不是国际逃税的方式？（   ）

A. 匿报收入财产　　　　B. 虚报成本费用投资

C. 伪造账册　　　　　　D. 转让定价

3. 下列有关基地公司的说法正确的是（   ）。

A. 在避税地设立并经营的从事转让定价的公司

B. 在避税地设立但实际经营活动在其他国家境内的公司

C. 基地公司是在不同国家之间不断改变其居所的公司

D. 基地公司是实际管理机构在避税地的公司

4. 下列有关国际逃税与避税的描述，正确的是（   ）

A. 逃税和避税都是法律明确禁止的违法行为

B. 在实际的国际经济活动中，国际逃税和国际避税行为由于各国规定不同，往往难以区分

C. 避税行为并不违反法律，因此各国并不需要对避税行为进行处置

D. 税收筹划和避税一样，应该被税法所干预

5. 以下哪种方法不属于评估关联交易时应采用的合理的转让定价方法（　　）

A. 可比非受控价格法

B. 再销售价格法

C. 可比因素差异调整法

D. 利润分割法

6. 针对利用避税港基地公司避税的行为，下列说法正确的是（　　）

A. 纳税人利用避税港进行避税，主要是通过在避税港设立"导管公司"的方式进行

B. 纳税人通过避税港进行避税，主要利用了其居住国税法上的税收抵免制度

C. 有害避税地的判断标准仅包括零税率或低税率

D. 受控外国公司税制是用来规制利用避税港进行避税的制度

7. 有关资本弱化的避税行为，下列说法正确的是（　　）

A. 资本弱化的避税行为存在的根本原因是跨国股息和利息所得的实际国际税负可能存在较大的差别

B. 资本弱化是指有意弱化贷款融资而增加股份投资比例，从中达到避税的目的

C. 资本弱化的避税行为只能通过一般反避税规则进行规制

D. 企业关联债资比例若超过标准比例，其利息支出不允许税前扣除，没有例外

（二）多项选择题

1. 解决国家之间税务争议的主要方法为双边税收协定的相互协商程序。《关于对所得和财产的重复征税协定范本》中关于相互协商程序的规定有哪些特点？（　　）

A. 该程序虽然属于解决国际争端的外交手段，但不是通过外交部门，而是由税务机关谈判进行的

B. 税务机关可自由决定协商的程序和规则，设立联合委员会

C. 国际税收协定为缔约国创设权利义务，纳税人不是协定主体，只可依据税收条约享受其利益

D. 它是一种特殊的给予外交保护的程序，税务机关不能决定是否启动该程序

2. 下列选项中，属于国际逃税方式的是（　　）。

A. 匿报应税收入和财产

B. 虚报成本费用和投资额

C. 伪造账册和收付凭证

D. 转移居所

3. 国际避税的主要方式包括（　　）。

A. 利用居所转移　　　　B. 利用收入、财产转移

C. 利用转让定价　　　　D. 利用避税地避税

4. 美国某公司为躲避本国的所得税，将其年度利润的70%转移到世界著名的自由港巴哈马群岛的某一信托公司，由于巴哈马群岛的税率要比美国低35%～50%，这样就使该公司每年可以有效地躲避300万～470万美元的税款。对该公司的行为应如何认定？（　　）

A. 该公司的行为属于国际逃税行为

B. 该公司的行为属于国际避税行为

C. 该公司是通过转让定价的方式进行的

D. 该公司是通过利用避税港的方式进行的

5. 以下哪种行为属于国际避税行为（　　）

A. 纳税人谎报或隐瞒有关财产或收支情况，达到少缴或不缴税款的目的

B. 甲国的母公司和乙国的子公司之间的交易价格显著低于市场价格

C. 甲国的投资人对乙国公司进行贷款融资，但此行为本质上属于股份融资

D. 纳税人采用一些符合税法宗旨的交易计划以节约税收成本，此交易计划还有助于纳税人扩大营业规模

6. 以下哪种国际避税方式与其规制手段不相匹配（　　）

A. 资本弱化避税行为可用一般反避税规则进行规制

B. 国际关联企业滥用转移定价交易避税行为应用资本弱化税制进行规制

C. 滥用国际税收协定避税行为应用受控外国公司税制进行规制

D. 利用避税港基地公司避税行为可用转让定价税制进行规制

视频讲题

简答题

1. 简述各国针对常见的国际逃税和避税方式采取的国内法措施。（考研）

2. 简述防止跨国联属企业利用转让定价和不合理分摊成本费用逃税避税的法律措施。

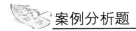 **案例分析题**

某跨国公司在甲、乙、丙国有 A、B、C 三个关联公司，三个国家的公司所得税税率分别为 20％、30％和 50％。A 公司为 C 公司生产组装电视机的零部件。A 公司以 200 万美元的成本生产了一批零部件，本应以 240 万美元的价格直接售给 C 公司，经 C 公司组装后按 300 万美元的总价格投放市场。为减轻税负，A 公司将该批货物以 210 万美元的价格卖给 B 公司，B 公司以 280 万美元的价格卖给 C 公司，C 公司组装后以 300 万美元的价格投放市场。

试问：

（1）该跨国公司通过上述方法减少纳税多少万美元？

（2）甲、乙、丙三国的税收有何变化？

（3）该跨国公司的国际避税方式是什么？

（4）针对这种避税方式，国际通行的反避税方法是什么？依据我国法律如何具体操作？

视频讲题

 论述题与深度思考题

试论防止国际逃税与避税的国际合作。（考研）

视频讲题

参考答案

 名词解释与概念比较

1. International tax avoidance，即国际避税，是指跨国纳税人利用各国税收法律规定上的差别，采取变更经营地点或者经营方式等种种公开的合法手段，以谋求最大限度减轻国际纳税义务的行为。国际避税相对于国际逃税而言没有明显的欺诈或违法性质。

2. 国际逃税是指跨国纳税人利用国际税收管理上和合作上的困难与漏洞，采用种种隐蔽的非法手段，以达到逃避有关国家税法或者税收协定规定的纳税义务的行为。逃税具有非法性与欺诈性。

3. 转让定价，又称内部划拨价格，是联属企业之间在交易往来中人为设定的价格，通过转让定价使利润在关联公司之间转移，达到避税目的。转让定价是国际最常见的避税方法。

 选择题

（一）单项选择题

1. B。考点：国际避税与国际逃税的区别

解析：国际避税与国际逃税的根本性区别在于国际逃税手段的非法性和国际避税手段的合法性。选项 B 正确。其他选项 A、C、D 都颠倒了国际避税与国际逃税的特点。

2. D。考点：国际避税与国际逃税

解析：国际逃税的手段具有非法性和欺诈性。本题选项前三项都符合国际逃税的方法特点。只有选项 D 是正确选项，是国际避税方法。

3. B。考点：避税地的基地公司

解析：在避税地设立基地公司是国际避税的一种方式，该公司在避税地设立，但其主要经营活动却不在避税地进行，相反，是在其他国家境内进行的，其通过虚构营业、虚构依托资产或者通过转让定价来达到国际避税的目的。本题选项中只有 B 项正确。由于基地公司不在设立地经营，故 A、D 选项都不正确。C 选项说的是通过改变居所避税的一种方式，不针对基地公司。

4. B。考点：国际逃税与国际避税

解析：选项 A 错误。国际逃税属于违法行为，国际避税行为本身并不违法。选项 C 错误。避税是指纳税人利用税法规定的缺漏或不足，通过某种公开的或形式上不违法的方式来减轻或规避其本应承担的纳税义务的行为。对于纳税人的避税行为，各国有关当局通常修改和完善有关税法，堵塞可能被纳税人利用的漏洞空袭，或以禁止滥用税法、实质优于形式等法律原则，否定有关避税行为安排的合法性。选项 D 错误。税收筹划本身是中性的概念，税法并不甘于甚至鼓励纳税人进行交易筹划安排行为。

5. C。考点：转让定价

解析：转让定价方法几乎均涉及关联交易与被比较的非关联交易在各个方面的差异调整问题，可比因素差异调整是多种转让定价方法中的一个步骤，其本身并非转让定价方法。选项 C 错误。

6. D。考点：有害避税

解析：选项 A 错误。纳税人主要通过在避税港设立"基地公司"，将在避税港境外的所得和财产汇集在基地公司的账户下，达到避税的目的，而非"导管公司"。选项 B 错误。纳税人利用避税港基地公司避税，主要是利用了其居住国税法上的延迟纳税制度，即股东投资于公司所实现的投资所得，在被投资公司以股息形式确定分配给股东前，允许暂不计入股东的应税所得中课税。选项 C 错误。有害避税地的判断标准除了税率本身，还包括税收政策不透明、拒绝国家间情报交换和税收行政合作等。

7. A。考点：资本弱化

解析：选项 B 错误。资本弱化是指有意弱化股份投资而增加贷款融资比例，从中达到避税的目的。选项 C 错误。在一般反避税规则外，很多国家通过制定资本弱化税制这样的特别反避税制度加以规制，即在税法上对被投资企业从关联方接受的债权性投资与企业接受的权益性投资规定一个固定的比例，企业贷款融资额超出比例的利息支出视为对关联方的股息。选项 D 错误。债资比例标准可能会限制到不具有避税意图但关联债资比例超过法定标准的企业的利息支出的税前扣除，因此很多国家的资本弱化税制同时规定了正常交易情形下的例外。

（二）多项选择题

1. ABC。考点：本题考查解决国际税收争议的相互协商程序

解析：双边税收协定的相互协商程序是国家保护本国居民或国民利益的制度。但是，该程序不同于一般意义上的外交保护，因为相互协商程序的启动不以用尽当地救济为前提，即使纳税人不寻求国内法的救济，税务机关也可以决定是否启动该程序。所以 D 项错误，A、B、C 三项正确。

2. ABC。考点：国际逃税的主要方式

解析：本题 A、B、C 三个选项提供的方式是国际逃税的主要方式。选项 D 的方式是国际避税的一种方式。

3. ABCD。考点：国际避税方式

解析：本题四个选项提供的方法都是国际避税的方式，四个选项都正确。

4. BD。考点：国际避税行为

解析：国际逃税是非法的，纳税人一般通过非法手段来减轻或免除赋税；而国际避税则是纳税人利用各国税收规定上的差异，通过变换人员、现金等各种合法的手段，以减轻或免除税赋。本题中，该公司利用美国与巴哈马群岛的税率差额，通过转移利润的方式躲避税赋的行为属国际避税行为；巴哈马群岛对财产和所得按很低的税率征税，被某公司利用来躲避赋税是纳税人利用避税港的方式进行国际避税。

5. BC。考点：国际避税的主要方式

解析：选项 A 错误。纳税人故意或有意识地违反税法规定，谎报或隐瞒相关情况，行为具有欺诈性，属于国际逃税行为。选项 B 正确。属于滥用国际关联企业滥用转移定价交易避税。选项 C 正确。属于资本弱化避税。选项 D 错误。符合税法宗旨的且不以减轻或规避纳税义务为唯一或主要目的的行为，不属于国际避税行为。

6. BCD。考点：国际避税的主要方式

解析：选项 B 应选。国际关联企业滥用转移定价交易避税行为应用转让定价税制进行规制。选项 C 应选。受控外国公司税制规制的是利用避税港进行避税的行为。滥用国际税收协定可以用一般反避税规则或国际税收协定中的反滥用协定条款进行规制。选项 D 应选。利用避税港基地公司避税行为应用受控外国公司税制进行规制。

 简答题

1. 应对国际逃税与国际避税的国内法措施可以分

为两个方面：一个是一般国内法措施，另一个是特别国内法措施。

（1）一般国内法措施。

各国税法防止国际逃税与避税的一般国内法措施主要是健全对国家税收的征管制度，加强对税务情况的收集和对跨国纳税人的经济交易活动的税务监督。这些国内法措施主要有：其一，实行税务登记制度；其二，加强国际税务申报制度；其三，强化会计审查制度；其四，实行所得评估制度。

（2）特别国内法措施。

这是指对付跨国纳税人的某些具体逃税与避税行为的特别法律措施。这些措施主要包括：其一，防止跨国联属企业利用转让定价和不合理分摊成本费用逃税避税的法律措施；其二，防止跨国纳税人利用避税地逃税与避税的法律措施。

2. 滥用转让定价行为是由于联属企业之间存在着共同的股权和控制关系，彼此在进行交易时就可能不按照一般市场价格标准，而是根据逃避有关税收的需要来确定有关交易的价格。不合理分摊成本费用是指跨国经营企业内部的总公司和国外的分公司之间，通过不合理分摊有关成本和费用的方式，人为地增加某一机构的成本费用开支，从而减少盈利数额，达到逃避该机构所在国的高额税收的目的。

各国对付这种逃避税收行为的法律对策主要是实行"独立竞争原则"，依照该原则对联属企业中的国际收入和费用实行重新分配。所谓"独立竞争原则"的核心内容就是要求有跨国联署关系的企业，按照并非出于共同控制下的、彼此完全独立竞争的企业相互间进行经济交往的准则，彼此进行交往，并按照这一准则来处理那些联属企业之间的一级企业内部不同机构和部门之间的收入和费用的分配。税务部门可运用一般价格（如市场价格、成本价利润和定价格）等来衡量两个跨国联属企业之间的交易价格是否符合独立竞争原则，若有不符，则有权强行定价。

案例分析题

（1）本应纳税额：A 向甲国（240－200）×20％＝8（万美元）；C 向丙国（300－240）×50％＝30（万美元）；跨国公司共应纳税 8＋30＝38（万美元）。

采取避税方法后纳税额：A 向甲国（210－200）×20％＝2（万美元）；B 向乙国（280－210）×30％＝21（万美元）；C 向丙国（300－280）×50％＝10（万美元）；跨国公司共应纳税 2＋21＋10＝33（万美元）。

减少纳税额：38－33＝5（万美元）。

（2）本应得到税收：甲国 8 万美元；乙国 0；丙国 30 万美元。

采取避税方法后得到税收：甲国 2 万美元；乙国 21 万美元；丙国 10 万美元。

（3）该跨国公司采取的国际避税方式是跨国联属企业的转让定价。

（4）针对这种避税方式，国际通行的反避税方法是通过独立交易原则进行调整。

 ### 论述题与深度思考题

国际逃税是指跨国纳税人利用国际税收管理和合作上的困难与漏洞，采用种种隐蔽的非法手段，以逃避有关国家税法或者税收协定规定的纳税义务的行为。国际避税是指跨国纳税人利用各国税收法律规定上的差别，采取变更经营地点或经营方式等种种公开的合法手段，以谋求最大限度减轻国际纳税义务的行为。

国际逃税与国际避税存在根本性区别：（1）从性质上讲，逃税是一种非法行为，是以非法的欺诈手段减轻税负；而避税是以形式合法的手段来减轻税负，这显然是一种不道德的行为，并不具有欺诈性。（2）二者采用的方法不同。避税往往公开利用税法条文本身存在的缺陷和不足，通过人的流动、物的流动、国际避税地的利用、转让定价以及税收条款的滥用等合法方式，以达到减轻纳税负担的效果；而逃税行为之欺诈之性质，决定了该行为只能表现为有意识的隐瞒、错误陈述、谎报、涂改、伪造等非法方法。（3）处理方法不同。对于逃税，依法进行补税和加处罚金乃至追究刑事责任；对于避税，一般来说，各国税收当局不能追究当事人的法律责任。

国际逃税与国际避税尽管在性质上和方法上存在上述不同，但就其造成的危害来说，是类似的——严重损害有关国家的税收利益，妨碍国家的正常经济交往，造成税负不平等——因此需要采取相应的方法予以防范。

防止国际逃税与避税主要是通过各国的国内法措

施，由各国税务当局实施。但由于国际逃税和避税大多是以人、物、财跨国流动而实施的，超出了一国国内法的管辖，因而就必须寻求国际法上的法律措施来防止其发生。所以，各国一方面通过颁布和修订国内立法，改变在某些问题上无法可依的状况，进一步完善税法体制，加强对跨国纳税人的税务监督管理；另一方面，国家可以通过与其他国家签订有关的税收协定，取得对方政府和税务机构的配合协助，以弥补国内立法上的不足和缺陷。

国际法上防止国际逃税与避税是指各国通过缔结双边或多边的国际税收协定，约定采取一些措施来防止国际逃税与避税。这些措施由于是由双方或多方国家约定，由各自的税务当局实施的，因而又被称为国际税务合作。主要有两方面的内容：

第一，情报交换。

利用国际税收情报交换制度，各国税务机关能够了解一国纳税人在对方国家境内的营业活动和财产价值情况，这对于避免跨国纳税人的税务管理失控具有十分重要的意义。

1977年"经合组织范本"和1979年"联合国范本"第26条，规定了缔约国之间互相交换情报的一般原则。由于各国都根据两个范本签订双边税收协定，这个原则也成为各国确立彼此之间的税务情报交换制度的基础。所以目前许多国家在对外签订的双边税收协定中根据"经合组织范本"和"联合国范本"所建议的原则和方法，规定了相互提供税收情报尤其是防止偷漏税所需要的情报资料制度。情报交流制度现已经成为国际合作防止国际逃税和避税的一项最基本制度。

关于交换情报的范围，由各国在谈判中具体确定，一般都是规定若干限制。关于交换情报的方法，由各国在税收协定中确定，一般有例行交换、经特别请求的交换和一方主动提供三种方法。此外，目前一些发达国家还采取了互派代表常驻对方境内，直接向对方主管机关收集情报和对某些特定事务共同调查的办法，如美国税务总署已根据协定在国外设立了情报点。这类协定都是以国际税收协定的工作安排形式出现的。

第二，在征税方面的相互协助。

国际税务协助制度的建立，依赖于双边或多边经贸关系的紧密程度、税收协定所规定的税务司法协助，主要是在征税方面相互给予帮助。跨国纳税人经常将所得和财产转移到境外或累积在避税港不汇回国内，甚至主体本身移居他国，以逃避纳税义务的履行。在这种情况下，由有关国家提供这方面的税务协助，就能有效地制止国际逃税和避税行为。

缔约国在征税方面的相互协助是指缔约国一方代表另一方税务当局执行某种征税行为，例如代为送达纳税通知单，代为实施某种管理保全措施，甚至代为征收税款。由于征税涉及国家主权，除了提供协助一方仅能按本国法律中规定的类似税收的课税手续给予协助，还必须是在缔约国一方税务当局由于其纳税对象在缔约国另一方境内而无法对其征收税款的情况下，才可以请求缔约国另一方提供这方面的协助。

对于国际避税应该区别对待，对症下药；对于国际税收筹划，应该加强引导和鼓励；而所谓的反国际避税，反的是不正当的国际避税。正因为国际避税的非违法性，我们不宜将反避税措施的概念任意扩大化，尤其应该将它与反逃税、偷税中的惩治措施区别开来。因为事实上，对于避税，基于它的"非违法性"，法律上是不能提供任何惩治手段的。所以我们认为，反国际避税的措施主要在于各国自身税法的完善上，具体而言，应该从完善税收立法，制定反避税条款，强化税务行政管理，加大反避税力度，积极开展国际合作等方面对其加以控制和管理。而对国际逃税要坚决予以打击。

综上所述，国际逃税、避税行为是在国际经济交往中产生和发展起来的具有普遍性的社会现象，这种现象的存在给国际经济的持续发展带来了严重的消极影响和法律后果，因此，各国政府及相关国际组织应加强协作、共同努力，通过各种法律管制措施的制定和实施，制止国际逃税、避税现象的蔓延。

第十九章　国际经济贸易争议解决法律制度概述

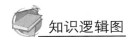 **知识逻辑图**

争议解决方法 { 司法方法——法院—— { 法定管辖权 / 当事人选择管辖权 } 判决据国际公约、礼让或国内法执行
仲裁——仲裁庭——仲裁协议——可据《纽约公约》承认与执行
ADR——当事人/第三人——当事人意思表示——无强制执行力 }

 名词解释与概念比较

1. ADR（考研）
2. 平行诉讼

 选择题

（一）单项选择题

1. 依照我国《涉外民事关系法律适用法》，法人的民事行为能力依其本国法确定。某一外国法人到中国从事商业活动，应以哪一国的法律为其本国法？（　　）（司考）
   A. 主要营业地国的法律
   B. 主要管理地国的法律
   C. 注册登记地国的法律
   D. 资本控制国的法律

2. 依照我国《涉外民事关系法律适用法》，涉外民事诉讼法律关系的诉讼时效，应当依照下列哪一判断确定？（　　）（司考）
   A. 法院地法
   B. 原告住所地法
   C. 被告住所地法
   D. 相关涉外民事法律应当适用的法律

3. 下列选项中哪一选项不是法院确定其管辖权的原则？（　　）
   A. 属人管辖　　　　B. 专属管辖
   C. 地域管辖　　　　D. 平行管辖

4. 下列有关平行诉讼的说法正确的是（　　）。
   A. 平行诉讼可以通过选择法院条款彻底排除
   B. 平行诉讼是由管辖权的冲突引起的
   C. 平行诉讼是同一案件的当事人就同一案件在同一国家的不同法院分别提起诉讼
   D. 平行诉讼对案件的圆满解决起到了双重保障的作用

5. 下列有关不方便法院的说法正确的是（　　）。
   A. 不方便法院是指当事人距离法院遥远，造成出庭不便，增加诉讼成本
   B. 不方便法院是指国内法院系统中以不便管辖为理由拒绝对案件行使管辖权的法院
   C. 不方便法院是因为国际合同当事人选择法院而引起的
   D. 不方便法院是指裁决作出后不便执行的法院

6. 中美两国都是《联合国国际货物销售合同公约》的缔约方，甲乙分别是营业地位于这两个国家的合同当事人，但双方没有对合同的法律适用作出选择。现因合同效力问题，甲在中国法院对乙提出诉讼。下列有关争议解决适用法律的说法正确的是（　　）。
   A. 《联合国国际货物销售合同公约》
   B. 中国法律
   C. 美国法律
   D. 国际法的一般原则

7. 下列有关 ADR 的说法正确的是（　　）。
   A. 通过 ADR 达成的争议解决，对案件双方都有法律上的约束力
   B. ADR 体现了当事人的自愿性

C. ADR 与诉讼程序是相互矛盾、相互排斥的

D. ADR 与仲裁程序是相互矛盾、相互排斥的

8. 我国 G 公司与荷兰 H 公司正就签订一项商务合同进行谈判。针对该合同可能产生的争议，H 公司提出，如发生争议应尽量协商调解解决，协商不成再提请仲裁或进行诉讼。在决定如何回应此方案之前，G 公司向其律师请教。该律师关于涉外民商事纠纷调解的下列哪一表述是错误的？（　　　）（司考）

A. 调解是有第三人介入的争议解决方式

B. 当事人双方在调解人的斡旋下达成的和解协议不具有强制执行的效力

C. 在涉外仲裁程序中进行的调解，仲裁庭无须先行确定双方当事人对调解的一致同意即可直接主持调解

D. 在涉外诉讼中，法官也可以对有关纠纷进行调解

9. 当事人欲将某外国法院作出的民事判决申请中国法院承认和执行。根据中国法律，下列哪一选项是错误的？（　　　）（司考改编）

A. 该判决应向中国有管辖权的法院申请承认和执行

B. 该判决应是外国法院作出的发生法律效力的判决

C. 承认和执行该判决的请求须由该外国法院向中国法院提出，不能由当事人向中国法院提出

D. 如该判决违反中国的公共利益，中国法院不予承认和执行

视频讲题

10. 甲国人格里为中国境内某中外合资企业的控股股东。2009 年因金融危机该企业出现财务困难，格里于 6 月回国后再未返回，尚欠企业员工工资及厂房租金和其他债务数万元。中国与甲国均为《海牙取证公约》缔约国。依我国相关法律规定，下列哪一选项是正确的？（　　　）（司考）

A. 因格里已离开中国，上述债务只应由合资企业的中方承担清偿责任

B. 中国有关主管部门在立案后可向甲国提出引渡

格里的请求

C. 中方当事人可在中国有管辖权的法院对格里申请立案

D. 中方当事人的诉讼代理人可请求甲国主管机关代为调取有关格里的证据

11. 香港甲公司与内地乙公司订立供货合同，约定由香港法院管辖。后双方因是否解除该合同及赔偿问题诉诸香港法院，法院判乙公司败诉。依相关规定，下列哪一选项是正确的？（　　　）（司考）

A. 如该合同被解除，则香港法院管辖的协议也随之无效

B. 如乙公司在内地两省均有财产，甲公司可向两省的有关法院申请认可和执行

C. 如甲公司向内地法院申请认可和执行判决，免除执行费用

D. 如甲公司向内地法院提交的文件无中文文本，应当提交证明无误的中文译本

视频讲题

（二）多项选择题

1. 位于厦门的甲公司与位于台北的乙公司因货物买卖产生纠纷，双方在台湾地区的有关法院就该纠纷进行诉讼，该法院作出终审判决。根据最高人民法院《关于认可和执行台湾地区法院民事判决的规定》，下列哪些选项是正确的？（　　　）

A. 当事人可在该判决生效后 2 年内向人民法院提出对该判决的认可申请

B. 当事人对台湾地区法院的判决未申请认可，而是就同一案件事实另行向人民法院提起诉讼的，人民法院应予受理

C. 乙公司向人民法院提出认可申请后，甲公司向人民法院就同一案件事实提起诉讼的，人民法院应予受理

D. 当事人提出的认可申请被驳回后，再就同一案件事实向人民法院起诉的，人民法院仍可受理

2. 根据我国《民事诉讼法》的有关规定，对于向在中华人民共和国领域内没有住所的被告提起违约之诉，

下列哪些人民法院可以行使管辖权？（　　）（司考改编）

 A. 合同订立地人民法院

 B. 合同履行地人民法院

 C. 与合同有最密切联系地人民法院

 D. 诉讼标的物所在地人民法院

3. 下列哪些是我国在司法协助方面加入的国际公约？（　　）（司考）

 A.《承认及执行外国仲裁裁决的公约》

 B.《关于向国外送达民事或商事司法文书和司法外文书公约》

 C.《关于从国外调取民事或商事证据的公约》

 D.《民事诉讼程序公约》

4. 我国人民法院对下列各项在我国境内没有住所的被告提起的合同或其他财产权益纠纷的诉讼，可依法行使管辖权的有哪几项？（　　）（司考改编）

 A. 被告在我国境内设有代表机构

 B. 被告在我国境内有可供扣押的财产

 C. 被告现正在我国旅游

 D. 合同是在我国签订的

5. 某外国法院依照该国与我国缔结或共同参加的国际条约的规定提出司法协助请求，我国法院应该依照什么程序提供司法协助？（　　）（司考）

 A. 依照国际惯例进行

 B. 依照我国法律规定的程序进行

 C. 依照该外国法律规定的程序进行，但该程序不得违反我国的公共秩序

 D. 在一定条件下，也可依照外国法院请求的特殊方式进行

6. 根据我国目前的法律和相关实践，对于国际条约在我国法律制度中的地位，下列哪些判断是错误的？（　　）（司考）

 A. 凡是我国缔结或参加的条约，都可以在国内作为国内法直接适用

 B. 在民法涉及的范围内，我国为当事国的条约规定与国内法的规定不同时，适用条约的规定，但我国缔结该条约时作出保留的条款除外

 C. 我国作为当事国的任何条约的规定，若与国内法的规定冲突时，在国内法院都直接并优先适用这些国际条约的规定，但我国缔结该条约时作出保留的条款除外

 D. 在民法涉及的范围内，在国际上所有已生效的民商事方面的国际条约的规定，与我国国内法的规定冲突时，都优先适用国际条约的规定

7. 秦某的父亲从美国寄交委托中国律师的授权委托书，应该办理下列何种手续？（　　）（司考改编）

 A. 经美国公证机关证明，并经中华人民共和国驻美国使领馆认证

 B. 经中华人民共和国驻美国使领馆认证

 C. 履行中华人民共和国与美国订立的有关条约中规定的证明手续

 D. 经中华人民共和国外交部有关部门认证

8. 根据我国《民事诉讼法》和有关条约的规定，外国法院向位于我国领域内的当事人送达司法文书和司法外文书时，可以采用下列哪几种送达方式？（　　）（司考改编）

 A. 外交途径送达

 B. 通过外交人员或领事向非派遣国国民送达

 C. 邮寄直接送达

 D. 司法程序中的利害关系人直接送达

9. 现有一德国法院的判决在我国欲得到承认和执行，依照我国《民事诉讼法》的规定必须符合下列哪些条件，德国法院的判决才能得到我国的承认和执行？（　　）（司考改编）

 A. 德国法院适用了我国冲突规范所规定的准据法

 B. 德国法院判决的承认和执行不会损害我国的公共秩序

 C. 德国法院判决已经发生法律效力

 D. 德国与我国缔结或者参加了国际条约或有互惠关系

10. 朴某为韩国人，现在我国某市中级人民法院因民事纠纷涉诉，可以成为朴某诉讼代理人的有哪些？（　　）（司考改编）

 A. 韩国公民

 B. 以律师身份接受朴某委托的韩国律师

 C. 中国律师

 D. 中国公民

11. 关于我国仲裁法律规则，下列哪些表述不符合我国《仲裁法》的规定？（　　）（司考）

 A. 只要是有关当事人可以自由处分的权利的纠纷，就可以通过仲裁解决

 B. 如果当事人有协议约定，仲裁案件可以不开庭

审理

  C. 仲裁庭在中国内地进行仲裁时，无权对当事人就仲裁协议有效性提出的异议作出决定

  D. 由三人组成仲裁庭审理的案件，裁决有可能根据一个仲裁员的意见作出

（三）不定项选择题

  甲国与中国均为1965年在海牙签订的《关于向国外送达民事或商事司法文书和司法外文书公约》的缔约国。现甲国法院依该公约向总部设在南京的东陵公司送达若干司法文件。根据该公约及我国的相关规定，下列判断何者为错误？（ ）（司考）

  A. 这些司法文书应由甲国驻华使、领馆直接送交我国司法部

  B. 收到司法部转递的司法文书后，执行送达的人民法院如发现该司法文书所涉及的诉讼标的属于我国法院专属管辖，则应拒绝执行甲国的送达请求

  C. 执行送达的人民法院如果发现其中确定的出庭日期已过，则应直接将该司法文书退回，不再向东陵公司送达

  D. 东陵公司收到人民法院送达的该司法文书后发现其只有英文文本的，可以拒收

 简答题

  简析国际上主要的涉外经济管辖权制度的优弊。（考研）

参考答案

 名词解释与概念比较

  1. ADR 是指通过诉讼和仲裁之外的方法解决国际商事争议的各种程序的总称。与诉讼和仲裁相比，ADR 具有简便易行和节省费用的优势。ADR 是当事人之间达成的自愿解决争议的方法，通过 ADR 达成的解决争议的方案没有法律上强制执行的效力，既可以单独适用，也可以适用于诉讼程序中。ADR 的主要表现形式有：（1）双方当事人协商谈判；（2）由双方当事人共同选择的第三者调解；（3）模拟法庭。

  2. 平行诉讼是国际商事合同当事人就同一争议事项分别在不同国家的法院提起诉讼，导致多个国家的法院对相同案件均行使管辖权，从而导致管辖权冲突而产生的诉讼。通过合同中的选择法院条款或通过国际公约，可以在一定程度上解决平行诉讼的问题。

 选择题

（一）单项选择题

  1. C。考点：我国法人国籍的确定标准

  解析：参见《涉外民事关系法律适用法》第14条的规定，本题应选 C 项。

  2. D。考点：时效的法律适用

  解析：参见《涉外民事关系法律适用法》第7条的规定，故正确选项是 D。

  3. D。考点：法院对国际商事案件的管辖权

  解析：各国法院根据其民事诉讼法确定对案件的管辖。法院确定其管辖权限的原则包括属人管辖、地域管辖、专属管辖和协议管辖。平行管辖或平行诉讼，是各国法院根据上述管辖权原则行使管辖权的结果，而不是确立管辖权的依据。故本题的正确选项是 D。

  4. B。考点：国际商事案件的平行诉讼

  解析：平行诉讼涉及不同国家法院对同一争议案件的管辖，因管辖权冲突而引起。这种情形不利于争端的解决，可能导致相互冲突的判决结果。故本题选项 C、D 错误。平行诉讼因管辖权冲突引起，而法院选择条款虽然可以确定某一法院管辖，但该选择法院有时会拒绝管辖，从而仍然不能避免出现平行诉讼。本题中 B 选项正确。

  5. C。考点：不方便法院的概念及产生原因

  解析：各国法院根据其本国法律的规定行使对案件的管辖权，本国法律规定了法院管辖权中法院的法定管辖权，法院是不能以不便审理等理由拒绝行使管辖权的。不方便法院的产生是由于国际交易的当事人在合同中对审理法院作出了选择，而被选择的法院对该案件并没有国内法规定的管辖权，这时法院会考虑到各种因素，决定是否行使管辖权。不方便法院实质上是法院不方便行使管辖权的简称。本题的选项中，A 选项限于字面含义，属错误选项。B 选项限于同一国内的法院，与不方便法院的本质不符。D 选项以执行

代表管辖，与不方便法院的含义不符。正确选项是C，不方便法院问题的产生是由选择法院引起的。

6. B。考点：国际诉讼案件的法律适用

解析：本题提供的事实中，乍看双方争议应适用《联合国国际货物销售合同公约》，因为在当事人没有选择适用法律时，该公约自动适用，但本案争议的是合同效力，不属该公约调整范围。作为法院地的中国的法律应是与本案有最密切联系的法律。故正确选项是B。

7. B。考点：ADR的特征

解析：ADR实质上是传统意义上的争议双方当事人通过协商、调解等解决争议的现代称谓。其特点是自愿，无法律约束力，可与仲裁或诉讼并用。ADR在西方社会的兴起是诉讼或仲裁本身不能完全满足当事人需要的结果，在西方传统的仲裁或诉讼程序中对类似方法予以排除。本题中选项B是正确选项。

8. C。考点：争端解决方式及特点

解析：调解是由第三方主持争端双方达成和解的一种争端解决方式。和解方案的实施取决于争端双方的意愿。因此，本题选项A、B表述均正确。仲裁是争端当事人将争端提交仲裁人公断的一种争端解决方式，反映了当事人要求公断的意愿，因而如果仲裁员主持调解应征询当事人的意见，故选项C表述错误，但为本题的正确答案。在诉讼中，在当事人同意下，法官也可以进行调解，调解不成时再进行判决，所以选项D为正确表述。

9. C。考点：判决的承认与执行

解析：《民事诉讼法》第288条规定："外国法院作出的发生法律效力的判决、裁定，需要中华人民共和国人民法院承认和执行的，可以由当事人直接向中华人民共和国有管辖权的中级人民法院申请承认和执行，也可以由外国法院依照该国与中华人民共和国缔结或者参加的国际条约的规定，或者按照互惠原则，请求人民法院承认和执行。"所以A、B是正确的，C项错误。第289条规定："人民法院对申请或者请求承认和执行的外国法院作出的发生法律效力的判决、裁定，依照中华人民共和国缔结或者参加的国际条约，或者按照互惠原则进行审查后，认为不违反中华人民共和国法律的基本原则或者国家主权、安全、社会公共利益的，裁定承认其效力，需要执行的，发出执行令，依照本法的有关规定执行。违反中华人民共和国

法律的基本原则或者国家主权、安全、社会公共利益的，不予承认和执行。"所以D项正确。故答案应选C项。

10. C。考点：外资非正常撤离中国相关利益方跨国追究与诉讼的问题

解析：根据2008年《外资非正常撤离中国相关利益方跨国追究与诉讼工作指引》（以下简称《工作指引》）第3条，不履行正常清算义务给债权人造成损失的，作为有限责任公司的股东、股份有限公司的控股股东和董事以及公司实际控制人的外国企业或个人仍应承担相应民事责任，对公司债务承担连带清偿责任。外方的格里作为企业的控股股东，其非正常撤离要对公司债务承担连带责任，不应只由中方承担清偿责任。故选项A错误。选项B错误：《工作指引》第6条规定，对极少数恶意逃避欠缴、税额巨大、涉嫌犯罪的嫌疑人员，国家有关主管部门在立案后，可视具体案情通过条约规定的中央机关或外交渠道向犯罪嫌疑人逃往国提出引渡请求或刑事诉讼移转请求。格里仅欠债务数万元，尚未达到涉嫌犯罪并引渡的恶性程度。选项C正确：《工作指引》第2条规定，外资非正常撤离事件发生后，中方当事人要及时向有关司法主管部门（法院或侦查机关）申请民商事或刑事案件立案。选项D错误：司法协助请求要通过我国的中央机关向外方提出，因此，中方当事人的诉讼代理人不能直接向外国主管机关提出调取证据的请求。

11. D。考点：国际民事诉讼

解析：最高人民法院《关于内地与香港特别行政区法院相互认可和执行当事人协议管辖的民商事案件判决的安排》第3条第5款规定，除非合同另有规定，合同中的管辖协议条款独立存在，合同的变更、解除、终止或者无效，不影响管辖协议条款的效力。第5条第1款规定，被申请人住所地、经常居住地或者财产所在地在内地不同的中级人民法院辖区的，申请人应当选择向其中一个人民法院提出认可和执行的申请，不得分别向两个或者两个以上人民法院提出申请。第15条规定，当事人向有关法院申请执行判决，应当根据执行地有关诉讼收费的法律和规定交纳执行费或者法院费用。第6条第2款规定，向内地人民法院提交的文件没有中文文本的，申请人应当提交证明无误的中文译本。综上，选项A错误，选项B错误，选项C错误，选项D正确。

（二）多项选择题

1. ABD。考点：台湾地区民事判决的认可与执行

解析：A 选项正确：根据 2015 年最高人民法院《关于认可和执行台湾地区法院民事判决的规定》第 20 条，申请认可和执行的期间，适用《民事诉讼法》第 239 条（即 2021 年修正后的《民事诉讼法》第 246 条）的规定，即 2 年的规定。B 选项正确：根据前述规定第 12 条，案件虽经台湾地区有关法院判决，但当事人未申请认可，而是就同一争议向人民法院起诉的，应予受理。C 选项错误：根据前述规定第 11 条，一方申请认可后，另一方就同一争议起诉的，不予受理。D 选项正确：根据前述规定第 19 条，对不予认可的，申请人可以就同一争议起诉。

2. ABD。考点：法院对涉外案件的管辖权

解析：我国《民事诉讼法》第 272 条规定："因合同纠纷或者其他财产权益纠纷，对在中华人民共和国领域内没有住所的被告提起的诉讼，如果合同在中华人民共和国领域内签订或者履行，或者诉讼标的物在中华人民共和国领域内，或者被告在中华人民共和国领域内有可供扣押的财产，或者被告在中华人民共和国领域内设有代表机构，可以由合同签订地、合同履行地、诉讼标的物所在地、可供扣押财产所在地、侵权行为地或者代表机构住所地人民法院管辖。"

3. ABC。考点：司法协助

解析：我国十分重视国际民商事司法协助，分别于 1986 年 1 月 22 日参加了《承认及执行外国仲裁裁决的公约》，1991 年 3 月 2 日参加了 1965 年 11 月 15 日签订于海牙的《关于向国外送达民事或商事司法文书和司法外文书公约》，1997 年 7 月 3 日参加了 1970 年 3 月 18 日签订于海牙的《关于从国外调取民事或商事证据的公约》。

4. ABD。考点：我国涉外民事诉讼管辖权

解析：根据我国《民事诉讼法》第 272 条的规定可知，C 项偶然性大，与我国关系不密切，我国不行使管辖权。

5. BD。考点：司法协助的程序

解析：我国《民事诉讼法》第 286 条是关于司法协助程序的规定，依该条的规定，人民法院提供司法协助，依照中华人民共和国法律规定的程序进行。外国法院请求采用特殊方式的，也可以按照其请求的特殊方式进行，但请求采用的特殊方式不得违反中华人民共和国法律。因此，B 选项和 D 选项是正确的。

6. ABCD。考点：国际法在我国国内的适用

解析：《民法典》的颁布使得《民法通则》不再具有法律效力。原先《民法通则》第 142 条规定的民商事条约在我国的法律地位出现了真空。在立法论解决不了的情况下，我国民商事条约的适用问题有待观察。照目前立法看，B 项错误。C 项所提的是整个法律范围，但目前除《民法通则》外尚没有统一的明确规定，因此 C 项也是错误的。在民商事法律范围外，条约在国内的地位和适用问题，由于缺乏宪法和基本法的依据，同时也存在着不一致的实践和认识，所以不能笼统地说条约的直接适用已经或必将作为任何条约在中国适用的唯一方式，故 A 项也是错误的。

7. AC。考点：国际民事诉讼中授权委托书的认证手续

解析：我国《民事诉讼法》第 271 条规定："在中华人民共和国领域内没有住所的外国人、无国籍人、外国企业和组织委托中华人民共和国律师或者其他人代理诉讼，从中华人民共和国领域外寄交或者托交的授权委托书，应当经所在国公证机关证明，并经中华人民共和国驻该国使领馆认证，或者履行中华人民共和国与该所在国订立的有关条约中规定的证明手续后，才具有效力。"因此，本题的正确答案是 A、C 两项。

8. ABD。考点：域外送达

解析：我国《民事诉讼法》第 284 条规定："请求和提供司法协助，应当依照中华人民共和国缔结或者参加的国际条约所规定的途径进行；没有条约关系的，通过外交途径进行。外国驻中华人民共和国的使领馆可以向该国公民送达文书和调查取证，但不得违反中华人民共和国的法律，并不得采取强制措施。除前款规定的情况外，未经中华人民共和国主管机关准许，任何外国机关或者个人不得在中华人民共和国领域内送达文书、调查取证。"C 项在规定中没有提到，故排除。

9. BCD。考点：外国法院判决的承认与执行

解析：我国《民事诉讼法》第 289 条规定："人民法院对申请或者请求承认和执行的外国法院作出的发生法律效力的判决、裁定，依照中华人民共和国缔结或者参加的国际条约，或者按照互惠原则进行审查后，认为不违反中华人民共和国法律的基本原则或者国家主权、安全、社会公共利益的，裁定承认其效力，需要执行的，发出执行令，依照本法的有关规定执行。违反中华人民共和国法律的基本原则或者国家主权、

安全、社会公共利益的，不予承认和执行。"据此，B、C、D 项为应选项。

10. ACD。考点：外国人民事诉讼法律地位

解析：外国人在我国法院参与诉讼时，可以亲自进行，也有权通过一定的程序委托我国律师或其他公民代为进行。但我国《民事诉讼法》第 270 条规定："外国人、无国籍人、外国企业和组织在人民法院起诉、应诉，需要委托律师代理诉讼的，必须委托中华人民共和国的律师。"因此不选 B 项。最高人民法院《关于适用〈中华人民共和国民事诉讼法〉的解释》第 526 条规定："涉外民事诉讼中的外籍当事人，可以委托本国人为诉讼代理人，也可以委托本国律师以非律师身份担任诉讼代理人；外国驻华使领馆官员，受本国公民的委托，可以以个人名义担任诉讼代理人，但在诉讼中不享有外交或者领事特权和豁免。"根据以上规定，A、C、D 项均符合题目要求，为应选项。

11. AC。考点：仲裁协议、仲裁庭管辖权、仲裁裁决的作出

解析：仲裁是争端当事人通过仲裁协议向仲裁机构（庭）提出仲裁申请，要求仲裁机构（庭）作出裁决的一种争端解决方式。没有争端方的仲裁方式选择，仲裁庭无权对争端方的权利进行仲裁。当事人的仲裁协议可以约定审理方式，是否开庭审理。在三人组成的仲裁庭作出裁决时，应按照多数人的意见作出裁决，如果不能形成多数意见，则依首席仲裁员的意见裁决。依我国《仲裁法》第 20 条，仲裁庭有权就仲裁协议的有效性进行裁决。本题考查的是不符合我国仲裁法的选项，因此，选项 A、C 是正确选项。

（三）不定项选择题

BC。考点：域外送达

解析：本题为否定命题，B、C 选项错误，应为本题答案。A 选项正确：依最高人民法院、外交部、司法部《关于执行〈关于向国外送达民事或商事司法文书和司法外文书公约〉有关程序的通知》，凡公约成员国驻华使、领馆转送该国法院或其他机关请求我国送达的民事或商事司法文书，应直接送交司法部，由司法部转递给最高人民法院，再由最高人民法院交有关人民法院送达给当事人。B 选项错误：依《关于向国外送达民事或商事司法文书和司法外文书公约》第 13 条

的规定，一国不得仅根据下列理由拒绝执行，即：依其国内法，该国主张对该项诉讼标的专属管辖权……C 选项错误：依司法部、最高人民法院、外交部《关于印发〈关于执行海牙送达公约的实施办法〉的通知》，执行送达的法院不管文书中确定的出庭日期或期限是否已过，均应送达。D 选项正确：依司法部、最高人民法院、外交部《关于印发〈关于执行海牙送达公约的实施办法〉的通知》，受送达人有权以未附中文译本为由拒收。

 简答题

国际上主要的涉外经济管辖权制度包括：

（1）属地管辖权制度，即以当事人（主要是被告）的住所地、居所地或事物的存在地、事情的发生地等地域因素为行使管辖权依据的制度。依照国际法，任何一个主权国家都有权对其领域内的一切人和物行使管辖权，这是国家主权的体现。

（2）属人管辖权制度，即国家对一切具有本国国籍的人，不问其居住在国内或国外，都有权实施管辖。

如果各国司法机关都不加限制地行使属地和属人管辖权，必然会发生管辖权的冲突。

（3）普通法管辖权制度，即以"实际控制"为行使管辖权依据的制度。该制度有扩大本国法院管辖之嫌，易招致他国的报复。

（4）协议管辖原则，即法院通过当事人明示或默示的合意取得管辖权。协议管辖符合当事人意思自治原则，也利于协调各国的管辖权冲突，在国际上有受到普遍重视的趋势，但可能存在选择法院拒绝管辖的情况。

（5）专属管辖原则，即法律特别规定某些类型的案件只能由特定的法院行使管辖权的一种诉讼管辖。它是一种排他性的管辖，因为它不仅排除了一般地域管辖和特殊地域管辖的适用，而且还排除了当事人以协议的方式选择其他法院管辖的可能性。专属管辖主要集中在关于不动产、婚姻和继承以及知识产权的诉讼这三个方面。各国法律对专属管辖的规定不一致，导致互相承认管辖权上的困难。但近年来出现了日趋统一的趋势。

第二十章 　国际商事仲裁

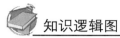

知识逻辑图

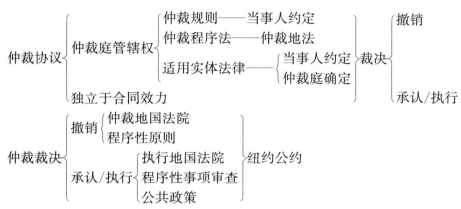

名词解释与概念比较

国际商事仲裁协议

选择题

（一）单项选择题

1. 我国涉外仲裁中的财产保全的特点是（　　）。（考研）

    A. 由当事人直接向法院提出申请

    B. 向其提交申请的法院为仲裁地的中级人民法院

    C. 仲裁庭直接作出有关财产保全的裁定

    D. 申请人向仲裁庭提出

2. 按照 1958 年联合国《承认及执行外国仲裁裁决公约》的规定，当事人可以向何地的主管法院提出承认及执行的申请？（　　）（考研）

    A. 作出裁决所在国

    B. 申请人所在国

    C. 执行地国

    D. 被申请人所在国

3. 根据我国《仲裁法》的规定，涉外仲裁的当事人申请证据保全的，涉外仲裁委员会应当将当事人的申请提交证据所在地的哪个法院？（　　）（考研）

    A. 高级人民法院 　　　B. 中级人民法院

    C. 基层人民法院 　　　D. 法院派出法庭

4. 人民法院对涉外仲裁裁决的审查是针对以下哪方面的问题？（　　）（考研）

    A. 程序方面

    B. 实体方面

    C. 既包括程序方面，也包括实体方面

    D. 法律适用方面

5. 中国公司与新加坡公司协议将其货物买卖纠纷提交设在中国某直辖市的仲裁委员会仲裁。经审理，仲裁庭裁决中国公司败诉。中国公司试图通过法院撤销该仲裁裁决。据此，下列选项中哪一项是正确的？（　　）（司考改编）

    A. 中国公司可以向该市高级人民法院提出撤销仲裁裁决的申请

    B. 人民法院可依"裁决所根据的证据不充分"这一理由撤销该裁决

    C. 如有权受理该撤销仲裁裁决请求的法院作出了驳回该请求的裁定，中国公司可以对该裁定提

起上诉

D. 受理该请求的法院在裁定撤销该仲裁裁决前须报本辖区所属高级人民法院审查

视频讲题

6. 下列有关仲裁程序中作出的部分裁决的特点的说法正确的是（　　）。

 A. 暂时性   B. 终局性

 C. 普遍性   D. 不可撤销性

7. 确定本国仲裁裁决与外国仲裁裁决的标准是（　　）。

 A. 地域标准

 B. 当事人国籍标准

 C. 仲裁庭组成标准

 D. 法律适用标准

8. 有权撤销国际商事仲裁裁决的法院是（　　）。

 A. 仲裁机构所在地的法院

 B. 被申请承认与执行仲裁裁决的法院

 C. 仲裁适用法律所属国家的法院

 D. 仲裁裁决作出地国的法院

9. 下列有关追加裁决的说法正确的是（　　）。

 A. 追加裁决是经当事人申请仲裁庭就争议事项重新作出的裁决

 B. 追加裁决是仲裁庭对仲裁裁决中漏裁的事项另外作出的裁决

 C. 追加裁决是仲裁庭追加责任人赔偿数额的裁决

 D. 追加裁决是原裁决被法院撤销后另行作出的裁决

10. 下列有关国际商事仲裁地点的说法正确的是（　　）。

 A. 仲裁地点是仲裁机构所在地

 B. 仲裁地点是当事人不能选择的

 C. 仲裁地点决定着哪一国法院有权撤销仲裁裁决

 D. 仲裁地点对裁决的承认与执行没有影响

11. 仲裁条款的独立性是指（　　）。

 A. 仲裁条款独立于书面合同而存在

 B. 仲裁条款不因为合同的无效而无效

 C. 仲裁庭不能裁定仲裁条款的效力，该问题由法院裁定

 D. 仲裁条款一经签订即不得修改

12. 中国和甲国均为《承认及执行外国仲裁裁决公约》缔约国。现甲国某申请人向中国法院申请承认和执行在甲国作出的一项仲裁裁决。对此，下列哪一选项是正确的？（　　）（司考改编）

 A. 我国应对该裁决的承认与执行适用公约，因为该申请人具有公约缔约国国籍

 B. 有关中国投资者与甲国政府之间投资争端的仲裁裁决不适用公约

 C. 中国有义务承认公约缔约国所有仲裁裁决的效力

 D. 被执行人为中国法人的，应由该法人营业机构所在地法院管辖

视频讲题

13. 某国甲公司与中国乙公司订立买卖合同，概括性地约定有关争议由"中国贸仲"仲裁，也可以向法院起诉。后双方因违约责任产生争议。关于该争议的解决，依我国相关法律规定，下列哪一选项是正确的？（　　）（司考）

 A. 违约责任不属于可仲裁的范围

 B. 应认定合同已确定了仲裁机构

 C. 仲裁协议因约定不明而在任何情况下无效

 D. 如某国甲公司不服仲裁机构对仲裁协议效力作出的决定，向我国法院申请确认协议效力，我国法院可以受理

（二）多项选择题

1. 根据1958年联合国国际委员会制定的《仲裁程序示范规则》的规定，下列哪些情况下仲裁裁决无效？（　　）（司考）

 A. 仲裁协议无效

 B. 裁决遭到一方当事国的强烈反对

 C. 仲裁员犯有诈欺行为

 D. 裁决严重违反基本程序规则

2. 下列选项中哪些属于国际性的常设仲裁机构？

（　　）（司考）

    A. 美国仲裁协会

    B. 香港国际仲裁中心

    C. 国际商会仲裁院

    D. 解决投资争端国际中心

    3. 中国法院就一家中国公司和一家瑞士公司之间的技术转让纠纷作出判决。判决发生效力后，瑞士公司拒不执行法院判决，而且该公司在中国既无办事机构、分支机构和代理机构，也无财产。关于该判决的承认和执行，下列选项中的哪些表述是正确的？（　　）（司考改编）

    A. 中国公司直接向有管辖权的瑞士法院申请承认和执行

    B. 中国公司向国际法院申请承认和执行

    C. 由我国法院依照我国缔结或者参加的国际条约的规定，请求瑞士法院承认和执行

    D. 由我国法院直接采取强制措施执行

    4. 常设仲裁机构的职能包括（　　）。

    A. 就具体仲裁案件作出裁决

    B. 制定仲裁规则

    C. 协助组成仲裁庭

    D. 制定仲裁收费标准

    5. 下列有关仲裁庭的说法正确的是（　　）。

    A. 仲裁庭是由三人或三人以上成员组成的

    B. 仲裁庭可以就其管辖权限进行裁定

    C. 仲裁庭有权就仲裁程序中的程序事项作出裁定

    D. 仲裁庭可以在仲裁程序中作出中间裁决

    6. 中国A公司与甲国B公司签订货物买卖合同，约定合同争议提交中国C仲裁委员会仲裁，仲裁地在中国，但对仲裁条款应适用的法律未作约定。后因货物质量问题双方发生纠纷，中国A公司依仲裁条款向C仲裁委提起仲裁，但B公司主张仲裁条款无效。根据我国相关法律规定，关于本案仲裁条款的效力审查问题，下列哪些判断是正确的？（　　）（司考）

    A. 对本案仲裁条款的效力，C仲裁委无权认定，只有中国法院有权审查

    B. 对本案仲裁条款的效力，如A公司请求C仲裁委作出决定，B公司请求中国法院作出裁定的，由中国法院裁定

    C. 对本案仲裁条款效力的审查，应适用中国法

    D. 对本案仲裁条款效力的审查，应适用甲国法

视频讲题

    7. 澳门甲公司与内地乙公司的合同争议由内地一仲裁机构审理，甲公司最终胜诉。乙公司在广东、上海和澳门均有财产。基于这些事实，下列哪些选项是正确的？（　　）（司考）

    A. 甲公司可分别向广东和上海有管辖权的法院申请执行

    B. 只有国务院港澳办提供的名单内的仲裁机构作出的裁决才能被澳门法院认可与执行

    C. 甲公司分别向内地和澳门法院申请执行的，内地法院应先行执行清偿

    D. 两地法院执行财产总额不得超过依裁决和法律规定所确定的数额

    8. 中国甲公司与外国乙公司在合同中约定，合同争议提交中国国际经济贸易仲裁委员会仲裁，仲裁地在北京。双方未约定仲裁规则及仲裁协议适用的法律。对此，下列哪些选项是正确的？（　　）（司考）

    A. 如当事人对仲裁协议效力有争议，提请所选仲裁机构解决的，应在首次开庭前书面提出

    B. 如当事人将仲裁协议效力的争议诉至中国法院，应适用中国法

    C. 如仲裁协议有效，应适用中国国际经济贸易仲裁委员会的仲裁规则仲裁

    D. 如仲裁协议有效，仲裁中申请人可申请更改仲裁请求，仲裁庭不能拒绝

    （三）不定项选择题

    1. 下列有关国际商事仲裁中的适用法律的说法正确的是（　　）。

    A. 指确定当事人实体权利义务、解决争议的实体法

    B. 指仲裁程序所涉及问题应适用的法律

    C. 争议当事人不能就该适用法律作出约定

    D. 指《承认及执行外国仲裁裁决公约》

    2. 根据《承认及执行外国仲裁裁决公约》的规定，一国法院可以拒绝承认与执行外国仲裁裁决的理由有（　　）。

A. 仲裁协议无效

B. 仲裁程序不当

C. 裁决超出了仲裁协议规定的范围

D. 仲裁裁决的作出基于一般法律规则

3. 我国在加入《承认及执行外国仲裁裁决公约》作出的保留是（　　）。

A. 互惠保留　　　　B. 书面保留

C. 商事保留　　　　D. 国际私法适用保留

4. 下列有关仲裁协议的说法正确的是（　　）。

A. 有效的仲裁协议是承认与执行仲裁裁决的前提条件

B. 仲裁协议的有效性可以根据仲裁地的法律确定

C. 仲裁协议必须具备将争议事项提交仲裁的意思表示

D. 仲裁协议需要明确提交仲裁的事项

 简答题

国际诉讼与国际仲裁的区别。（考研）

参考答案

 名词解释与概念比较

国际商事仲裁协议，是指当事人各方同意将他们之间已经发生的或将来可能发生的争议提交仲裁解决的协议。它是特定的法律关系的当事人之间同意将他们之间的争议提交仲裁解决的共同意思表示，是使特定仲裁机构获得对协议项下的案件的管辖权的依据，也是排除法院对该特定案件实施管辖的主要抗辩理由；同时，一项有效的仲裁协议是仲裁裁决得以承认与执行的基本前提条件。仲裁协议有仲裁条款和仲裁协议书两种形式。

 选择题

（一）单项选择题

1. D。考点：我国涉外仲裁中的财产保全

解析：我国涉外仲裁中的财产保全，尽管由申请人向仲裁机构提出，但仲裁机构无权就其申请作出财产保全的决定，而是由仲裁机构将该申请提交人民法院。本题选项中，D 选项是正确选项。A 选项与 D 选项正相反，是错误选项。B 选项应根据民事诉讼法的规定确定相应的法院。C 选项也是错误选项。

2. C。考点：外国仲裁裁决的承认与执行

解析：承认与执行外国仲裁裁决，涉及一国的国家主权，也涉及执行地国的民事诉讼程序的问题。根据《承认及执行外国仲裁裁决公约》，外国仲裁裁决的承认与执行，应向执行地国的法院提出。故选项 C 正确。

3. C。考点：仲裁程序中的证据保全

解析：根据我国相关法律，仲裁机构无权就证据保全问题作出决定，证据保全的申请应通过仲裁机构提交仲裁机构所在地的基层人民法院。故选项 C 正确。

4. A。考点：法院对仲裁的监督与审查，裁决的撤销

解析：如果仲裁裁决存在可以撤销的理由，则经当事人申请，法院可以撤销已经作出的仲裁裁决。撤销的理由主要限于程序方面，包括仲裁协议无效、仲裁程序不当、仲裁庭越权和仲裁庭组成违反当事人约定或应适用的法律规则。本题正确选项是 A。

5. D。考点：中国的涉外仲裁在中国的执行

解析：A 选项错误：依《仲裁法》第 58 条的规定，当事人提出证据证明裁决有法定情形之一的，可以向仲裁委员会所在地的中级人民法院申请撤销裁决，而不是向高级人民法院提出申请。B 选项也不正确；本题为涉外仲裁，依《仲裁法》第 70 条和《民事诉讼法》第 281 条的规定，B 项所称"裁决所根据的证据不充分"并不是申请撤销的理由。C 选项不正确：对法院驳回请求的裁定不能上诉。D 选项正确：依最高人民法院《关于人民法院撤销涉外仲裁裁决有关事项的通知》，人民法院在裁定撤销涉外仲裁裁决之前，须报本辖区所属高级人民法院进行审查。

6. B。考点：仲裁程序中的部分裁决的特点

解析：部分裁决，或称中间裁决，是仲裁程序中仲裁庭就需要立即处理的不易保存的物品或者当事人不存在争议的事项作出的裁决，这些裁决构成最终裁决的一部分。本题中 B 选项正确。D 选项涉及裁决能否撤销的问题，与部分裁决没有特别关系。

7. A。考点：外国裁决的确定

解析：根据《承认及执行外国仲裁裁决公约》，外国裁决是在申请承认与执行地所在国以外的领土内作

出的。德、法两国曾坚持仲裁适用法律标准，但后来都采取单一的地域标准。本题提供的选项中，只有 A 项是正确选项。值得注意的是，一项裁决是否是外国裁决，是从申请承认与执行地所在国的角度确定的。严格地说，此处的地域标准是执行地地域标准。

8. D。考点：撤销国际商事仲裁裁决的法院确定

解析：法院只能撤销在本国作出的裁决。换句话说，只有仲裁裁决地的法院才有权撤销仲裁裁决。外国法院只能决定是否承认与执行外国裁决。故 D 项选项正确。对于 A 选项来说，仲裁机构所在地与仲裁裁决地不是同一概念，不一定是相同地点。B 选项涉及的是外国法院，C 选项涉及法律适用标准，都不正确。

9. B。考点：商事仲裁中的追加裁决

解析：在仲裁程序结束后，对于仲裁裁决中漏裁的事项，在适用法律或程序规则规定的期限内，经当事人申请，或仲裁庭自主行动，仲裁庭可对漏裁的事项作出追加裁决。本题提供的四个选项中，只有选项 B 符合要求。

10. C。考点：国际商事仲裁地点的作用

解析：国际商事仲裁地点对于仲裁裁决的效力、承认与执行等，都具有关键性作用。只有仲裁裁决地所在国的法院才有权撤销仲裁裁决，也只有本仲裁裁决地所在国以外的外国法院才存在承诺与执行外国裁决的问题。本题的正确选项是 C。

11. B。考点：仲裁条款的独立性

解析：合同中的仲裁条款可以独立于其所依据的主合同而独立存在，合同无效并不自动导致合同仲裁条款的无效，除非仲裁条款本身依据对该条款适用的法律为无效仲裁条款。本题正确选项为 B。A 选项貌似正确，但并没有指出仲裁条款独立性的本质。C、D 选项都不正确：仲裁庭有权确定其是否有管辖权，当事人也可以修改仲裁条款。

12. B。考点：《承认及执行外国仲裁裁决公约》的规定

解析：我国在参加该公约时，作了两项保留：互惠保留与商事保留。互惠保留，即我国只对在另一缔约国领土内作出的裁决适用该公约。我国民事诉讼与公约有不同规定的，按公约的规定办理。商事保留，即我国仅对那些按照我国法律属于契约性或非契约性商事法律关系所引起的争议所作的裁决适用公约的规定。可见，我国适用公约规定的原因不是申请人具有

公约缔约国国籍。中国投资者与甲国政府之间的投资争端不属于平等主体之间的商事争议，因此相关仲裁裁决不适用公约。故选项 A 错误，选项 B 正确，选项 C 错误。依据《民事诉讼法》第 288 条的规定，国外仲裁机构的裁决，需要中华人民共和国人民法院承认和执行的，可以由当事人直接向被执行人住所地或者其财产所在地的中级人民法院申请，人民法院应当依照中华人民共和国缔结或者参加的国际条约，或者按照互惠原则办理。故选项 D 错误。

13. B。考点：仲裁协议的有效性及认定

解析：根据最高人民法院《关于适用〈中华人民共和国仲裁法〉若干问题的解释》（以下简称《仲裁法司法解释》）第 2 条规定，当事人概括约定仲裁事项为合同争议的，基于合同成立、效力、变更、转让、履行、违约责任、解释、解除等产生的纠纷都可以认定为仲裁事项。所以，违约责任属于可仲裁的范围。故选项 A 错误。《仲裁法司法解释》第 3 条规定，仲裁协议约定的仲裁机构名称不准确，但能够确定具体的仲裁机构的，应当认定选定了仲裁机构。"中国贸仲"只有一个，是"中国国际经济贸易仲裁委员会"的通用简称，因此应认定合同已确定了仲裁机构。故选项 B 正确。仲裁协议约定不明只是可能导致仲裁协议无效，而不是在任何情况下都无效，如当事人可以补充协议，从而使仲裁协议有效。故选项 C 错误。《仲裁法司法解释》第 13 条第 2 款规定，仲裁机构对仲裁协议的效力作出决定后，当事人向人民法院申请确认仲裁协议效力或者申请撤销仲裁机构的决定的，人民法院不予受理。故选项 D 错误。

（二）多项选择题

1. ACD。考点：仲裁协议无效

解析：根据《仲裁程序示范规则》的规定，有下列情况之一的，仲裁裁决无效：仲裁协议无效；仲裁庭越权；仲裁员有欺诈行为；裁决理由不足或严重违反基本程序规则。在上述情况下，当事国可就组成新的仲裁庭达成协议，将争端交由新的仲裁庭裁决。当事国基于自愿将争端交付仲裁，就承诺服从仲裁协议，从而使仲裁裁决对当事国具有法律拘束力，因此"裁决遭到一方当事国的强烈反对"并不能使裁决无效。

2. CD。考点：常设仲裁机构

解析：常设仲裁机构是依据国际公约或一国国内法成立的，有固定的名称、地址、人员及办事机构，

有自己的章程、行政管理制度及程序规则。国际性的常设仲裁机构有1923年成立并设在法国的国际商会仲裁院和根据1965年《解决国家与他国国民之间投资争端公约》成立的解决投资争端国际中心。A项和B项均为国内常设仲裁机构。

3. AC。考点：外国法院民商事判决裁定的承认与执行

解析：我国《民事诉讼法》第287条第1款规定："人民法院作出的发生法律效力的判决、裁定，如果被执行人或者其财产不在中华人民共和国领域内，当事人请求执行的，可以由当事人直接向有管辖权的外国法院申请承认和执行，也可以由人民法院依照中华人民共和国缔结或者参加的国际条约的规定，或者按照互惠原则，请求外国法院承认和执行。"根据这条规定，选项A、C是正确答案。国际法院不涉及私法意义上的民商事争议，也没有强制执行权，故B项错误。一国司法权的行使通常具有严格的地域性，由于被执行人在我国既无办事机构、分支机构和代理机构，也无财产，不可能在我国境内采取强制措施执行，根据司法权的地域性，又不能到别国境内采取强制措施执行，故D项也不正确。

4. BCD。考点：常设仲裁机构的职能

解析：常设仲裁机构的主要职能是为仲裁庭的仲裁提供各方面的帮助和便利，例如本题选项B、C、D所描述的事项，但常设仲裁机构不审理具体案件。故本题正确选项排除A项。

5. BCD。考点：仲裁庭的权限及职责

解析：仲裁庭是实际就争议事项进行仲裁的审理机构，其组成可以是一人组成的独任仲裁庭，仲裁庭有权作出本题选项B、C、D所述的裁决。因此，本题正确选项是排除A项之外的另三个选项B、C、D。

6. BC。考点：仲裁条款的效力审查

解析：《仲裁法》第20条第1款规定，当事人对仲裁协议的效力有异议的，可以请求仲裁委员会作出决定或者请求人民法院作出裁定。一方请求仲裁委员会作出决定，另一方请求人民法院作出裁定的，由人民法院裁定。所以A选项错误，B选项正确。《涉外民事关系法律适用法》第18条规定，当事人可以协议选择仲裁协议适用的法律。当事人没有选择的，适用仲裁机构所在地法律或者仲裁地法律。本题中双方对仲裁条款应适用的法律未作约定，约定仲裁机构是中国C

仲裁委员会，仲裁地也是中国，所以应适用中国法。故C项正确，D项错误。

7. CD。考点：中国内地与澳门相互执行仲裁裁决的规定

解析：《关于内地与澳门特别行政区相互认可和执行仲裁裁决的安排》（以下简称《安排》）第2条规定：在内地或者澳门特别行政区作出的仲裁裁决，一方当事人不履行的，另一方当事人可以向被申请人住所地、经常居住地或者财产所在地的有关法院申请认可和执行。内地有权受理认可和执行仲裁裁决申请的法院为中级人民法院。两个或者两个以上中级人民法院均有管辖权的，当事人应当选择向其中一个中级人民法院提出申请。澳门特别行政区有权受理认可仲裁裁决申请的法院为中级法院，有权执行的法院为初级法院。本题中，乙公司在广东、上海和澳门均有财产，因此广东、上海、澳门的有关法院对甲公司申请认可和执行仲裁裁决均有管辖权。由于广东、上海在内地，当甲公司向内地申请认可和执行仲裁裁决时，乙公司财产所在地的广东和上海的中级人民法院均有管辖权，甲公司应当选择向其中一个中级人民法院提出申请，而不能分别向它们提出。故选项A错误。《安排》第1条规定，内地人民法院认可和执行澳门特别行政区仲裁机构及仲裁员按照澳门特别行政区仲裁法规在澳门作出的民商事仲裁裁决，澳门特别行政区法院认可和执行内地仲裁机构依据《仲裁法》在内地作出的民商事仲裁裁决，适用本安排。本安排没有规定的，适用认可和执行地的程序法律规定。故选项B错误。《安排》第3条规定，被申请人的住所地、经常居住地或者财产所在地分别在内地和澳门特别行政区的，申请人可以向一地法院提出认可和执行申请，也可以分别向两地法院提出申请。当事人分别向两地法院提出申请的，两地法院都应当依法进行审查。予以认可的，采取查封、扣押或者冻结被执行人财产等执行措施。仲裁地法院应当先进行执行清偿；另一地法院在收到仲裁地法院关于经执行债权未获清偿情况的证明后，可以对申请人未获清偿的部分进行执行清偿。两地法院执行财产的总额，不得超过依据裁决和法律规定所确定的数额。本题中，合同争议由内地一仲裁机构审理，仲裁地在内地，因此当甲公司分别向内地和澳门法院申请执行时，内地法院应先进行执行清偿。故选项C、D正确。

8. ABC。考点：仲裁管辖权

解析：选项 A 正确：根据《中国国际经济贸易仲裁委员会仲裁规则》第 6 条的规定，当事人对仲裁协议及/或仲裁案件管辖权的异议，应当在仲裁庭首次开庭前书面提出；书面审理的案件，应当在第一次实体答辩前提出。选项 B 正确：最高人民法院《关于适用〈中华人民共和国仲裁法〉若干问题的解释》第 16 条规定，对涉外仲裁协议的效力审查，适用当事人约定的法律；当事人没有约定适用的法律但约定了仲裁地的，适用仲裁地法律；没有约定适用的法律也没有约定仲裁地或者仲裁地约定不明的，适用法院地法律。对于仲裁协议效力的审查，当事人没有约定法律，但约定了仲裁地为北京，所以，如当事人将仲裁协议效力的争议诉至中国法院，应适用中国法。选项 C 正确：根据《中国国际经济贸易仲裁委员会仲裁规则》第 4 条的规定，当事人约定将争议提交仲裁委员会仲裁的，视为同意按照本规则进行仲裁。选项 D 错误：《中国国际经济贸易仲裁委员会仲裁规则》第 17 条规定，申请人可以申请对其仲裁请求进行变更，被申请人也可以申请对其反请求进行变更；但是仲裁庭认为其提出变更的时间过迟而影响仲裁程序正常进行的，可以拒绝其变更请求。

（三）不定项选择题

1. AB。考点：国际商事仲裁中的法律适用

解析：国际商事仲裁中的法律适用包括程序性问题的法律适用和实体权利义务问题的法律适用以及仲裁协议本身的适用法律，这是不同于法院诉讼程序中法律适用的地方。仲裁本身就具有灵活的特点，基于当事人的意愿，当事人可以就仲裁适用的法律作出选择。本题正确选项是 A、B。D 项为混淆项，不符合题意要求。

2. ABC。考点：《承认及执行外国仲裁裁决公约》拒绝承认与执行外国仲裁裁决的理由

解析：根据《承认及执行外国仲裁裁决公约》，被申请承认与执行裁决的国家的法院在一定情况下可以拒绝承认与执行外国裁决，这些理由包括本题 A、B、C 三个选项提供的理由，此外还有仲裁庭的组成与当事人的约定或适用法律要求不符等。仲裁庭作出裁决时，是可以依据一般法律原则的。因此，本题正确选项是 A、B、C。

3. AC。考点：我国对《承认及执行外国仲裁裁决公约》的保留

解析：我国在批准加入《承认及执行外国仲裁裁决公约》时作出了两项保留，分别是互惠保留和商事保留。故本题正确选项是 A、C。

4. ABCD。考点：仲裁协议的相关问题

解析：仲裁协议必须有效，这是进行仲裁程序、承认与执行仲裁裁决的前提条件，仲裁协议的有效性可以根据仲裁地或执行地的法律确定。由于仲裁庭的管辖权来自仲裁协议，因而仲裁协议应具有授予仲裁机构仲裁的权限的作用，包括仲裁意思表示、仲裁事项。本题提供的四个选项都是正确选项。

 简答题

国际诉讼在国际经济法领域内是指有涉外因素的商事诉讼，或者当事人位于不同的国家，或者标的位于一个以上的国家。

国际仲裁是指双方当事人在争议发生之前或在争议发生之后，达成协议，自愿把他们之间的争议提交第三人仲裁，而该项仲裁对双方当事人发生约束力的一种争议解决手段。联合国贸发会主持制定的 1985 年《国际商事仲裁示范法》第 1 条第 3 款规定，如有下列情况即为国际仲裁：（1）仲裁协议的当事各方在缔结协议时，他们的营业地点位于不同的国家；或（2）下列地点之一位于当事各方营业地点所在国以外：仲裁协议中确定的或根据仲裁协议而确定的仲裁地点；（3）当事各方明确约定，仲裁协议的标的与一个以上的国家有关。

两者的区别主要有以下几个方面：

第一，管辖不同。国际商事仲裁管辖是源于双方的当事人的选择，而国际商事诉讼的管辖既可能是选择管辖，又可能是属地管辖、属人管辖、专属管辖。前者是一种自愿解决争议的方法。而国际商事诉讼的管辖很大一部分是由于法律规定。

第二，仲裁解决争议具有较大的灵活性。当事人可就由谁来仲裁、仲裁适用的规则和法律、仲裁地点、仲裁所适用的语文、仲裁费用的承担等作出约定。诉讼一般没有这样的选择余地。

第三，除非当事双方另有约定，仲裁一般均采用不公开审理的方法，这样，当事人的商业信誉和商业秘密有可能得到较好的保护。而诉讼一般采取公开的

方式。

第四，国际商事仲裁是以双方当事人自愿达成的协议为基础的。当事人之间约定的通过仲裁方式解决他们之间已经发生的或将来可能发生的争议的仲裁协议，是通过仲裁解决争议的基本前提。而诉讼无须当事人的协议，只要原告在有管辖权的法院起诉，被告必须应诉，否则，法院可以缺席判决。

第五，国际商事仲裁的裁决一般是终局的，对双方当事人都有约束力。如果一方当事人不主动执行，则另一方当事人可以向有关法院提出申请，要求法院予以强制执行。国际商事诉讼的对象是带有涉外因素的商事争议，其裁决的执行往往需要该裁决在其他国家生效并执行，与此相关也就产生了一系列涉及仲裁裁决的承认与执行的制度。

第二十一章　世界贸易组织的争议解决机制

 **知识逻辑图**

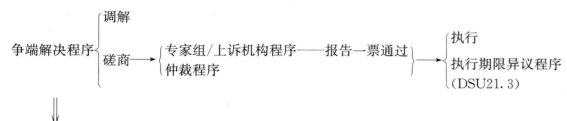

 名词解释与概念比较

1. 反向一致
2. DSB（考研）

 选择题

（一）单项选择题

1. 下列关于世界贸易组织争端解决机制的表述哪一项是正确的？（　　）（司考）

A. 磋商是必经程序

B. 任何争端方对上诉机构的裁决有异议的，均可上诉到争端解决机构

C. 世贸组织的上诉机构应对专家组报告涉及的事实及法律问题进行审理

D. 对被认为有错误的专家组的裁决，上诉机构可以发回重审

2. 根据世界贸易组织争端解决规则和程序的谅解协议的规定，当世界贸易组织成员方之间发生贸易纠纷时，可采取的解决方式中不包括下列哪一项？（　　）（司考）

A. 双边磋商　　　　　　B. 成立专家组

C. 上诉机构的审查　　　D. 上诉机构的调解

3. 甲国是一个香蕉生产大国，其蕉农长期将产品出口乙国。现乙国颁布法令，禁止甲国的香蕉进口。甲国在要求乙国撤销该禁令未果后，宣布对乙国出口到甲国的化工产品加征 300％的进口关税。甲乙两国之间没有涉及香蕉、化工产品贸易或一般贸易规则的双边或多边条约。对此，下列判断哪个是正确的？（　　）（司考）

A. 乙国的上述做法违背其承担的国际法上的义务

B. 甲国的上述关税措施违背其承担的国际法上的义务

C. 甲国采取的措施属于国际法上的反报措施

D. 甲国采取的措施属于国际法上的报复措施

4. 在申诉成员采取报复措施时，采取的报复措施的正确次序是（　　）。

A. 同一部门、同一协议、跨协议

B. 同一协议、同一部门、跨协议

C. 同一协议、跨协议、同一部门

D. 同一协议、同一部门、跨部门

5. 就争端解决机构通过的争端解决报告的约束力范围，下列说法正确的是（　　）。

A. 参加程序的第三方

B. 案件的申诉方和应诉方

C. 全体成员

D. 以后案件的争端方

6. 非违约之诉是世界贸易组织争端解决制度中的一种诉因。下列关于非违约之诉的说法正确的是（　　）。

A. 申诉方需要证明被诉方没有违反有关规则

B. 申诉方需要证明被诉方的某一措施违反了有关规则

C. 申诉方需要证明被诉方的措施造成了申诉方根据有关协议的利益的丧失或受损

D. 争端解决机构通过非违约之诉成立的裁决后，被诉方需要撤销其采取的有关措施

7. 专家组报告发布后，争端方如果提起上诉，应在下述哪一期限内提起？（　　）

A. 30 天　　　　　　　B. 60 天

C. 15 天　　　　　　　D. 90 天

8. 甲、乙两国均为世界贸易组织成员方。乙国称甲国关于影像制品的进口管制违反国民待遇原则，为此向世界贸易组织提出申诉，并经专家组和上诉机构审理。对此，下列哪一选项是正确的？（　　）（司考）

A. 甲、乙两国磋商阶段达成的谅解协议，可被用于后续争端解决审理

B. 专家组可对未在申请书中指明的诉求予以审查

C. 上诉机构可将案件发回专家组重审

D. 上诉案件由上诉机构 7 名成员中 3 人组成上诉庭审理

9. 甲、乙两国均为世界贸易组织成员方，乙国称甲国实施的保障措施违反非歧视原则，并将争端提交世界贸易组织争端解决机构。对此，下列哪一选项是正确的？（　　）（司考）

A. 对于乙国没有提出的主张，专家组仍可因其相关性而作出裁定

B. 甲乙两国在解决争端时必须经过磋商、仲裁和调解程序

C. 争端解决机构在通过争端解决报告上采用的是反向一致原则

D. 如甲国拒绝履行上诉机构的裁决，乙国可向争端解决机构上诉

10. 甲、乙两国均为世界贸易组织成员，甲国对乙国出口商向甲国出口轮胎征收高额反倾销税，使乙国轮胎出口企业损失严重。乙国政府为此向世界贸易组织提出申诉，经专家组和上诉机构审理胜诉。下列哪一选项是正确的？（　　）（司考）

A. 如甲国不履行世界贸易组织的裁决，乙国可申请强制执行

B. 如甲国不履行世界贸易组织的裁决，乙国只可在轮胎的范围内实施报复

C. 如甲国不履行世界贸易组织的裁决，乙国可向争端解决机构申请授权报复

D. 上诉机构只有在对该案的法律和事实问题进行全面审查后才能作出裁决

视频讲题

11. 关于世界贸易组织争端解决机制的表述，下列哪一选项是不正确的？（　　）（司考）

A. 磋商是争端双方解决争议的必经程序

B. 上诉机构为世界贸易组织争端解决机制中的常设机构

C. 如败诉方不遵守争端解决机构的裁决，申诉方可自行采取中止减让或中止其他义务的措施

D. 申诉方在实施报复时，中止减让或中止其他义务的程度和范围应与其所受到损害相等

（二）多项选择题

1. 下列选项中哪些是世界贸易组织解决国际贸易争端机制中的方法？（　　）（司考）

A. 调停　　　　　　　B. 斡旋

C. 专家组报告　　　　D. 诉讼

2. 根据世界贸易组织《关于争端解决规则与程序的谅解》的规定，经争端解决机构授权，缔约一方可对另一方实施交叉报复（即中止履行关税减让义务）。如果一方对另一方的报复提出异议，可以提请仲裁。

仲裁员审理案件及裁决过程中，主要考虑哪些内容？
（　　）（司考）

　　A. 一方中止减让的原因

　　B. 有关的贸易协定是否允许实施中止减让

　　C. 中止减让是否遵守了正当程序

　　D. 中止减让水平是否与受害人蒙受的损害相当

　　3. 下列哪些表述反映了世界贸易组织争端解决机制的特点？（　　）（司考）

　　A. 其涉及的范围仅限于货物贸易争端

　　B. 该制度规定了严格的程序上的时间限制

　　C. 建立了反对一致或否定性协商一致原则

　　D. 其涉及的范围不仅限于货物贸易，还包括服务贸易、与贸易有关的投资措施等争端

视频讲题

　　4. 上诉机构对上诉案件的审查范围包括（　　）。

　　A. 案件的争议事实

　　B. 专家组作出的有关法律解释

　　C. 专家组报告涉及的法律问题

　　D. 案件当事人的磋商结果

　　5. 下列有关申诉方设立专家组申请的作用的说法正确的是（　　）。

　　A. 它决定着专家组对争议案件进行审查的权限

　　B. 它决定了被诉方的答辩范围

　　C. 它启动了多边争端解决程序

　　D. 它标志着案件不能得到满意的解决

　　6. 专家组在履行职责时，须对有关事项进行客观评估，具体包括下述哪些事项的客观评估？（　　）

　　A. 有关的争议措施

　　B. 有关规则的适用性

　　C. 有关争议措施与有关规则的一致性

　　D. 对磋商是否富有成效的评估

　　7. 下列有关磋商程序的说法正确的是（　　）。

　　A. 它是提起设立专家组申请的前提

　　B. 它可以澄清有关的事实和争议

　　C. 没有磋商的事项不得在设立专家组申请中提出

　　D. 磋商过的事项必须包括在设立专家组的申请中

　　8. 被裁定违反了世界贸易组织规则的成员，应实施争端解决机构作出的建议和裁定。下列有关被诉成员采取相关实施措施的说法正确的是（　　）。

　　A. 撤销被裁定不符的措施

　　B. 修改被裁定不符的规则

　　C. 暂时不能采取撤销或修改措施时可以自愿给予补偿

　　D. 如果没有在合理期限内实施，即丧失了对申诉方的报复程度请求仲裁的权利

　　9. 关于贸易救济措施争议的国内程序救济和多边程序救济，下列哪些说法是正确的？（　　）（司考）

　　A. 前者的当事人是原调查的利害关系人，而后者的当事人是出口国政府和进口国政府

　　B. 前者的申诉对象是主管机关的具体行政行为，而后者的申诉对象还包括行政复议裁决、法院判决，甚至还包括进口国立法

　　C. 前者的审查依据是进口国国内法，而后者的审查依据是WTO的相关规则

　　D. 前者遵循的是进口国国内行政复议法或行政诉讼法，而后者遵循的是WTO的争端解决规则

　　10. 中国加入世界贸易组织的条件规定在《中国加入世界贸易组织议定书》及其附件中。对此，下列哪些选项是正确的？（　　）（司考）

　　A. 该议定书及其附件构成世界贸易组织协定的一部分

　　B. 中国只根据该议定书及其附件承担义务

　　C. 该议定书规定了特定产品过渡性保障机制

　　D. 中国与其他成员在加入谈判中作出的具体承诺，不构成该议定书的组成部分

　　（三）不定项选择题

　　1. 按照世界贸易组织争端解决制度的规定和实践，下列有关非违反性申诉与违反性申诉的表述何者为正确？（　　）（司考）

　　A. 非违反性申诉中，申诉方无须证明被申诉方违反了世界贸易组织协定的有关条款

　　B. 违反性申诉中，申诉方需要证明被诉方采取的措施造成申诉方利益的丧失或受损

　　C. 如申诉方的非违反性申诉成功，被诉方没有取消有关措施的义务，但需对申诉方作出补偿

　　D. 如申诉方的非违反性申诉成功，被诉方应撤销或废除被申诉的措施

2. 根据《关于争端解决规则与程序的谅解》，世界贸易组织争端解决制度中的仲裁程序包括( )。

    A. 取代专家组（上诉机构）程序的争端解决仲裁程序

    B. 实施措施的合理期限仲裁程序

    C. 申诉方报复程度仲裁程序

    D. 实施措施异议仲裁程序

 简答题

1. 简述世界贸易组织的争端解决机制。（考研）

2. 简述WTO《多方临时上诉仲裁安排》。

3. 简述单边主义与多边主义的关系。

4. 简述中国为坚定支持多边贸易体制作出了哪些努力。

 论述题与深度思考题

如何理解世界贸易组织制度的多边性和统一性？（考研）

参考答案

 名词解释与概念比较

1. 反向一致（negative consensus）程序，是世界贸易组织争端解决机构通过争端解决报告时所遵循的程序和原则。根据这一程序，在争端解决机构会议上，除非出席会议的成员都一致同意不通过该报告，否则该报告即获得通过。这一程序实质上是一票通过程序，只要一个成员同意通过该报告，该报告即获得通过。它区别于原关税与贸易总协定框架下的协商一致通过程序，即报告的通过需要获得参加会议的所有成员的同意。该程序是一种准自动程序。

2. Dispute Settlement Body（DSB）即世界贸易组织争端解决机构，是世界贸易组织各成员方根据《关于争端解决规则与程序的谅解》而设立的，专门解决由于执行世界贸易组织协议而产生的争议的专门组织。DSB的主要职能包括：设立专家组、通过专家组或上诉机构的报告、对专家组和上诉机构作出的裁定和建

议的实施情况进行监督，以及授权终止关税减让或相关协议项下的其他义务。DSB的主要特点是：首先，对世界贸易组织协议项下争议的管辖是强制性的，各成员必须服从；其次，DSB通过专家组或上诉机构的报告实行了反向一致原则，即只要不是一致不通过即视为通过。

 选择题

（一）单项选择题

1. A。考点：世界贸易组织争端解决程序

解析：选项A正确：磋商是申请设立专家组的前提条件、必经程序。选项B不正确：争端解决机构并不亲自审理案件，只是通过专家组、上诉机构作出的解决争端报告。因此，上诉到争端解决机构的表述不正确。选项C不正确：上诉机构只审查专家组报告涉及的法律问题，而不涉及事实问题。选项D不正确：上诉机构没有将案件发回专家组重新审理的权力。

2. D。考点：世界贸易组织争端解决规则和程序

解析：根据世界贸易组织争端解决规则和程序的谅解协议，争端解决程序包括双边磋商、成立专家组和上诉机构的审查程序。调解不是必经程序，是由双方自愿采取的。

3. C。考点：国际争端的解决方式

解析：反报和报复都属于传统国际法上解决国际争端的方法。反报是指一国对他国的不礼貌、不友好但不违法的行为，采取相同或相似的不礼貌、不友好但不违法的行为予以回报。报复是一国对他国的国际不法行为，采取与之相应的措施作为回应，在符合必要和成比例以及其他国际法规则的前提下可以使用。由于甲乙两国之间没有涉及香蕉、化工产品贸易或一般贸易规则的双边或多边条约，因而甲乙两国的做法不能被认为是违反国际法上的义务，甲国的加征税收措施也不能被认为是报复行为。

4. A。考点：申诉方成员报复程序

解析：根据《关于争端解决规则与程序的谅解》第22条第3款，中止减让或其他义务的范围依次是同一部门、同一协议、跨协议，逐渐扩大。本题提供的选项中只有A项正确。

5. B。考点：争端解决机构通过的争端解决报告的约束力

解析：只对案件的申诉方和被诉方有约束力。《关于争端解决规则与程序的谅解》第 3 条第 2 款规定，争端解决机构的建议和裁决不能增加或减少适用协议所规定的权利和义务。选项 B 正确。虽然在审理案件的方法上采取了判例法的方法，但从法律上说，先例对后来的争端没有约束力。故选项 D 不正确。

6. C。考点：争端解决制度中的非违约之诉

解析：根据《关于争端解决规则与程序的谅解》第 26 条有关非违约之诉的规定，如果 1994 年《关税与贸易总协定》第 23 条第 1 款 b 项的规定适用于某适用协议，则专家组和上诉机构只有在一争端方认为由于另一成员实施任何措施而造成其根据有关适用协议直接或间接获得的任何利益丧失或受损时，或此种措施妨碍该协议任何目标的实现时，方可作出建议，无论该措施是否与该协议的规定不符。现有争端解决实践也明确，在申诉方提起非违约之诉时，申诉方需要证明的不是有关协议的违反，而是有关利益的丧失或受损。同时，被诉方由于没有违反相关义务，其不存在撤销措施的问题，只是需要对申诉方的损失给予补偿。故本题选项中只有 C 项正确。

7. B。考点：争端方对专家组报告上诉的期限

解析：《关于争端解决规则与程序的谅解》第 16 条第 4 款明确规定，争端方对专家组报告可以提起上诉的期限是专家组报告发布后的 60 天内。故 B 选项正确。

8. D。考点：世界贸易组织争端解决机制

解析：根据世界贸易组织《关于争端解决规则与程序的谅解》，磋商是申请设立专家组的前提条件。但磋商事项及磋商的充分性，与设立专家组的申请及专家组作出裁定没有必然关系。故 A 项错误。专家组的权限范围限于申请设立专家组的申请中所指明的具体争议措施和申诉的法律依据概要。对争端方没有提出的主张，专家组不能作出裁定。所以 B 项错误。上诉机构是争端解决机构中的常设机构，它负责对被提起上诉的专家组报告中的法律问题和专家组进行的法律解释进行审查，可以推翻、修改或撤销专家组的调查结果和结论，但是无权将案件发回重审。上诉机构的报告将提交到争端解决机构表决通过。所以 C 项错误。上诉机构应由 7 名成员组成，定期举行例会，上诉案件由其中 3 人组成上诉庭审理。据此，D 选项正确。

9. C。考点：世界贸易组织争端解决程序

解析：根据世界贸易组织争端解决规则的规定，专家组只能审理申诉方提出的诉求。对争端方没有提出的主张，专家组不能作出裁定，即使相关专家提出了这样的主张。故选项 A 错误。磋商是申请设立专家组的前提条件，世界贸易组织争端解决程序必须经过磋商程序，但仲裁与调解不是争端解决的必经程序。故选项 B 错误。在通过争端解决报告上，除非争端解决机构一致不同意通过相关争端解决报告，否则该报告即得以通过，这被称为反向一致原则。故选项 C 正确。《关于争端解决规则与程序的谅解》中规定，任何一方均有上诉权，但上诉审的范围仅限于专家组报告所涉及的问题和法律解释。故选项 D 错误。

10. C。考点：反倾销措施、世界贸易组织争端解决机制

解析：根据世界贸易组织争端解决规则，争端方应立即或在合理期限内执行裁决。在当事方不履行裁决时，另一方可以申请授权报复。但该规则没有申请强制执行的规定。报复可以在同一产品内，也可以跨部门，还可以跨协议。上诉机构负责对被提起上诉的专家组报告中的法律问题和专家组进行的法律解释进行审查，不能就事实问题进行审查（对比学习：专家组既审查案件事实，又审查适用法律）。综上，选项 A、B、D 错误，C 项正确。

11. C。考点：世界贸易组织争端解决机制

解析：要特别注意本题问的是不正确选项。由于磋商是必经程序，上诉机构是常设机构，A、B 两个选项的内容都是正确内容，不是本题的正确答案。败诉方在合理期限届满仍不执行裁决时，申诉方须获得争端解决机构的授权才能报复，且报复额等于损害额。本题 D 选项符合世界贸易组织规则的规定，C 选项不符合世界贸易组织规则的规定，故 C 选项是本题应选的正确答案。

（二）多项选择题

1. ABC。考点：世界贸易组织国际贸易争端解决机制

解析：根据世界贸易组织争端解决机制，成员之间贸易争端的解决方法有协商、斡旋、调解和调停、专家小组、上诉复审以及交叉报复。

2. BCD。考点：世界贸易组织争端解决机制中交叉报复的仲裁裁定内容

解析：根据《关于争端解决规则与程序的谅解》

的有关规定，仲裁员只裁定：有关的贸易协定是否允许实施中止减让；中止减让是否遵守了正当程序；中止减让水平是否与受害人蒙受的损害相当。仲裁员裁定的事项不涉及审查被中止履行的减让和其他义务的性质。

3. BCD。考点：世界贸易组织争端解决机制

解析：与1947年《关税与贸易总协定》争端解决机制相比，世界贸易组织争端解决机制的调整范围不是仅限于一般的货物贸易，而是扩大到了世界贸易组织协定涉及的包括服务贸易、与贸易有关的知识产权、与贸易有关的投资措施以及原来游离于《关税与贸易总协定》之外的农产品和纺织品等方面所发生的争端。在世界贸易组织争端解决机制下，只有全体不赞成时才能予以否决，即反对一致或否定性协商一致。此外，该制度规定的严格的程序上的时间限制以及争端解决机构通过专家组报告或上诉机构报告的程序，与1947年《关税与贸易总协定》相比，有了重大突破。

4. BC。考点：上诉机构对上诉案件的审查范围

解析：上诉机构不审查案件事实和上诉中提出的新证据；只进行法律审，只审查专家组作出的有关法律解释或专家组报告涉及的法律问题。B、C项无疑是正确选项。

5. ABC。考点：设立专家组申请的作用

解析：申诉方提出的设立专家组的申请是专家组程序的根源，决定着争端措施和诉求范围、专家组的审理权限范围、被诉方的答辩范围。正确选项是A、B、C。专家组程序也是争端解决的程序，也能导致争端的满意解决。因此选项D是错误的。

6. ABC。考点：专家组的职责

解析：《关于争端解决规则与程序的谅解》第11条规定了专家组的客观审查的职责，包括对争议措施、有关规则的适用性及争议措施与有关规则一致性的客观评估。故正确选项是A、B、C。D选项根本不是专家组审查的范围。

7. AB。考点：世界贸易组织争端解决制度中的磋商程序

解析：磋商程序形式上是下一步专家组程序的前置程序，效果上可以澄清有关的事实和争议，解决争端。磋商事项与专家组申请中包括的事项没有必然关系，没有磋商的事项可以包括在设立专家组的申请中，磋商的事项也可以不包括在设立专家组的申请中。正

确选项是A、B。

8. ABC。考点：被诉方对世界贸易组织争端解决机构裁决的实施

解析：《关于争端解决规则与程序的谅解》第3条第7款规定：争端各方都满意的解决办法是首选办法。如不能达成这样的协议，首要目标是保证撤销被认为与任何适用协定的规定不符的措施。提供补偿只能在立即撤销措施不可行时方可采取，且是撤销不符措施前的临时措施。故正确选项是A、B、C。没有在合理期限内实施裁决，与没有采取实施措施是两个不同的问题，经过仲裁，可以延长实施期。对申诉方拟报复额度请求仲裁，是被诉方固有的权利。故选项D是错误的。

9. ABCD。考点：贸易救济措施的国内程序和国际多边程序

解析：贸易救济措施是进口国当局依进口国法律采取的一种限制进口产品的措施。在世界贸易组织多边贸易规则框架下，进口国采取的贸易救济措施有可能违反多边贸易规则。二者的程序、当事人、审查对象、判断标准都不同。因此，本题的四个选项都是正确选项。不过，有必要提醒的是，有些国家，如美国，并不存在单独的行政诉讼法，而统一适用民事诉讼法。

10. AC。考点：中国加入世界贸易组织议定书的法律地位及中国义务

解析：根据世界贸易组织协定的规定，加入成员按其与世界贸易组织议定的条件加入世界贸易组织。而中国加入世界贸易组织议定书明确规定，该议定书及其附件，包括中国加入世界贸易组织承诺，构成了整个世界贸易组织协定的组成部分。中国须遵守中国加入世界贸易组织议定书及其他世界贸易组织的义务。因此，本题A选项正确，B选项错误，D选项错误。而中国加入世界贸易组织议定书规定了针对中国出口产品的特定产品过渡性保障机制，因而C选项正确。

（三）不定项选择题

1. AC。考点：争端解决机构解决的争端类型

解析：本题涉及《关税与贸易总协定》第23条规定的违反性申诉与非违反性申诉的特征。A选项正确：对于非违反性申诉，不追究被诉方是否违反了有关协议条款，而只处理被诉方的措施是否使申诉方根据有关协议享有的利益受损或丧失，因此，申诉方无须证明被申诉方违反了世界贸易组织协定的有关条款。B

选项不正确:"申诉方需要证明被诉方采取的措施造成申诉方利益的丧失或受损"的是非违反性申诉,而非违反性申诉。C选项正确:在非违反性申诉中,如申诉方申诉成功,被诉方没有取消有关措施的义务,只需作出补偿。D选项不正确:如申诉方的申诉成功,"被诉方应撤销或废除被申诉的措施"的,属于违反性申诉,而不是非违反性申诉。

2.ABC。考点:世界贸易组织争端解决制度中的仲裁程序

解析:《关于争端解决规则与程序的谅解》第21条第3款、第22条第6款和第25条分别规定了三种不同的仲裁程序,即分别是本题选项B、C、A提供的三项仲裁程序。实施措施异议问题,由专家组程序解决,即第21条第5款的专家组程序。故本题的正确选项是A、B、C。

简答题

1.解决世界贸易组织成员之间的贸易争议是世界贸易组织的职能之一。该争端解决机制起源于1947年《关税与贸易总协定》第22、23条关于争议解决的程序。世界贸易组织成立后,建立了独立的、统一的多边争端解决制度。世界贸易组织争端解决机制与《关税与贸易总协定》争端解决机制相比更加完善和有效率,其特点在于:(1)世界贸易组织争端解决机制是单一的,将该组织项下的各项协议的争议解决统一了起来,并设立了专门的争议解决机构DSB。由DSB解决的争议,不仅包括传统上的货物贸易,还包括由知识产权和服务贸易引起的争议。(2)世界贸易组织争端解决机制是专门设立的。根据世界贸易组织协议设立的DSB,是唯一有权设立解决争议的专家小组和通过专家小组与上诉机构的报告以及建议的权威机构,并负责监督对所通过的裁定和建议的实施。如果缔约方未能实施上述建议或裁定,可以下令中止有关缔约方作出的减让。DSB通过设立专家小组和上诉机构来实现上述职能。(3)设立了审查专家组裁决的上诉机构和程序,保证法律的一致性和可预期性。(4)世界贸易组织争端解决机制通过决议所采用的是"全体一致否决"(negative consensus)的方式,即在通过专家小组的报告及有关的报复措施的决定时,只要不是全体一致反对,该特定的提案就算通过,从而大大提高

了争议处理的速度和效率。

世界贸易组织争端解决机制的运作过程主要由四个阶段组成:(1)协商阶段。当协议项下的争议发生以后,认为自己利益受损的一方应当向另一成员提出磋商的书面请求,若在收到磋商要求后30日或约定时间内未能进行磋商,或60日内磋商未能解决问题,提出磋商要求的一方可请求DSB设立专家小组解决争议。(2)设立专家小组及对争议事项的审查阶段。DSB应当根据申诉方提出的书面请求设立专家小组。专家小组应当审查当事方提交的争议事项,协助DSB就与此有关的事项提出建议或作出裁定。(3)上诉审查程序。上诉审查程序是由争议的当事方对专家小组的建议或裁定,提出专家小组报告中涉及的法律问题以及法律解释,可以维持、变更或推翻专家组的裁决或结论。由该常设机构中的3人负责审议。(4)执行程序。专家小组或上诉机构的报告通过后30天内,有关缔约方必须向DSB通报其对所通过的报告中提出的建议打算采用的措施,修改或撤销被裁定违反义务的有关措施,如被诉方不执行争端解决机构的裁决和建议,或申诉方认为其执行措施仍然不符合世界贸易组织规则的要求,申诉方可以请求DSB授权其撤销对对方所作的减让或对其所承担的其他义务,或采取交叉报复措施。

2.WTO成员近期达成的《多方临时上诉仲裁安排》(MPIA),是自2019年12月11日WTO上诉机构被迫停止运作以来,部分成员为应对WTO争端解决危机所取得的最重要进展。MPIA基于DSU第25条设立,其实质在于依托仲裁,替代上诉,并具有临时性和开放性的特点,是在上诉机构停摆期间继续维护两审终审并确保裁决约束力的唯一务实及合法选择。上诉仲裁在程序启动和裁决生效两方面体现仲裁要素,从而使其有别于WTO上诉审议;但在仲裁员遴选及组庭、审理程序、法律适用及裁决执行监督等方面,则基本复制了上诉审议程序,显示了其替代上诉的实质,回应解决了参加成员在特殊时期的上诉需求。在制度创新方面,MPIA融入若干提高程序效率的规定,试图在危机背景下回应WTO上诉机制的改革需要。

3.单边主义或多边主义是对国家行为的描述,判断的标准是其是否遵循现有的多边规则。现有多边规则建立在国家主权平等基础之上,基于国家同意准则形成和发展,主要大国在这一过程中发挥了主导作用。实践表明,国际贸易格局的变化引发了规则与利益的

失衡。一般而言，政府对其国民负责的国家观和国际现实，决定了国家利益成为国家行为的出发点。某些大国为其利益可能违反现有多边规则，采取单边措施。美国政府公然违反WTO规则，对中国和其他WTO成员采取单边措施，即为明证。长远看来，由于国家利益驱动，单边主义与多边主义的碰撞是必然的，也是常态；规则的静态性和利益的动态性也催生了新规则的产生。认清此发展规律，秉持"国际法治"的愿景，多边体制广大成员理应坚持、维护和发展多边规则，坚决反对个别或少数成员以"实力"为基础的单边主义行为，以维护"规则取向"的多边体制。

4. 以WTO为核心的多边贸易体制是国际贸易的基石，为推动全球贸易发展、建设开放型世界经济发挥了中流砥柱作用。加入WTO以来，中国始终坚定支持多边贸易体制，全面参与WTO各项工作，推动WTO更加重视发展中成员的关切，反对单边主义和保护主义，维护多边贸易体制的权威性和有效性，与各成员共同推动WTO在经济全球化进程中发挥更大作用。具体而言，中国作出了如下努力：（1）积极推进贸易投资自由化、便利化；（2）积极维护争端解决机制有效运转；（3）深度参与贸易政策审议；（4）全力支持发展中国家融入多边贸易体制；（5）坚决反对单边主义和保护主义，利用多边合作平台倡导自由贸易。

论述题与深度思考题

世界贸易组织是根据世界贸易组织协定建立的世界性贸易组织。以《世界贸易组织协定》为核心的贸易规则确立了世界贸易组织的多边、统一贸易制度。其成员是加入世界贸易组织的各国政府和单独关税区政府。世界贸易组织具备以下几个方面的职责：第一，促进乌拉圭回合各项法律文件以及今后可能达成的各项新协议的实施、管理与运作；第二，为各成员方就协议范围内的问题和世界贸易组织授权范围内的新议题进行进一步谈判提供场所；第三，负责解决世界贸易组织成员之间存在的分歧与争端；第四，负责定期审议世界贸易组织成员的贸易政策。

（1）多边性。

世界贸易组织制度的多边性主要体现在下述几个方面：

1）世界贸易组织协议是由多个政府参加的多边条约，其确定的规则的调整范围已大大超出了《关税与贸易总协定》的范围，不仅在货物贸易方面有突破，而且扩大到了服务贸易和与贸易有关的知识产权方面，其调整范围和影响力远非双边协定或区域贸易协定可比。2）构成世界贸易组织制度基础的最惠国待遇原则及规则，使双边谈判的结果能够在多边范围内受益，形成了一个双边与多边利益相互交织的制度。这是世界贸易组织制度与所有其他国际组织制度相比最具特色的地方。多边的最惠国待遇，使所有缔约方处于既享受一国优惠同时又向其他缔约方提供优惠的同等地位。最惠国待遇在缔约方之间起了统一和平衡的作用。不但省去了缔约方之间进行谈判的必要性，也克服了双边谈判不可避免的互惠性和局限性。最惠国制度不仅体现在传统的货物贸易中，也适用于服务贸易和与贸易有关的知识产权中。3）世界贸易组织的多边性也体现在其争端解决制度中。在协商不能解决成员之间的贸易争端时，根据世界贸易组织争端解决制度的要求，必须遵循多边程序来解决争端，必须遵循多边解决争端的结果，而不得单方面进行贸易制裁或威胁。由法律地位独立的专家断案就为各缔约方设置了一个对解决争端具有强制管辖的多边监督机制。4）其贸易政策审查机制也表明了多边框架下对一成员贸易政策的制约与影响。

（2）统一性。

1）体现在其是一个三位一体的概念。从功能上说，包含了国际组织、国际贸易条约群体（世界贸易组织体制）和多边贸易场所。多种功能统一由世界贸易组织行使。从其构成说，包含了外交、贸易与法律三个方面的因素。

2）世界贸易组织具有统一的法律框架。世界贸易组织的法律框架包括《建立世界贸易组织的马拉喀什协议》及其四个附件，包括了货物贸易规则、服务贸易规则和知识产权保护规则，以及争端解决和贸易政策审查规则。各种实体规则统一适用，实体规则与程序规则相结合。

3）世界贸易组织设立了一整套系统的组织机构，负责组织和协调世界贸易组织协议的全面实施。这些机构主要分为以下几个层次：其一，部长会议。部长级会议是世界贸易组织的最高权力机构。部长级会议至少每两年举行一次。部长级会议具有立法权、准司法权、豁免某个成员在特定情况下的义务、批准非世

贸组织成员提出要求成为世界贸易组织观察员的申请。其二，三种形式的总理事会。世界贸易组织的日常工作由总理事会、争端解决机构、贸易政策审议机构负责。其三，三个理事会与六个委员会。在总理事会下设有货物贸易理事会、与贸易有关的知识产权理事会以及服务贸易理事会。此外还有贸易与环境委员会、贸易与发展委员会、最不发达国家小组委员会、区域贸易协定委员会、国际收支平衡限制委员会及预算、财务与管理委员会。

4）通过贸易政策评审机制，统一监督、协调成员履行义务的情况。根据《贸易政策评审机制》，贸易政策评审成为世贸组织的固定制度。该机制的宗旨是通过经常的监督，增加各国贸易政策及实践的透明度和相互了解，提高公众及政府间在政策问题上争论的质量，并为多边评价一国贸易政策对全球经济制度的影响提供资料；对每一成员的贸易政策及实施情况以及这些政策对多边贸易体制的影响进行定期的、综合的评价。审查定期进行，对各成员审查的频率由其贸易额决定。贸易政策审查机构审查主要依据两个文件：被审查国政府提交的政策咨文和世界贸易组织秘书处独立准备的详细报告。

5）争端解决机制的统一性。

第一，争端解决制度的适用范围。

根据下列协议提起的争端，都适用《关于争端解决规则与程序的谅解》：《世界贸易组织协定》、附件1A《货物贸易多边协议》、附件1B《服务贸易总协定》、附件1C《与贸易有关的知识产权协定》和附件2《关于争端解决规则与程序的谅解》。根据附件4诸边贸易协议提出的争端，也适用这一争端解决制度。

根据《关于争端解决规则与程序的谅解》的规定，该谅解附录2中明确列出的相关协议中的特殊或额外规定，如果与谅解本身的规定不同，则优先适用这些特殊或额外规定。实践中，专家组和上诉机构总是协调性适用这两部分的规定。

上述规定完全消除了《关税与贸易总协定》原框架下不同协议适用不同争端解决规则、不同成员权利义务不统一的情形。

第二，争端解决机构的设置和职责是统一的。争端解决机构的职责主要包括：设立专家组处理案件；通过或否决专家组和上诉机构的争端解决报告；负责监督裁决和建议的执行，包括确定合理的实施期限；当有关成员不遵守裁决时，经申请授权进行报复，包括确定报复的范围和水平。虽然专家组是非常设的，是经申诉方的申请设立的，但上诉机构是常设的，并且上诉机构的集体工作程序保证了法律的稳定性和可预期性。

第三，各类争端适用同一争端解决程序，包括磋商、专家组程序、上诉机构程序等。争端解决机构通过专家组和上诉机构的报告。争端解决机构并不亲自审理案件，它是在专家组和上诉机构的协助下提出建议、作出裁定。被裁定违反了有关协议的一方，应在合理时间内履行争端解决机构的裁定和建议，不仅是申诉方，其他任何成员都有权监督被诉成员实施争端解决机构裁决的情况。

总之，从以上几个方面可以看出世界贸易组织是多边性和统一性的结合体。

第二十二章　国家与他国国民之间经济贸易争议的解决

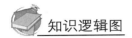

知识逻辑图

国家与他国国民之间争议解决方法
- 磋商
- 行政复议
- 诉讼
- 仲裁（包括 ICSID）
- 外交方法

ICSID 管辖范围
- 主体
  - 缔约国一方
  - 另一缔约国国民
- 对象——直接因投资产生的法律争议
- 条件
  - 书面仲裁协议 → 仲裁庭管辖权 ⇒ ICSID 程序 / 适用法律
  - 缔约国政府特别同意

仲裁庭管辖权
- ICSID 程序
- 适用法律
  - 当事人约定
  - 东道国法律
  - 国际法原则
- 裁决
  - 撤销
    - 专门委员会
    - 程序性原因
  - 承认/执行
    - 相当于缔约国最高法院判决
    - 不得进行任何审查

名词解释与概念比较

1. 《华盛顿公约》
2. ICSID

选择题

（一）单项选择题

1. 对解决国际投资争议中心（ICSID）组成的仲裁庭作出的裁决，当事人任何一方可以要求撤销的理由不包括（　　）。

A. 仲裁庭的组成不适当

B. 有严重背离基本程序规则的情况

C. 仲裁庭适用了当事人协议的国际法规范

D. 裁决未陈述其所依据的理由

2. 下列关于解决国际投资争议中心管辖权的陈述哪一项是不正确的?（　　）（司考）

A. 争议双方当事人为同一缔约国的国民

B. 争议必须是直接产生于投资的法律争议

C. 双方当事人必须书面同意将争议提交中心管辖

D. 一旦双方当事人将争议交付中心，原则上即排除了投资者本国的外交保护权

3. 英国凯英公司与我国贝华公司签订合同，取得贝华公司的部分股权。如果凯英公司与贝华公司之间就此合同发生争议，提起诉讼。依照我国法律规定，下列表述中哪一说法是正确的?（　　）（司考改编）

A. 可以在英国诉讼

B. 必须在中国诉讼

C. 如果双方当事人在合同中选择英国管辖，我国法院就没有管辖权

D. 如果双方当事人在合同中选择第三国管辖，我

国法院就没有管辖权

4. 依据《解决国家与他国国民之间投资争端公约》建立的解决国际投资争议中心, 对下列哪一争端事项具有管辖权? ( )(司考)

A. 缔约国和另一缔约国因直接投资而产生的法律争端, 并经双方书面同意提交中心

B. 缔约国和另一缔约国国民因直接投资而产生的法律争端, 并经双方口头同意提交中心

C. 缔约国和另一缔约国国民因直接投资而产生的法律争端, 并经双方书面同意提交中心

D. 缔约国和另一缔约国国民因间接投资而产生的法律争端, 并经双方书面同意提交中心

5. 下列有关解决国际投资争议中心管辖权的说法正确的是( )。

A. 如果两国都是《解决国家与他国国民之间投资争端公约》的缔约国, 两国之间的争议该中心均有管辖权

B. 该中心只能受理有关投资的涉及权利义务的争端

C. 在东道国设立的外资企业与东道国之间的争端, 不能提交该中心解决

D. 争端双方向该中心提交的书面仲裁协议, 启动了争端解决程序, 与该中心管辖权无关

6. 对于解决国际投资争议中心作出的仲裁裁决, 下列说法中正确的是( )。

A. 如果裁决存在可以申请撤销的理由, 争端方应向该中心所在国的法院提出申请

B. 如果裁决存在可以申请撤销的理由, 争端方应向被申请人所在国的法院提出申请

C. 如果裁决适用了东道国法律之外的国际法规则, 该裁决可以申请撤销

D. 如果裁决被撤销, 争端方可将争议提交新的仲裁庭审理

7. 下列有关解决国际投资争议中心作出的仲裁裁决与《承认与执行外国仲裁裁决公约》所适用的裁决的说法正确的是( )。

A. 前者是可以撤销的, 而后者是不可以撤销的

B. 各缔约国的法院不得对前者进行任何审查, 而可以对后者进行形式上的审查

C. 对两种裁决, 执行地法院都可以依据公共秩序为由拒绝执行

D. 二者都需要经过法院程序对裁决予以承认

8. 有关解决国际投资争议中心裁决的撤销, 下列说法正确的是( )。

A. 争端方向中心秘书长提出撤销申请, 由秘书长审查后决定是否撤销

B. 争端方向中心秘书长提出撤销申请, 由秘书长任命的专门委员会对该申请进行审查

C. 审查撤销仲裁申请的专门委员会成员可以是原仲裁庭成员

D. 仲裁裁决只能全部撤销, 而不能部分撤销

9. 根据《解决国家与他国国民之间投资争端公约》, 甲缔约国与乙缔约国的桑德公司通过书面约定一致同意: 双方之间直接因投资而产生的争端, 应直接提交解决国际投资争议中心仲裁。据此事实, 下列哪一选项是正确的? ( )(司考)

A. 任何一方可单方面撤销对提交该中心仲裁的同意

B. 在中心仲裁期间, 乙国无权对桑德公司行使外交保护

C. 在该案中, 任何一方均有权要求用尽当地救济解决争端

D. 对该中心裁决不服的一方有权向有管辖权的法院提起撤销裁决的诉讼

视频讲题

10. 甲、乙两国均为《解决国家和他国国民之间投资争端公约》的缔约国。甲国 A 公司拟将与乙国的争端提交根据该公约成立的解决国际投资争议中心。对此, 下列哪一选项是不正确的? ( )(司考)

A. 该中心可根据 A 公司的单方申请对该争端行使管辖权

B. 该中心对该争端行使管辖权, 须以 A 公司和乙国书面同意为条件

C. 如乙国没有特别规定, 该中心对争端享有管辖权不以用尽当地救济为条件

D. 该中心对该争端行使管辖权后, 可依争端双方同意的法律规则作出裁决

11. 下列关于解决国际投资争议中心的各项表述中错误的是（   ）。

A. 该中心解决投资争议的方法可以是调解，也可以是仲裁

B. 提交该中心解决的争端必须是直接由投资引起的法律争端

C. 该中心仲裁裁决应被各缔约国视为本国法院作出的最终判决，承认其效力，并在其领土内予以执行

D. 该中心仲裁适用的法律只能是双方同意的法律，或者东道国的法律

（二）多项选择题

1. 解决国际投资争议中心（ICSID）管辖的案件特点有（   ）。（考研）

A. 涉及当事人的权利义务关系的

B. 与投资有关的

C. 是缔约国之间的投资争端

D. 争端当事人必须具有不同的国籍，来自不同的缔约国

2. 提交解决国际投资争议中心的案件必须满足的条件是（   ）。

A. 争端当事方必须属于《解决国家与他国国民之间投资争端公约》的缔约国

B. 争端当事方必须向该中心提出书面仲裁协议

C. 缔约国公共机构或实体同意案件提交中心仲裁，必须取得该缔约国的批准，除非该缔约国事先通知中心无须这种单独批准

D. 该争议必须产生于投资国与东道国的投资者之间

3. 如果某中外合资经营企业的中外投资者之间产生法律争端，可以通过下列哪些方法予以解决？（   ）

A. 可以向中国法院提起诉讼

B. 可以向中国涉外仲裁机构申请仲裁

C. 可以提交解决国际投资争议中心解决

D. 可以通过双方协商解决

4. 中国政府在加入《解决国家与他国国民之间投资争端公约》时，同意考虑将下列哪些争端提交中心解决？（   ）

A. 征收的赔偿争议

B. 国有化的赔偿争议

C. 市场准入的法律争议

D. 外汇汇兑的争议

5. 关于《解决国家和他国国民之间投资争端公约》和依其设立的解决国际投资争议中心，下列哪些说法是正确的？（   ）（司考）

A. 中心管辖直接因投资引起的法律争端

B. 中心管辖的争端必须是关于法律权利或义务的存在或其范围，或是关于因违反法律义务而实行赔偿的性质或限度的

C. 批准或加入公约本身并不等于缔约国承担了将某一特定投资争端提交中心调解或仲裁的义务

D. 中心的裁决对争端各方均具有约束力

6. 根据《解决国家与他国国民之间投资争端公约》，如果当事人各方同意将争端提交解决国际投资争议中心仲裁，则下列表述哪些是正确的？（   ）

A. 原则上有关争端不再属于作为争端一方的缔约国国内法院的管辖范围，也排斥投资者本国的外交保护

B. 如当事人一方拒绝参加仲裁，只要中心认为对争议有管辖权，则可以缺席审理并裁决

C. 胜诉方无论在哪一缔约国境内或其管辖领域下发现另一方的财产，都可请求该缔约国的法院执行中心的仲裁裁决

D. 即使经双方当事人同意，也不得撤回已同意提交中心管辖的争议事项，但可以改变

视频讲题

 简答题

简述解决国际投资争议中心处理案件的程序。（考研）

 论述题与深度思考题

1. 国际投资争议解决方法。（考研）

2. 评述解决国际投资争议中心与世界贸易组织争议解决机制。（考研）

3. 评析《解决国家与他国国民之间投资争端公约》

关于法律适用的规定。（考研）

参考答案

 名词解释与概念比较

1.《解决国家与他国国民之间投资争端公约》，因在美国华盛顿签署，故又称《华盛顿公约》。根据该公约设立了解决国际投资争议中心，解决缔约国间缔约国国家政府与他国国民之间的直接因投资而产生的法律争端。该中心作出的裁决相当于缔约国最高法院作出的判决。中国是该公约的缔约国。

2. ICSID，即解决国际投资争议中心，是根据《解决国家与他国国民之间投资争端公约》设立的常设仲裁机构，解决缔约国国家与他国国民之间的直接因投资而产生的法律争端。该中心作出的裁决相当于缔约国最高法院作出的判决。

 选择题

（一）单项选择题

1. C。考点：解决国际投资争议中心裁决的承认与执行

解析：根据《解决国家与他国国民之间投资争端公约》，对于解决国际投资争议中心作出的裁决，只有在下述情况下，才可以申请撤销：仲裁庭组成不当；仲裁庭超越其权限范围；仲裁庭成员有受贿行为；仲裁裁决有严重背离基本程序规则的情况；裁决未陈述其所依据的理由。对这一规定，本题选项中只有 C 没有包括在这一范围之内，因此是本题的正确选项。

2. A。考点：解决国际投资争议中心的管辖权

解析：根据《解决国家与他国国民之间投资争端公约》第 25 条关于解决国际投资争议中心管辖权的规定，提交中心调解或仲裁的案件必须同时具备三个要件：（1）争议当事人一方必须是缔约国政府，他方是另一缔约国国民；（2）争议必须是直接产生于投资的法律争议；（3）双方当事人必须书面同意将争议提交中心管辖，一旦作出书面同意决定，不得单方面撤销。一旦双方当事人将争议交付中心，原则上即排除了投资者本国的外交保护权。

3. B。考点：我国的专属管辖权

解析：我国《民事诉讼法》第 273 条规定："因在中华人民共和国履行中外合资经营企业合同、中外合作经营企业合同、中外合作勘探开发自然资源合同发生纠纷提起的诉讼，由中华人民共和国人民法院管辖。"另依据《外商投资法》第 2 条第 2 款第（2）项的规定，英国凯英公司与我国贝华公司投资建立的是外商投资企业的一种，中外合资经营活动属于我国法院的专属管辖，必须在中国诉讼。

4. C。考点：国际投资争端的解决

解析：根据《解决国家与他国国民之间投资争端公约》的规定，解决国际投资争议中心的管辖适用于缔约国和另一缔约国国民之间因直接投资而产生的任何法律争端，而该争端经双方书面同意提交中心。据此 A、B、D 三项都有不符之处。

5. B。考点：解决国际投资争议中心的管辖权

解析：解决国际投资争议中心受理的案件，必须是缔约国及其公共机构或实体与另一缔约国国民之间直接因投资而产生的任何法律上的争议，即有关投资权利义务的争议。一个国家为缔约国的事实，并不意味着该国保证将与该国有关的投资争议提交中心解决。争端双方向中心提交的书面仲裁协议，是中心取得对该特定争议行使管辖权的必要的实质要件。经争端方同意，争端当事人可以具有同一国籍，例如在东道国设立的外资机构和东道国政府可以约定将争端提交中心解决。因而，本题的正确选项是 B。

6. D。考点：解决国际投资争议中心的仲裁裁决及相关问题

解析：解决国际投资争议中心在审理案件时可以依据东道国的法律和适用国际法规则。因此，C 选项错误。对于存在可以申请撤销情形的裁决，争端方应向中心秘书长提出申请，而非向任何国家的法院提出申请。选项 A、B 均错误。如果裁决被撤销，任何争端方都可以请求将此争议重新提交给新的仲裁庭审理，故选项 D 正确。

7. B。考点：解决国际投资争议中心的裁决与一般国际仲裁裁决的区别

解析：解决国际投资争议中心作出的裁决，相当于缔约国最高法院作出的判决，法院不得对其进行任何形式或实质上的审查，也不能以公共秩序为由拒绝执行。故选项 B、C、D 中，只有 B 项是正确选项。至

于 A 选项，两种裁决都是可以撤销的，但撤销途径不同：一个经过解决国际投资争议中心本身，另一个经过裁决地的法院。故该选项不正确。

8. B。考点：解决国际投资争议中心裁决的撤销

解析：对于解决国际投资争议中心作出的裁决，其撤销程序如下：当事人向中心秘书长提出撤销申请，秘书长登记后，提请中心行政理事会主席任命专门委员会进行审查。委员会成员不得是原仲裁庭的成员。委员会可以部分或全部撤销裁决。本题选项中正确选项是 B。

9. B。考点：《解决国家与他国国民之间投资争端公约》的争端解决特点

解析：根据《解决国家与他国国民之间投资争端公约》设立的解决国际投资争议中心，受理国家与他国国民之间的投资争端。一旦双方书面提交该中心解决争端后，任何一方都不可单方面撤回，相关国民的政府也不得对该国民行使外交保护，同时也无用尽当地救济的要求。该中心作出的裁决是终局的，按有关国家最高法院的裁决对待，因而不能再进一步上诉或撤销裁决的诉讼。本题提供的选项中，B 选项正确，其他选项都属于错误选项。

10. A。考点：解决国际投资争议中心的管辖

解析：《解决国家与他国国民之间投资争端公约》第 25 条第 1 款规定，中心的管辖适用于缔约国（或缔约国向中心指定的该国的任何组成部分或机构）和另一缔约国国民之间直接因投资而产生并经双方书面同意提交给中心的任何法律争端。当双方表示同意后，任何一方不得单方面撤销其同意。因此依照公约规定，中心仅对争端双方书面同意提交给中心裁决的争端有管辖权，故选项 B 正确，选项 A 错误。该公约第 26 条规定，除非另有规定，双方同意根据本公约交付仲裁，应视为同意排除任何其他救济方法而交付上述仲裁。缔约国可以要求以用尽该国行政或司法救济作为其同意根据本公约交付仲裁的条件。故选项 C 正确。该公约第 44 条规定，任何仲裁程序应依照本节规定，以及除双方另有协议外，依照双方同意提交仲裁之日有效的仲裁规则进行。如发生任何本节或仲裁规则或双方同意的任何规则未作规定的程序问题，则该问题应由仲裁庭决定。故选项 D 正确。因此，本题只有 A 项错误，B、C、D 选项均正确，故答案为 A 项。

11. D。考点：解决国际投资争议中心的内涵

解析：解决国际投资争议中心对于向其提交的与投资直接相关的法律争端，既可以采取调解方式解决，也可以采取仲裁方式解决。中心对于适用的法律，若无双方同意的法律，则适用一方的缔约国的法律或国际法规则。该中心作出的仲裁裁决，具有类似于国内最高法院作出的判决的效力。所以，本题提供的四个选项中，A、B、C 项均正确，D 选项错误。

（二）多项选择题

1. AB。考点：解决国际投资争议中心的管辖权

解析：解决国际投资争议中心受理的案件，必须是缔约国及其公共机构或实体与另一缔约国国民之间直接因投资而产生的任何法律上的争议。所谓法律上的争议，即必须涉及权利义务关系。因此，本题选项中，A、B 项显然正确。选项 C 将争议限于缔约国之间，而不是缔约国与另一缔约国国民之间的争端，显然不符。D 选项似乎正确，但实际上，经争端方同意，争端当事人可以具有同一国籍，例如，在东道国设立的外资机构和东道国政府，可以约定将争端提交中心解决。D 选项将问题绝对化，不符合情况，为非正确选项。

2. ABC。考点：解决国际投资争议中心的管辖权

解析：从《解决国家与他国国民之间投资争端公约》名称中可以看出，解决国际投资争议中心解决的是国家与投资者之间的投资法律争端，因而 D 选项明显被排除。在具体条件方面，本题选项 A、B、C 提供的条件都是解决国际投资争议中心受理案件所必须满足的条件，故本题正确答案为选项 A、B、C。

3. ABD。考点：国际投资的争议解决方式

解析：本题提供的争端是投资者双方之间的法律争端，故选项 C 被排除，因为该中心只解决国家与投资者之间的争端。其他三个选项都是正确选项。

4. AB。考点：中国同意提交解决国际投资争议中心的案件类型

解析：中国在加入《解决国家与他国国民之间投资争端公约》时根据第 24 条的规定，通知只考虑将由征收和国有化而产生的赔偿争议提交解决国际投资争议中心解决。故本题的正确选项是 A、B。

5. ABCD。考点：《解决国家与他国国民之间投资争端公约》

解析：《解决国家与他国国民之间投资争端公约》第 25 条第 1 款规定：中心的管辖适用于缔约国（或缔

约国向中心指定的该国的任何组成部分或机构）和另一缔约国国民之间直接因投资而产生并经双方书面同意提交给中心的任何法律争端。当双方表示同意后，任何一方不得单方面撤销其同意。争端必须是关于法律权利或义务的存在或其范围，或是关于因违反法律义务而实行赔偿的性质或限度的。中心仅对争端双方书面同意提交给中心裁决的争端有管辖权，而批准或加入公约本身并不等于缔约国承担了将某一特定投资争端提交中心调解或裁决的义务。中心的裁决对争端各方均具有约束力，不得进行任何上诉或采取任何其他除本公约规定外的补救办法。本题提供的 4 个选项都符合上述要求，均正确。

6. ABCD。考点：当事人同意解决国际投资争议中心管辖的法律后果

解析：根据《解决国家与他国国民之间投资争端公约》，"同意"提交仲裁具有严格的法律后果，具体如下：（1）中心管辖成为排他性救济。一旦当事人"同意"在中心仲裁，就处于中心的专属管辖之下，排斥投资者本国的外交保护。（2）当事人不能单方面撤回或改变已同意提交中心管辖的争议事项。（3）在一方拒绝参加仲裁时实行缺席审理程序。（4）胜诉方可以在任何一个缔约国的国内法院或机构请求执行仲裁裁决。本题提供的选项都正确。

 简答题

解决国际投资争议中心处理案件遵循仲裁程序，具体包括仲裁申请、专家组的组成、审理、裁决、仲裁裁决执行或撤销。

拟将争议提交中心解决的任何缔约国或缔约国国民，应向中心秘书长提出书面仲裁申请。秘书长应予以登记。仲裁庭可由双方同意的独任仲裁员或 3 名仲裁员组成。仲裁庭可就其管辖权限作出决定。

仲裁程序应当按照公约的规定进行，除当事双方另有约定外，应当依照双方同意提交仲裁之日有效的仲裁规则进行仲裁。如果发生公约及中心仲裁规则或双方同意的任何规则未作规定的程序问题，则该问题应当由仲裁庭决定。仲裁庭在解决争议的过程中应当适用双方共同选择的法律，实践中通常适用东道国的法律。

仲裁裁决应以全体成员的多数票作出，并应采用

书面形式，由赞成此裁决的成员签署。未经双方当事人同意，裁决不得对外公布。

当事人只有在下列情况下，才可向秘书长提出撤销仲裁裁决的申请：仲裁庭的组成不当；仲裁庭的裁决显然超越其权限范围；仲裁庭的成员有受贿行为；仲裁裁决有严重背离基本的程序规则的情况；仲裁裁决未陈述其所依据的理由。若仲裁裁决全部或部分被撤销，任何一方当事人可请求将此争议重新提交给一个新的仲裁庭审理，但只审理被撤销的部分。

中心的裁决相当于缔约国法院的最终裁决，各缔约国法院不得对它进行任何形式的审查，包括程序上的审查；也不得以违背当地的社会公共秩序为由而拒绝承认与执行。任何一方当事人也不得对中心的裁决提出任何上诉或采取任何除公约规定以外的补救办法。

 论述题与深度思考题

1. 国际投资争议解决方法有多种，有强制性的，也有非强制性的；有国内程序，也有国际程序。主要包括下述几种：

（1）ADR（选择性争端解决方法）。

第一，友好协商谈判。

这是争议双方当事人自行解决他们之间争议的最为常见的方法。其特点为没有第三者的介入。一般在合同或协议中首先规定"由此产生的争议，当事双方应当通过友好协商的方式解决"。这种解决方法有利于双方当事人间的友好合作关系。事实上大多数争议都是当事人协商解决。

第二，双方当事人共同选择第三人调解。

与争议双方无利害关系的第三者参与争议解决。通常由双方订立通过调解的方式解决他们之间争议的书面或口头协议，并共同参与对调解员的选择。调解员的主要作用是促成争议双方达成和解协议。无论是调解员提出的调解方案还是当事人达成的和解协议，对争议双方均无法律上的拘束力。

（2）当地法院救济方法。

投资争议发生后，可以向东道国行政当局申请或向东道国法院提起诉讼。在一国法院提起的涉及不同国家当事人之间的投资争议，各国法院根据本国民事诉讼法对此类争议行使管辖权。一国作出的判决，如果需要到另一国家执行，还要得到另一国法院的司法

协助。

（3）国内或国际商事仲裁。

这是与国内法院解决投资争端相对立的一种方法，当事人通过仲裁协议将其投资争端交由非法院的第三方裁断。一般来说，裁决结果是终局的。根据《承认及执行外国仲裁裁决公约》，在该公约的缔约方内，一缔约方的仲裁裁决可以在其他缔约方境内得到执行。

（4）通过外交途径解决。

采用外交保护的方法，由外国投资者所属国的政府有关部门通过外交途径向东道国政府提出国际请求，由两国政府之间通过谈判解决。但行使外交保护的前提通常是用尽当地救济。现在采取这种方法的案件数量呈下降趋势。

（5）ICSID 仲裁。

ICSID（解决国际投资争议中心）是处理国家与他国国民之间投资争议的专门国际机构。其裁决相当于各国法院终局裁决，国家法院无权对它进行任何形式的审查。ICSID 行使管辖权的必要条件包括：一方必须是公约缔约国或其公共机构或实体，另一方是另一缔约国国民；当事人双方同意，且必须订立将该特定争议提交中心解决的书面仲裁协议；投资争议有法律性质。

2. （1）ICSID 和 DSB 概况。

ICSID（解决国际投资争议中心）是根据 1965 年《关于集成电路知识产权条约》设立的，是世界银行下属的根据《关于集成电路知识产权条约》专门处理国家与他国国民之间的投资争议的国际机构。

世界贸易组织的争议解决机制仅适用于该组织成员之间由于执行世界贸易组织协议而产生的争议。各成员所属的自然人或法人，不能成为该争议解决机制的主体。根据乌拉圭回合谈判达成的《关于争端解决规则与程序的谅解》（DSU），世界贸易组织设立了争端解决机构（DSB）。《关于争端解决规则与程序的谅解》确立了一套处理成员间贸易争端的统一的争端解决制度。

（2）两个机构的主要不同。

综观两个争端解决制度，它们主要存在下述不同：机构设置不同；管辖依据不同；争端解决的对象不同；争端主体不同；适用的程序不同；适用法律不同；裁决的执行程序不同。

ICSID 是根据《关于集成电路知识产权条约》设立

的国际法人，具有完全的国际法律人格。而 DSB 是世界贸易组织这一独立国际法人内部的一个制度。ICSID 采取一裁终裁的方式解决争端，而 DSB 存在专家组和上诉机构两个审判程序，严格意义上说还包括专家组之前的磋商程序。

在争端管辖权方面，ICSID 行使管辖权必须具备下述条件：第一，关于当事人的资格。第二，当事双方同意。第三，投资争议的法律性质。DSB 则采取强制性的统一管辖权：只要成员认为其他成员的措施违反了世界贸易组织有关协议，或者因其措施该成员据相关协议直接或间接享有的利益受损或丧失，该成员就可以在磋商未果的情况下申请设立专家组解决争端，无须取得被诉方的同意。

就争端和争端方来说，ICSID 解决东道国与投资者之间有关投资的法律争端，其争端可能因国内法产生或因国际条约而产生。而 DSB 解决成员政府间的贸易争端，争端仅限于世界贸易组织相关协议。就争端主体而言，在 ICSID 是东道国政府和投资者，DSB 是成员政府。

在仲裁程序方面，ICSID 的拟将争议提交中心解决的任何缔约国或缔约国国民，应向中心秘书长提出书面仲裁申请。仲裁庭可由双方同意的独任仲裁员或 3 名仲裁员组成。仲裁庭可就其管辖权限作出决定。仲裁程序应当按照公约规定进行，除当事双方另有约定外，应当依照双方同意提交仲裁之日有效的仲裁规则进行仲裁。就 DSB 的仲裁程序而言，其申诉成员向 DSB 提出设立专家组的申请，开始了专家组及上诉机构审理案件的程序。专家组的权限范围由设立申请决定，但通常是谅解规定的标准权限。专家组和上诉机构审理案件时，遵循谅解、各相关协议的特殊争端解决程序以及专家组和上诉机构审理程序。

在适用法律方面，ICSID 的仲裁庭在解决争议的过程中，应当适用双方共同选择的法律，实践中通常适用东道国的法律，甚至可以根据公平善意原则仲裁，而 DSB 的专家组和上诉机构只能根据世界贸易组织的相关协议来裁决，一般国际法原则的适用受到严格的限制。

在裁决方面，ICSID 仲裁裁决应以全体成员的多数票作出，并应采用书面形式，由赞成此裁决的成员签署。未经双方当事人同意，裁决不得对外公布。当事人只有在下列情况下，才可向秘书长提出撤销仲裁裁

决的申请；仲裁庭的组成不当；仲裁庭的裁决显然超越其权限范围；仲裁庭的成员有受贿行为；仲裁裁决有严重背离基本的程序规则的情况；仲裁裁决未陈述其所依据的理由。若仲裁裁决全部或部分被撤销，任何一方当事人可请求将此争议重新提交给一个新的仲裁庭审理，但只审理被撤销的部分。而在 DSB 的裁决方面，争端方针对专家组裁决中的法律解释或法律结论，可以向上诉机构提起上诉。专家组及上诉机构的裁决只有经过 DSB 会议通过后才成为有约束力的裁决。

在裁决的执行方面，ICSID 的裁决相当于缔约国法院的最终裁决，各缔约国法院不得对它进行任何形式的审查，包括程序上的审查；也不得以违背当地的社会公共秩序为由而拒绝承认与执行；任何一方当事人也不得对中心的裁决提出任何上诉或采取任何除公约规定以外的补救办法。而在 DSB 的裁决的执行方面，争端解决机构的裁决或建议只被裁决违反义务的成员政府实施，而非成员法院实施，如何实施由成员政府决定。如申诉成员认为被诉成员没有实施，或其实施措施仍然违反相关协议，则经 DSB 授权可以采取报复措施，中止已经作出的减让或其他义务。

（3）评述。

第一，ICSID 争议解决机制所确立的投资争端解决机制的特色主要体现在三个方面：其一是中心对管辖权的规定；其二是中心的排他性管辖；其三是中心在适用法律上所体现出的特点。

客观而言，对于 ICSID 所创立的投资争端解决机制，应从积极效应与消极效应两个层面进行客观的分析。

就积极效应层面来说，由于公约是发达国家与发展中国家关于国际投资争端解决机制问题在相互协调与妥协基础上第一次所作的比较成功的尝试，其在一定程度上体现了不同国家的主张与利益。同时从中心的管辖权等来分析，它所规定的解决方法具有自愿性、有效性与灵活性等特点。此外，就法庭在适用法律上所作的安排来说，它还是比较有特色的。再者，对东道国法律与国际法在适用选择上所作的规定，在一定程度上解决了东道国法律与国际法在适用上的冲突问题。因此，ICSID 自其诞生时起，它所确立的投资争端解决法律制度已使传统的国际投资法在争端解决方面发生了从量到质的转变。它在一定程度上标志着国际投资争端法治化的到来。

从消极效应层面来说，中心所确立的解决机制也存在一些不足，使其实际效应大打折扣：其一，公约规定的弹性条款太多。其二，公约第 52 条关于撤销措施的规定更是令人对中心争端解决机制的实然性结果产生疑问。

第二，就世界贸易组织争端解决机制的法律性质而言，磋商与审理制度相结合，二审制度与反向一致通过制度相结合，审理与执行监督制度相结合，使这种机制成为一种新型的、独特的国际经济组织争端解决机制。从其属性来说，它既非全司法性的又非全政治性的争端解决机制，相反，其呈现出的是一种司法性与政治性相兼容的特色。

世界贸易组织法律规则体系中包括《与贸易有关的投资措施协定》《服务贸易总协定》，都可能对国际投资法产生重要的影响。从这一点上说，DSB 为今后投资争端的解决提供了新的渠道。但是就目前的情况来说，世界贸易组织体制对投资立法与投资政策的影响还是有限度的，主要集中在与贸易有关的投资措施、补贴与反补贴措施、与贸易有关的知识产权、服务贸易的市场开放及国民待遇等几个方面。所以从实质上来分析，世界贸易组织规则并没有广泛地涉及投资问题，且其这种切入式的方法也具有迂回的特点，所以其范围相对有限。

3. 在国际投资仲裁中，法律（实体法）适用问题至关重要，同时也是争执最多、最为混乱的一个问题。《解决国家与他国国民之间投资争端公约》为解决国际投资争议中心（ICSID）仲裁庭适用法律作了明确的规定，为解决这方面问题作出了重要努力。该公约第 42 条规定：

（1）当事人意思自治原则。仲裁庭应依照双方可能同意的法律规则判定一项争议。双方当事人可以选择某一国国内法或国际法，或国内法与国际法的混合，无论选择哪一种法律，仲裁庭应加以适用。但实践中当事人多选用东道国法律。

（2）当事人未选择法律的补救规则。当事人如无此协议，仲裁庭应适用争端缔约国的法律（包括其关于冲突法的规则）以及可以适用的国际法规则。

（3）禁止不予裁决的规定。仲裁庭在按规定应适用的法律缺少相应的或存在含义不清的规范时，可从其他法律体系（包括国内法和国际法）中抽取一般法律原则加以适用。

（4）公平与善意原则。仲裁庭在双方特别授权时，可根据公平与善意原则而不是根据法律作出裁决。

这一规定具有几个基本特点：第一，与一般国际商事仲裁机构的法律适用不同，它明确规定了当事人未进行法律选择时直接适用的法律。这是公约法律适用的一个独具特色并引人注目的规则。第二，既规定了东道国法的可适用性，又规定了国际法的可适用性，体现了对发展中国家和发达国家不同主张的利益的调和。第三，整个条款构成一种硬性规定，仲裁庭必须严格按照上述规则适用法律。

当然也不能否定，该公约第42条的规定是原则性的，在具体的解释和运用上还有大量的问题有待解决，而且这些问题主要集中在第1款上。

综合测试题（一）

一、名词解释与概念比较（每题 5 分，共 10 分）

1. 承兑交单与承兑信用证

2. 负面清单制度与正面清单制度

二、选择题（每题 2 分，共 40 分）

（一）单项选择题

1. 中国公司 P 和外国公司 F 在中国进行合资，设立企业 V。下列有关说法正确的是（　　）。

A. V 是中国法人

B. 在注册资本中，F 所占份额一般不得低于 25%，不得大于 49%

C. P 和 F 不实际缴纳资本，也能合法注册设立 V

D. 若 P 和 F 对 V 的经营产生争议，则 F 可将该争端提交解决国际投资争议中心（ICSID）请求仲裁

2. R 和 E 分别是某一技术许可协议的许可方和被许可方。下列说法中正确的是（　　）。

A. 如许可类型是独占许可，表示在某一区域内 E 是唯一使用许可技术的人

B. 为了保障 E 利用许可技术生产合格的产品，E 须向 R 购买除技术外的其他产品

C. E 承担了保密义务，如果这一技术为外界所知，E 即应承担责任

D. 由于无论 E 经营如何，总付方式总能保障 R 有一定的收入，因而这种支付方式对 R 最有利

3. 下列有关技术许可协议与商业特许协议的说法正确的是（　　）。

A. 技术许可协议与特许协议的最大不同在于后者是一种不包括技术许可的制度许可

B. 商业特许协议的许可方与被许可方之间存在管理与被管理的关系

C. 技术许可协议的所有被许可方都必须使用许可方的商号与商标

D. 商业特许协议的许可方与被许可方之间存在股权投资关系

4. 中国和美国都是《联合国国际货物销售合同公约》（CISG）的缔约国。中国卖方 S 与美国买方 P 订立国际货物买卖合同。下列说法中正确的是（　　）。

A. 如合同没有约定准据法，则 S 和 P 之间的合同效力纠纷可以据 CISG 解决

B. 货物为河北鸭梨，S 与某供货商签订了供货合同。后因该供货商遭遇特大洪灾而不能供货，S 可据不可抗力免责

C. P 在订立合同后第二天，要求解除合同，S 不同意，P 又明确通知 S 将不履行合同。S 严格履行合同，并要求 P 支付货款。法院应支持 S 的要求

D. S 和 P 可以口头订立合同，口头合同在中国诉讼时不能适用 CISG

5. 一国际货物买卖合同，FOB 上海，S 为卖方，P 为买方，C 为承运人，I 为保险人。目的港为旧金山。D/P 支付方式。下列说法中正确的是（　　）。

A. 如果卖方未能在约定的日期和地点装船，必须对由此引起的损失负责

B. D/P 表示一手交钱一手交单，不交钱则不交单，因而对卖方来说，没有风险

C. 如果 P 要求 S 交纳保证金以保证合同的履行，对 S 来说存在较大的风险

D. 如果 S 交付的货物与货样相符，P 就不能以货物质量原因拒收

6. 中国卖方 S 和英国买方 P 签订一国际货物买卖合同，CIF 伦敦，信用证方式付款，装运港为上海。V 公司承运，I 公司保险，K 银行为开证行。下列说法正确的是(　　)。

A. 上海到伦敦的风险承担者为 P
B. 货物在运输途中沉没，P 应向 V 索赔
C. 信用证申请人为 S
D. 首先向 S 付款的人为 P

7. 下列有关《关税与贸易总协定》中最惠国待遇的说法正确的是(　　)。

A. 国内税费方面的国民待遇事项也包括在最惠国待遇的范围中
B. 最惠国待遇要求给予任何一个世界贸易组织成员的待遇立即无条件地给予其他成员
C. 最惠国待遇的适用对象是国家
D. 无条件的最惠国待遇要求给予这种待遇时不得设立任何条件

8. 下列对《关税与贸易总协定》中约束关税的理解正确的是(　　)。

A. 约束关税表明该关税的法律约束力，作出承诺的成员不得对其修改
B. 作出承诺的成员征收的反倾销税不得超过约束关税的限额
C. 作出承诺的成员实际适用的关税可以低于约束关税的额度
D. 作出承诺的成员在约束关税之外不得征收其他任何税费

9. 下列有关贸易救济措施中的损害要求的说法正确的是(　　)。

A. 倾销进口产品对国内产业造成了严重损害或严重损害威胁
B. 保障措施中的损害是对同类产品生产商的损害
C. 反补贴措施中的损害要求是实质损害或实质损害威胁
D. 倾销进口产品是造成国内产业损害的唯一因素

10. 下列有关双边投资协定中"投资"概念的范围的说法正确的是(　　)。

A. 投资仅包括股权式投资
B. 投资仅包括现金外汇投资
C. 契约性的金钱请求权也是投资的一种形式
D. 投资不包括技术许可

(二) 多项选择题

1. 中国卖方 S 和英国买方 P 签订一国际货物买卖合同，CIF 伦敦，信用证方式付款，装运港为上海。下述说法正确的是(　　)。

A. 该合同为到达合同
B. 第一付款责任人为 P
C. 货物的交付地点为上海
D. 保险合同的被保险人为 S

2. 中国卖方 S 和英国买方 P 签订一国际货物买卖合同，CIF 伦敦，信用证方式付款，装运港为上海。K 银行为开证行。下列说法中正确的是(　　)。

A. 如果 P 丧失支付能力，S 即收不到货款
B. S 有义务为该笔买卖投保最高险别的保险
C. 支付运费的人为 S
D. S 以保函换取倒签提单，P 知道后，仍然接受提单，P 拒收货物的权利随之丧失

3. 一国际货物买卖合同，FOB 上海，S 为卖方，P 为买方，C 为承运人，I 为保险人，目的港为旧金山。下列说法中正确的是(　　)。

A. 从交货角度看，该合同实质上为货交承运人
B. 从不同角度看，S 和 P 都可以视为托运人
C. 由于 P 没有义务购买保险，与 I 签订海运保险合同的为 S
D. 海运保险合同的责任期限为仓至仓，如果货物在装船前损坏，I 应向卖方承担赔偿责任

4. 一国际货物买卖合同，FOB 上海，S 为卖方，P 为买方，C 为承运人，I 为保险人，目的港为旧金山。下列说法中正确的是(　　)。

A. 由于旧金山发生封港事件，运输船只不能入港，致使延迟向买方交付货物，S应对该延迟交货负责

B. FOB的最大特点是买方租船订舱。如果卖方将合同项下的货物备妥后，船只未按时到达，由此引起的风险由买方承担

C. 货物在海上运输途中的风险由买方承担，所以本术语下购买保险的义务人是买方

D. 买方检验卖方交货是否合格的地点是旧金山

5. 下列属于国际融资协议共同条款的是（   ）。

A. 利息条款　　　　　　B. 贷款期限条款　　　　　　C. 约定事项　　　　　　D. 先决条件

6. 下列所得中属于国际税收法律关系中跨国所得的是（   ）。

A. 美国教授在中国授课的收入

B. 中国企业在美国投资设厂所得的利润

C. 中国企业在美国的分公司经营企业所得

D. 美国银行贷款给中国企业的利息所得

7. 下列措施中属于避免双重征税的措施是（   ）。

A. 中国对外商投资企业所得实行三免二减

B. 法国对法国企业在中国投资所得实行免税

C. 法国对法国企业在中国缴纳的税收实行抵免

D. 法国对法国企业在中国投资的利润在分配股息时免税

8. ABB公司是德国一家大型建筑商，在中国参与三峡工程的施工建设，但在中国没有设立子公司或分公司。下列说法正确的是（   ）。

A. 该公司就其中国施工所得应向中国政府纳税

B. 该公司就其中国施工所得应向德国政府纳税

C. 该公司实际上在中国存在常设机构

D. 该公司是中国税法意义上的非居民

9. 下列属于ADR的是（   ）。

A. 调解　　　　　　B. 商事仲裁　　　　　　C. 磋商　　　　　　D. 诉讼

10. 下列有关有效仲裁协议的效力的说法正确的是（   ）。

A. 它是争端方解决争端的法律依据　　　　　　B. 它是特定仲裁庭获得管辖权的法律依据

C. 它是法院执行仲裁裁决的前提条件　　　　　　D. 它是合同有效的组成部分

三、简答题（每题10分，共20分）

1. 什么是国际项目融资？

2. 简述外国投资者的待遇。

四、论述题（30分）

如何理解《与贸易有关的知识产权协定》中的国民待遇？

参考答案

一、名词解释与概念比较

1. 承兑交单与承兑信用证

承兑交单与承兑信用证都是国际货物买卖付款方式。但承兑交单属于跟单托收的一种，在付款人承兑代收行

向其提示的收款人出具的汇票时，代收行将与货物有关的单据交给付款人，付款人在汇票到期时，向代收行支付货款。承兑交单属于商业信用，即使付款人承兑汇票，仍然存在付款人不能支付的可能性。承兑信用证是跟单信用证的一种，在受益人按照信用证的要求向指定银行提示包括汇票在内的单据时，指定银行对汇票进行承兑后交给受益人，收支其他单据，指定银行在汇票到期时向受益人付款。承兑信用证是银行信用，由开证行承担向受益人付款的责任，在单据与信用证要求相符的情况下，银行应向受益人付款。

2. 负面清单制度与正面清单制度

负面清单是指外资所限制或禁止的领域，未列入负面清单的领域则允许外资享有国民待遇。在我国，这一管理方式是指国务院以清单方式明确列出在我国境内禁止和限制投资经营的行业、领域、业务等，各级政府依法采取相应管理措施的一系列制度安排。市场准入负面清单包括禁止准入类和限制准入类，适用于各类市场主体基于自愿的初始投资、扩大投资、并购投资等投资经营行为及其他市场进入行为。对禁止准入事项，市场主体不得进入，行政机关不予审批、核准，不得办理有关手续；对限制准入事项，由市场主体提出申请，行政机关依法依规作出是否予以准入的决定，或由市场主体依照政府规定的准入条件和准入方式合规进入；对市场准入负面清单以外的行业、领域、业务等，各类市场主体皆可依法平等进入。作为负面清单的相反做法，正面清单是指规定具有市场准入资格的列表，而在列表之外的行业或领域则被禁止或限制进入。简言之，正面清单是允许投资者做什么的清单，不在清单范围内的则不被允许或须经特批。

二、选择题

（一）单项选择题

1. C。考点：外商投资企业的形式与特点

解析：本题给出的资料非常笼统，只知道 V 可能是一个中外合资经营企业，或者是中外合作经营企业。由于有两种可能性，在选择时就需要注意，不能只考虑一种情形。选项 A 没有考虑到不是法人的情况，选项 B 只考虑到合营企业，没有考虑到合作企业。选项 D 的争端是投资者之间的争端，而 ICSID 只受理国家与他国国民之间的投资争端。本题正确选项是 C：资本认缴制。

2. A。考点：技术许可协议的类型及特点

解析：本题是对技术许可协议的总体把握。选项 A 正确，符合独占特许协议的特征。选项 B 似乎正确，但在已经确立选项 A 正确的情况下，不能选择 B 项，且 B 项实际上是强迫性一揽子许可。选项 C 扩大了被许可方的义务范围，由第三人披露的，E 是不负责的。选项 D 没有考虑到产品旺销的利好。

3. B。考点：技术许可与商业特许

解析：商业特许是一种可以包括知识产权许可的经营制度许可，商号和商标包括在这一制度范围之内。所以选项 A、C 错误。商业特许经营者之间无股权投资关系，尽管有直营和特许之分，因此选项 D 错误。选项 B 是正确选项，体现了特许方与被特许方之间的管理与被管理的互动关系。

4. D。考点：《联合国国际货物销售合同公约》的适用范围、中国加入保留，以及买卖双方的权利、义务

解析：《联合国国际货物销售合同公约》不调整合同效力，故选项 A 被排除。中国在加入该公约时作出了书面要求的保留，故欲适用该公约，合同必须是书面的。根据中国《民法典》第 469 条，合同可以是口头的。所以，选项 D 正确。B、C 选项涉及实体义务。B 选项中，S 和供货商都遇到不可抗力，才可以免责。C 选项中 P 有减少损失的义务。

5. C。考点：FOB 合同下买卖双方的权利、义务

解析：FOB 是买方租船订舱，故船只未到，卖方不可能按时装货，故 A 项错。D/P 本身就是一种托收方式，对卖方有风险，加之使用 FOB，货物交上买方租赁的船只，卖方无法有效控制，风险更大。故 B 项错误。FOB 下，卖方履约取决于买方派船，如买方不派船，卖方风险加大。故 C 是正确选项。D 项中，符合货样，不等于符合对该产品的通用品质要求，如潜在的危险物质，故此选项错误。

6. A。考点：CIF 下合同买卖双方的权利义务、风险划分

解析：CIF下，货物风险装船后转移，故A选项正确。运输途中沉没原因很多，应向保险公司索赔，故B项错。买方申请信用证，但买方无义务付款，故C、D项错。

7. A。考点：《关税与贸易总协定》中的最惠国待遇义务

解析：本题只有A选项正确。最惠国待遇的适用包括了四个方面，其中一个即是国民待遇方面。用以确立国家间最惠国待遇标准的不仅仅是世界贸易组织成员，也包括任何国家，故B项错。最惠国待遇义务的适用对象是货物，故C项错。无条件的最惠国待遇指不得以产品的产地直接或间接为条件，并非绝对无条件，故D项错。

8. C。考点：约束关税

解析：约束关税确立了普通关税的最高上限，实际适用当然可以低于该数额。与作为特别关税的反倾销税无关；同时可以收取属于约束关税例外范畴的其他税费。约束关税也不是不能修改，而是其修改必须获得其他成员的同意或对其他成员作出补偿。正确答案只有C项。

9. C。考点：贸易救济措施中的损害要求及区别

解析：反倾销与反补贴措施的损害要求是对国内同类产品的生产商的实质损害或实质损害威胁，只有保障措施要求严重损害，但保障措施中的国内产业的范围不仅仅限于同类产品，也包括直接竞争产品。无论是哪种救济措施，都不要求进口是损害的唯一因素。故本题正确答案为C项。

10. C。考点：投资的概念和范围

解析：国际投资中的投资概念无统一定义，其内容在不断发展。严格限于某一特定形式，肯定是不正确的。选项A、B即存在这类错误，D选项从另一方面存在类似的错误。正确选项是C。

（二）多项选择题

1. CD。考点：CIF合同下不同当事人的义务

解析：CIF合同下，卖方负责订立运输合同、支付运费、购买保险，其是当然的被保险人。该术语的交货地在装运港，而非目的港。所以，本题的正确选项是C、D。

2. BC。考点：CIF合同下不同当事人的义务信用证支付方式

解析：信用证支付方式下，银行是付款人，与买方支付能力无关。A项错。根据2020年《国际贸易术语解释通则》，CIF的保险险别已从最低的平安险提升为最高的一切险。B项正确。C选项无疑正确，卖方签订运输合同、支付运费。D选项混淆了提单和货物是两个不同的义务对象，接受提单并不意味着接受货物，可能存在货物不合格的情况。

3. AB。考点：FOB合同不同当事人的义务

解析：FOB是买方租船，卖方在装运港将货物交给买方指定的船上完成交货。买方是租船方，可以理解为托运人，卖方是装货方，也可以理解为托运人。买卖双方都无义务上保险，但买方为了自己的利益购买保险。FOB合同下海上运输保险合同只有在买方承担风险时即货物装船后开始生效，故保险人不负责之前的损失。正确选项是A、B。

4. BD。考点：FOB合同下不同当事人的义务

解析：FOB下买方负责租船运输，卖方将货物交上船后即完成了交货义务，船舶到达是否迟延与卖方无关。如船只未按时到达装运港，在卖方已经备好货物且已经划归合同项下的情况下，由此引起的风险由买方承担。FOB下买卖双方都无义务购买保险。卖方在装运港交货，并不意味着质量符合合同的要求，在本题提供的情况下，买方的检验地点应是旧金山。故正确选项是B、D。

5. CD。考点：国际融资合同中的共同条款

解析：共同条款是国际融资合同中普遍存在的对双方权利，义务作出约定的条款，特别是对借款人义务约定的条款。这些条款具有共同性。C、D选项属于这样的条款。A、B选项也是每个融资合同中存在的条款，但却无共同性，不属于共同条款的范围，缺乏对义务及违约情况的具体的详细的约定。

6. ABCD。考点：国际税收关系中的跨国所得

解析：国际税收关系中的跨国所得可以分为劳务所得、经营所得、投资所得和财产所得几大类。本题四个选项分别代表了劳务所得、投资所得、经营所得和投资所得，都是正确选项。

7. BC。考点：重复征税与重叠征税及其避免

解析：重复征税或重叠征税必须涉及两国对同一跨国所得的征税。A 选项不涉及两国税收问题，是国内税收措施。D 选项是对同一所得的不同纳税人征税，是重叠征税。选项 B、C 是正确选项。

8. ABCD。考点：非居民的跨国所得纳税

解析：ABB 公司是德国公司，无疑是中国税法上的非居民公司。如果该公司在中国有所得，则需向中国缴纳税收，德国也会根据居民管辖权对其征税。本题中该公司参加建设三峡工程，实际上是在中国有 6 个月以上的工程项目，这是常设机构的一种形式。所以，本题的四个选项都正确。

9. AC。考点：ADR 与争端解决方式

解析：ADR 是与诉讼或仲裁相对的替代性争端解决方式，相当于中国传统理解的双方当事人自己的友好解决，如磋商、调解等。正确选项是 A、C。

10. BC。考点：有效仲裁协议的相关问题

解析：只有根据有效的仲裁协议，仲裁庭才获得对案件的管辖权、对案件作出仲裁裁决，外国法院才能承认与执行这样的裁决。失去了仲裁协议的有效性，后面的程序就失去了一切法律依据。但仲裁条款有效与合同有效是两个不同的概念，仲裁条款具有其独立性。正确选项是 B、C。

三、简答题

1. 国际项目融资是指国际贷款人向特定的工程项目提供贷款协议融资，对于该项目所产生的现金流量享有偿债请求权，并以该项目资产作为附属担保的国际融资类型。其信用结构包括三个方面或层次：第一，国际贷款人的债权实现依赖于拟建工程项目未来可用于偿债的现金流量，即其偿债资金来源并不限于正常的项目税后利润；第二，国际项目融资要求以建设项目的资产权利作为项目经营和偿债的安全保证，它不同于以资产价值为抵押的普通担保；第三，国际项目融资通常需创造足以防范或分散各种项目风险的多重信用保障结构，包括借款人或主办人提供的有限担保、完工担保人提供的项目完工担保、项目关系人提供的现金流量缺额担保、项目产品用户提供的长期销售协议及政府机构提供的政府担保或承诺等。但国际上对于国际项目融资缺乏准确的统一的定义。

2. 外国投资者的待遇，指外国投资者在东道国进行投资以及其资产经营所享有的待遇。该待遇可以是东道国单方给予的，也可以是投资国与东道国双边协定规定的。传统意义上，该待遇仅指外国投资者在东道国投资后所享有的待遇。现在有些国家，特别是投资国，要求将该待遇的范围扩大到外国投资在投资领域方面的待遇，即所谓准入待遇。东道国为了吸引外国投资，常常采取一些优惠待遇，如税收优惠等。关于外国投资者的待遇标准，国际上并不统一，大概有下述几种类型：国民待遇标准、最惠国待遇标准、公平或公正待遇标准、国际标准。后两类标准实际并不确定。随着经济全球化程度的加强，资本的国际流动性越来越强，外国投资者的待遇标准越来越高。

四、论述题

《与贸易有关的知识产权协定》规定了知识产权保护方面的国民待遇义务。每一成员给予其他成员国民的待遇，不得低于给予本国公民的待遇，但是，《保护工业产权巴黎公约》《保护文学艺术作品伯尔尼公约》《保护表演者、录制者及广播组织罗马公约》《关于集成电路的知识产权条约》规定的例外除外。就表演者、录音制品制作者和广播组织而言，国民待遇义务仅适用于知识产权协定规定的权利。如上所述，"国民"一词的概念，应根据相关公约或协定中的标准确定。鉴于知识产权协定规定了最低保护原则，该协定中所要求的国民待遇实际上是最低相同标准基础上的国民待遇。知识产权协定认可国民待遇在某些情形下的例外。该协定明确提及《保护文学艺术作品伯尔尼公约》第 6 条和《保护表演者、录制者及广播组织罗马公约》第 16 条第 1 款 b 项，这些规定含有某种程

度上的互惠国民待遇。另外，各成员可以在司法和行政程序方面维持国民待遇例外，但这些例外应为保证遵守与该协定的规定不相抵触的法律和法规所必要，且这种做法的实施不会对贸易构成变相限制。可以看出，知识产权保护方面的国民待遇，和《关税与贸易总协定》中的国民待遇存在明显不同。

国民待遇，不适用于世界知识产权组织主持缔结的多边协议中有关获得或维持知识产权的程序。《与贸易有关的知识产权协定》中的一般例外及国家安全例外适用于国民待遇。

该协定中规定的国民待遇义务适用于国民，是普遍性义务。这和《关税与贸易总协定》项下及《服务贸易总协定》项下的国民待遇义务不同。在《关税与贸易总协定》中，国民待遇义务是适用于货物同类产品的待遇，包括国内税费方面的国民待遇义务和国内管理规章方面的国民待遇。该义务也是普遍性义务。而《服务贸易总协定》下，国民待遇义务属于具体承诺的范围，无承诺则无义务。该义务适用于同类服务和同类服务提供者。

综合测试题（二）

一、名词解释与概念比较（每题 5 分，共 10 分）

1. FOB 和 CIF（Incoterms 2020 项下）

2. 税收减免优惠与税收饶让

二、选择题（每题 2 分，共 40 分）

（一）单项选择题

1. 中国公司 P 和外国公司 F 在中国进行合作经营，设立企业 V。下列有关说法正确的是（   ）。

A. P 在 V 中获得的利润可以与其投资不对等

B. V 可以经营新闻业务

C. 如果 V 采取有限责任公司的形式，则不得转变成其他法律形式

D. V 可根据自身情况不建立工会组织

2. 由执行国政府自行决定具体实施方式的国际性裁决是（   ）。

A. 解决国际投资争议中心的裁决   B. 中国国际经济贸易仲裁委员会的裁决

C. 世界贸易组织争端解决机构的裁决   D. 中国法院作出的需要在他国执行的裁决

3. 中国卖方 S 和英国买方 P 签订一国际货物买卖合同，CIF 伦敦，信用证方式付款，装运港为上海。V 公司承运，I 公司保险，K 银行为开证行。下列说法正确的是（   ）。

A. 由于提单是货物所有权凭证，即使合同中存在 S 保留所有权的规定，在提单转让后，P 有权将货物转售

B. S 向 V 交付货物获得清洁提单，表明向 P 交付货物合格

C. 有人称 CIF 合同为单据买卖合同，只要 S 交付的单据合格，即不再对货物承担责任

D. K 向 S 拒绝，表示 S 不能获得货款

4. 中国卖方 S 和英国买方 P 签订一国际货物买卖合同，CIF 伦敦，信用证方式付款，装运港为上海。V 公司承运，I 公司承保平安险，K 银行为开证行。下列说法正确的是（   ）。

A. 如果自然灾害造成货物部分损失，I 应予以赔偿

B. 尽管 S 提交的单据不符合信用证的要求但符合合同要求，S 即可以得到开证行的付款

C. 如果 S 和 P 之间存在根本违约争议，K 不需对 S 付款

D. 如果 S 通过保证人向 P 提交保证履约的备用信用证，P 可以只需声称 S 违约而向保证人求偿，而无须证明 S 违约

5. 在国家财产豁免问题上，国际法确认的原则是（   ）。

A. 绝对豁免   B. 限制豁免

C. 以绝对豁免为前提，可自主放弃豁免   D. 不能豁免

6. 国家和跨国公司作为国际经济法的主体，其区别是（   ）。

A. 国家不以平等主体身份直接签订经济合同   B. 国家及其财产存在管辖限制豁免

C. 跨国公司可以制定国际经济管理规范   D. 跨国公司与国家签订合同时，其财产享有管辖豁免

7. 下列哪一种价格术语规定应由买方履行办理出口清关手续的义务？（   ）（司考）

A. FOB   B. CIF   C. CFR   D. EXW

8. 中国某公司以 CIF 价向德国某公司出口一批农副产品，并规定以信用证方式支付。中国公司在装船并取得提单后，办理了议付。第二天，中国公司接到德国公司来电，称装货的海轮在海上失火，该批农副产品全部烧毁，要求中国公司向中国人民保险公司提出索赔，否则要求中国公司退还全部货款。下列选项哪项是正确的？（　　）（司考）

A. 中国公司应向保险公司提出索赔　　　　　B. 德国公司应向中国公司提出索赔

C. 德国公司应向承运公司提出索赔　　　　　D. 德国公司应向保险公司提出索赔

9. 下列有关委付和代位求偿的说法正确的是（　　）。

A. 委付和代位求偿是一个问题的两个方面，被保险人委付，保险人代位求偿

B. 委付就是委托付款，保险事故的责任人委托保险人向被保险人支付赔偿

C. 委付是被保险人一种单方意思表示，它不代表保险人的意见

D. 代位求偿就是发生第三人造成的保险事故后，被保险人委托保险人向事故责任人追偿

10. 对于《服务贸易总协定》项下的国民待遇义务，下列说法正确的是（　　）。

A. 国民待遇义务是成员的一项普遍性义务　　B. 国民待遇义务适用于同类货物的提供

C. 国民待遇义务要求待遇形式相同　　　　　D. 国民待遇义务仅限于作出具体承诺的部门

（二）多项选择题

1. R 和 E 分别是某一技术许可协议的许可方和被许可方。下列说法中正确的是（　　）。

A. R 可以限制 E 的产品销售地区

B. R 和 E 可以约定，E 不得对许可技术的效力提出异议

C. 如是一般许可，表示 E 可以使用 R 的技术

D. 禁止技术许可协议终止后 E 继续使用引进技术，是不合理的

2. 甲（卖方）与乙（买方）订立一国际货物买卖合同，术语为 FOB 香港，承运人为丙，保险人为丁，目的港为巴尔的摩。下述说法中正确的是（　　）。

A. 巴尔的摩发生封港事件，运输船只不能入港，致使延迟向买方交付货物。甲应对该延迟交货负责

B. 如果卖方将合同项下的货物备妥后，船只未按时到达，由此引起的风险由买方承担

C. 货物在海上运输途中的风险由买方承担，所以本术语下购买保险的义务人是买方

D. 买方应在巴尔的摩检验卖方交货是否合格

3. 下列构成外商投资的方式包括（　　）。

A. 以 PPP 项目形式与当地政府合作

B. 收购中国国有企业

C. 收购中国股份有限公司在证券交易所上市的股票

D. 收购中国股份有限公司中的法人股

4. 在国际投资领域，我国加入的国际公约有（　　）。

A.《承认与执行外国仲裁裁决公约》　　　　　B.《多边投资担保机构公约》

C.《解决国家与他国国民之间投资争端公约》　D.《关税与贸易总协定》

5. 在国际投资中，BOT 项目合同安排中的特许协议的本质定位可以是（　　）。

A. 建设运营合同　　　　　　　　　　　　　B. 私法民事合同

C. 公法行政契约　　　　　　　　　　　　　D. 贷款经营合同

6. 根据世界贸易组织的反倾销规则，正常价值的确定方法包括（　　）。

A. 出口国国内销售价格　　　　　　　　　　B. 向第三国的出口价格

C. 替代国价格　　　　　　　　　　　　　　D. 推定价格

7. 美国政府规定，对出口自中国的纺织品，1 万打以内的适用 10% 的关税，1 万打以外的适用 50% 的关税。

对于这一措施，下列说法正确的是（   ）。

  A. 该措施是一项关税配额措施
  B. 该措施是一项非关税措施
  C. 该措施是一项保障措施
  D. 该措施是一项反倾销措施

8. 中国某国有大型企业想进行海外融资，其可以采取的方式有（   ）。

  A. 股票的海外发行与上市
  B. 发行欧洲债券
  C. BOT 项目融资
  D. 发行政府债券

9. 在国际税法意义上，下列情形中构成美国公司在中国有常设机构的情形是（   ）。

  A. 该公司在中国正式设有分支机构
  B. 该公司在中国东海开采油井
  C. 该公司在中国发布大量广告
  D. 该公司在中国设有工厂

10. 根据《蒙特利尔公约》，托运人在履行其义务的条件下，有权对货物进行处置。这表示（   ）。

  A. 托运人可以要求承运人将货物不交给原指定的收货人
  B. 托运人可以在收货人接收货物后，令收货人退还货物
  C. 托运人可以在目的地机场将货物提回
  D. 托运人可以在始发地机场将货物提回

三、简答题（每题 10 分，共 20 分）

1. 简述国际货物买卖中的风险转移。（考研）
2. 简述 MIGA 承保的主要险别。（考研）

四、论述题（30 分）

依据经济主权原则和全球合作原则分析发展中国家接受世界贸易组织《与贸易有关的投资措施协定》（TRIMs）的原因。（考研）

参考答案

一、名词解释与概念比较

1. FOB 和 CIF 是 2020 年《国际贸易术语解释通则》中的两种贸易术语，FOB 属于主要运费未付，CIF 属于主要运费已付，二者都属于装运式术语，即卖方在约定装运港交货。FOB 指在指定装运港船上交货，买方负责租船订舱，卖方在指定的装运港在约定的时间将货物装船，货物自装船后有关风险和费用由卖方转移给买方。CIF 指指定目的港成本、运费和保险费，卖方负责租船订舱，支付将货物运到目的港的运费，购买从装运港到目的港的最低险别的海上货物运输保险，自货物装船后有关风险和费用由卖方转移给买方。

2. 税收减免优惠是东道国为吸引鼓励外国投资者在东道国投资所采取的税收优惠措施，一般是对投资所得在一定条件下给予免税或减税的优惠。它是东道国单方面采取的一种税收措施，与国际重复征税、避免双重征税没有直接关系。税收饶让，也称饶让抵免，则是投资国采取的与东道国税收减免相关的税收措施，对在东道国投资的本国居民征税时，对于东道国减免的但投资者没有实际缴纳的税额，视为已经缴纳税款，而给予一定程度的抵免。对于税收饶让，投资国与东道国的态度不一。饶让抵免与税收抵免的重要区别在于进行抵免的部分是投资者没有实际缴纳相关税收。

二、选择题

（一）单项选择题

1. A。考点：外商投资企业的组织形式与经营活动

解析：中外合作经营企业的特点是组织形式灵活，收益、风险等可以约定。A 是正确选项，符合外商投资企

业法对中外合作企业形式的规定。B选项涉及外商的投资领域，新闻业务是禁止外商投资的领域。实际上，我们现有规章与政策允许外商投资企业转变成股份有限责任公司的形式，因此C项不正确。根据《外商投资法》第8条，外商投资企业中，职工依法建立工会组织、开展工会活动。因此D项不正确。

2. C。考点：国际性裁决的执行方式

解析：本题提供的选项中，A选项的裁决相当于缔约国最高法院的裁决，国内法院必须遵照执行。B项是商事仲裁裁决，须经执行国法院的承认与执行程序后，由法院直接执行。C项裁决约束被诉方成员政府，由该政府具体决定其执行方式，如修改立法、废除措施等。D选项裁决需要以执行地国法院根据相关规则承认与执行。本题正确选项为C。

3. A。考点：CIF合同中相关当事人的义务

解析：合同中的所有权保留条款是一种债权担保条款，并不影响买方实际转售货物，转售货物的所得依然属于卖方担保债权的范畴。清洁提单只表示货物外表状况，并不表示货物内在质量情况。B、C选项涉及同一问题，均非正确选项。开证行对受益人拒绝付款，表示卖方通过信用证支付方式不能得到货款，但不涉及买方通过其他方式的付款义务。正确选项是A。

4. D。考点：跟单信用证和备用信用证、平安险

解析：根据平安险的承保范围，自然灾害造成的部分损失，不在承保范围之列，故选项A错。开证行的付款条件是单据与信用证相符，而不考虑合同的要求，故选项B错。信用证具有独立于基础交易的特点，银行只审查单据是否合格，故选项C错。备用信用证同样具有独立性，保证的受益人无须证明相关方实际违约，只需要提交备用信用证要求的单据文件，即可以获得偿付，故D选项正确。

5. B。考点：国家财产豁免原则

解析：关于国家及其财产豁免的问题，国际上一直存在不同的看法、做法，其矛盾集中体现在绝对豁免与有限豁免扩大化上。经过多年努力，联合国于2004年12月通过了《联合国国家及其财产管辖豁免公约》，第一次以普遍国际公约的方式确立了限制豁免原则，规定国家在8种诉讼程序中不得援引管辖豁免，并允许法院地国在一定条件下对被诉外国判决后的财产采取强制措施。这些规定反映了多数国家的立法和司法实践。该公约的通过和开放签署，标志着限制豁免原则已为越来越多的国家所接受，限制豁免原则将成为国家豁免立法的发展趋势。本题正确选项为B。

6. B。考点：国际经济法主体的类别与特点

解析：国家作为国际经济法主体的特殊性在于它直接制定国际经济法规范，在一定范围内，国家及其财产存在管辖豁免，但国家也直接以平等主体身份签订经济合同。跨国公司尽管影响很大，但其本质仍然是企业。本题选项中，B选项正确。

7. D。考点：国际贸易术语的区别

解析：EXW的全称是工厂交货，它是11个贸易术语中唯一一个由买方自行办理出口清关手续的，卖方责任最小。而本题中的其他几个术语无论是在装运港交货还是在目的港交货，都是由卖方办理出口清关手续的。

8. D。考点：CIF术语和一切险

解析：CIF术语的意思是成本、保险费加运费。在CIF项下，卖方有就标的物在装船前投保一切险的义务。货物灭失或损坏的一切风险是在装运港装船后发生转移。本案中，因货物已经装船，货物的风险已由德国公司承担，因此对货物的灭失向保险公司索赔，应由德国公司提出。火灾是在一切险的保险范围内，故因该事故造成的损失应向保险公司索赔。根据海牙规则和中国海商法，承运公司对火灾免责，除非火灾是自己的过失造成的。本题没有提供火灾的情况，不宜选C项。

9. C。考点：保险中的委付与代位求偿

解析：保险中的委付是指被保险人转让与保险货物有关的全部权利义务，要求保险人按全部损失予以赔偿的行为。而代位求偿指保险人向被保险人赔偿后，取得了向作为事故责任人的第三人追偿的权利，该权利是法定的。

因此，本题选项中，A、B两个选项故意混淆概念。D选项否定了代位求偿的法定性。选项C正确。

10. D。考点：《服务贸易总协定》项下的国民待遇义务

解析：《服务贸易总协定》项下的国民待遇义务，属于具体承诺的范畴，无承诺则无国民待遇义务，而且它不要求形式相同。因此，A、C选项明显错误。D选项为正确选项。B选项以货物代替服务，为混淆项。

（二）多项选择题

1. AC。考点：技术许可协议双方的权利、义务

解析：技术许可协议的许可方可能存在多个被许可方，可能存在多个独占许可的地域，限制某一被许可方的销售地区是可以的。故A项正确。而禁止提出异议，则明显是不合理的，这是《与贸易有关的知识产权协定》明确禁止的，也是我国相关法律禁止的。故B项不正确。一般许可中，被许可方获得了技术的使用权，免除了被指控侵权的风险。故C项正确。如果是专有技术，或未过专利保护期限的技术，许可协议期满后，被许可方当然不能继续使用该技术。故D项错误。

2. BD。考点：FOB合同中当事人的权利、义务

解析：FOB合同下，买方负责租船订舱，支付运费，卖方只负责在装运港将货物装船，货物灭失的风险自货物装船后转移。货物船只是否迟延到达，与卖方无关。本术语下双方都无买卖保险义务。买方检验货物的地点应在其货物目的港或目的地，在本题中应是巴尔的摩。故本题正确选项为B、D。

3. ABCD。考点：设立外商投资企业的形式

解析：外商可以通过新设或收购方式设立外商投资企业。在收购方式中，可以是收购资产或投资新建项目，也可以是收购股份或上市股票。因此，本题的四个选项都正确。

4. BC。考点：国际投资领域的国际公约

解析：B、C项正确。其他两个选项均非直接涉及国际投资问题的公约。

5. BC。考点：特许经营权合同的性质分歧

解析：BOT项目合同安排中的基石是BOT特许协议。BOT方式的特色就在于实现政府权力与私人资本的结合，而这种结合正是通过签订BOT特许协议的方式表现出来的。BOT特许协议具体规定政府授权的范围、期限以及政府和私方当事人的基本权利义务关系。由于其在主体、内容和法律适用等方面存在着一定特殊性，因而关于BOT特许协议的法律性质一直存在着争议。有学者主张，特许协议是一种"国家契约"，因为其主体一方，是行使国家权力的政府，而合同的内容又是政府特许私人投资者享有原属国家专有的从事基础设施建设的权利。另有学者主张，国内法契约，是国家基于经济主权，自愿与私人投资者之间就某一特定项目的建设和经营而达成的在一定程度上让渡其专有权利的协议，私人投资者的活动必须首先符合东道国国内立法的要求，国家有权基于国家安全、公共利益或其他需要更改、废止该特许协议。因此B、C选项更符合题意，指明了BOT合同的本质特征。A、D选项只看到BOT合同的表象。

6. ABCD。考点：正常价值的确定

解析：根据世界贸易组织的反倾销规则，正常价值的确定可以采取多种方法。首先是出口国国内销售价格；如果无该价格或该价格不可靠，可以使用向第三国出口的价格；如果无该种价格或不可靠，可以根据相关因素使用推定价格。对于来自非市场经济国家的进口产品，在一定的条件下，可以使用替代国价格。例如中国"入世"议定书第15条即作了类似的规定。本题考查的是总的类型，所有四个选项都正确。

7. AB。考点：非关税措施及种类

解析：除关税措施外的贸易措施被称为非关税措施，其范畴非常广泛，包括了进出口配额措施。本题提供的措施是关税配额措施，因而A、B选项正确。从本题提供的内容中，看不出该措施是保障措施还是反倾销措施，故C、D项错误。

8. AB。考点：国有企业海外融资方式

解析：国有企业可以通过改制为股份有限公司，在海外发行股票与上市，也可以发行国际债券，包括欧洲债

券，但由于不是政府机构，不能发行政府债券。BOT 仅限特定项目的私人融资，与本题要求不符。正确选项是 A、B。

9. ABD。考点：国际税法中的常设机构概念

解析：国际税法中的常设机构，是企业进行全部或部分生产、经营的固定场所，是外国法人在收入来源国设立的，包括多种形式，既包括分支机构、工厂、作业场所，也包括油田等。A、B、D 项均符合这样的要求，是正确选项。选项 C 不构成固定生产经营场所。

10. ABD。考点：《蒙特利尔公约》规定的托运人处置货物的权利

解析：根据《蒙特利尔公约》，托运人在履行其义务的前提下，其处置货物的权利是非常广泛的。本题选项中，A、B、D 项都属于其权利范围。C 项是一混淆项，非正确选项。

三、简答题

1. 国际货物买卖中的风险转移，指货物损坏或灭失风险承担的转移，是对买卖双方承担风险的分配。根据《联合国国际货物销售合同公约》，国际货物买卖中的风险转移主要包括下述几个方面：

（1）如果销售合同涉及货物的运输，但卖方没有义务在某一特定地点交付货物，自货物按照销售合同交付给第一承运人以转交给买方时起，风险就移转到买方，由买方承担。如果卖方有义务在某一特定地点把货物交付给承运人，在货物于该地点交付给承运人以前，风险不移转到买方。卖方授权保留控制货物处置权的单据，并不影响风险的移转。但是，在以货物上加标记、以装运单据、以向买方发出通知或以其他方式清楚地注明有关合同以前，风险不移转到买方。

（2）对于在运输途中销售的货物，从订立合同时起，风险就移转到买方。但是，如果情况表明有此需要，从货物交付给签发载有运输合同单据的承运人时起，风险就由买方承担。尽管如此，如果卖方在订立合同时已知道或理应知道货物已经遗失或损坏，而他又不将这一事实告知买方，则这种遗失或损坏应由卖方负责。

（3）在不属于前述两种的情况下，从买方接收货物时起，或如果买方不在适当时间内这样做，则从货物交给他处置但他不收取货物从而违反合同时起，风险移转到买方。但是，如果买方有义务在卖方营业地以外的某一地点接收货物，当交货时间已到而买方知道货物已在该地点交给他处置时，风险方始移转。

2. MIGA 是根据《多边投资担保机构公约》创建的多边投资担保机构，旨在鼓励会员国之间的相互投资，尤其是鼓励向发展中国家投资。其主要职能是在一会员国从其他会员国取得投资时，对投资的非商业性风险予以担保。该机构主要承保下列四种非商业性风险。

货币汇兑险：货币汇兑险是指投保人于投资后，东道国采取各限制措施或消极限制投保人将其货币兑换为可兑换货币或者投保人可以接受的其他货币，以及限制投保人将其货币转移出东道国境外，从而给投保人造成的损失。

征收和类似措施险：该公约规定的征收险主要指以下三种情况。第一，东道国的任何立法或行政行为违反了投资合同，违反了东道国国内法或所承担的国际条约义务。第二，东道国的行政懈怠行为，即东道国行政当局在一段时间内或担保合同确定的日期内应作而未作的行为。第三，东道国采取的一系列行政措施，其累计效果相当于征收，即使这些措施的单一行为属于政府正常管理行为的范畴。但政府的正常征税、关税和价格控制、其他经济法规和环保劳动法规以及为公共安全所采取的措施不在此保险之列。

违约险：MIGA 在下列情形下予以承保。第一，投保人无法求助于司法机关或仲裁机构对违约的索赔作出裁决。第二，该司法机关或仲裁机构未能对担保合同在 MIGA 的细则所规定的合理期限内作出裁决。第三，虽有裁决但无法执行。

战争与内乱险：MIGA 对发生在东道国境内任何地区的任何军事行动和内乱予以承保，不包括罢工、学潮和针对投资者个人的恐怖主义行为。由于战争是东道国不能控制的，所以 MIGA 一般不能向东道国行使代位求偿权，因而 MIGA 对赔偿责任的范围有较大的限制。对于军事行动或内乱使商业机会减少或者商业经营条件恶化给投资者造成的损失，MIGA 概不赔付。

其他非商业风险：该公约规定，MIGA 经投资者与东道国的联合申请，董事会特别多数票通过，可将担保范围扩大到上述四种风险以外的，除货币贬值或降低定值之外的任何其他非商业风险。

四、论述题

经济主权原则，是指国家在经济上享有独立自主的权利，每个国家对其全部财富、自然资源和经济活动享有充分的永久主权，包括拥有权、使用权和处置权，并得自由行使此项主权。在国际投资领域，具体表现为：国家有权对其境内的外国投资以及跨国公司的活动进行管理和监督；国家有权将外国财产收归国有或征用。

全球合作原则，即国际合作共谋发展是所有国家的一致目标和共同义务，每个国家都应对发展中国家的努力给予合作，提供有利的外界条件，给予符合其发展需要和发展目标的积极协助，要尊重各国的主权平等，不附带任何有损它们主权的条件，以加速它们的经济和社会发展。

作为一项国际条约，TRIMs 是所有参与谈判的成员，包括发达国家与发展中国家相互妥协的产物，也是为了共同发展而签订的协议。它确立了各成员应承担的国际义务。通过履行国际义务，各成员对管理经济活动的行为进行某种程度的约束和规范。从内容上看，考虑到现在发达国家与发展中国家之间的经济实力的差距，该协议更多地反映了发达国家投资者的利益。

从该协定的最后文本来看，除其他义务外，各成员的核心义务主要是取消有关的经营要求方面的投资措施，基本不涉及激励措施，而且只有那些与国民待遇及一般禁止数量限制规定不符的政府投资措施应在确定的期限内予以取消。可见，该协定完全是各方妥协的产物。但该协定的某些条款（如例外规定、过渡期安排）在一定程度上顾及它们的特殊困难和需要，符合全球合作的原则。该协定对东道国的限制也是有限的。该协定所规范的范围被严格限制在与贸易有关的投资措施范围内，对东道国方面提出的当地资本要求、雇用当地劳动力要求等问题均未涉及，甚至对与贸易有关的投资措施也仅限于限制方面，而不包括鼓励措施。该协定为发展中国家留下了利用和发展的"空间"。

综合测试题（三）

一、名词解释与概念比较（每题5分，共10分）

1. 预期违约与根本违约

2. 外国债券与欧洲债券

二、选择题（每题2分，共40分）

（一）单项选择题

1. 中国公司P和外国公司F在中国进行合资，设立企业V。下列有关说法正确的是（　　）。

A. 若V一直没有利润，则无论是P或F都不能获取投资回报

B. V只有在出口与进口平衡的情况下，才可以进口

C. 对F投资提供国民待遇，意味着P享有什么待遇，F就享有什么待遇

D. 如果V从事的产业允许，V可以转为只有F投资的企业

2. 中国和美国都是《联合国国际货物销售合同公约》的缔约国。中国卖方S与美国买方P订立国际货物买卖合同。下列说法正确的是（　　）。

A. P发现货物质量不符，在要求更换后，还可以向S提出索赔

B. S以次品交货，P尽管接受货物，但要求减价，P支付的价格应是该次品在交付时的价格

C. 对S的预期违约，P可以要求索赔，不可以解除合同

D. S对所售货物所提供的权利担保，指保证订立合同时不侵犯他人相关权益

3. 中国卖方S和英国买方P签订一国际货物买卖合同，CIF伦敦，信用证方式付款，装运港为上海。K为开证行。下列说法正确的是（　　）。

A. CIF俗称到岸价，CIF伦敦即表示S有义务将货物运至伦敦

B. S交单后货物沉没。K有权以收货人未收到货物为由拒绝付款

C. 信用证以买卖合同为依据，银行在处理信用证业务时要受到买卖合同的约束

D. 银行在卖方提交的单据中发现提单是倒签提单，银行仍可以据以支付款项

4. 中国卖方S和英国买方P签订一国际货物买卖合同，CIF伦敦，信用证方式付款，装运港为上海。K银行为开证行，C为保兑行。下列说法正确的是（　　）。

A. 如果选用即期信用证，S应出具以自己为收款人、以P为付款人的汇票

B. K开出的是可撤销信用证，可以不经S同意撤销信用证，撤销后不承担信用证项下的有关义务

C. 作为保兑行，C承担保证付款责任，根据保证的从属性，该责任是第二位的

D. 信用证要求的装运时间早于合同规定的时间，S应按信用证规定的时间交货

5. 中国卖方S和英国买方P签订一国际货物买卖合同，CIF伦敦，信用证方式付款，装运港为上海。下列说法正确的是（　　）。

A. 卖方交货、买方付款是国际货物买卖合同的基本特征和要求，S实际交货后即履行了自己的义务

B. S向银行提交的单据中包括有商检合格证书，这表明S交付的货物是符合合同要求的

C. 运输合同中约定7月1日货物到达伦敦。结果货物于7月15日到达。S应对P承担延迟交货责任

D. 尽管货物灭损风险以装上船为界，但P可以对货物装上船之前的灭损向保险公司索赔

6. 对原产地国家或地区与中国订有关税互惠协议的进口货物，应按下列选项中哪一种税率征税？（　　）（司考）

  A. 按普通税率征税   B. 按优惠税率征税

  C. 按普惠制税率征税   D. 按特惠税率征税

7. 假设有下列情形：中国甲厂、乙厂和丙厂代表中国丙烯酸酯产业向主管部门提出了对原产于 A 国、B 国和 C 国的丙烯酸酯进行反倾销调查的申请。经审查，终局裁定确定倾销成立并对国内产业造成了损害，决定征收反倾销税。在此情形下，反倾销税的纳税人应是下列选项中的哪一个？（　　）（司考）

  A. 丙烯酸酯的出口人   B. 丙烯酸酯的进口经营者

  C. 丙烯酸酯的中国消费者   D. 丙烯酸酯在 A、B、C 三国的生产者

8. 下列有关以中外合作经营形式设立的外商投资企业的说法正确的是（　　）。

  A. 中外合作经营企业是中国法人   B. 中外合作经营企业的最高权力机构是董事会

  C. 投资方可以约定收益分配和亏损承担   D. 中外合作经营企业的投资方必须以现金投资

9. 存托证是境外融资上市的一种形式。下列说法正确的是（　　）。

  A. 发行人发行的不是股票，而是存托证

  B. 存托银行向投资者发行存托证，并承担相关的风险

  C. 发行人与存托银行处于同一国家境内，投资者则是外国的投资者

  D. 直接购买发行人股票的是存托银行

10. 下列属于物权担保的是（　　）。

  A. 保证   B. 备用信用证   C. 意愿书   D. 不动产担保

（二）多项选择题

1. 1997 年 7 月 1 日，中国恢复对香港行使主权。作为中国的单独关税区，香港不适用以下哪些法律、国际公约和国际惯例？（　　）（司考）

  A.《中华人民共和国对外贸易法》   B.《中华人民共和国反补贴条例》

  C.《世界贸易组织协定》   D.《跟单信用证统一惯例》（UCP600）

2. 最惠国待遇原则是世界贸易组织确认的一个基本原则，但该原则在实施中可以有例外。依照《关税与贸易总协定》的规定，下列哪些选项可以作为例外情况不适用最惠国待遇原则？（　　）（司考）

  A. 有关输出或输入黄金或白银的措施

  B. 为保护本国具有艺术、历史或考古价值的文物而采取的措施

  C. 关税同盟之间相互给予的优惠

  D. 边境小额贸易优惠

3. R 和 E 分别是某一技术许可协议的许可方和被许可方。下列说法中正确的是（　　）。

  A. 为了保证生产产品的质量，R 可以限制 E 采购原材料的来源

  B. 许可技术是一专利群，其中有些并非 E 所需，但支付价格是统一的，该许可是强迫性一揽子许可

  C. 如果许可技术中包括专利许可技术，由于专利技术已经公开，E 在这类协议中无保密义务

  D. R 和 E 可以约定支付一笔总的费用，而不管许可技术是否为 E 产生利润

4. 中国公司 P 和外国公司 F 在中国进行合作经营，设立企业 V。下列有关说法正确的是（　　）。

  A. P 在 V 中获得的利润可以与其投资不对等

  B. V 可以经营新闻业务

  C. 如果 V 采取有限责任公司的形式，则不得转变成其他法律形式

  D. V 的管理机构可以是董事会，也可以是联合管理机构，甚至可以是 P 与 F 之外的第三方

5. 中国和美国都是《联合国国际货物销售合同公约》的缔约国。中国卖方 S 与美国买方 P 订立国际货物买卖

合同。下列说法中正确的是（　　）。

A. S和P可以采取口头合同形式，约定由公约调整双方的权利义务

B. S和P可以完全不理会公约的规定，自行约定适用法律

C. 如果采用信用证方式付款，P没有开出信用证，P虽表示将按时汇付，仍构成根本违约

D. 如果P同意接收S多交的货，则应按合同价支付

6. 有关《服务贸易总协定》中市场准入的规定，下列说法中正确的是（　　）。

A. 市场准入不包括政府采购

B. 市场准入适用于服务贸易总协定的四种贸易方式

C. 市场准入属于承诺性义务，无承诺则无义务

D. 市场准入是国民待遇存在的前提与基础

7. 下述债券中，以高于债券面值的价格发行的是（　　）。

A. 浮动利率债券　　　　B. 零息债券　　　　C. 可转换债券　　　　D. 固定利率债券

8. 国家政府间签订的国际税收协定具有多种作用，包括（　　）。

A. 税收优惠　　　B. 防止国际偷漏税　　　C. 国家间划分税源　　　D. 避免国际重复征税

9. 一国法院在执行外国法院的判决时，应满足下列条件（　　）。

A. 该判决是终局判决　　　　　　　　　B. 该判决须经过执行地国法院的准许

C. 必须存在相关的国际条约　　　　　　D. 必须不违反当地公共政策

10. 世界贸易组织成员之间的贸易争端是国家政府间的贸易争端，其可以根据下列方式解决（　　）。

A. 争端方之间的磋商　　　　　　　　　B. 专家组或上诉机构程序

C. 仲裁程序　　　　　　　　　　　　　D. 国际法院程序

三、简答题（每题10分，共20分）

1. 简述《联合国国际货物销售合同公约》关于卖方交付货物过程中的"货物相符"原则。（考研）

2. 简述《国际商事合同通则》以及其与《国际贸易术语解释通则》的异同。（考研）

四、论述题（30分）

论述政府对国际贸易实施管理的主要措施。（考研）

参考答案

一、名词解释与概念比较

1. 预期违约与根本违约是两种不同性质的违约，都是《联合国国际货物销售合同公约》所规定的违约类型。预期违约是根据违约的时间来确定的，根本违约是根据违约的程度和后果来确定的。预期违约严重时也可能构成根本违约。具体说来，预期违约是在合同规定的履约期限到来前，一方通过声明或行为表明其不履行义务或不能履行义务。一方预期违约，使另一方获得中止履行合同、要求提供履约保证或宣告合同无效的权利。根本违约则表示一方违反合同的结果使另一方遭受损害，以至于实际上剥夺了受害方根据合同有权期待的东西，但如果违约方并不预知且一个同等资格、通情达理的人处于相同情况下也没有理由预知会发生这种结果的除外。根本违约赋予了受害方宣告合同无效的权利。这与一般违约仅赋予受害方损害赔偿救济不同。

2. 外国债券与欧洲债券都是国际债券，其不同在于债券发行地与债券面值币种的不同。外国债券是指在外国发行的、债券面值币种是发行地国货币并在该国证券市场交易的国际债券，而欧洲债券则是指债券发行人在债券面值币种所在国以外的国际市场发行的国际债券，其上市交易地也不限于某一特定国家，例如在欧洲发行美元债

券。欧洲债券方便了国际债券融资。

二、选择题

（一）单项选择题

1. D。考点：外商投资企业的相关问题

解析：本题主干提供的信息可能表明 V 是中外合资或合作企业。而合作企业可以约定外方先行回收投资。故 A 项不正确。B 项是明显的进出口平衡措施，已被禁止。C 项绝对化了国民待遇，混淆了市场准入和经营的国民待遇范围。D 选项是正确选项：在符合产业政策的情况下，外商投资企业可以转变为只有外资投资的外资企业。

2. A。考点：《联合国国际货物销售合同公约》有关买卖双方权利、义务的规定

解析：赔偿救济是适用于任何违约情况的救济方式，可以与其他救济方式同时使用。故 A 选项正确。次品差价的计算是根据次品在交付时与符合合同要求的货物的价值比例计算的，而不是以交付时的价格为计算标准。故 B 项错误。预期违约在构成根本违约时，受害方可以解除合同。故 C 项错误。卖方的权利担保分为两种情况：一种是物权方面的，以交付的时间为准；另一种是知识产权方面的，以订立合同的时间为准。故 D 项错误。

3. D。考点：CIF 合同及信用证付款

解析：CIF 术语下卖方负责签订将货物运到目的港的运输合同、支付运费，但并无保证将货物运到目的港的义务。开证行的付款义务取决于信用证的规定，在单证表面合格的情况下付款，与基础交易合同相独立。本题选项中只有 D 项正确。

4. D。考点：信用证付款方式

解析：即期信用证付款方式与汇票并无必然联系，如果使用汇票，该汇票的付款人也应是银行，而非合同中的买方。一张可撤销信用证的开证行尽管可以随时不经受益人的同意、不需向受益人发出通知撤销该信用证，但如果指定行已经在信用证撤销之前付款，开证行仍应承担信用证项下的有关义务。信用证项下的保兑行承担的独立付款义务是第一位的，独立于开证行。卖方欲获得信用证项下的利益，当然应按照信用证的要求履约。本题正确选项为 D。

5. D。考点：CIF 合同与信用证付款方式

解析：卖方承担了交付货物和有关单据的义务，仅仅交货本身是不够的。故 A 项错误。商检证书只是卖方用于结汇的需要单据，并不构成货物符合合同要求的最终证据，除非合同中有这样的约定。故 B 项错误。CIF 术语下卖方不承担保证在某一日期货物到达的义务，自然也不对延迟到达承担责任。故 C 项正确。CIF 术语下，尽管买方仅承担货物装船后的风险，但其从卖方手中受让保险单后，取得了卖方在保险单中享有的利益和地位，自然可以对原本仅由卖方承担的风险依据保险单索赔。故 D 项错误。

6. B。考点：我国的关税制度

解析：我国海关的进口关税设有普通税率和优惠税率两种。对原产于与中国未订有关税互惠协议的国家或者地区的进口货物，按照普通税率征税；对原产于与中国订有关税互惠协议的国家或者地区的货物，按照优惠税率征税。所以本题的正确答案为 B 项。普惠制是发达国家给予发展中国家的普遍的、非歧视的、非互惠的关税优惠措施，不符合本题中互惠情况，故 C 项不正确。特惠税率适用于原产于与我国签订有特殊优惠关税协定的国家或地区的进口货物，故 D 项不正确。

7. B。考点：反倾销税的纳税人

解析：我国《反倾销条例》第 40 条规定："反倾销税的纳税人为倾销进口产品的进口经营者。"本题正确答案为 B 项。

8. C。考点：以中外合作经营形式设立的外商投资企业的特点

解析：与中外合资经营企业相比，合作经营企业具有很大的灵活性。它可以成为法人，也可以不成为法人，出资形式多样化，且投资方可以不根据实际出资约定收益分配和亏损承担的比例，还可以规定外国投资者先行回收投资。管理上可以通过联合管理委员会的形式进行。因此，本题选项中，正确选项是 C。选项 A、B、D 均为非

正确选项。

9. D。考点：存托证的融资结构

解析：存托证是一国发行人通过国际承销人向境外发行股票，由外国的存托银行代表境外的投资者统一持有，存托银行再次向投资者发行以上述股票为基础的存托证，该存托证在该国证券交易所上市交易的一种融资方式。简单地说是发行人的股票以存托证的形式二次发行，但存托银行只起中介作用，并不承担发行人的责任。因此，本题的正确选项是 D。

10. D。考点：债权担保的形式与分类

解析：担保，以担保人提供的担保依据是其信用，还是实际资产，大体分为信用担保和物的担保两大类型。本题选项中只有 D 项是物权担保。

（二）多项选择题

1. AB。考点：中国外贸法的适用范围

解析：香港回归后，有些法律不在香港地区适用，我国的对外贸易法有专门条文规定该法不适用于单独关税区，香港即属于单独关税区。但是国际性的公约和惯例对香港地区仍然适用。

2. ABCD。考点：最惠国待遇的例外

解析：最惠国待遇是指成员一方现在和将来给予任何第三方的优惠和豁免，也给予其成员，是世界贸易组织的基本原则，但在具体实施中可以有例外，其中来自《关税与贸易总协定》的例外有：（1）第 20 条规定：一般例外，为保护公共道德所必需的措施；为保护人类、动物或植物的生命或健康所必需的措施；与黄金或白银进出口有关的措施；为保护具有艺术、历史或考古价值的国宝所采取的措施等。（2）第 21 条规定：安全例外。（3）第 24 条规定：对于关税同盟或自由贸易区成员方之间相互给予的优惠，关税与自由贸易总协定的其他缔约方不能自动获得。缔约方之间相互给予的边境小额贸易优惠也不得自动给予其他缔约方。选项 A、B、C、D 均属于例外的范围。

3. AD。考点：技术许可协议的相关问题

解析：技术许可方承担着保证许可技术生产出合格产品的义务，这可能要求其使用某些来源的原材料，因此，选项 A 是正确的。B 选项提供的情形中，被许可方实际上以一定的价格获得了多项技术的使用权，由于仅许可一项技术也是这一价格，许可方并没有在原许可之外强迫被许可方接受的意思，被许可方可以不使用这些技术。因此 B 项是错误。包括专利技术的许可技术中，可能含有其他存在保密义务的技术，如专有技术，该义务并不因为专利公开而消灭。因此选项 C 错误。技术许可费的确定大体有两种方式：一种是事先确定一个固定的数额，另一种是根据产品数量或利润提成确定。D 项描述的是第一种情况，故为正确答案。

4. AD。考点：外商投资企业的组织形式与经营活动

解析：中外合作经营企业的特点是组织形式灵活，收益、风险等可以约定。A、D 是正确选项，符合外商投资企业法对中外合作企业形式的规定。B 选项涉及外商的投资领域，新闻业务是禁止外商投资的领域。实际上，我们现有规章与政策允许外商投资企业转变成股份有限责任公司的形式，因此 C 项不正确。

5. BCD。考点：《联合国国际货物销售合同公约》的适用及相关义务

解析：《联合国国际货物销售合同公约》是一项默示适用的国际公约。当双方都在缔约国境内，且没有约定适用法律时，该公约适用。但当事人可以另行约定适用法律，排除该公约的适用，也可以部分适用该公约。对于中国境内的当事人来说，欲适用该公约，合同应具备书面形式，因为中国在加入该公约时就合同形式作出了保留，仅适用于书面合同。因此，选项 A 错误，选项 B 正确。就实体内容来说，根本违约是剥夺当事人预期利益的违约，利用信用证收款应是卖方的预期利益，买方没有开出信用证，是一项剥夺卖方预期利益的行为。在收货问题上，如果卖方多交货，买方可以自主决定是否接受多交付的货物，选择权在买方，但一旦决定接受多交付的货物，在价格问题上其没有选择权，应适用合同价格。本题正确答案是选项 B、C、D。

6. ABCD。考点：《服务贸易总协定》中的市场准入

解析：《服务贸易总协定》中市场准入方面的义务，属于具体承诺性义务。只有在允许外国服务准入的基础和前提下，才存在国民待遇义务的问题。市场准入适用于四种服务贸易方式，但其范围不包括政府采购。故四个选项均正确。

7. ACD。考点：国际债券的种类及特点

解析：本题提供的四种债券中，只有 B 选项中的零息债券是通过低于面值的价格发行的，其利息体现在将来以面值价格回购债券中。其他三种都只是利息或收益的不同形式的规定，属于同一类型，高于面值发行。

8. BCD。考点：国际税收协定的作用

解析：国际税收协定旨在避免或消除国际重复征税，防止国际性的偷漏税和避税，在国家之间划分税源，避免税收歧视，进行国际间的税收情报交换等。本题 B、C、D 选项正确。A 选项纯粹是国内税法中的税收优惠措施，属于单边措施，不属于国际税收协定的范畴。

9. ABD。考点：外国法院的执行

解析：一国法院执行外国法院的判决，要基于国际公约、国际礼让或国内法的规定。无论如何，该判决必须是终局判决，经过执行地国家法院的认可或准许，不得与执行地的公共政策相抵触。正确选项是 A、B、D。C 项以偏概全。

10. ABC。考点：世界贸易组织成员的争端解决方式

解析：世界贸易组织成员之间的贸易争端，可以通过自己的磋商来解决，也可以通过第三人的调解来解决，还可以通过仲裁程序来解决，更可以通过专家组或上诉机构程序来解决。成员之间的争端适用世界贸易组织统一的争端解决程序，而不适用国际法院程序。故正确选项是 A、B、C。

三、简答题

1.《联合国国际货物销售合同公约》规定货物相符属于卖方义务，货物相符包括交付货物的数量和质量与合同的规定相符，在大宗货物的情况下，一般允许卖方在合同规定的增减范围内交货。货物的质量应符合合同的规定，与合同具体规定的品质条款相符。如无另外协议，货物适用于同一规格货物通常使用的目的；除非情况表明买方不依赖于卖方的技能和判断力，或者这种依赖对他不合理，货物适用于订立合同时曾明示或默示的通知卖方的任何特定目的；货物的质量与卖方向买方提供的货物样品和样式相同；货物按照同类货物通用的方式装箱或者包装，如果没有这种通用方式，则按照足以保全和保护货物的方式装箱或包装。凭样品买卖时应注意，即使交付的货物与样品一致，但如果样品存在检查样品时不能发现的缺陷，该缺陷使得该货物不能用于预期目的，该货物仍为不合格货物。

根据该公约，卖方交付相符货物的责任通常限于风险转移到买方时，如果此时货物合格，即认为卖方交付了合格的货物。但这不排除卖方对在风险转移之前就已经存在的、风险转移之后方始明显的不符承担责任。同时，如果货物不符在风险转移之后出现，而该不符是由于卖方的违约行为造成的，卖方仍应承担责任。

2.《国际商事合同通则》是由国际统一私法协会于 1994 年制定、于 2004 年修订的一项国际性法律文件，旨在为国际商事合同确立一般规则，用于解释或补充国际统一法律文件，也可用作国家或国际立法的范本。它是以非立法的形式统一或协调法律的。该通则遵循了《联合国国际货物销售合同公约》的方法和某些规定，意图制定一套可以在世界范围内使用的均衡的规则体系。该通则的适用范围很广，没有对国际商事合同作统一的定义，但它不适用于消费者合同。其内容上包括了国际商事合同的各个方面。该通则的体系由前言、总则、合同的效力、合同的解释、合同的内容、合同的履行和不履行、合同的转让等组成。

《国际贸易术语解释通则》是由国际商会制定的，最新版本是 2010 年版本。主要对国际货物买卖合同中买卖双方风险、责任、费用、海关手续的分配等作出规定，共包括了 11 个贸易术语。

《国际商事合同通则》与《国际贸易术语解释通则》的相同点表现为：（1）都属于国际贸易惯例。国际贸易惯例是指在国际贸易的长期实践中，在某一地区或某一行业逐渐形成的为该地区或该行业所普遍认知、适用的商业做法或贸易习惯，作为确立当事人权利义务的规则对适用的当事人有拘束力。（2）都具有可选择性和可变更性。

当事人可以选择适用，也可以选择不适用；在选择适用以后，可以对条款合意进行变更。（3）都可以补充现行法律的不足，明确合同条款的含义，更好地确定当事人的权利义务关系。

《国际商事合同通则》与《国际贸易术语解释通则》的主要不同点表现为：（1）适用范围不同。《国际商事合同通则》的适用范围很广，可以说可适用于除消费者合同外的一切商事合同；而《国际贸易术语解释通则》是关于国际贸易术语方面的惯例，用一段字母和简短概念的组合来划分买卖合同双方当事人之间的责任、风险、费用，并反映价格构成，只适用于有形货物买卖中的买卖双方的权利义务。（2）内容不同。《国际商事合同通则》重在规定合同规则，致力于商事合同规则的国际性统一；《国际贸易术语解释通则》则通过对两组贸易术语（第一组为适合于任何或多种运输方式的贸易术语，第二组为适合于海洋与内河运输的贸易术语）的规定来为国际贸易术语的解释作出一定的规范，属于国际货物买卖合同中的具体方面。

四、论述题

政府管理贸易的法律与制度是各国政府为保护和促进国内生产、增加出口、限制进口而采取的鼓励与限制措施，或为了政治目的对进出口采取禁止或限制的措施。它是一国对外贸易政策的体现。

政府贸易管理措施的法律分为两种——一种是对进口贸易的管理，另一种是对出口贸易的管理——主要是对进口贸易的管理。进口贸易管理措施都属强制性法律规范，其范围主要包括：关税制度、许可证制度、配额制度、外汇管理制度、商品检验制度、贸易救济措施制度等。原产地规则以及有关保护竞争、限制垄断及不公平贸易做法的法律与制度等，也属于广义上的进口管理措施。

（1）关税制度。关税是一国政府为管理对外贸易，由海关对所有进出关境的货物课征的一种税收，分为进口关税和出口关税，又可分为优惠关税、普通关税与特别关税。关税的稽征方法包括从价税、从量税、混合税和季节税。各国海关征收关税的依据和标准是关税税则，其内容由三部分组成：税号、商品名称和税率。

（2）许可证制度。许可证制度是一国政府规定的对某些商品的进出口必须领取政府颁发的许可证方可进口或出口的制度。实行许可证制度，通常由各国先颁布商品目录，凡目录所列商品的进出口，必须由有关进出口商向政府有关部门提出申请，经过批准取得许可证方可进出口。许可证分为自动许可证与非自动许可证、进口许可证和出口许可证。

（3）配额制度。配额制度是一国政府在一定期限内，规定某些进出口商品的数量或金额最高限度的制度。在限额内的商品可以进出口，超额度的不准进出口或要缴纳较高的关税。对进口的限额称为进口配额，一般分为绝对配额和关税配额；对出口设定的限额称为出口配额，可分为主动配额和被动配额。

（4）外汇管理制度。外汇管理制度是一国政府对本国境内的自然人和法人的外汇买卖、汇率、外汇市场及其他外汇业务（外汇收付、借贷、担保、转移等）进行管理的法律制度。外汇管理的主要内容表现为对进出口贸易项下外汇的管理及有关汇率的管理。

（5）商品检验制度。国际贸易中，对进出口商品进行检验的最初目的主要是保证商品质量符合合同的规定。世界贸易组织乌拉圭回合达成了《技术性贸易壁垒协定》和《动植物卫生检疫措施协定》，对于推动国际贸易中各国采用国际标准，减少贸易障碍起了积极作用。

（6）贸易救济制度。在进口对国内产业造成损害或损害威胁的情况下，进口国可以根据不同情况，采取反倾销措施、反补贴措施或保障措施。这些措施是进口国采取的比较有力的贸易保护措施，也是世界贸易组织允许的贸易管制措施。

图书在版编目（CIP）数据

国际经济法练习题集/韩立余主编 . -- 5 版 . -- 北
京：中国人民大学出版社，2023.1
21 世纪法学系列教材配套辅导用书
ISBN 978-7-300-31310-8

Ⅰ.①国… Ⅱ.①韩… Ⅲ.①国际经济法-高等学校
-习题集 Ⅳ.①D996-44

中国版本图书馆 CIP 数据核字（2022）第 257674 号

21 世纪法学系列教材配套辅导用书
国际经济法练习题集（第五版）
主 编 韩立余
Guoji Jingjifa Lianxitiji

出版发行	中国人民大学出版社		
社　址	北京中关村大街 31 号	**邮政编码**	100080
电　话	010 - 62511242（总编室）	010 - 62511770（质管部）	
	010 - 82501766（邮购部）	010 - 62514148（门市部）	
	010 - 62515195（发行公司）	010 - 62515275（盗版举报）	
网　址	http://www.crup.com.cn		
经　销	新华书店		
印　刷	唐山玺诚印务有限公司	**版　次**	2006 年 7 月第 1 版
开　本	890 mm×1240 mm　1/16		2023 年 1 月第 5 版
印　张	17.25	**印　次**	2024 年 4 月第 2 次印刷
字　数	501 000	**定　价**	49.00 元

《   》※任课教师调查问卷

为了能更好地为您提供优秀的教材及良好的服务，也为了进一步提高我社法学教材出版的质量，希望您能协助我们完成本次小问卷，完成后您可以在我社网站中选择与您教学相关的 1 本教材作为今后的备选教材，我们会及时为您邮寄送达！如果您不方便邮寄，也可以申请加入我社的**法学教师 QQ 群：436438859（申请时请注明法学教师）**，然后下载本问卷填写，并发往我们指定的邮箱（cruplaw@163.com）。

邮寄地址：北京市海淀区中关村大街 31 号中国人民大学出版社 806 室收

邮　　编：100080

再次感谢您在百忙中抽出时间为我们填写这份调查问卷，您的举手之劳，将使我们获益匪浅！

基本信息及联系方式：※

姓名：_____　性别：_____　课程：_____

任教学校：_____　院系（所）：_____

邮寄地址：_____　邮编：_____

电话（办公）：_____　手机：_____　电子邮件：_____

调查问卷：※

1. 您认为图书的哪类特性对您选用教材最有影响力？（　　）（可多选，按重要性排序）

　　A. 各级规划教材、获奖教材　　　　B. 知名作者教材

　　C. 完善的配套资源　　　　　　　　D. 自编教材

　　E. 行政命令

2. 在教材配套资源中，您最需要哪些？（　　）（可多选，按重要性排序）

　　A. 电子教案　　　　　　　　　　　B. 教学案例

　　C. 教学视频　　　　　　　　　　　D. 配套习题、模拟试卷

3. 您对于本书的评价如何？（　　）

　　A. 该书目前仍符合教学要求，表现不错将继续采用。

　　B. 该书的配套资源需要改进，才会继续使用。

　　C. 该书需要在内容或实例更新再版后才能满足我的教学，才会继续使用。

　　D. 该书与同类教材差距很大，不准备继续采用了。

4. 从您的教学出发，谈谈对本书的改进建议：_____

_____

_____

选题征集：如果您有好的选题或出版需求，欢迎您联系我们：

联系人：黄　强　联系电话：010-62515955

索取样书：书名：_____

书号：_____

备注：※ 为必填项。

使用说明

学习卡使用说明：

1. 扫描封二学习卡上二维码
2. 进入序列号兑换界面，点击"确定"，激活本书
3. 进入课程学习界面，点击"确定"，激活配套课程

加群流程：

1. 进入课程学习界面，点击题目下"立即扫码"
2. 长按识别二维码
3. 扫码加入专属答疑群

题库使用说明：

1. 关注"人大社法律出版"微信公众号
2. 点击"电子书"菜单栏下"芸题库"
3. 手机注册进入芸题库，点击"添加新题库"，选择法学题库进行学习

反盗版说明：

中国人民大学出版社依法对本书享有专有出版权。任何未经我社许可的复制、销售行为均违反《中华人民共和国著作权法》，相关行为人将承担相应的民事责任和行政责任；构成犯罪的，相关行为人将被依法追究刑事责任。为了维护市场秩序，保护读者的合法权益，避免读者误用盗版书造成不良后果，我社将配合知识产权行政执法部门和司法机关对实施了相关侵犯知识产权行为的单位和个人进行严厉打击。社会各界人士发现上述侵权行为，欢迎您及时举报。

中国人民大学出版社反盗版举报电话
010－62515275